아동권리와 복지

임경옥 · 홍나미 · 손희원

KNOWLEDGE COMMUNITY 공동체

머리말

아동권리와 복지라는 단어를 접하면 항상 오버랩되는 그림이 있다. 약자의 아픔을 아는 프랑스 화가 쥘 바스티앙 레파주(Jules Bastien-Lepage)의 <눈먼 거지>와 <노숙하는 아이>라는 작품이다.

<눈먼 거지>는 한쪽 발이 맨발인 채 눈먼 거지 소년이 입을 살짝 벌리고 벽에 몸을 기대어 잠들어 있는 그림이다. 소년의 손에는 나무 지팡이가 들려 있고, 바지는 낡아서 구멍이 숭숭 뚫려 그 사이로 여린 속살이 보인다. 그리고 잠들어 있는 소년의 옆에는 지친 모습의 강아지도 같이 앉아 있다.

<노숙하는 아이>는 지친 몸을 벽에 기대고 잠들어 있는 소년이 그려져 있다. 소년의 목에 건 작은 좌판에는 팔다 남은 꽃 한 송이가 있고, 힘없이 땅바닥에 내려놓은 손에도 꽃 한 송이가 들려 있다. 두 그림은 우리에게 아동권리와 복지에 대해서 다시 한 번 가슴으로 생각하게 하며 눈시울을 적시게 한다.

1989년 유엔아동권리협약은 아동을 주체적인 권리를 지닌 인격체로 인식하게 되면서 4대 원칙인 비차별 원칙, 아동 최상의 이익 원칙, 생존 및 발달 보장의 원칙, 아동의 의견에 대한 존중의 원칙을 천명하였다. 그럼에도 불구하고 아직도 <눈먼 거지>와 <노숙하는 아이>처럼 우리 사회에서는 아동이라는 특수성과 권리라는 부분이 상충되면서, 인권과 권리의 사각지대에 놓여 있는 환경에서 자라나는 아동들이 존재하고 있는 것이 현실이다.

아동권리와 복지는 아동 관련 기관 및 시설에서 근무하게 될 예비교사들의 필수 교과목으로 2017년부터 선정되었다. 이는 행복하게 자라야 할 미래의 인재들이 지금도 <눈먼 거지>와 <노숙하는 아이>처럼 불행한

머리말

환경 속에서 양육되고 있으며, 아동학대 및 차별 등이 계속되고 있음을 인식하고 있다는 반증이다. 또한 아동권리와 복지에 대한 중요성을 범국가적으로 간파하고 있음을 시사하고 있다고 사료된다.

저자들은 그동안 대학에서 「아동복지론」을 강의하면서 아동의 존엄성에 대한 부분과 더불어 아동의 행복한 삶 및 천부적인 권리에 대한 고민을 끊임없이 해왔고, 이 저서에는 이러한 저자들의 노력이 그대로 녹아있다. 이를 바탕으로 저자들은 아동권리와 복지에 입문하는 학생들을 위해서 아동권리와 복지에 대한 기초적인 이론을 습득할 수 있도록 하였다. 그리고 아동권리와 복지에 대한 이론을 바탕으로 각 분야별 아동복지 서비스를 살펴보았다. 이러한 구성과 함께 이 저서는 다음과 같은 차별화된 특징을 담고 있다.

첫째, 각 장마다 책의 개요와 마인드맵을 통해서 각 장의 전반적인 흐름을 보다 쉽게 파악할 수 있도록 하였다.

둘째, 각 장마다 관련된 실제 사례를 제시하여 이 책을 접하는 학습자들이 각 장에 대한 이해를 보다 쉽게 할 수 있도록 함과 아울러 관심을 가질 수 있도록 유도하였다.

셋째, 학습목표와 주요용어를 제시함으로써 수업해야 할 내용에 대한 목표를 정하고 반드시 숙지해야 할 용어를 쉽게 알 수 있도록 하였다.

넷째, 전반적인 내용을 요점정리를 통해 수업한 내용에 대한 정리를 쉽게 할 수 있도록 도왔다.

다섯째, 생각 나누기를 통한 토론주제를 제시하여 수업의 내용을 이론으로 습득한 후 토론을 통해 이론에 대한 구체화와 아울러 주도적인 학습이 이루어지도록 시도하였다.

여섯째, 퀴즈를 통해 반복학습을 할 수 있도록 구성하였다. 그러므로 이 저서를 통해 예비 사회복지사 및 교사들이 보다 쉽게 아동권리와 복지에 입문할 수 있으리라 사료된다.

저자들은 이 저서를 집필하면서 많은 고민을 하기도 했지만 저자들의 고민이 행복으로 전달되기를 바라며, 본질적이고 구체적인 실천적 담론을 통해 아동권리와 복지 분야의 실천적 방향을 제시하길 바란다.

끝으로 이 책이 나오기까지 물심양면 도와준 소중한 가족들과 끊임없는 격려와 애정을 보내주신 많은 분들에게 감사드린다. 그리고 표지그림을 즐겁게 작업해 준 한수지 양과 각 장의 그림을 그려준 수원여대 사회복지과 아동복지 전공 학생들에게도 무한한 애정과 더불어 진심으로 감사의 마음을 보낸다. 또한 이 책의 출판을 허락해 주신 도서출판 공동체의 사장님을 비롯하여 공동체 가족 여러분에게도 감사의 마음을 전한다.

이 책을 접하는 모든 독자들에게 하나님의 축복과 영광이 함께하길 진심으로 기원하며

2018년

저자 일동

차 례

CONTENTS

차 례

CHAPTER 01

아동 인권과 권리

모든 아동은 각각의 다양성과 다름을 가지고 있지만 인간으로서의 생존과 기본적 자유를 가지고 행복한 삶을 영위하기 위해 천부적으로 인권과 권리를 보장받고 태어난다. 그러므로 인권과 권리에 대한 이해도 인간의 존엄성을 바탕으로 이루어져야 한다.

고대에는 아동의 존재가 무시되었지만 근대사회에 이르러 아동의 인권과 권리에 대한 규명은 재조명되었고, 현대사회에서는 이를 준수하기 위한 다양한 노력이 이루어지고 있다. 이 장에서는 아동의 인권과 권리에 대한 개념을 제시하고 이를 바탕으로 아동권리에 대한 국제적 기준의 변화와 더불어 우리나라의 아동권리 변화 및 인권 관련 기관을 살펴봄으로써 아동의 인권 및 권리와 관련된 기초적인 이해를 돕고자 한다.

마인드맵

■ 아동 인권과 권리

- 인권의 개념
- 아동 인권의 개념

- 아동권리의 개념
- 아동권리의 유형

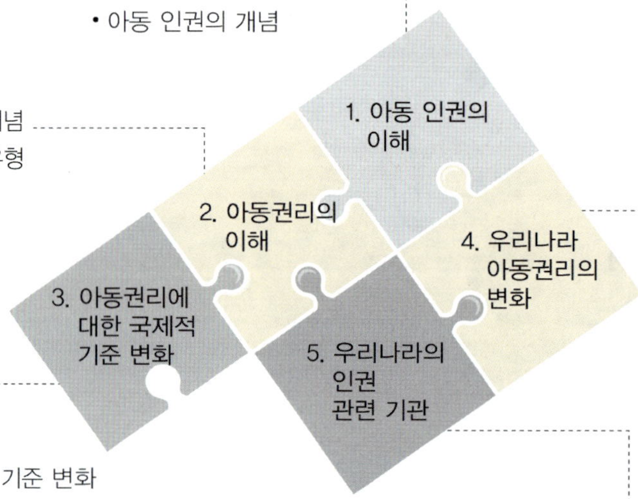

- 방정환과 아동권리
- 어린이헌장
- 아동복지법
- 아동권리헌장

- 아동권리의 국제적 기준 변화
- 제네바 선언
- 유엔아동권리선언
- 유엔아동권리협약

- 아동권리 모니터링센터
- 국가인권위원회
- 한국인권재단

학습목표

1. 인권의 개념을 정의할 수 있다.
2. 권리의 개념을 규정할 수 있다.
3. 아동권리협약의 기본원칙을 구술할 수 있다.
4. 아동권리협약의 기본권을 설명할 수 있다.
5. 현장에서 아동에 대한 권리를 실현할 수 있다.

주요용어

- **인권** : 인간(human)과 권리(rights)라는 단어의 합성으로 인간이 인간답게 살아가는 데 최소한으로 필요한 것을 정당하게 요청할 천부적인 권리
- **아동권리** : 아동이 인간으로서 누려야 할 기본적 제 권리를 총칭하는 것으로 인간으로서 가지는 기본적인 권리와 생애 시기적 특수성에 입각해 특별한 보호와 배려를 받을 권리
- **생존권** : 생존을 위한 기본적인 삶을 누리는 데 필요한 것을 보장받을 권리
- **보호권** : 유해한 것으로부터 보호받을 권리
- **발달권** : 아동의 신체적 · 정신적 · 인지적 · 사회문화적 · 도덕적으로 균형 있는 성장 · 발달 및 잠재능력의 개발을 보장하는 권리
- **참여권** : 자신의 삶에 영향을 주는 문제들에 대해 자유롭게 의견을 말하고 존중받을 권리
- **모니터링** : 사전적 의미는 어떠한 사안을 '감시'한다는 의미
- **옴부즈만제도** : 1809년 스웨덴에서 처음 명문화되어 북유럽에서 발전되었으며, 취지는 행정권의 오 · 남용으로 인한 국민의 자유와 권리 침해 문제를 해결하고 방지하고자 하는 권리 구제를 위한 제도
- **아동의 권리에 관한 국제협약** : 아동의 보호와 적극적인 권리의 주체로 인식하고 있는 이 협약은 무차별의 원칙, 아동의 최선의 이익 우선, 아동의 생존 · 보호 · 발달과 아동의 참여라고 하는 4개의 주요원칙을 중심으로 아동의 권리를 구분하여 명시

사례 우리는 왜 아동의 권리를 보호해야 하는가

현재 우리나라는 끼니를 거르거나 거리에서 구걸하는 아이들을 볼 수 없을 정도로 절대빈곤을 벗어나 경제적인 풍요는 누리고 있으나 물질만능 · 개인주의 · 가정의 해체 등으로 인해 아동양육의 중요성과 그에 대한 사회적 책임은 더 커지고 있다. 지난해 인천에서 친부와 동거녀로부터 학대를 받은 아동이 발견돼 충격을 줬다. 실제 우리나라 어린이들의 행복지수는 2009년부터 2014년까지 6년 연속 OECD 최하위이며, 2015년 아동의 삶의 질 만족도 역시 100점 만점에 60.3점에 그쳤다.

… 중략 …

우리나라도 1923년 아동의 권리를 선언하면서 민족의 새싹인 어린이를 사랑으로 씩씩하게 키우기 위해 어린이에게 배우고 놀 수 있는 가정과 사회적 시설을 갖추도록 했다. 이처럼 여러 선언들과 아동 관련 법안들이 있지만 제 역할을 하지 못하거나 권리 침해를 제거하기 위한 노력은 좀처럼 찾아보기 어려운 실정이다.

실례로 우리나라는 1,580여 개의 어린이 놀이터가 사라질 위기에 처해 있다. 2015년 시행된 '어린이 놀이시설 안전관리법'에 의해 시설검사에 불합격된 놀이시설은 아이들의 안전과 사고방지를 위해 이용이 금지된 것이다. 사소한 것이라 생각할 수도 있고 아이들의 안전을 위한 것이라 생각할 수도 있지만 대한민국의 아이들은 어른들에게 예산이 없다는 이유로 놀이 공간을 빼앗겼으며 더 위험한 도로변으로 내몰려 안전을 위협받고 있다.

초록우산 어린이재단에서는 최근 '어린이 놀이시설 안전관리법'의 일부 개정을 위해 전국적인 서명운동을 전개해 법안이 일부 개정됐고 2015년 일제히 폐쇄됐던 놀이터를 아이들에게 되돌려줄 수 있는 길을 마련했다. 이제 각 지방자치단체와 우리 어른들이 나서서 아이들의 놀이터를 돌려주고 기본 권리를 찾아줘야 하지 않을까?

출처 : 충청투데이(2016. 1. 11).

1. 아동 인권의 이해

1) 인권의 개념

「국가인권위원회법」 제2조에서는 "인권"이란 「대한민국헌법」 및 법률에서 보장하거나 대한민국이 가입·비준한 국제인권조약 및 국제관습법에서 인정하는 인간으로서의 존엄과 가치 및 자유와 권리를 말한다고 명시되어 있다. 또한 법적으로 국민의 기본적 인권을 보장하고 있음을 천명하고 있는 「헌법」 제10조에는 "모든 국민은 인간으로서의 존엄과 가치를 가지며, 행복을 추구할 권리를 가진다. 국가는 개인이 가지는 불가침의 기본적 인권을 확인하고 이를 보장할 의무를 진다"라고 규정하고 있다. 그러므로 인권은 인간이 인간다운 삶을 살아가기 위한 필수적인 권리로서, 보편적이며 인간의 존엄성을 유지할 수 있도록 구체적으로 국가나 공동체 사회, 그리고 국제사회가 합의한 규범적 질서 속에서 권리로서 보장되고 발현될 수 있는 것으로 볼 수 있다(이미래, 2012 : 7). 따라서 근대사회는 법률을 만들어 인간의 존엄한 삶과 모두가 평등하게 보장받고 누려야 할 인권 및 권리를 보장하기 위한 노력을 해왔다고 할 수 있다. 이는 인권의 보장이 행복한 삶과도 직결되기 때문이다.

인권은 생물학적 인간이 이성적이고 도덕적인 존재로서 존엄하고 가치 있게 생명을 유지하고 살아가기 위해 최소한 것을 보장받고 요청할 수 있는 권리다. 즉, 인간이 인간답게 살아가는 데 최소한으로 필요한 것을 정당하게 요청할 권리이다(오선영, 2016 : 16). 인간 자체로 가지는 가치와 존엄성에 기초해서 발생한다는 기본적 인권은 국가나 실정법에 의해서만 부여되는 것이 아니라 출생과 더불어 인간인 까닭으로 지니게 되며 인간이 인간으로서 생존하기 위해 당연히 누려야 할 고유한 권리이자 국가나 헌법에 의하여 창설된 권리가 아니므로 인권은 천부성이라는 특질을 갖고 있다(권영성, 2008 : 285).

조효제(2015)는 이러한 인권의 특성을 다음과 같이 제시하고 있다.

첫 번째 특성은 보편성이다. 인권은 모든 사람에게 적용되며 모든 사람은 본질적 차원에서 평등한 존재라고 가정된다.

두 번째 특성은 이성과 양심이다. 볼테르(Voltaire)는 표현의 자유에 대한 표현에서 "당신 생각에 동의하지 않는다. 하지만 그 생각을 가질 수 있는 자유를 위해서는 목숨을 바칠 수 있다"고 말했다니 참으로 멋진 표현이 아닐 수 없다.

세 번째는 인간의 본질적 욕구와 이익이다. 이것은 사회공동체가 책임을 져야 한다는 것을 의미한다. 예를 들어, '가난은 나랏님도 주체하지 못한다'는 말이 있는데 이 생각은 옳지 않으며 가난은 어쩔 수 없는 개인의 책임이 아니라 가난 또는 복지는 역시 사회공동체, 국가가 책임을 져야 한다는 뜻이다.

네 번째 특징은 차별금지이다. 법과 판결의 상징, 정의의 여신이 안대를 하고 천칭과 칼을 들고 있는 것은 사안의 정당성의 무게를 중립의 입장으로 단호하게 판결하겠다는 의미를 나타낸다. 차별하지 않고 공정하게 대해주는 것이 곧 정의이며 인권이라는 안대, 즉 특수 안경을 쓰면 앞에 있는 사람이 사람인 것만 보이고 그 사람의 특징은 알 수 없어야 정상이며 모든 사람을 차별 없이 공정하게 대해야 함을 의미하는 것이다. 구조도 사건조사도 제대로 못 받고 있는 세월호 아이들의 억울한 죽음과 남녀차별, 장애인 차별, 성소수자들에 대한 차별 행위가 '정의와 공정성', '인권'이라는 단어와 오버랩된다.

인권은 인간에 대한 새로운 이해와 본질적이고 구체적인 실천적 담론을 통해 복지 분야의 새로운 방향을 제시하며, 복지가 개인적이고 추상적인 인간이 아닌 공동체 구성원으로서의 구체적 인간의 존재를 인식하게 하고, 인권이 내포하고 있는 인간의 존엄, 자유와 평등 사상과 같은 인권 사상은 욕구 중심의 복지에서 권리 중심의 복지로, 잔여적 복지에서 보편적 복지로 나아가는 데 이념적 근거가 된다고 보는 것이 바람직할 것으로 보인다(최윤영, 2013 : 21). 그러므로 인권은 인간에 대한 본질적이고 누구에게나 적용되는 보편적인 권리라는 인식을 필요로 함과 아울러 인간은 누구나 평등하고 자유로운 존재라는 점을 인식해야 한다. 이러한 인식을 바탕으로 인권이 민주사회에서 보편적인 가치라는 것을 염두에 두고 인권에 기반한 문화가 조성되어야 한다.

인권은 사람이 사람답게 살 수 있는 권리를 가지도록 부여되는 것이지만 아직도 인권의 중요성을 간과하고 있는 사례를 우리는 일상적으로 쉽게 접하게 된다. 이는 인권에 대해서 침해요건이 있다 할지라도 적당히 넘어가면 되는 것으로 생각하는 안일한 사고와 인식이 아직도 우리 사회에 팽배해 있기 때문이다. 그러므로 인권의 중요성을 간과하지 않고 삶 속에서 실천하고자 하는 의지를 가지는 것은 사회복지를 실천함과 아울러 행복한 삶을 영위하기 위한 첫걸음이 될 수 있을 것이다. 따라서 서로의 인권을 지켜주기 위해서 우리의 삶 속에서 인권을 어떻게 수호할 것인지를 고민해야 할 것이다.

2) 아동 인권의 개념

아동의 인권이란 아동이 가지고 있는 정신적·신체적 요구를 법적으로 승인하는 것이고, 그 내용적 원칙은 아동의 인격을 전면적으로 발달시키는 것을 목적으로 하여 생존을 확보한다는 것이다(이미숙, 2010 : 8). 즉, 아동 인권도 본질적으로 성인 인권과 동등한 것으로 천부적으로 주어지는 것이며, 남녀노소, 인종, 조건 등에 의해 차별받지 않는 보편적이라는 것을 의미한다. 그러므로 아동의 인권도 경시되어서는 안 되며 성인과 동일하게 인권을 보장받을 수 있도록 해야 한다.

차별 및 학대를 포함한 아동에 대한 인권 침해는 아동의 발달에 있어 전반적으로 부정적인 영향을 미친다. 따라서 아동 스스로가 삶의 주체로서 자신을 인식하고, 자아에 대한 긍정적인 사고와 더불어 자신을 사랑하는 사람으로 성장하기 위해서는 신체적·정신적·심리적·사회적으로 균형 있는 발달이 이루어져야 한다. 이를 위해서는 부모를 비롯한 주변 성인들과 사회가 아동의 인권에 대해 올바르게 인식하는 것이 선행되어야 한다. 왜냐하면 아동에 대한 이해와 인식은 결국 아동권리에 대한 정의를 규정하고 이에 따라 전반적인 아동권리를 보장하는 데 있어 결정적인 영향을 미치기 때문이다.

인권은 아동이 생활하는 모든 장소, 즉 가정, 학교, 학원 등이 아동의 인권을 존중하는 장소로서 운영될 수 있도록 국가가 지속적으로 모니터링을 해야 한다(University of Cambridge & WHO, 2015). 더불어 아동들에게도 인권교육을 통해 스스로 인권을 가진 주체임을 인식하도록 주지시켜야 한다. 이를 통해 아동이 스스로의 인권의 중요함을 인식할 수 있을 뿐만 아니라 타인의 인권도 존중할 수 있는 의식이 싹틀 수 있기 때문이다.

특히 국가는 인권적 관점에서 돌봄이 있는 정책을 통해 부모, 교사, 학교, 지역사회 전반에 걸쳐 아동을 향한 인권침해에 대한 책임의식과 해결을 위한 연대의식을 느끼고 아동들이 존엄한 존재로 성장할 수 있도록 건강한 공동체성을 회복할 수 있도록 도와야 할 것이다(신순갑, 2015 : 123). 이와 관련하여 서울특별시는 어린이 · 청소년 인권조례를 규정하였고, 2013년 어린이 · 청소년 인권위원회를 출범시켰다. 서울특별시의 어린이 · 청소년 인권조례 중 인권의 주체성과 인권보장의 원칙을 제시한 제6조는 <표 1-1>, 서울시 어린이 · 청소년 인권위원회의 주요기능 및 역할은 <표 1-2>와 같다.

표 1-1 서울특별시 어린이 · 청소년 인권조례

제6조(인권의 주체성과 인권보장의 원칙)

① 어린이 · 청소년은 인권의 주체이며, 자신의 인권뿐만 아니라 타인의 인권을 존중해야 한다.
② 어린이 · 청소년은 온전한 한 사람으로서 자신의 일에 대해 의견을 표현하고 참여할 권리가 있다.
③ 이 조례에서 규정하는 어린이 · 청소년의 인권은 인간으로서의 존엄성을 유지하고 행복을 추구하기 위하여 반드시 보장되어야 하는 최소한의 권리이며, 어린이 · 청소년의 인권은 이 조례에 열거되지 아니한 이유로 경시되어서는 아니 된다.

출처 : 서울특별시(2012). 서울특별시 어린이 · 청소년 인권조례.

표 1-2 어린이 · 청소년 인권위원회 주요기능 및 역할

① 어린이 · 청소년 인권종합계획 수립에 대한 심의 및 결과에 대한 평가
② 어린이 · 청소년 인권종합계획의 연도별 시행계획에 대한 자문 및 결과에 대한 개선 권고
③ 어린이 · 청소년 인권이 중대하게 침해되어 특별한 구제조치가 필요하다고 인정되는 경우 또 정책적 대책이 필요하다고 인정되는 경우 그 사안에 대한 시민인권보호관의 조사결과의 심의 및 구제 조치 권고
④ 시장의 정책 및 입법 활동에 대한 어린이 · 청소년 인권영향평가 및 개선 권고
⑤ 어린이 · 청소년 인권에 영향을 미치는 제반 입법, 정책, 활동에 대한 의견 표명
⑥ 어린이 · 청소년 인권에 대한 지역사회의 여론 형성을 위한 토론회 등의 공론화 활동
⑦ 어린이 · 청소년 인권 현황에 대한 연례 보고서 등 연구 · 조사 보고서의 발간 등

출처 : 서울 정보소통광장 홈페이지. opengov.seoul.go.kr

2. 아동권리의 이해

1) 아동권리의 개념

아동권리에 대한 인식은 시대에 따라, 아동을 보는 관점에 따라 다양한 변화를 겪어 왔다. 스파르타와 같은 고대 시대에는 부족과 종족의 안전이 중요시되는 사회로 아동은 인격적인 존재였다기보다 종족 보존을 위한 수단적인 존재였다. 중세에는 아동을 '성인의 축소판(miniature adult)'으로 인지하여 군사력과 경제력 확보의 수단으로 간주하였다. 그러나 중세 이후에는 균등한 교육을 주장한 코메니우스(Comenius)와 아동을 이성적인 존재로 보고 자연적인 자유를 침해해서는 안 된다고 지적한 로크(Locke)가 아동권리에 대한 인식을 변화시키기 시작하였다. 더불어 아동의 인권존중은 아동 각각의 존재를 인정하고 개성을 살리는 것이라고 주장하며 어린이 존중 사상을 역설한 루소(Rousseau) 및 프뢰벨(Froebel)과 같은 교육사상가의 영향으로 아동을 성인과 구분되는 독자적인 인격체로 인식하기 시작했다. 그리고 20세기에 들어와서 아동 중심 사상에 힘입어 아동은 권리를 가진 존재로서 독립된 인격을 지닌 권리 주체로 인정되었다.

아동권리란, 아동이 인간으로서 누려야 할 기본적 제 권리를 총칭하는 것으로 그 주체인 아동이 태어나면서부터 성, 언어, 종교, 인종, 피부색, 능력에 관계없이 인간으로서 가지는 기본적인 권리와 생애 시기적 특수성에 입각해 특별한 보호와 배려를 받을 권리를 말한다(충북육아종합지원센터, 2014 : 3).

그러나 아동권리는 성인과는 다른 특성을 가지고 있다. 즉, 아동은 미성숙한 존재로서 자신을 스스로 보호하거나 권리를 행사할 수 없는 부분이 있기 때문에 성인으로부터 보호나 양육을 받아야 하는 상황이다. 따라서 아동권리에는 상반되는 인식이 존재할 수밖에 없다. 왜냐하면 아동은 사회 구성원으로서 필요한 기술과 지식을 습득하는 동안 부모를 의지할 수밖에 없기 때문에 부모의 보호와 양육을 필요로 하고 부모에 의해 통제되어야 한다는 측면이 있다.

반면 태어남과 동시에 갖게 되는 기본 권리라는 측면에서 보면 보호와 자율이 상충

될 수 있는 상황이다. 따라서 아동의 권리는 이러한 특수성 때문에 오히려 무시되기 쉽다는 문제를 안고 있어 아동의 권리가 상대적으로 열악한 처지에 놓여 있을 수밖에 없다. 즉, 아동은 미성숙한 존재로 인식되고 성인의 보호를 받아야 함에도 불구하고 통제와 억압의 대상으로 아동의 권리가 충분히 고려되지 못하고 있다는 문제의식에서 아동권리의 중요성이 강조되었고, 아동의 권리 보장을 위한 유엔아동권리협약이 채택되게 되었다(오선영, 2016 : 16). 따라서 우리나라에서도 아동권리에 대한 인식이 확산됨에 따라 온정과 시혜의 대상만이 아닌 권리 주체로서의 아동을 인정하고 그 권리를 보장할 책임이 우선적으로 국가에 있다는 주장이 힘을 얻고 있다(황옥경, 2012 : 29).

사회적으로 아동의 권리에 대한 인식은 성인들에 의해 보장되고 발전되어 왔다고 할 수 있다. 이는 아동에 대한 인식이 아동의 권리에 결정적인 요인이 되었기 때문에 아동의 권리는 아동에 대한 인식의 변화와 함께 발전해 왔다고 할 수 있다. 그러므로 아동은 보호와 양육의 대상이나 최소한 침해적 요소는 국가가 보장해 주어야 할 의무가 있다.

2) 아동권리의 유형

아동들의 건강한 삶과 행복을 위해서 기본적으로 보장받아야 할 아동의 권리는 다양한 학자들에 의해 분류되었다. 링거(Wringe, 1981)는 아동의 권리를 법적인 권리, 자유롭게 무엇을 하거나 주장할 수 있는 권리, 참여권리, 특수한 권리, 복지권리로, 프리먼(Freeman, 1992)은 아동의 복지권, 보호권, 성인권, 부모에 대한 권리로 분류하였다. 그리고 1995년 유니세프는 아동권리협약을 토대로 아동이 삶에 대해 갖는 권리인 생존권, 모든 형태의 학대와 방임, 폭력으로부터 안전하게 보호받을 수 있는 보호권, 자신이 가진 잠재능력을 최대한 발휘하도록 하기 위한 발달권, 자신의 의견을 표현하고 사회 여러 활동에 참여할 수 있는 참여권으로 분류하였다.

김정래(2002 : 40-42)는 아동권리를 다음과 같이 네 가지로 구분하여 제시하였다.

첫째, 아동의 소극적 자유권으로 자신이 하고자 하는 것을 행할 때 타인으로부터 방해 또는 침해받지 않을 권리를 뜻한다. 소극적 자유권은 모든 권리를 향유하고 행사하는 초석이 되는 수동적으로 보호되는 권리이다.

둘째, 적극적 자유권은 아동이 능동적으로 행사하는 권리로 스스로 선택, 계획하는 등 현재와 미래 자신의 삶의 요구를 자율적으로 계획하고 판단하는 권리를 말한다.

셋째, 평등권으로 차별받지 않을 권리를 뜻하며 이는 두 가지 관점에서 이해할 수 있다. 하나는 보장의 관점으로 모든 아동을 평등하게 대우해야 한다는 적극적 의미이며, 다른 하나는 평등을 저해하는 일체의 차별로부터 보호해야 한다는 것이다. 후자의 경우 실생활에서 아동의 권리를 실질적으로 신장시키고 개선하기 위해 요구된다.

마지막으로 아동이 생계유지에 필요한 최소한의 생활을 보장받을 수 있는 복지권이다.

각 학자들이 제시한 아동권리의 유형을 종합적으로 정리하면 다음과 같다.

첫째, 제공(provision)은 아동이 필요로 하는 사람이나 물적 자원을 제공받고 사용할 수 있는 권리로 국적 및 이름을 가질 수 있는 권리, 놀이를 할 수 있는 권리 등이 포함된다.

둘째, 보호(protection)는 아동이 어떠한 상황에서도 가해지면 안 되는 유해한 행위, 즉 육체적 · 정신적 학대를 비롯하여 방임이나 부적절한 환경으로부터 보호받아야 할 권리이다.

셋째, 복지(welfare)는 아동이 생존을 위해서 최소한의 생활을 보장받아야 하며, 아동의 행복과 안녕, 평등을 위해 제공되어야 할 권리를 의미한다.

넷째, 발달(development)은 아동이 정상적인 발달과 더불어 전인적인 민주시민으로 성장하기 위해 제공되어야 할 권리를 일컫는다.

다섯째, 참여(participation)는 자신의 인생에 중요한 영향을 미치는 결정에 대하여 아동이 스스로 선택하고 결정을 내릴 수 있는 권리를 의미한다.

3. 아동권리에 대한 국제적 기준 변화

1) 아동권리의 국제적 기준 변화

19세기 이전까지 권리는 대부분 성인의 전유물로 생각해 왔으나 제1차 세계대전 후부터 아동의 권리에 대한 본격적인 관심이 대두되었다. 이로 인해 아동의 권리에 대한 문제가 제기되었고, 이를 개선하기 위한 국제적인 움직임으로 제1차 세계대전 후 「아동권리 선언문」이 제정되면서 아동의 권리에 대한 기준이 법적으로 규정되기 시작하였다. 아동의 권리와 관련된 국제협약의 발전 과정은 크게 세 단계로 나누어 볼 수 있다.

제1기는 아동권리선언의 탄생기로 「제네바 선언(1924)」이 공포되었으며, 제2기는 인권의 보편화와 아동권리의 발전기로 세계인권선언의 바탕 위에서 성립한 「아동의 권리선언(1959)」이 선포되었다. 그리고 제3기는 아동권리의 법제화 시기로 「유엔아동권리협약(1989)」이 공포되었다. 이 과정을 살펴보면 제1기에는 특별한 보호대상, 구제의 대상으로만 인식됐던 아동관이, 제2기에는 권리 향유 주체의 아동관으로 변화되었다. 그리고 이를 기반으로 제3기에는 권리 행사 주체의 아동관으로 발전되었다. 이러한 변화와 인식은 아동의 권리뿐만 아니라 국가가 보장해야 할 역할까지도 법적으로 구체성을 가지고 명시하게 되는 계기가 되었다. 아동권리에 관한 국제적 기준의 변화 과정을 살펴보면 <표 1-3>과 같다.

표 1-3 아동권리에 관한 국제적 기준의 변화

연도	내 용
1924	• 국제연맹이 '아동권리에 관한 제네바 선언' 채택 • 물질적 · 도덕적 · 정신적 발달을 누릴 권리, 즉 아프거나 장애를 가졌거나 고아가 되었을 때 특별한 도움을 받을 권리, 재난에 처했을 때 우선적으로 구호 받을 권리, 경제적 착취를 당하지 않을 권리, 사회적 책임감을 키우는 교육을 받을 아동권리 명문화
1948	• 유엔총회가 '세계인권선언' 채택 • 제25조 : 아동기에 "특별한 보호와 지원을 받아야 한다." • 제26조 : "모든 사람은 교육을 받을 권리를 갖는다."

1959	• 유엔총회가 '아동권리선언' 채택 • 차별받지 않을 권리와 이름과 국적을 가질 권리 등을 인정 • 교육과 보건서비스, 특별보호에 대한 어린이 권리 명시
1966	• '시민적 · 정치적 권리에 관한 국제규약'과 '경제적 · 사회적 · 문화적 권리에 관한 국제규약' 채택 • 어린이의 착취로부터 보호받을 권리와 교육받을 권리 증진 주장
1973	• 국제노동기구가 '고용 허용 최저 연령에 관한 협약'을 채택 • 개인의 건강과 안전, 도덕적 가치를 해칠 수 있는 일에 종사할 수 있는 최저 연령을 18세로 규정
1979	• 유엔총회가 '여성차별금지협약'을 채택 • 여성과 여자어린이를 위한 인권보호협약 • 유엔총회는 1979년을 '국제아동의 해'로 선포해 특별위원회가 법적 구속력을 가진 '아동권리협약'의 초안을 만들도록 이끌음
1989	• 유엔총회가 만장일치로 '아동권리협약'을 채택 • 이듬해 이는 국제법으로 시행되기 시작
1990	• '어린이를 위한 세계정상회담'에서 '어린이의 생존, 보호, 발달에 대한 세계선언'과 '1990년대를 위한 행동계획' 채택
1999	• 국제노동기구가 '착취적인 형태의 어린이 노동금지와 이에 대한 즉각적인 근절조치에 관한 협약 제182호' 채택
2000	• 유엔총회가 '아동매매, 아동매춘, 아동 포르노그라피'와 '아동의 무력분쟁 관여'에 관한 2개의 선택의정서 채택
2002	• 유엔총회가 '아동'이라는 의제를 특별히 논의하기 위해 최초로 '유엔 아동 특별총회'를 개최하였으며, 수백 명의 어린이가 총회에 공식대표단으로 참석 • 유엔에 모인 세계 지도자들은 어린이 권리 개선을 약속하는 문서 '어린이가 살기 좋은 세상' 채택
2007	• 유엔 아동 특별총회 이후 5년간의 후속활동으로 140여 개 정부가 '어린이 선언' 채택 • 그동안의 성과와 남아 있는 과제들을 확인하는 한편 '어린이가 살기 좋은 세상' 및 '아동권리협약'과 그에 따른 선택의 정서에 명시된 약속 재확인

출처 : 유니세프한국위원회(2009). 세계 아동 현황 보고서 유엔아동권리협약 20주년 특별판, p. 13 재구성.

2) 제네바 선언(The Geneva Declaration of the Child, 1924)

1922년 아동복리회(Save The Children Fund) 창설자 에글렌타인 젭(Eglantyne Jebb) 여사는 아동들에게 최선의 것을 주어야 한다는 것을 바탕으로 아동의 권리를 주장하였고, 이를 국제연맹이 「제네바 선언」으로 채택하였다. 이는 전쟁의 가장 큰 피해자인 아동을 보호하고 구제해야 한다는 국제적 인식에서 출발된 것으로 아동권리에 대한 세계 최초의 선언이라는 점과 아동권리 사상의 출발이라는 측면에서 큰 의의를 갖는다.

「제네바 선언」은 이후 「아동권리협약」으로 발전하는 계기가 되었다. 그러나 「제네바 선언」은 법적 구속력이 없다는 것과 기본적인 생존이나 결핍으로부터 구호해야 하는 수동적인 보호의 대상으로 아동을 보았기 때문에 적극적인 권리 주체로 인정하지 못했다는 한계를 갖고 있다. 아동권리에 관한 「제네바 선언」의 조항과 내용은 <표 1-4>와 같다.

표 1-4 아동권리에 관한 「제네바 선언」 조항과 내용

조 항	내 용
발달의 보장 원칙(제1조)	아동의 건강한 신체적·정신적 발달을 위해 필요한 모든 수단이 필수적으로 제공되어야 한다.
아동의 보호 원칙(제2조)	굶주린 아동에게는 음식이 제공되어야 하며, 병든 아동은 치료를 받아야 하고, 발달이 늦은 아동에게는 도움을 주어야 하며, 비행아동은 교화의 기회를 주고, 고아와 부랑아는 주거와 원조를 받을 수 있도록 보호해 주어야 한다.
아동의 구제 최우선 원칙(제3조)	아동이 위험에 처한 경우 최우선적으로 구해야 한다.
자립지원과 착취로부터의 보호 원칙(제4조)	아동은 생계유지를 보장받아야 하며, 모든 형태의 착취로부터 보호받아야 한다.
아동양육의 원칙(제5조)	아동이 자신의 재능을 개발하는 것은 결과적으로 인류에게 공헌할 수 있다는 인식 아래 양육되어야 한다.

3) 유엔아동권리선언(Declaration on the Rights of the Child, 1959)

1959년 11월 10일 유엔총회에서는 아동의 고유한 인권선언이라 할 수 있는 「아동권리선언」을 채택하였다. 이는 모든 사람의 기본 인권을 아동에게도 적용하여 아동의 권리를 최대한 보장해야 한다는 시각에서 작성되었으며, 아동의 권리 증진에 기여한 국제적 문서이다. 그리고 1948년의 「세계인권선언」을 보완 확대하여 구체적으로 아동의 권리를 명시하였다. 즉, 성명과 국적을 가질 권리, 차별받지 않을 권리, 교육과

보건서비스, 장애아동의 특별한 보호 등에 대한 내용을 규정하고 있다.

「유엔아동권리선언」은 '기본 인권과 인간의 존엄 및 가치에 관한 신념을 강조하고 누구나 차별 없이 모든 권리와 자유를 갖는다'는 「제네바 선언」의 원칙을 다시 한 번 확인하였다. 「유엔아동권리선언」은 이후의 1989년 UN의 「유엔아동권리협약」과 매우 유사하다. 이는 「제네바 선언」과 「유엔아동권리협약」 사이를 연결하는 역할을 했기 때문이다. 더불어 세계인권선언의 보편적 인권이념을 기반으로 하였지만 아동의 권리 중 기존의 최저 생존권 보장에서 발달권 보장으로 아동의 특성을 고려한 권리를 구체적으로 명시하였다는 점에서 큰 의미가 있다고 할 수 있다. 그러나 이 선언도 「제네바 선언」과 마찬가지로 당사국들에 대한 법적 구속력을 갖지 못한다는 한계를 가지고 있다. 「유엔아동권리선언」의 조항과 내용은 <표 1−5>와 같다.

표 1−5 「유엔아동권리선언」의 조항과 내용

조 항	내 용
제1조	모든 아동의 권리에 대한 차별금지와 평등의 보장
제2조	아동의 최선의 이익을 위한 성장·발달의 권리
제3조	성명과 국적을 가질 권리
제4조	사회보장의 혜택을 받을 권리
제5조	장애아동의 특별한 치료교육 보장권
제6조	가정보호와 가정이 없는 아동의 특별보호 권리
제7조	교육받을 권리와 놀 권리
제8조	보호와 구제를 최우선적으로 받을 권리
제9조	모든 형태의 아동학대 방지와 연소자의 고용 금지 등으로부터 보호받을 권리
제10조	모든 형태의 차별적 관행으로부터 아동의 보호

4) 유엔아동권리협약(Convention on the Rights of the Child, 1989)

「유엔아동권리협약」은 1922년 「세계아동헌장」이 선포된 후 아동을 주체적인 권리를 지닌 인격체로 인식하게 되면서 「제네바 선언」의 한계를 넘어 아동의 권리를 보다 구체화하였다. 그리고 「세계인권선언」의 보편적 인권 이념을 기반으로 아동의 특수성을 강조하는 아동의 권리를 담고 있다. 국제사회는 1979년을 아동의 해로 선정하였고, 10개년 계획을 세워 아동권리를 재정비한 후 「유엔아동권리선언」 후 30년이 지난 1989년에 「유엔아동권리협약」을 채택하였다. 이는 세계의 모든 아동들이 행복한 삶을 위해 기본적인 권리를 누릴 수 있는 실질적인 권리를 보장하기 위한 협약으로 유엔총회에서 만장일치로 채택되었다.

54조로 구성된 「유엔아동권리협약」은 아동권리보호를 목적으로 만들어졌으며, 아동권리에 대한 중요성을 강조한 국제적 의지표현으로 2016년 기준 196개국이 협약에 비준하여 역사상 가장 많은 국가의 비준을 받은 협약이다. 우리나라도 1991년에 비준국이 되었다. 「유엔아동권리협약」의 탄생 과정은 [그림 1-1]과 같다.

[그림 1-1] 유엔아동권리협약의 탄생 과정

출처 : 유니세프 편(2016). 최지민. 지구촌의 약속 : 유엔아동권리협약, p. 9.

(1) 유엔아동권리협약의 의의

「유엔아동권리협약」은 각국의 아동권리나 아동복지 관련 법령 및 정책을 입안하고 서비스를 제공하는 데 있어 핵심준거로서 아동과 관련된 모든 인권의 영역을 포괄하고 있으며, 영향력이 가장 큰 최초의 국제협약이라는 데 큰 의의가 있다. 이 같은 협약의 의의를 구체적으로 살펴보면 다음과 같다(오정수, 정익중, 2013 : 52-53).

첫째, 협약의 내용이 과거 어떤 선언이나 헌장보다도 포괄적이며 구체적이라는 점이다.

둘째, 협약은 아동권리의 선언의 단계에서 이행의 구속력을 갖는 국가 간 협약의 단계로 도약하는 발전의 계기를 만들어 주었다.

셋째, 각 국가의 아동과 관련된 제반 법률 또는 아동정책과 사회복지서비스에 관한 내용들을 개선하고 보완할 수 있는 준거 틀을 마련해 주었다.

넷째, 협약은 자유, 평화, 복지라는 인류공동의 목표추구의 일환이라는 점에서 그 의의가 크다.

이 외에도 「유엔아동권리협약」은 아동이 고유한 권리를 가진 존재임을 천명하고, 아동의 권리에 대한 개념을 정의했다는 사실은 높이 평가되어야 한다. 더불어 아동의 생존을 위협하는 빈곤, 착취, 환경에 대해 법적으로 아동의 권리를 보장하였다는 점에서도 의미가 있다. 또한 「유엔아동권리협약」은 당사국들로 하여금 아동권리협약 이행 관련 국가보고서를 5년마다 제출하도록 의무화하고 아동의 상태에 대한 모니터링을 제도화함으로써 제도적 변화를 법적으로 규정했다는 점에서 의의가 크다고 할 수 있다.

(2) 기본원칙과 기본권리

유엔은 아동권리에 관해 비차별 원칙, 아동 최상의 이익 원칙, 생존 및 발달 보장의 원칙, 아동의 의견에 대한 존중의 원칙이라는 4개의 기본원칙과 생존권, 보호권, 발달권, 참여권이라는 4개의 기본권을 규정하고 있다. 이 원칙과 기본권은 협약의 전반적인 해석지침이자 모든 권리 영역에 적용된다. 또한 이러한 원칙과 기본권은 18세 미만의 모든 아동에게 최선의 이익 제공과 더불어 차별 없이 적용되어야 하며, 아동권리 실현의 책임이 우리에게 있음을 명시하고 있다.

1989년 유엔에서 「아동권리협약」이 채택된 이후 아동의 범주는 유아기까지 포함되었고, 이로써 유아는 하나의 인간으로서 인권의 적극적 향유 주체로, 유아 최선의 이익을 고려하여 어떠한 차별도 받아서는 안 될 존재로 인정받게 되었다(양순경, 2012 : 185). 「유엔아동권리협약」의 기본원칙과 기본권은 <표 1-6>과 같다.

표 1-6 「유엔아동권리협약」의 기본원칙과 기본권

기본원칙	내 용
제2조 비차별 (Non-discrimination)	모든 아동은 부모나 후견인의 인종, 성별, 종교, 언어, 재산, 장애 또는 기타의 여건에 관계없이 동등한 권리를 누려야 한다.
제3조 아동 최상의 이익 (Best Interests of the Child)	아동과 관련된 모든 사람은 아동에게 영향을 미치는 모든 것을 결정할 경우에는 아동의 이익을 최우선적으로 고려해야 한다.
제6조 생명·생존 및 발달 보장 (Survival and Development)	모든 아동은 생존과 발달을 위해 보호와 다양한 지원을 보장받아야 한다.
제12조 아동의 의사존중 (Participation Rights)	아동은 자신의 능력에 맞게 적절한 사회활동에 참여할 기회를 가지고, 자신의 생활에 영향을 주는 것에 대하여 자유롭게 자신의 의견을 표명할 수 있어야 하며 그 의견을 존중받을 수 있어야 한다.
기본권	**내 용**
생존권 (Right to Survival)	생존을 위한 기본적인 삶을 누리는 데 필요한 것을 보장받을 권리로 적절한 생활수준을 누릴 권리, 안전한 주거지에서 살아갈 권리, 충분한 영양을 섭취하고 기본적인 보건서비스를 받을 권리 등이다.
보호권 (Right to Protection)	학대와 방임, 차별, 폭력, 고문, 징집, 부당한 형사처벌, 과도한 노동, 약물과 성폭력 등 유해한 것으로부터 보호받을 권리이다.
발달권 (Right to Development)	아동의 신체적·정신적·인지적·사회문화적·도덕적으로 균형 있는 성장·발달 및 잠재능력의 개발을 보장하는 권리로 교육받을 권리, 여가를 즐길 권리, 문화생활 및 정보를 얻을 권리, 생각과 양심과 종교의 자유를 누릴 수 있는 권리 등이다.
참여권 (Right to Participation)	자신의 삶에 영향을 주는 문제들에 대해 자유롭게 의견을 말하고 존중받을 권리로 표현의 자유, 양심과 종교의 자유, 평화적인 방법으로 모임을 자유롭게 열 수 있는 권리, 사생활을 보호받을 권리, 유익한 정보를 얻을 권리 등이다.

4. 우리나라 아동권리의 변화

1) 방정환과 아동권리

역사적으로 볼 때 우리나라는 아동의 권리를 인정하는 사상이 여러 문헌에 기록되어 있다. 삼국사기에는 유리왕 5년에 이미 부모가 없는 아동을 위한 급식이 시행되었고, 고려 성종 13년에는 고아를 위해 10세까지 관에서 급식을 담당하였다.

그러나 유교사상이 중심이었던 전통사회에서는 아동의 권리가 인정되기보다 '장유유서'의 사상과 가부장적인 문화가 지배적이었다. 이러한 문화는 동학의 인내천 사상으로 인해 아동에 대한 존중 사상이 싹트면서 변화되었고, 아동에 대한 권리를 인정하기 시작하였다.

어린이 운동의 선구자였던 소파 방정환은 1921년 '어린이'란 말을 처음 사용하였다. 또한 아동을 무한한 잠재력을 가진 독립된 인격체로 보았으며, 방정환을 비롯한 색동회를 중심으로 '어린이날'을 만들면서 우리나라에서도 아동에 대한 인식이 본격적으로 변화되기 시작하였다. 이러한 배경에는 소파 방정환이 가지고 있던 동학과 천도교의 사상이 영향을 끼쳤다.

동학은 모든 사람에 대하여 한울님을 모신 평등한 존재로 인식하는 긍정적 인간관을 기반으로 하고 있다. 따라서 아동도 성인과 대등한 권리를 지닌 존재라는 아동존중 사상을 가지고 있었다. 특히 소파 방정환은 아동에 대해 환경을 능동적으로 개척하고 독특하게 성장할 수 있는 독립된 인격체로서 존중하였다. 일례로 어린이에게 존댓말 쓰기 실천 운동을 주도하는 등 아동의 인권회복을 적극적으로 주도하였다.

1924년 '아동권리에 관한 제네바 선언'에 앞서 한국은 이미 1923년 방정환 선생님의 「어린이 선언문」이 선포된 나라이며, 유엔의 1959년 아동권리선언에 앞서 1957년 어린이헌장을 제정하여 아동인권 관련 선언만큼은 선진적 상태에 있었다. 1991년 「유엔아동권리협약」 비준 시, 「아동복지법」은 물론, '청소년헌장'이 1990년에 이미 제정되었고, 청소년의 권리를 규정하는 「청소년기본법」 등이 1991년에 제정되는 등 아동보호를 위한 법과 제도가 갖추어져 있었다(이옥, 2013 : 56).

1923년 우리나라 최초의 아동권리선언이라 할 수 있는 「어린이 권리 공약 3장」의 내용을 살펴보면 첫째, 어린이를 재래의 윤리적 압박으로부터 해방하여 그들에 대한 완전한 인격적 예우를 허하라는 아동의 인격적인 독립 선언이다. 둘째, 어린이를 재래의 경제적 압박으로부터 해방하여 만 14세 이하의 그들에 대한 무상 또는 유상의 노동을 폐하라는 것으로 아동의 노동을 금지하고 있다. 셋째, 어린이에게 그들이 고요히 배우고 즐거이 놀 만한 각양의 가정 또는 사회적 시설을 행하라는 것으로 어린이의 문화적인 권리를 표방하고 있으며, 아동권리에 대해 포괄적으로 제시하고 있다.

2) 어린이헌장

우리나라 최초의 헌장인 「어린이헌장」은 1957년 3월 1일 한국 동화작가협회의 마해송을 포함한 7인이 문서화해 처음 선포하였다. 그리고 이를 '보건사회부'가 아동 및 모자관계단체, 관련 전문가들과 함께 심의, 보완 · 수정하여 같은 해 5월 5일 어린이날 내무부 · 법무부 · 문교부 · 보건사회부 장관 명의로 9개항으로 된 「어린이헌장」을 발표하였다. 「어린이헌장」은 1988년 '보건사회부'에서 전문과 11개 항으로 재개정하여 공포하였는데 기본 내용은 「제네바 선언」 및 「국제연합 아동헌장」에 나타난 사상과 흐름을 같이하고 있다. 1988년 개정되어 선포된 「어린이헌장」의 내용은 [그림 1－2]와 같다.

어린이헌장

"대한민국 어린이헌장은 어린이날의 참뜻을 바탕으로 하여 모든 어린이가 차별 없이 인간으로서의 존엄성을 지니고 나라의 앞날을 이어나갈 새사람으로 존중되며 아름답고 씩씩하게 자라도록 함을 길잡이로 삼는다."

① 어린이는 건전하게 태어나 따뜻한 가정에서 사랑 속에 자라야 하며, 가정이 없는 어린이에게는 이를 대신할 수 있는 알맞은 환경을 마련해 주어야 한다.

② 어린이는 몸과 마음이 튼튼하게 자라도록 균형 있는 영양을 취하고 질병의 예방과 치료를 받으며 공해 없는 깨끗한 환경에서 살아야 한다.

③ 어린이는 누구나 교육을 받을 수 있어야 하고, 어린이를 위한 좋은 교육시설이 마련되어야 하며, 개인의 능력과 소질에 따라 교육이 이루어져야 한다.

④ 어린이는 빛나는 우리 문화를 이어받아 새로운 문화를 창조하고 발전시키도록 이끌어야 한다.

⑤ 어린이는 즐겁고 유익한 놀이와 오락을 위한 시설과 환경을 제공받아야 한다.

⑥ 어린이는 예절과 질서를 지키며 서로 돕고 스스로 책임을 다하는 민주시민으로 길러야 한다.

⑦ 어린이는 자연과 예술을 사랑하고 과학을 탐구하는 마음과 태도를 길러야 한다.

⑧ 어린이는 위협으로부터 먼저 보호되어야 하고, 안전을 지킬 수 있는 지도를 받아야 한다.

⑨ 어린이는 학대를 받거나 버림을 당해서는 안 되고, 나쁜 일과 짐이 되는 노동에 이용되지 말아야 하며, 해로운 사회 환경으로부터 보호받아야 한다.

⑩ 몸이나 마음에 장애를 가진 어린이는 필요한 교육과 치료를 받아야 하고, 빗나간 어린이는 선도되어야 한다.

⑪ 어린이는 우리의 내일이며 소망이다. 겨레의 앞날을 짊어질 한국인으로, 인류의 평화에 이바지할 수 있는 세계인으로 키워야 한다.

[그림 1-2] 어린이헌장

출처 : 보건사회부(1988). 어린이헌장.

3) 아동복지법

아동복지를 위한 「아동복리법」은 1961년 요보호아동을 구제하기 위한 일종의 보호법으로 시작되었다. 특히 우리나라가 급속도로 발전하는 과정에서 결손가정의 증가 및 가족해체 현상이 심화되었고, 이러한 변화 가운데 「아동복리법」은 1981년 「아동복지법」으로 전면 개정되었다. 이후 「유엔아동권리협약」의 내용이 제대로 반영되지 못한 채 1997년 다시 개정되었다. 그리고 2000년에는 「유엔아동권리협약」의 내용을 어느 정도 반영하여 전면 개정하였으며 2008년에도 일부 개정되었다.

우리나라도 아동의 권리에 대한 인식이 향상됨에 따라 요보호아동뿐만 아니라 일반아동에 대한 복지를 보장하는 법률의 필요성이 대두됨에 따라 「아동복지법」은 2011년 다시 한 번 전면 개정되어 시행되고 있다. 2012년 이후 시행되고 있는 「아동복지법」은 아동의 권리를 보장하기 위해 「유엔아동권리협약」의 중요 이념을 반영하고 있으며, 이를 지키기 위해 보호자 및 국가의 책무를 명시하고 있으므로 아동권리 실천의 적용과 이행에 지표의 역할을 할 수 있을 것이다. 전면 개정된 「아동복지법」의 목적과 기본이념은 [그림 1-3]과 같다.

제1조 목적

이 법은 아동이 건강하게 출생하여 행복하고 안전하게 자랄 수 있도록 아동의 복지를 보장하는 것을 목적으로 한다.

제2조 기본이념

① 아동은 자신 또는 부모의 성별, 연령, 종교, 사회적 신분, 재산, 장애 유무, 출생지역, 인종 등에 따른 어떠한 종류의 차별도 받지 아니하고 자라나야 한다.
② 아동은 완전하고 조화로운 인격발달을 위하여 안정된 가정환경에서 행복하게 자라나야 한다.
③ 아동에 관한 모든 활동에 있어서 아동의 이익이 최우선적으로 고려되어야 한다.
④ 아동은 아동의 권리보장과 복지증진을 위하여 이 법에 따른 보호와 지원을 받을 권리를 가진다.

[그림 1-3] 「아동복지법」의 목적과 기본이념

4) 아동권리헌장

'보건복지부'는 2016년 아동권리를 직접적으로 명시한 「아동권리헌장」을 제정하였으며, 「아동권리헌장」이 제정된 배경은 다음과 같다.

첫째, 「유엔아동권리협약」(1989년 제정)을 준거로 하여 아동 최우선의 관점에서 우리나라 아동이 처한 현실을 삶의 모든 영역에서 개선하는 노력이 시급하다. 이는 1991년 「유엔아동권리협약」에 비준하였으나 아동의 '삶의 만족도'는 OECD 최하위이며 아동권리에 관한 인식수준도 낮다는 데에서 기인하였다.

둘째, 「아동권리헌장」의 법적 효력은 없으나 아동이 스스로 자신의 권리를 알고 지킬 수 있도록 하고 어른도 아동의 권리를 이해하고 존중하는 인식을 확립할 필요가 있다. 이는 「어린이헌장」(1957년 제정, 1988년 개정) 및 「청소년헌장」(1990년 제정, 1998년 개정)은 「유엔아동권리협약」의 이념과 내용을 충분히 반영하지 못하며, 아동을 독립된 권리의 주체로 보지 않고 성인 중심의 아동양육 시각이 남아 있으며 권리의 범위도 제한적이기 때문이다.

셋째, 「아동권리헌장」은 제1차 아동정책기본계획(2015~2019년)의 비전인 "행복한 아동, 존중받는 아동" 실현에 기반이 될 것으로 향후 아동 NGO 및 관계 부처와 협조하여 아동권리교육 강화 및 확대 시 적극 활용하기 위함이다.

이러한 제정배경을 바탕으로 2016년 제정된 「아동권리헌장」은 [그림 1-4]와 같다.

아동권리헌장

모든 아동은 독립된 인격체로 존중받고 차별받지 않아야 한다. 또한 생명을 존중받고, 보호받으며, 발달하고 참여할 수 있는 고유한 권리가 있다. 부모와 사회, 국가와 지방자치단체는 아동의 이익을 최우선적으로 고려해야 하며, 다음과 같은 아동의 권리를 확인하고 실현할 책임이 있다.

① 아동은 생명을 존중받아야 하며 부모와 가족의 보살핌을 받을 권리가 있다.

② 아동은 모든 형태의 학대와 방임, 폭력과 착취로부터 보호받을 권리가 있다.

③ 아동은 출신, 성별, 언어, 인종, 종교, 사회·경제적 배경, 학력, 연령, 장애 등의 이유로 차별받지 않을 권리가 있다.

④ 아동은 개인적인 생활이 부당하게 공개되지 않고 보호받을 권리가 있다.

⑤ 아동은 신체적·정신적·사회적으로 건강하게 성장하고 발달하는 데 필요한 기본적인 영양, 주거, 의료 등을 지원받을 권리가 있다.

⑥ 아동은 자신이 살아가는 데 필요한 지식과 정보를 알 권리가 있다.

⑦ 아동은 자유롭게 상상하고 도전하며 창의적으로 활동하고 자신의 능력과 소질에 따라 교육받을 권리가 있다.

⑧ 아동은 휴식과 여가를 누리며 다양한 놀이와 오락, 문화·예술 활동에 자유롭고 즐겁게 참여할 권리가 있다.

⑨ 아동은 자신의 생각이나 느낌을 자유롭게 표현할 수 있으며, 자신에게 영향을 주는 결정에 대해 의견을 말하고 이를 존중받을 권리가 있다.

2016년 5월 2일

[그림 1-4] 아동권리헌장

출처 : 보건복지부(2016). 아동권리헌장.

5. 우리나라의 인권 관련 기관

1) 아동권리 모니터링센터

우리나라는 1990년 「유엔아동권리협약」에 서명하고, 1991년 당사국이 되었으므로 동 협약 제4조에 의하여 아동의 권리 실현을 위한 행정적 · 입법적 조치를 취해야 하는 의무를 가지고 있다. 이에 '아동정책조정위원회'의 협약이행과 관련한 기능을 보완하기 위하여 2006년 10월부터 아동권리 모니터링을 위한 독립기구인 '아동권리 모니터링센터'를 설치하여 국책연구기관인 한국보건사회연구원 내에서 운영하였다. 이후 2012년부터 2013년까지 민간단체인 NGO 굿네이버스에서의 위탁 · 운영을 거쳐 2014년 이후부터는 '국가인권위원회'에서 담당하고 있다. 이는 2003년 유엔아동권리위원회가 아동인권교육을 실시하도록 권고하였고 권고에 대한 이행점검 및 공공기관에 의한 관련 법이나 제도 등에 대한 개선을 위한 모니터링이 필요하였기 때문이다.

일반적으로 모니터링(monitoring)의 사전적 의미는 어떠한 사안을 '감시'한다는 의미이다. 따라서 아동권리 모니터링이란 아동권리의 현주소를 감시하는 활동이라 할 수 있지만, 협약 등 인권에 관한 국제법규범에서의 모니터링이란 감시활동을 포함하여, 활동이 아동의 권리를 이해하는 과정이어야 할 것과 활동의 결과가 실질적으로 아동의 권리실현에 기여할 것을 의미하고 있다(김형욱, 2011 : 5).

아동권리 모니터링센터의 기능은 아동권리에 대한 정보를 수집 · 정리하고, DB를 구축하여 센터 홈페이지를 통하여 서비스를 제공한다. 그리고 아동 관련 정책 조정 및 협약 이행사항에 대한 다양한 정책을 검토하여 장애요인을 파악한 후 아동권리 관련 법 및 정책 서비스의 개선을 촉구하는 것이다. 더불어 아동권리협약과 실제 아동의 상황 차이를 파악하여 이를 극복하기 위한 연구와 아동권리 강화를 위한 적극적인 홍보활동을 수행하는 것이다. 따라서 '아동권리 모니터링센터'는 효율적인 모니터링이 이루어질 수 있도록 전문가와 아동으로 '아동옴부즈퍼슨'을 위촉하여 아동의 권리와 관련된 모든 정책을 모니터링하고 있다.

옴부즈만(Ombudsman)제도는 1809년 스웨덴에서 처음 명문화되어 북유럽에서 발전되었다. 이 제도의 취지는 행정권의 오・남용으로 인한 국민의 자유와 권리 침해 문제를 해결하고 방지하고자 하는 권리 구제를 위한 제도였다.

그러나 우리나라의 '옴부즈퍼슨'은 아동권리 보장을 위해 독립적 인권기구로 아동의 권리 보장 이행에 대한 정보 수집 및 법제 개선, 정책 제안 및 평가를 담당하고 있다. 더불어 아동의 권리에 대한 침해가 발생했을 때 아동의 대리인으로서 고충을 접수하고, 중립적 입장에서 조사하여 필요한 경우 시정 조치를 권고하는 등의 역할을 수행한다. 이러한 기능 수행을 위해 '옴부즈퍼슨'의 활동에 대한 독립성 및 자율성, 법적 조사권 등이 확보되어야 하며 아동권리에 대해 책임감을 가질 수 있는 체계적인 교육과 양성이 수반되어야 한다.

2) 국가인권위원회

「국가인권위원회법」 제1조에 "이 법은 국가인권위원회를 설립하여 모든 개인이 가지는 불가침의 기본적 인권을 보호하고 그 수준을 향상시킴으로써 인간으로서의 존엄과 가치를 구현하고 민주적 기본질서 확립에 이바지함을 목적으로 한다"고 규정되어 있다. 이러한 취지에 맞추어 2001년 11월에 출범한 '국가인권위원회'는 입법, 사법, 행정부에 소속되지 않은 무소속 독립 국가기구이자 준사법기구이며, 준국제기구인 종합적 인권전담기구이다. 모든 국민의 인권을 보장하기 위해 설립된 국가인권 위원회의 설립목적은 [그림 1-5], 주요기능은 <표 1-7>과 같다.

[그림 1-5] 국가인권위원회 설립목적

출처 : 국가인권위원회 홈페이지. www.humanrights.go.kr

표 1-7 국가인권위원회의 주요기능

기 능	내 용
정 책	• 법령 · 제도 · 정책 · 관행의 조사 · 연구 및 개선 권고 · 의견 표명 • 국제인권조약 가입 및 조약의 이행에 관한 권고 · 의견 표명
조사 · 구제	• 국가기관, 지방자치단체 또는 구금 · 보호시설의 인권침해 조사 · 구제 • 법인, 단체 또는 사인(私人)에 의한 평등권 침해의 차별행위 조사 · 구제 • 성희롱 조사 · 구제 • 「장애인차별금지 및 권리구제 등에 관한 법률」 및 「고용상 연령차별금지 및 고용촉진에 관한 법률」에 따른 조사 · 구제
교육 · 홍보	• 국민의식 향상을 위한 교육 • 인권문화 확산 및 홍보
국내 · 외 협력	• 국내 인권단체 및 개인과 협력 • 인권 관련 국제 기구 및 외국 인권기구와 교류 · 협력

출처 : 국가인권위원회 홈페이지(www.humanrights.go.kr) 주요기능 재구성.

3) 한국인권재단

한국인권재단은 1999년 유엔 세계인권선언 50주년 기념사업위원회를 기반으로 설립된 비영리 민간재단이다. 주요사업은 아시아(Asia), 기업(Business)과 인권, 도시 · 지역사회(City)와 인권 그리고 개발협력(Development Cooperation)과 인권, 인권 교육(Education)과 리더십 사업으로 구성되어 있다. ABCDE 프레임은 인권교육(E)을 기본 토대로 삼고, 기업과 인권(B), 인권도시(C) 그리고 인권기반 개발협력(D)을 3개 주축으로 하여 아시아(A)를 향해 나아간다는 의미를 담고 있다. 한국인권재단의 설립목적은 [그림 1-6]과 같다.

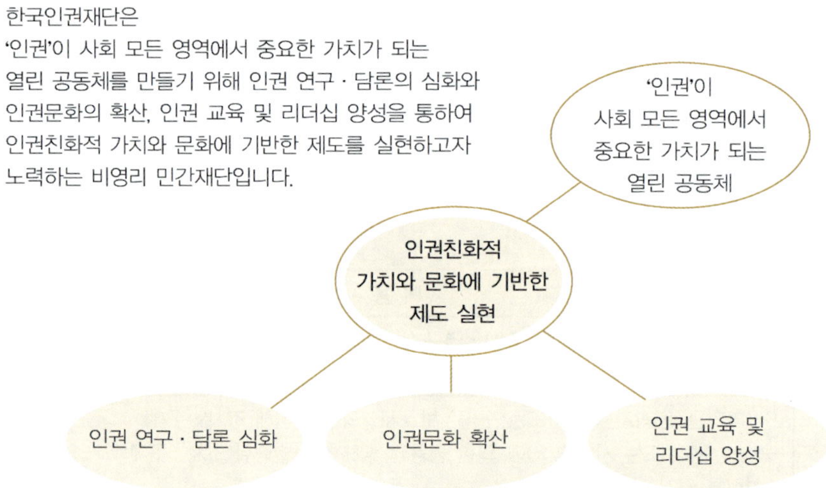

[그림 1-6] 한국인권재단 설립목적

출처 : 한국인권재단 홈페이지. www.humanrights.or.kr

요점정리

1. 아동 인권의 이해
   1) 인권의 개념－「대한민국헌법」 및 법률에서 보장하거나 대한민국이 가입·비준한 국제 인권조약 및 국제관습법에서 인정하는 인간으로서의 존엄과 가치 및 자유와 권리로, 인권의 특성은 보편성, 이성과 양심, 인간의 본질적 욕구와 이익, 차별금지
   2) 아동 인권의 개념－아동이 가지고 있는 정신적·신체적 요구를 법적으로 승인하는 것이고, 아동의 인격을 전면적으로 발달시키는 것을 목적으로 하여 생존을 확보하는 것

2. 아동권리의 이해
   1) 아동권리의 개념－아동이 인간으로서 누려야 할 기본적 제 권리를 총칭하는 것
   2) 아동권리의 유형－인간으로서 가지는 기본적인 권리와 생애 시기적 특수성에 입각해 보호와 배려를 받을 권리로 제공. 보호권, 복지권, 발달권, 참여권 등

3. 아동권리에 관한 국제적 기준의 변화
   1) 아동권리의 국제적 기준 변화
   2) 제네바 선언－아동권리에 대한 세계 최초의 선언으로 발달의 보장, 아동의 보호, 아동의 구제 최우선, 자립지원과 착취로부터의 보호, 아동양육의 원칙 명시
   3) 유엔아동권리선언－성명과 국적을 가질 권리, 차별받지 않을 권리, 이름과 국적을 가질 권리, 교육과 보건서비스, 장애아동의 특별한 보호 등에 대한 내용
   4) 유엔아동권리협약－아동권리보호를 목적으로 만들어졌으며, 아동권리의 중요성을 강조한 국제적 의지표현으로 우리나라도 1991년에 비준국이 되었음. 아동인권에 관해 비차별 원칙, 아동 최상의 이익 원칙, 생존 및 발달 보장의 원칙, 아동의 의견에 대한 존중의 원칙이라는 기본원칙과 생존권, 보호권, 발달권, 참여권이라는 기본권 규정

4. 우리나라 아동권리의 변화
   1) 방정환과 아동권리－동학의 인내천 사상으로 인해 아동에 대한 권리를 인정하기 시작하여 1923년에 최초로 방정환 선생님의 어린이 선언문 및 1957년 어린이헌장 제정
   2) 어린이헌장－제네바 선언 및 국제연합 아동헌장에 나타난 사상과 비슷
   3) 아동복지법－아동의 권리를 보장하기 위해 유엔아동권리협약의 중요 이념을 반영하고 있으며, 이를 지키기 위해 보호자 및 국가의 책무 명시
   4) 아동권리헌장－보건복지부에서는 아동권리를 위하여 2016년 아동권리헌장 공포

5. 우리나라의 인권 관련 기관

1) 아동권리 모니터링센터－2006년부터 아동의 권리와 관련된 모든 정책 모니터링
2) 국가인권위원회－모든 국민의 인권을 보장하기 위해 모든 개인의 기본적 인권 보호·향상, 인간으로서의 존엄과 가치구현을 통한 민주적 기본질서 확립이 목적
3) 한국인권재단－1999년 유엔 세계인권선언 50주년 기념사업위원회를 기반으로 인권친화적 가치와 문화에 기반한 제도 실현을 목적으로 설립된 비영리 민간재단

Quiz

1. 인간과 권리라는 단어의 합성으로 인간이 인간답게 살아가는 데 최소한으로 필요한 것을 정당하게 요청할 천부적인 권리는? (　　　　　　　　　　)
2. 아동권리에 대한 세계 최초의 선언은? (　　　　　　　　　　)
3. 유엔아동권리협약이 명시한 기본권과 관련이 없는 것은? (　　)
   ① 생존권　② 보호권　③ 참여권　④ 존중권
4. 우리나라 최초의 아동권리선언이라 할 수 있는 「어린이 권리 공약 3장」을 선포한 사람은? (　　　　)
5. 아동권리 모니터링을 위해 설치된 기관은? (　　　　　　　　　　)

생각 나누기

1. 나의 인권이나 권리가 무시당했던 경험을 토론해 보시오.
2. 아동의 권리와 인권이 보호되어야 하는 것인지, 아니면 통제되어야 하는지에 대한 나의 생각을 피력해 보시오.
3. 아동권리를 보호하기 위하여 실현할 수 있는 방안에 대하여 토론하시오.

참고문헌

권영성(2008). **헌법학원론**. 서울 : 법문사.

김정래(2002). **아동권리 향연**. 경기 : 교육과학사.

김형욱(2011). 아동권리모니터링 제도운영에 관한 고찰. **아동과 권리**, 15(1), 1-19.

보건복지부(1988). 아동권리헌장.

보건사회부(2016). 어린이헌장.

서울특별시(2012). 서울특별시 어린이 · 청소년 인권조례.

신순갑(2015). **인권적 관점으로 본 학교폭력**. **2015 인권친화적 학교문화 조성을 위한 교사직무연수**. 서울시교육청.

양순경(2012). 유아권리에 대한 교사의 의식에 관한 연구. **아동교육**, 21(2), 181-196.

오선영(2016). **아동의 인권침해 경험이 심리적 안녕감에 미치는 영향 : 인권 상황인식과 인권 감수성의 매개효과를 중심으로**. 이화여자대학교 대학원 석사학위논문.

오정수, 정익중(2013). **아동복지론**(제2판). 서울 : 학지사.

유니세프(2009). **세계 아동 현황 보고서 유엔아동권리협약 20주년 특별판**. 유니세프한국위원회.

이미래(2012). **보육교사의 인권감수성과 아동인권인식에 관한 연구**. 중앙대학교 사회개발대학원 석사학위논문.

이미숙(2010). **영유아 인권 및 인권교육에 대한 실태 및 교사 인식분석**. 아주대학교 교육대학원 석사학위논문.

이옥(2013). 아동중심 아동지표 연구. **아동과 권리**, 7(1), 56-78.

조효제(2015). **조효제 교수의 인권오디세이**. 경기 : 교양인.

최윤영(2013). 아동복지법제의 개선에 관한 연구-권리와 전달체계를 중심으로-. 이화여자대학교 대학원 박사학위논문.

유니세프 편(2016). 최지민. 지구촌의 약속 : 유엔아동권리협약. **행복한 지구촌을 만드는 유니세프 아동권리교육 : 2017 초등교원을 위한 교사직무연수 자료집**. 유니세프.

충북육아종합지원센터(2014). 어린이집 아동학대 예방교육. 충북육아종합지원센터.

황옥경(2012). 영유아기 권리에 대한 유엔의 권고 분석 : 유엔아동권리위원회의 일반논평을 중심으로. **아동과 권리**, 16(1), 27-49.

Freeman, M.(1992). Talking children's rights more seriously. *The International Journal of Law and the Family*, *1*, 42-47.

University of Cambridge & WHO(2015). Global strategies to reduce violence by 50% in 30 years, findings from, the who and University of Cambridge Global Violence Reduction Conference 2014.

Wringe, C. A.(1981). *Children's rights*. London : Routledge and Kegan Paul.

충청투데이(2016. 1. 11).

국가법령정보센터. www.law.go.kr

국가인권위원회. www.humanrights.go.kr

서울 정보소통광장. opengov.seoul.go.kr

한국인권재단. www.humanrights.or.kr

CHAPTER

02

아동복지의 이해

현대사회는 산업화가 급격하게 진행되면서 가족의 구조 및 가족관의 변화, 기혼여성의 취업, 아동인구의 감소, 이혼율의 급증으로 인한 가족해체의 증가 추세, 빈부격차 심화, 빈곤아동의 증가 등의 사회적 문제가 크게 떠오르면서 아동의 복지문제가 크게 대두하였다. 한 사회의 미래를 이끌어 갈 아동은 건전하게 출생하여 행복하고 건강하게 육성되도록 생활을 보장해야 한다. 그러나 우리나라는 아동을 권리와 책임의 주체로 인식시키고, 사회적 존재로서의 아동, 환경 주체로서의 아동으로 발전하기 위해 풀어야 할 과제가 산재해 있다.

이 장에서는 아동복지의 이해를 바탕으로 아동복지의 개념과 기본전제와 아동복지 대상 및 유형에 대해 파악함으로써 아동복지의 기초적인 이해를 돕고자 한다.

마인드맵

■ 아동복지의 이해

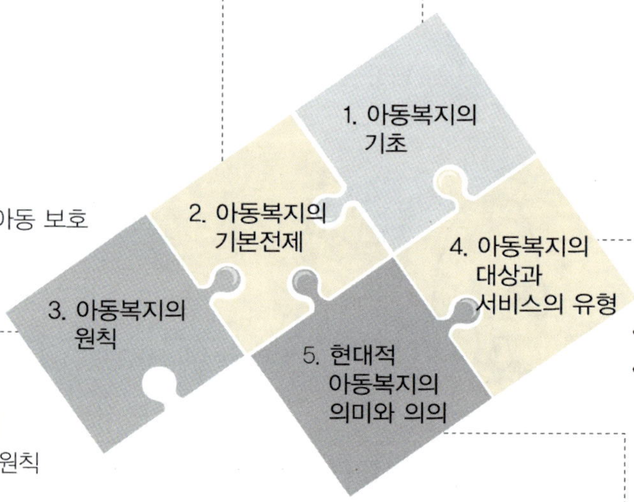

1. 아동복지의 기초
- 아동의 개념
- 아동복지의 개념
- 아동복지의 필요성

2. 아동복지의 기본전제
- 안정된 부모와 가정
- 경제적 안정
- 교육받을 권리
- 건강
- 놀이와 여가
- 노동으로부터 보호
- 특수한 욕구를 가진 아동 보호
- 종교와 도덕

3. 아동복지의 원칙
- 권리와 책임의 원칙
- 보편성과 선별성의 원칙
- 개별성의 원칙
- 포괄성의 원칙
- 전문성의 원칙
- 예방성과 치료성의 원칙

4. 아동복지의 대상과 서비스의 유형
- 아동복지의 대상
- 아동복지서비스의 유형

5. 현대적 아동복지의 의미와 의의
- 아동복지의 의미
- 아동복지의 의의

학습목표

1. 아동복지의 개념을 정의할 수 있다.
2. 아동복지의 기본전제에 대해 설명할 수 있다.
3. 아동복지의 대상과 유형에 대해 제시할 수 있다.
4. 현대적 아동복지의 의미와 의의에 대해 설명할 수 있다.

주요용어

- **아동복지연령** : 아동이라 함은 18세 미만의 자를 말한다고 규정하고 있음
- **요보호아동** : 가족이나 지역사회로부터 적절히 보호받지 못하는 아동을 말한다. 즉, 부모의 사망과 이혼 등으로 부모의 보호를 받지 못하는 아동, 빈곤아동, 장애아동 등은 가장 전형적인 요보호아동
- **아동복지** : 모든 아동을 대상으로 인간다운 생활을 할 수 있도록 의무적인 방법으로 예방, 치료하는 총체적인 체계, 즉 공사의 제 기관에서 실시하는 사회적·경제적·보건적인 제 활동
- **지지적 서비스** : 부모와 자녀가 자신들의 책임성을 효율적으로 수행할 수 있도록 그들의 능력을 지원하고 강화시켜 주는 서비스를 의미
- **보충적 서비스** : 지지적 서비스와는 달리 가정 내에서 전개되는 서비스의 형태를 말함
- **대리적 서비스** : 아동이 가정을 이탈하여 다른 체계에 의해서 보호받는 서비스를 말함

사 례 **아동복지서비스 강화**

현재 취약계층 아동을 대상으로 실시하고 있는 드림스타트 사업을 지역사회와 연계해 올해 한층 더 강화할 방침이다. 의왕시가 올해 추진할 드림스타트 사업대상 아동은 생계·의료 급여자 36명, 한부모가정 102명, 차상위계층 126명, 일반 보호대상 7명 등 모두 271명이다. 드림스타트 사업에 참여하는 복지공급 자원은 사회복지사, 보육교사, 주민자치위원, 통반장 등 1,900여 명과 복지관, 아동복지시설 등 복지 관련 시설 387곳이다. 0세(임신부)부터 만 12세까지의 초등학생 이하 어린이 및 그 가족을 대상으로 실시되는 드림스타트 사업은 크게 기본서비스 및 필수서비스, 맞춤서비스, 지역사회 조직화 등 4개 분야에 걸쳐 단계적으로 서비스가 이뤄진다. 기본서비스는 가정방문 등을 통해 서비스 제공계획을 수립하고 이에 따라 아동별 서비스를 제공하는 단계이다. 필수서비스는 아동들에게 건강검진, 영양교육, 예방접종 등 8개의 서비스를 제공한다. 또 임산부에게는 산전·산후 검진, 예비부모 교육을 실시하고 부모에게는 자녀발달 및 양육 교육을 제공한다. 맞춤형 서비스는 개별 상황에 따른 맞춤형 복지서비스를 지원하는 것으로 건강·신체 분야, 인지·언어 분야, 정서·가족 분야, 부모 지원 분야 등 영역별로 지원이 제공된다.

신성숙 의왕시 드림스타트 팀장은 “2017년에도 다른 지역과는 차별화된 드림스타트 사업을 통해 취약계층 아동이 건강하게 성장할 수 있도록 지원할 예정”이라며 “지역사회와 함께 아이들에게 지난해보다 더 전문화된 서비스를 제공하도록 노력하겠다”고 말했다. 의왕시 드림스타트 사업은 2014년에 드림스타트 사업평가에서 우수성을 인정받아 보건복지부장관상을 받았으며, 2015년에는 우수기관으로 선정된 바 있다.

출처 : KNS뉴스통신(2017. 3. 8).

1. 아동복지의 기초

1) 아동의 개념

아동의 개념은 보는 관점에 따라 다양하게 정의될 수 있다. 그러나 일반적으로 아동은 신체적·인지적·정서적·사회적 측면의 각 발달영역이 통합되어 전인으로서 발달해 가는 존재로 독립된 인격을 가진 권리의 주체이자 개별성을 지닌 독자적 존재로 개념화되고 있다(공계순 외, 2010 : 22-23 재인용).

아동의 사전적 정의는 일반적으로 유아기와 청소년기의 중간, 즉 6~12세 정도의 어린이(어학사전)를 의미하거나, 「초·중등교육법」에서는 만 6~12세까지를 초등학교 의무교육을 받아야 할 학령아동으로 규정하고 있다. 또 아동기는 신체적·사회적·정서적·지적 발달의 속도가 매우 현저하므로, 이를 다시 아동전기와 아동후기로 나누기도 한다. 즉, 6~8세까지를 아동전기, 9~12세까지를 아동후기로 하여 발달단계를 구분한다. 아동기의 앞을 유아기(3~5세), 아동기 이후를 청소년전기(12~14세)라고 한다(두산백과). 아동의 연령은 법적 관점, 발달적 관점, 교육적 관점에 따라 구분되고 범주화될 수 있다.

(1) 법적 관점

일반적으로 '아동'의 연령은 '18세 미만'으로 알려져 있지만, 법과 사회적 통념에 따라 상당한 차이가 있다. 「아동복지법」 제3조에서는 "아동이라 함은 18세 미만의 자를 말한다"고 규정하고 있으나 「청소년기본법」에서 규정하고 있는 청소년의 연령, 즉 9세 이상 24세 이하와 중복되어 혼란이 야기되기도 한다. 법적인 관점에서의 아동에 대한 규정은 <표 2-1>과 같다.

표 2-1 법적인 관점의 아동 규정

관련 법률	용 어	아동의 정의
유엔아동권리협약	아동	18세 미만
아동복지법	아동	18세 미만
영유아보육법	영유아	6세 미만
청소년기본법	청소년	9세 이상 24세 이하
청소년보호법	청소년	19세 미만
소년법	소년	20세 미만
한부모가족지원법	아동	18세 미만
입양특례법	아동	18세 미만
근로기준법	연소자	18세 미만
민법	미성년자	20세 미만
국민기초생활보장법	아동	18세 미만
실종아동 등의 보호 및 지원에 관한 법률	실종아동	실종신고 당시 18세 미만

출처 : 윤매자 외(2014). 아동복지론, p. 14 재구성.

(2) 발달적 관점

발달(development)은 일반적으로 생명체가 수정된 태아기부터 죽음에 이르기까지 전 생애에 걸쳐서 양적, 혹은 질적으로 일어나는 연속적인 변화를 의미한다. 즉, 개인이 외형적으로 관찰되는 키, 몸무게 등의 생물학적인 성장과 유전이나 타고난 잠재력의 영향에 따라 질적으로 성숙되는 것을 포함한다. 그러나 발달은 각 개인이 경험하는 것과 더불어 환경의 작용에 따라 발달의 차이를 가져오게 된다. 발달적 관점에서의 아동 관련 개념은 <표 2-2>와 같다.

표 2-2 발달적 관점에서의 아동 관련 개념

연령별 구분	용 어	특 징
수태~출생 (태내기)	태아	• 정자와 난자가 결합한 세포가 하나의 생명체로 성장 • 인간발달의 초석이 되는 태내 환경의 시기 • 탯줄을 통해 태반으로부터 어머니의 영양을 먹고 자람
출생~2세 (영아기)	영아	• 태내 환경과 상이한 새로운 환경에 적응해야 하는 시기 • 인생의 안녕을 위한 기반이 되는 가장 중요한 시기 • 양육자와 애착관계가 가장 중요한 시기 • 신체의 성장과 발달이 급등하는 제1의 성장급등기
2~6세 (유아기)	유아	• 인지능력이 발달하고 상상과 환상이 풍부해지는 시기 • 주변 환경에 대한 탐색이 활발해지는 시기 • 상징을 사용하고 자기중심적인 태도를 보이는 시기 • 어휘습득이 풍부해지고 타인과의 상호작용이 활발해지는 시기
6~12세 (아동기)	아동	• 초등학교 시기의 학령기 아동 • 생활의 중심이 가정에서 학교로 옮겨져 또래집단의 비중이 커짐 • 신체의 성장이 느려지고 기억력과 언어기술이 증가하는 시기 • 보존개념을 획득하고 자아중심적 사고에서 벗어나는 시기
12~18세 (청소년기)	청소년	• 중고등학교 시기의 아동 • 논리적인 추론 및 추상적인 원리를 이해하는 시기 • 아동과 성인 사이의 과도기 • 급격한 성장이 이루어지는 제2의 성장급등기

출처 : 한성심, 송주미(2014). 아동복지론, p. 89 재구성.

(3) 교육적 관점

교육적 관점에서 아동의 연령을 구분하려는 다양한 시도 중 대표적인 것으로 루소(Rousseau)와 코메니우스(Comenius)를 들을 수 있다. 루소의 저서 『에밀(Emile)』, 코메니우스의 『대교수학(The Great Didactic)』에 제시된 교육단계를 통해 아동연령을 <표 2-3>과 같이 구분하였다.

표 2-3 교육적 관점의 아동연령

루소의 교육단계		코메니우스의 교육단계	
교육단계	연 령	교육단계	연 령
신체발육	출생~5세	어머니 무릎학교(유아기)	출생~6세
감각기관 훈련	5~12세	모국어 학교(아동기)	6~12세
지식교육	12~15세	라틴어 학교(청소년기)	12~18세
도덕과 종교교육	15~20세	대학(청년기)	18~24세

출처 : 이순자 외(2014). 아동복지론, p. 12 재인용.

2) 아동복지의 개념

아동복지는 아동(child)과 복지(welfare)의 합성어로, 여기서 welfare라는 영어단어는 well(잘, 훌륭히, 충분히)이라는 부사와 fare(살아가다, 지내다)라는 동사의 합성어이며 '편안히 잘 지내는 것'을 의미한다. 결국 복지(welfare)란 '잘 지낸다', '순조롭게 되어 가다'라는 뜻을 가지고 있는 안녕(well-being), 행운(good fortune), 행복(happiness), 번영(prosperity) 등과 동의어로 쓰이며, 더할 나위 없이 만족스러운 삶, 아동이 편안히 잘 지낸다는 상태를 뜻한다고 볼 수 있다.

카두신(Kadushin)은 아동복지를 광의(廣意)와 협의(狹意)로 나누어 정의하였는데 "넓은 의미에서 아동복지는 모든 아동들의 행복과 사회적응을 위해 심리적·육체적 잠재력을 개발시켜 주기 위한 각종의 방법을 말하며, 좁은 의미의 아동복지는 특수한 문제를 가진 아동과 그 가정을 대상으로 전문적인 기관에서 행하는 서비스"라고 강조하였다(Kadushin, 1980 : 39). 그 이후로 개정판에서 카두신과 마틴(Kadushin & Martin, 1988)은 아동복지를 "부모가 자녀양육의 책임을 완수하지 못하거나 지역사회가 아동과 가족이 필요로 하는 보호와 자원을 제공하지 못하는 경우 아동에게 제공하는 서비스"라고 규정하였다(공계순, 2013 : 39).

프리들랜더(Friedlander)는 "아동복지는 빈곤, 방치, 유기, 질병, 결함 등을 지닌 아동, 혹은 환경에 적응하지 못하는 비행아동들에게만 관심을 두는 것이 아니다. 아동복지란 모든 아동이 신체적 · 지적 · 정서적 발달에 있어서 안전하고 행복할 수 있도록 위험에서 지키며 이를 보호하기 위하여 공사의 제 기관에서 실시하는 사회적 · 경제적 · 보건적인 제 활동들이다"라고 정의하면서 아동복지의 대상을 보다 명확히 제시하였다(공계순, 2006 : 39).

메이어(Meyer)는 "아동복지는 지속적인 사회체계의 하나로 아동의 복지를 증진시키기 위한 사회제도이며, 하나의 전문직으로서 사회사업의 한 분야"라고 정의하여 사회복지 전문직의 한 분야로서 아동복지를 강조하였다(이재연 외, 2008 : 35 재인용).

우리나라 『사회복지사전』에 의하면, "아동복지란 일반적으로 특수한 장애를 가진 아동뿐만 아니라 모든 아동들이 가족 및 사회의 일원으로서 육체적으로나 정신적으로 건전하게 성장 · 발달할 수 있도록 지역사회나 사회복지서비스 분야에 있는 공 · 사 단체나 기관들이 협력하여 아동복지에 필요한 사업을 계획하며 실행에 옮기는 조직적인 활동"이라고 정의하였다. 「아동복지법」 제1조에서는 "아동이 건강하게 출생하여 행복하고 안전하게 자랄 수 있도록 아동의 복지를 보장하는 것을 목적으로 한다"고 규정하고 있다. 아동복지란 기본적으로 아동의 복지를 증진하는 것으로 아동에 관한 문제나 심리상태를 현상학적으로만 연구하는 순수과학이 아니다. 따라서 아동의 심리적인 면과 그가 속해 있는 사회조건과의 관계 속에서 아동문제에 대해 가능한 해결 방법을 찾고 이들에게 도움을 주고자 하는 응용과학이라고 할 수 있다.

이상과 같이 아동복지에 대한 정의는 시대의 흐름에 따라 학자에 따라 다양하게 정의하고 있으며, 현대사회에서는 모든 아동을 대상으로 하는 광의의 개념으로 확대, 발전되었다. 결론적으로 아동복지에 대한 개념을 정리하면 모든 아동이 가족 및 사회의 일원으로 건강하고 건전하게 성장할 수 있도록 개인과 민간 및 국가가 서로 협력하여 아동의 행복을 보장하는 것이라고 할 수 있다.

3) 아동복지의 필요성

아동복지의 필요성에 대한 복지대책은 세 가지 관점에서 중요한 의미를 찾을 수 있다.

첫째, 아동 개인의 입장에서 볼 때 한 인간으로서 기본적 생활에 보장을 해야 한다. 아동은 보호와 양육이 필요한 존재이며, 사회적으로 성숙하게 자라기 위해서는 안정적인 울타리 안에서 타인의 도움을 받으며 성장을 해야 한다. 그러나 부모나 가족이 여러 어려움으로 인해 양육의 기능을 다하지 못할 경우, 부모나 가족을 도와 아동이 기본적인 생활을 유지하고 건강하게 성장할 수 있도록 아동복지의 일차적인 노력이 필요하다.

둘째, 사회적인 관점에서는 국가발전을 위한 인력의 보호와 육성이 필요하다. 우리나라는 1980년 이후부터 아동에 대한 관심이 증가되었으며, 아동이 한 사회와 국가의 장래뿐 아니라 세계의 장래에 깊이 관여하기 위해서는 각종 교육, 의료시설, 문화 들을 제공하고 이들의 건정 육성을 도모해야 한다.

셋째, 사회문제 발생 예방으로 아동들이 가지고 있는 욕구를 충족시켜 사회문제를 미연에 방지하거나 해결해야 한다. 아동이 가지고 있는 욕구를 적절히 충족시키지 못하는 경우는 빈곤가정, 결손가정에서 많이 발생하며, 이러한 유형의 가족에게서 바람직하지 못한 사건들이 발생하고 있다. 따라서 아동복지는 아동이 건강하게 자라기 위해서 여러 가지 사회문제의 발생을 미연에 방지해야 할 필요성을 가지고 있다.

2. 아동복지의 기본전제

1) 안정된 부모와 가정

부모와 가정은 인간의 가장 일차적인 환경으로, 아동발달에 가장 기본이 되는 요소이다. 가정은 가족 구성원의 양육과 보호, 사회화, 정서적 발달은 물론 인격형성에 있어서도 중요한 역할을 수행하는 체계이며, 아동의 복지가 이루어지기 위해서는 아동이 살고 있는 가족생활을 보호하고 가족 구성원의 사회적 기능 수행을 위한 가족복지서비스가 제공되어야 한다.

부모가 부모로서의 역할을 수행하기 위해서는 먼저 부모 자신의 욕구가 충족되어야 자녀의 욕구에 민감하고 긍정적으로 반응할 수 있으며, 부모로서의 자신을 돌아보고 좋은 부모가 되기 위해 준비가 되어 있어야 한다. 이러한 부모가 되기 위한 예방적 차원을 살펴보면 가족수당, 공적부조, 취업모에 대한 대책 등과 같은 가족복지정책이 마련되어야 하며, 특수한 욕구를 가진 가족 구성원들을 위해서는 가족상담, 가족치료, 가족보존서비스 등이 제공되어야 한다. 또한 가정과 부모가 없는 아동에 대해서는 그룹홈(공동생활가정)이나 가정위탁서비스가 필요하다.

2) 경제적 안정

가정생활의 경제적 여건은 아동의 성장·발달에 상당한 영향을 주고 있다. 아동이 안전한 생활을 영위하기 위해서는 일상생활에서 필요한 최저한도의 물질적 욕구가 충족되어야 한다. 그러나 경제적으로 불안정하면 최저한의 아동의 욕구가 충족되지 않고 이들의 건강한 성장·발달에 장애요인이 될 수 있다. 가정의 빈곤은 아동복지의 지표이며, 동시에 가정 기능의 수준을 측정하는 지표이다(Garbarino, 1992 : 3). 우리 사회는 예전보다 빈부격차가 커지면서 상대적 빈곤으로 인한 문제가 발생하고 경제적으로 안정되어 있지 못한 가정이 점점 늘어나고 있다(이순자 외, 2014 : 86). 따라서 아동에게 안정감을 주기 위해서는 그 가정생활에서 필요한 최저한도의 물질적 욕구가 충족되어야 하며, 가정의 경제적 안정을 도모하기 위해서는 빈곤에 대한 각종 복지대책이 마련되어야 한다. 빈곤가정의 아동에 대해 국가는 공적부조, 사회보험, 아동수당제도 등을 통하여 경제적 안정에 도움이 되도록 하여야 하며, 부모에게 취업훈련과 취업알선을 통하여 고용의 기회를 확대해야 한다(공계순, 2013 : 45).

3) 교육받을 권리

우리나라 헌법에서는 모든 국민이 능력에 따라 균등하게 교육을 받을 권리를 명시하고 있다. 아동의 권리 중 교육을 받을 권리는 헌법(제31조)에서 명시된 조항으로, 아동의 능력, 필요성, 흥미에 따라 교육의 기회가 부여되어야 하며, 모든 아동은 교육을 받을 수 있도록 교육시설 및 교육내용에 있어서 아동의 욕구를 반영한 아동을 위한 교육이 이루어져야 한다. 모든 아동은 어려서부터 유치원과 학교와 관계를 갖게 되는데 유치원과 학교는 단순히 지식을 전달할 뿐 아니라 아동의 전인격적 교육을 목표로 삼고 있다. 따라서 아동이 유치원과 학교에 머무는 동안에는 건강, 행복 등을 함께 고려해야 한다. 유치원과 학교가 이러한 역할을 수행하기 위해서는 물리적 환경과 보육・교육 프로그램 개선이 필요하며, 특히 특수한 장애를 지닌 아동들에게도 조기에 특수교육을 받을 수 있도록 교육제도가 마련되어 교육적 재활을 비롯한 각종 재활서비스를 통하여 자신의 능력을 발휘 및 향상시키고 사회생활에 적응할 수 있도록 지지해야 한다.

4) 건 강

아동의 건강은 기본이며, 아동복지의 기반은 아동 건강에 달려 있다. 아동이 건강하게 출생하여 행복하고 안전하게 자랄 수 있도록 지원하는 것은 아동 개개인의 생존과 직결되며, 인류와 한 국가의 존속과 관련되어 있다는 점에서 건강은 아동복지의 기본전제가 되는 요인이다. 아동의 건강관리는 부모의 신체적・정신적 건강관리와 밀접한 관계가 있다. 특히 국제적으로 1948년 유엔총회에서 채택된 '세계인권선언' 제25조에 "모성과 아동은 특별한 배려와 지원을 요구할 수 있다"고 규정하고 있으며, 우리나라 「아동복지법」 제1조에서도 "아동이 건전하게 출생하여 행복하고 안전하게 자랄 수 있도록 아동의 복지를 보장하는 것을 목적으로 한다"고 규정하고 있다. 따라서 국가와 사회는 모든 아동의 신체적・정신적 건강을 위하여 공공 의료서비스를 지원하여 아동의 안녕과 건강한 성장 및 발달을 도모해야 한다.

5) 놀이와 여가

아동은 놀이와 여가를 통해 자신의 신체 기능을 조정하고 감정을 표출함으로써 원하는 바를 충족하게 된다. 따라서 놀이와 여가는 아동의 중요한 권리이다.

우리나라 「아동복지법」 제52조(아동복지시설의 종류)에서는 아동전용시설의 설치를, 어린이헌장 제5조에는 "어린이는 즐겁고 유익한 놀이와 오락을 위한 시설과 환경을 제공 받아야 한다"고 규정함으로써 아동이 뛰어놀 수 있는 놀이 공간 확보를 명시하고 있다. 그러나 우리나라 아동들의 '삶의 만족도'는 OECD 국가 중 최하위이며, 아동의 절반 이상(52.8%)이 정기적 여가활동(취미생활, 스포츠, 동아리 활동 등)을 하지 않는 것으로 나타났다(메디컬투데이, 2015. 11. 20). 2011년 유엔아동권리위원회는 제3, 4차 국가보고서 심의 이후 우리 사회의 극심한 경쟁과 사교육에 대한 우려와 함께 '협약 제31조에 따라 여가, 문화 및 오락활동에 대한 아동의 권리를 보장하라'고 권고한 바 있다. 따라서 국가와 사회는 아동들에게 놀이와 여가 활동을 지원하여 아동의 안녕과 건강한 성장 및 발달을 도모해야 한다.

6) 노동으로부터 보호

아동은 성장·발달하고 보호받아야 하는 미성숙한 대상이므로 모든 아동은 유해노동이나 기타 착취적 노동으로부터 보호받아야 한다. 아동의 노동은 아동의 교육권이나 여가, 문화 활동의 권리를 침해하며, 발달적 관점에서는 아동의 신체발달과 건강을 저해할 뿐 아니라 인지적 발달이나 정서적 발달에 문제를 초래하는 요인이 된다. 우리나라 근로기준법에 15세 미만인 자의 근로자 사용의 금지, 여자와 18세 미만인 자의 위험한 사업에의 사용금지, 15세 이상 18세 미만인 자의 근로시간은 1일 7시간, 1주 40시간을 초과하지 못함을 명시하고 있다(「근로기준법」, 2017). 따라서 아동은 노동 착취로부터 보호를 받아야 하고 가족, 지역사회뿐 아니라 국가적 차원, 더 나아가 국제적 차원에서 아동 노동을 근절하기 위한 접근이 필요하다.

7) 특수한 욕구를 가진 아동 보호

아동복지가 모든 아동을 대상으로 그들의 복지 증진을 위해 노력한다면, 특수한 보호를 요하는 아동을 위해서도 개별적이고 전문적인 보호 및 복지서비스가 실시되어야만 한다. 'UN 아동권리에 관한 국제협약'에서는 아동과 착취 상황하의 아동을 특별 보호조치를 받을 권리가 있는 아동으로 규정하고 있다. 장애아동은 물론 빈곤가정 및 한부모가정의 아동, 취업모의 자녀, 미혼모의 자녀, 맞벌이 부부의 자녀, 비행아동, 위탁 및 입양 대상 아동, 사망·별거·이혼 등 해체된 가족의 아동, 법적 보호자가 없는 아동 등 여러 가지 이유로 인해 사회적 차원에서의 특수보호가 필요한 아동을 위한 대책이 필요하다. 따라서 국가와 사회는 특수한 욕구를 가진 아동에게 관심을 확대하고 다양한 사회복지적 대책을 제공하여 특수한 욕구를 가진 아동들의 사회적응을 도모해야 한다(윤매자, 2014 : 33).

8) 종교와 도덕

아동의 종교에 대한 권리를 존중하고 참된 인간으로 성장하도록 도와야 한다. 아동권리에 관한 '국제협약' 제14조에 따르면 "아동의 사상·양심 및 종교에 대한 권리를 존중하여야 한다"고 규정하고 있으며, 국제협약 제27조에는 모든 아동이 신체적·지적·정신적·도덕적·사회적 발달에 적합한 생활수준을 누릴 권리를 강조하고 있다. 따라서 가정을 기반으로 국가적 차원에서 우리나라의 기본적 사상과 윤리를 교육시킴으로써 아동이 참된 인간으로 성장할 수 있는 분위기를 조성해 주어야 할 것이다.

이 외에도 아동복지의 기본전제 요소는 학자에 따라 견해 차이가 있으며, 아동의 권리에 관한 선언이나 법에 따라서도 다르게 제시할 수 있다. 학자와 법에 따라 아동복지의 기본전제를 정리하면 <표 2-4>와 같다.

표 2-4 아동복지의 기본전제

Elien Key (1909)	Frederickson & Mulligan(1972)	UN 아동권리 협약(1989)	미국 사회복지 대백과사전(1995)	장인협 · 오정수 (2001)	이은화 외 (2011)
튼튼하게 태어날 권리	부모역할의 준비	시민권과 자유권	안정된 가족생활	안정된 가정생활	바람직한 부모-자녀관계
건전하게 양육받을 권리	경제적 안정	가정환경 및 대리보호에 대한 권리	부모의 보호	경제적 안정	경제적 안정
정상적인 가정 생활을 누릴 권리	보건	기초 보건 및 복지에 대한 권리	안정된 가정경제와 주거	보건 및 의료보호	보건
도덕적 · 전인적 훈련을 받을 권리	교육	교육, 역사, 문화, 활동에 대한 권리	건강과 의료보호	교육	교육
유희나 오락을 즐길 권리	종교	특별보호 조치에 대한 권리	교육	노동	노동 착취로 부터의 보호
	놀이 및 오락		놀이	오락	놀이
	유쾌한 노동에서의 보호		윤리적 표준	특수보호	특수보호
	특수욕구 아동에 대한 서비스		이념과 가치		
			교육적 · 직업적 지도		
			법적 보호		

출처 : 서보준 외(2015). 아동복지론, p. 38 재인용.

3. 아동복지의 원칙

1) 권리와 책임의 원칙

아동은 가족과 지역사회와 국가로부터 보호를 받을 권리를 갖는 동시에 스스로를 능동적 주체로 인식해야 한다. 즉, 아동은 책임의식을 갖고 사회의 기대에 충족하도록 노력해야 하며, 아동의 부모도 후견인으로서 책임과 권리를 가져야 한다. 아동복지에 있어 권리와 책임은 아동, 가정, 국가(사회) 모두의 기반에 두고 있어야 한다는 원칙을 가지고 있다. 아동복지는 어느 한 주체에서만 책임을 지는 것이 아니라 각자에게 주어진 사회적 역할의 범주 내에서 독자적 책임을 지는 것과 동시에 상호 유기적 관련하에 서로 책임을 나누어 진다(주정일, 이소희, 2003 : 24). 따라서 아동복지는 어느 한 주체가 일방적인 권리와 책임을 갖는 것이 아니라 각각에게 부여된 사회적 역할과 범주에서 상호 유기적인 관계로 균형을 이루는 것이라고 할 수 있다. 두 가지 범주로 나누어 보면 첫째, 모든 아동은 하나의 인간으로서 독자적인 권리를 지닌 존재이며, 보호나 지도를 받아야 하는 미성숙한 인간으로서 권리를 지니고 있다. 둘째, 아동의 보호와 양육의 일차적인 책임은 여전히 부모에게 있다. 부모는 후견인의 권리를 가짐으로써 재정적 지원, 신체적 보호, 정서적 보호, 기타 부모로서 가져야 할 의무를 감당할 수 있어야 한다.

2) 보편성과 선별성의 원칙

아동복지는 모든 아동을 대상으로 기회균등적인 서비스를 제공하는 보편성과 빈곤계층 아동이나 장애아동 등을 대상으로 보충적이고 잔여적인 서비스를 제공하는 선별성의 원칙이 있다. 아동복지에서 보편성과 선별성은 동시에 적용될 수 있는 원칙이다.

보편성의 원칙이란 모든 아동, 즉 계층, 인종, 민족, 장애 유무, 부모 유무 등 아동을 구분하는 모든 요인들과 상관없이 모든 아동에게 같은 급여나 서비스를 동일한 수준에서 제공해 주는 것이다. 그 사례로는 아동수당, 무상 의무교육 등이 해당되며, 이 제도는 대체로 일반 조세에 의해 재정이 충당된다. 선별성의 원칙은 아동에 대한 복지를 추구하는 데 조건이나 기준을 정하고 아동복지의 대상과 사업을 제한하는 원칙을 말한다. 과거 아동복지는 주로 선별성의 원칙에 입각하여 이루어져 왔으나 향후 아동에 대한 복지 대책은 선별성에 의한 도움이 필요한 아동은 물론 예방과 치료를 모두 고려한 보다 광범위한 차원의 보편적 아동복지가 이루어져야 한다.

3) 개별성의 원칙

아동복지는 아동에게 사회와 국가 발전에 능동적으로 참여할 수 있는 기회를 제공함으로써 아동이 사회적 자립과 사회적 기여를 할 수 있게 해야 한다. 개별성의 원칙은 개개 아동의 발달 정도와 가정환경의 차이를 고려하여 아동의 특성에 맞는 개입이 이루어져야 한다는 원칙이다. 이 원칙에 따르면 아동이 가진 능력을 최대한 발휘할 수 있도록 해야 한다는 것이다(김오남 외, 2001 : 6). 또한 아동복지는 치료적인 차원이 아니라 예방을 함께 고려할 수 있어야 하고, 아동 개인뿐만 아니라 전체 사회의 변화를 고려할 수 있어야 한다. 따라서 아동의 문제를 개별성의 원칙에 따라 다양한 측면에서 접근하기 위한 적극성을 가져야 한다.

4) 포괄성의 원칙

아동은 고유한 인격과 삶을 지닌 인간으로서 아동의 욕구와 문제를 적절히 해결하기 위해서는 부분적인 서비스 제공보다는 아동의 건강한 성장·발달에 필요한 다양한 서비스가 포괄적이고 통합적으로 제공되어야 한다. 예를 들어, 건강한 가정생활, 경제적 안정, 교육·보건·노동·오락 및 특수보호 등에 대한 프로그램이나 서비스 등을 말한다. 포괄성의 원칙은 아동을 위한 복지서비스를 제공할 때 아동이 지니고 있는 다양한 욕구와 문제의 유형만 개입하는 것이 아니라, 그 우선순위까지 연관 지어 고려해야 한다는 원칙이 포함되어 있다.

5) 전문성의 원칙

현대사회에서 아동과 가정의 문제는 다양하고 복잡해지고 있으며 자원봉사 수준에서 아동의 문제를 해결하는 것은 어렵다. 아동의 건전한 성장 및 발달 추구와 아동복지를 효과적이고 효율적으로 전개하기 위해서는 아동복지 관련 분야의 전문적인 접근이 필요하다. 또한 아동의 욕구나 사고 및 행동을 이해하기 위하여서는 전문적인 지식이나 기술이 필요하다고 할 수 있다. 이 원칙은 아동의 건전 육성 중 특히 기술적 방법에서 중요하게 고려되는 원칙으로서 아동복지사업이 전문가와 전문기관에서 이루어져야 한다는 원칙이다. 따라서 아동의 건전한 발달을 위해서는 아동 관련 서비스 및 프로그램을 직접 기획하고 실천할 수 있는 능력을 가진 전문가가 필요하다.

6) 예방성과 치료성의 원칙

아동복지에서 가장 바람직한 것은 아동의 문제를 미연에 방지하는 예방의 원칙이 중요하다. 특히 아동기에 당한 상처는 그의 일생에 영향을 미치기 때문에 가능한 한 문제가 발생하지 않도록 하는 예방의 원칙으로 서비스와 프로그램 개입이 필요하다.

치료의 원칙은 아동의 문제 발생 시 실시되는 조치로 확인된 문제는 해결이 가능하다고 하는 전제 속에서 출발하고 있다. 아동에게 일어나는 문제를 조기에 발견하고, 문제 해결을 위해 최선의 조치를 실시하여 건강하게 성장할 수 있도록 한다.

4. 아동복지의 대상과 서비스의 유형

1) 아동복지의 대상

아동복지의 대상을 살펴볼 때 기본적으로 아동복지는 모든 아동을 대상으로 하며, 유형을 나누면 대개 일반아동과 요보호아동으로 구분할 수 있다.

(1) 일반아동

일반아동은 사회의 특별한 보호를 받지 않고 아동이 속한 가정에서 양육과 보호를 받으며 신체적 건강과 안전, 정서적 안정과 성숙, 잠재능력의 개발, 사회적 적응 등과 같은 보편적 서비스를 제공받는다. 예를 들면, 초등학교의 의무교육제도가 여기에 해당된다(표갑수, 2002). 따라서 사회적인 보호와 책임이 필요한 요보호아동과는 명확히 구분되는 아동의 개념이라고 할 수 있다. 일반아동을 위한 복지는 아동의 잠재력을 보존하고 개발하며, 아동의 욕구를 충족시킴으로써 앞으로서의 문제를 예방할 수 있도록 지원하는 제반 활동이라 할 수 있다. 일반아동을 위한 복지서비스로는 안전한 사회환경, 아동교육과 보육, 아동수당, 놀이시설 확충 등 다양한 서비스가 포함이 된다(한미현 외, 2011 : 41).

(2) 요보호아동

아동복지는 전체 아동의 행복을 추구하면서, 현실적으로 요보호아동의 복지에 일차적인 관심을 두고 있다. 요보호아동이라 할 때 부모의 사망과 이혼, 학대 등으로 가족이나 지역사회로부터 적절히 보호받지 못하는 아동과 빈곤아동, 장애아동 등은 가장 전형적인 요보호아동이지만, 시기별로 아동복지의 대상은 달라져 왔다.

현재 우리나라 「아동복지법」 제3조 제4호에서는 요보호아동은 '보호자가 없거나 보호자로부터 이탈된 아동, 또는 보호자가 아동을 학대하는 경우 등 그 보호자가 아동을 양육하기에 적당하지 아니하거나 양육할 능력이 없는 경우의 아동'으로 규정하고 있다.

카두신(Kadushin)은 아동복지서비스의 대상을 부모와 자녀의 사회적 역할 수행에서 찾고자 하였다. 역할 수행이 제대로 이루어지지 못할 때 그리고 개인의 역할이 지역사회의 기대에 어긋나거나, 지역사회 자원의 결함으로 인해 역할 수행을 할 수 없을 때 아동복지의 대상이 된다고 하였다. 카두신(Kadushin, 1998)이 제시한 아동복지 대상 분류는 <표 2－5>, 장인협과 오정수(2011)가 제시한 요보호아동 · 청소년 분류는 <표 2－6>과 같다.

표 2-5 아동복지 대상 분류

분 류	내 용
부모역할이 없는 경우	• 부모 사망 · 별거 · 이혼, 신체적 · 정신적 질환, 투옥, 비합법성 이민
부모의 역할 거부	• 태만, 자포자기, 신체학대, 유기
부모의 무능력	• 신체적 · 정신적 또는 정서적 부적절성, 지식 또는 훈련의 결여, 정서적 미성숙(지체), 약물중독, 무지
아동의 무능력과 장애	• 정서적 결함, 정서적 혼란, 뇌손상, 뇌전증
지역사회 자원의 결함	• 부적절한 주택, 실업

출처 : Kadushin, A., & Martin, J. A.(1998). Child welfare sevices(4th ed.). N.Y : Macmillan Publishing Co., pp. 3-6.

표 2-6 요보호아동 · 청소년 분류

분 류	내 용
양육환경상 보호가 필요한 아동/ 청소년	• 가족의 구조와 기능이 결손되어 건강한 양육환경하에서 성장하기 힘든 경우
	• 빈곤가정 아동/ 청소년, 결손가정 아동/ 청소년, 부모부재 아동/ 청소년
신체적/ 정신적, 정서적으로 문제나 장애를 가진 아동/ 청소년	• 아동/ 청소년이 가진 독특한 심신상의 결함으로 인해 정상적인 사회참여에 제한을 받고 있고 독립적인 인격체로서의 존엄성을 침해받는 경우 • 신체장애아동/ 청소년, 정신장애아동/ 청소년, 정서장애아동/ 청소년
사회적/ 법적 보호가 필요한 아동/ 청소년	• 가출아동/ 청소년, 비행아동/ 청소년
특별보호를 요하는 아동/ 청소년	• 학대 및 유기된 아동/ 청소년, 미혼모의 아동/ 청소년

출처 : 장인협, 오정수(2011). 아동복지론, p. 16.

2) 아동복지서비스의 유형

아동복지서비스의 유형은 크게 서비스가 이루어지는 장소, 서비스의 기능, 그리고 방어선의 위치에 따라 분류할 수 있다. 아동복지서비스의 분류는 <표 2-7>과 같다.

표 2-7 아동복지서비스의 분류

<table>
<tr><td>분류기준</td><td colspan="4">가정 ← 분류의 연속성 → 시설</td></tr>
<tr><td>서비스가 행해지는 장소</td><td colspan="2">재가서비스</td><td colspan="2">가정 외 서비스</td></tr>
<tr><td>서비스의 기능</td><td>보조적 서비스</td><td>지지적 서비스</td><td colspan="2">대리적 서비스</td></tr>
<tr><td>방어선의 위치</td><td colspan="2">제1차 방어선
(출생가정)</td><td>2차 방어선
(대리가정)</td><td>3차 방어선
(수용시설)</td></tr>
<tr><td>서비스의 내용</td><td>• 가사도우미 파견 서비스
• 보육서비스
• 아동수당 등 소득 보충서비스</td><td>• 아동상담
• 가족치료/ 상담
• 학대, 방임 아동 보호서비스</td><td>• 가정위탁
• 입양서비스</td><td>• 아동시설보호 : 일시보호시설, 양육시설, 치료보호시설</td></tr>
</table>

출처 : 장인협, 오정수(2003). 아동 · 청소년복지론, p. 131.

(1) 서비스 제공 장소에 따른 분류

아동복지는 여러 유형으로 서비스를 제공하고 있다. 서비스 제공 장소에 따른 분류는 복지서비스를 제공받는 아동이 어떠한 장소에서 생활을 하고 서비스를 받는가에 따라 나눌 수 있다. 이는 아동이 원가정에서 생활하면서 서비스를 제공받는 재가서비스(in-home service)와 원가정을 떠나 시설이나 다른 가정에서 생활하면서 서비스를 받는 가정 외 서비스(out of home service)로 분류할 수 있다(장인협 외, 2001 : 27).

① 가정 내 서비스(재가 서비스, 재택서비스)

가정 내 서비스(in-home service)는 아동이 가정 내에 머물면서 필요한 서비스를 제공받는 것으로서, 원가정이 아동에게 필요한 기본적인 욕구를 충족시키지 못하거나 부모-자녀관계에 장애가 있을 경우 외부로부터 결핍된 부분을 지원받는 서비스를 말한다. 즉, 한부모가정이나 조손가정처럼 가족기능의 원활한 수행이 어려운 경우에 아동이 가정에서 생활하면서 외부로부터 지원을 받는 서비스이다. 예를 들면, 부모교육 및 상담, 가정봉사원 파견 서비스, 아동 및 가족상담, 각종 지역사회 프로그램, 자조집단활동 등을 말한다.

② 가정 외 서비스

가정 외 서비스(out of home service)는 아동이 원가정을 떠나 일정 시간이나 기간 또는 항구적으로 가정 밖의 위탁가정이나 시설 등에서 생활하면서 양육 및 보호서비스를 제공받는 경우를 말한다. 예를 들면, 그룹홈(공동생활가정), 어린이집에서의 보육서비스, 쉼터, 긴급피난처, 위탁보호, 입양, 아동양육시설, 아동치료보호시설 등이 있다.

(2) 서비스 기능에 따른 분류 : 3S

서비스 기능에 따른 분류는 아동이 속한 원가정에 대해 서비스가 수행하는 기능에 따른 분류이다(Kadushin, 1998). 기능에 따른 아동복지서비스를 지지적 · 보충적 · 대리적 서비스로 나누어서 소개하면 [그림 2－1]과 같다.

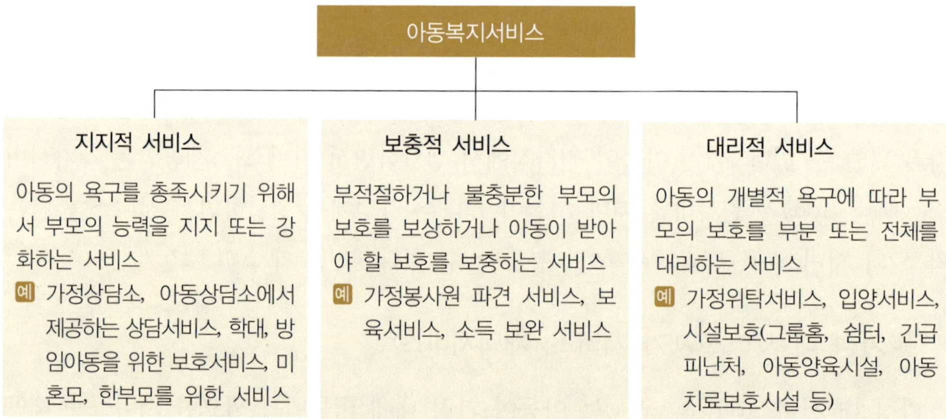

[그림 2－1] 카두신(Kadushin)의 아동복지서비스 유형 분류

출처 : Kadushin, A., & Martin, J. A.(1998). Child welfare sevices(4th ed.). N. Y. : Macmillan Publishing Co., p. 29.

① 지지적 아동복지

지지적 서비스(Supportive services)는 가족과 부모－자녀관계에서 원가정의 기능이 원활하게 이루어지고 부모와 아동이 각자의 역할을 제대로 해낼 수 있도록 그들의 능력을 지원하고 강화시켜 주는 서비스를 의미한다(오정수 외, 2013 : 145). 이 서비스의 특징은 다른 서비스와 달리 아동이 자신의 가정에 머물면서 받을 수 있는 서비스이다. 지지적 서비스가 필요한 상황은 일반적으로 아동과 친부모가 함께 생활하고 부모와 아동이 가정에서 자신의 역할을 효과적으로 수행할 의사와 능력을 가지고 있어야 하며 부모-자녀관계에서 발생한 갈등이나 부부갈등 등의 결과로 인해 부모－자녀관계에 어려움이 발생할 경우이다. 지지적 서비스를 제공하는 주요 사회복지기관은 아동상담소와 가정상담소 및 지역사회복지관 등이 있으며, 제공하는 서비스 사업은 상담서비스, 장애·학대·비행·방임 아동 복지서비스(지원적 서비스), 미혼부모·한부모 복지사업, 부모교육 및 상담, 학교사회복지사업, 지역사회복지사업, 자조집단활동(금주·금연 모임, 좋은 아빠 되기 모임) 등이 있다. 지지적 서비스는 가족 구성원의 개인을 대상으로 개입하면서 다양한 가족치료 방법을 활용하고 있다.

② 보충적 아동복지

보충적 서비스(Supplemental services)는 부모의 보호, 양육의 질이 부적절하거나 제약되어 있을 때, 이를 보충할 수 있도록 제공되는 것으로 가정 내에서 전개되는 서비스의 형태를 말한다(공계순, 2006 : 65). 이 서비스는 부모들의 역할을 일부 대행하는 것으로 부모의 실업, 질병, 장애뿐만 아니라, 가족의 재정적 곤란 등을 보충하는 데 목적을 두고 있다.

보충적 서비스에는 빈곤가정을 지원하는 생활보호 또는 아동수당, 일하는 어머니를 도와주는 아동보육서비스, 부모의 질병이나 부재중에 아동의 가사를 도와주는 홈메이커 서비스 등이 포함된다.

보충적 서비스의 종류는 빈곤가정을 경제적으로 지원하는 '소득보충 프로그램(소득보완사업 : 사회보험, 공공부조, 사회서비스 포함)', 부모의 질병이나 부재중에 아동을 돌보아 주는 '가정봉사원 파견 서비스(가정조성사업, 가사조력서비스)', 취업부모를 위한 '보육서비스(탁아보호서비스 포함)', 장애·학대·비행·방임 아동 복지서비스(보완적 서비스) 등이 있다.

③ 대리적 아동복지

대리적 서비스(Substitutive services)는 아동이 가정을 이탈하여 다른 체계에 의해 보호받는 서비스를 말한다. 즉, 부모와 가정이 자녀 보호와 양육기능을 제공할 수 없어 그 기능을 일시적 또는 영구적으로 포기할 경우 제3자가 부모와 가정의 역할과 기능의 일부 또는 전부를 대신하는 서비스이다(윤매자, 2014 : 83).

서비스의 대표적인 형태는 입양, 가정위탁보호, 시설보호 등으로 구분할 수 있다. 대리적 아동복지는 지지적·보충적 서비스만으로 아동복지를 추구하기 어려울 때 시도되는 제3의 방법을 말한다. 대리적 아동복지 예로는 가정위탁서비스, 입양서비스, 시설보호서비스(그룹홈, 쉼터, 긴급피난처, 아동양육시설, 아동보호치료시설 등)가 있다(「아동복지법」, 2017).

(3) 방어선의 위치에 따른 분류

방어선의 위치에 의한 분류는 주커만(Zuckerman, 1983)이 제시한 것으로 카두신의 분류와 중복이 되지만 방어선의 개념을 도입하였다. 방어선의 위치에 따라 분류된 아동복지서비스의 구체적인 내용은 다음과 같다.

① 제1차 방어선

원가정 내에서 아동과 가족의 기능을 회복, 유지, 강화하기 위한 서비스를 제공한다. 아동이 가정 안에서 기본적인 욕구를 충족받지 못하거나 위험에 있을 때 이 역할을 수행한다. 1차 서비스는 소득보장, 아동상담서비스 등이 포함된다.

② 제2차 방어선

원가정이 외부의 지원으로 고유한 기능을 수행하기 어려운 경우 원가정을 대신할 수 있는 유사 가정을 제공한다. 가정의 기능 수행에 장애가 있을 경우 아동에게 적절한 형태의 보호와 서비스가 무엇인가를 결정하는 기준으로 사용하고 있다(장인협 외, 2003 : 134 재인용). 이와 관련된 보호와 서비스는 보육서비스, 가정위탁, 입양 등이 있다.

③ 제3차 방어선

제1, 2차 방어선에서 원가정과 대리가정을 통한 서비스 제공에 어려움이 있는 경우 공공기관이나 민간복지단체가 운영하는 공동생활가정(group home)이나 집단보호를 제공하는 것이다. 집단보호는 소규모 시설부터 대규모 시설까지 다양하다. 아동보호시설은 아동양육시설, 아동일시보호시설, 아동보호치료시설, 자립지원시설 등이 있다(「아동복지법」, 2017).

5. 현대적 아동복지의 의미와 의의

1) 아동복지의 의미

21세기부터 아동복지에 대한 관심이 고조되고 있다. 하지만 아동복지의 의미를 규정하기란 쉽지는 않다. 포괄적으로 복지의 의미를 더할 나위 없이 좋고 만족스러운 삶이라는 것으로 번영, 안녕, 행운 등과 유사한 개념으로 사용하고 있다. 번영, 안녕, 행운은 주관적 관점, 개인적 특성이 있지만 일반적으로 복지는 행복을 고려한 행동, 아동의 행복, 안녕의 상태적 의미뿐만 아니라 사회적인 입장에서는 아동의 복지를 보장하기 위한 여러 가지 활동과 사업체계를 포괄하는 아동의 복된 삶을 위한 적극적인 사회적 노력으로 규정하고 있다. 본질적으로 아동복지의 의미를 살펴보면 그 사회의 아동관, 아동을 어떻게 보고, 어떻게 이해하느냐 하는 것은 그 시대와 밀접한 관계가 있다.

카두신(Kadushin, 1980)은 아동복지를 넓은 의미의 아동복지와 좁은 의미의 아동복지로 구분하였다. 좁은 의미의 아동복지는 그 대상이 특별한 문제를 가지고 있거나 보호를 필요로 하는 아동에 국한되는 반면, 넓은 의미의 아동복지는 특별한 문제를 가지고 있거나 보호를 필요로 하는 아동뿐만 아니라 일반아동을 포함하는 모든 아동과 그 가족이 대상이 된다. 즉, 넓은 의미의 아동복지란 모든 아동들의 행복 및 사회적응을 위해 심리적·생물학적 잠재력을 개발시켜 주기 위한 각종 방법이며, 좁은 의미의 아동복지는 특수한 문제를 가진 아동과 그 가족을 대상으로 전문적인 기관에서 행하는 특수한 서비스를 의미한다고 하였다(공계순, 2006 : 39). 이러한 구분에 근거할 때 좁은 의미의 아동복지 활동에서는 대리적 서비스와 보충적 서비스가 강조되는 반면, 넓은 의미의 아동복지 활동에서는 지지적 서비스도 마찬가지로 강조된다. 래어드와 하트만(Laird & Hartman, 1985)은 아동이 '충분히 만족한' 삶을 누리기 위하여 양육하는 조건들로서, 아동이 그들의 잠재력을 충분히 발달시키도록 기회와 자유를 제공할 수 있는 환경들로서 그리고 충분히 만족한 삶을 누릴 수 없는 아동의 욕구가 충족될 수 있도록 만들어진 공적 규정과 전문적 과정의 통합된 무리를 아동복지의 의미로 보았다(Laird & Hartman, 1985 : 4). 바커(Barker, 1995)는 『사회복지사전』에서 아동복지를 아동의 건전한 발달, 양육, 보호를 지향하는 인간 서비스와 사회복지 프로그램 및 이데올로기의 한 부분이며 아동복지사업은 건전하고 긍정적인 아동발달을 방해하는 상황을 방지하기 위해 계획된다고 하였다. 이상의 아동복지 의미들을 정리하면, 모든 아동의 행복을 위해 그들의 신체적·사회적·심리적 발달을 보호하고 촉진하기 위해 경제, 교육, 보건, 노동 등 아동을 둘러싼 사회체계의 개선을 위한 총체적인 사회적 노력이다(김성경 외, 2005 : 64)라고 볼 수 있다.

2) 아동복지의 의의

현대적 아동복지의 의의는 아동이 가정 안에서 건강한 삶과 행복한 생활을 하기 위해 기본적으로 권리를 보장받으며, 지역사회 생활을 영위하게 하는 데 관심을 갖는 데 있다.

첫째, 아동은 성숙한 개체로 기능하기까지는 장기간 가정에서의 보호와 양육을 필요로 한다. 현재 핵가족화 및 여성의 취업 증가, 가족의 가치관의 변화로 부모가 아동에 대한 적절한 보호와 양육을 수행하지 못하는 경우가 증가하고 있다. 이러한 현대 가족의 기능변화에 따라 자녀양육 및 교육의 문제를 가정의 문제로 인식하기보다는 더 나아가 사회와 국가적 책임으로 보아야 한다는 관점이 확산되고 있다. 따라서 아동이 건강한 발달을 이루어 갈 수 있도록 하기 위해서는 기본적 생활을 보장하는 사회적 체계를 갖추고 이를 지지하는 방안을 강구하는 것이 아동복지의 기본적인 의의라고 할 수 있다.

두 번째, 아동은 미래 사회를 이끌어 갈 주역으로 이들을 적절히 보호하고 교육하는 것이 필요하다. 국가는 시대 변화에 맞게 아동이 전문적 지식과 건전한 인격을 갖추고 성장할 수 있도록 지원체계를 마련하는 것이 기본적인 전제가 되어야 한다. 하지만 여러 가지 문제들로 인해 건강한 발달을 도모할 수 있는 기회를 놓쳐버리는 아동들이 증가하고 있으며, 산업화 및 도시화의 진전으로 이는 더욱더 심화되고 있음을 볼 수 있다. 우리나라는 1980년 이후부터 아동 보호 및 교육에 대한 관심으로 제도 등을 마련하였으며 아동이 사회와 국가의 주역임을 인정하고 보호와 육성을 하고자 노력하였다. 「헌법」 및 「아동복지법」의 이념을 살펴보면 "아동의 기본적 권리로 아동이 지니고 있는 잠재능력을 최대한 발휘시키며, 건전한 성장과 발달을 도모하는 것이다"라고 명시되어 있으며, 「헌법」 제34조 제1항에서도 "모든 국민은 인간다운 생활을 할 권리를 가진다"며 국민의 일원인 아동들도 당연히 행복추구 및 인간다운 삶을 누릴 권리를 갖는다고 명시하고 있다. 아동복지법 제1조는 "이 법은 아동이 건강하게 출생하여 행복하고 안전하게 자랄 수 있도록 아동의 복지를 보장하는 것을 목적으로 한다"라고 했으며, 「아동복지법」 제4~5조에는 모든 국민은 아동을 보호, 양육하고 사회생활에 적응되도록 육성할 책임을 진다고 했다. 이와 같이 아동이 전문적인 지식과 건전한 인격으로 미래 사회를 이끌어 가기 위해서 국가에서는 아동을 사회성원으로 발달시키는 제도를 정립하는 것이 중요하다.

세 번째, 아동복지는 사회문제에서의 예방에 의의를 두고 있다. 아동은 성인과 마찬가지로 다양한 욕구를 가지고 있기 때문에 가족이나 사회에서 이들의 욕구에 관심을 갖고 충족시킬 수 있도록 제도를 마련해야 한다. 아동은 욕구가 적절히 충족되지 않으면 건강한 발달을 통한 사회의 유능한 성원이 되는 데 어려움을 갖게 되며, 이에 따라 여러 가지 사회적인 문제를 야기할 수 있다. 따라서 아동복지는 사회의 여러 가지 문제를 예방하여 아동이 신체적 · 정신적으로 건강하고 자신의 잠재적인 능력을 최대한 실현할 수 있도록 환경을 만들어 줌으로써 아동이 행복하게 성장할 수 있도록 하는 데 그 의의가 있다.

요점정리

1. 아동복지의 기초
   1) 아동의 개념－아동복지법에서 '아동이라 함은 18세 미만의 자를 말한다'고 규정
   2) 아동복지의 개념－아동복지는 아동(child)과 복지(welfare)의 합성어로, welfare라는 영어단어는 well(잘, 훌륭히, 충분히)이라는 부사와 fare(살아가다, 지내다)라는 동사의 합성어인 '편안히 잘 지내는 것'을 의미
   3) 아동복지의 필요성－인간으로서 기본적 생활을 보장, 국가발전을 위한 인력의 보호와 육성이 필요. 사회문제 발생 예방으로 아동들이 가지고 있는 욕구를 충족시켜 사회문제를 미연에 방지 및 해결

2. 아동복지의 기본전제
   안정된 부모와 가정, 경제적 안정, 교육받을 권리, 건강, 놀이와 여가, 노동으로부터 보호, 특수한 욕구를 가진 아동 보호, 종교와 도덕

3. 아동복지의 원칙
   권리와 책임의 원칙, 보편성과 선별성의 원칙, 개별성의 원칙, 포괄성의 원칙, 전문성의 원칙, 예방성과 치료성의 원칙

4. 아동복지의 대상과 서비스의 유형
   1) 아동복지의 대상과 서비스의 유형
      (1) 일반아동－아동이 속한 가정에서 양육과 보호를 받으며 신체적 건강과 안전, 정서적 안정과 성숙, 잠재능력의 개발, 사회적 적응 등과 같은 보편적 서비스를 제공받음
      (2) 요보호아동－가족이나 지역사회로부터 적절히 보호받지 못하는 아동
   2) 아동복지서비스의 유형
      (1) 서비스 제공 장소에 따른 분류－가정 내 서비스, 가정 외 서비스로 분류
      (2) 서비스 기능에 따른 분류 : 3S－아동이 속한 원가정에 대해 서비스가 수행하는 기능에 따른 분류. 현행 아동복지서비스를 지지적 · 보충적 · 대리적 서비스로 나눔
      (3) 방어선의 위치에 따른 분류－제1차 방어선, 제2차 방어선, 제3차 방어선으로 나눔

5. 현대적 아동복지의 의미와 의의
   1) 아동복지의 의미－모든 아동의 행복을 위해 그들의 신체적 · 사회적 · 심리적 발달을 보호하고 촉진하기 위해 경제, 교육, 보건, 노동 등 아동을 둘러싼 사회체계의 개선을 위한 총체적인 사회적 노력

2) 아동복지의 의의-아동복지는 기본적 생활을 보장, 사회문제 예방을 강화, 미래인력을 보호하고 육성

Quiz

1. 아동이 자신의 가정에 머물면서 받을 수 있는 서비스로 부모와 자녀가 자신들의 책임성을 효율적으로 수행할 수 있도록 그들의 능력을 지원하고 강화시켜 주는 서비스는? (   )
2. 아동이 가정을 이탈하여 다른 체계에 의해서 보호받는 것으로 지지적·보충적 서비스만으로 아동복지를 추구하기 어려울 때 시도되는 제3의 방법으로 알려진 서비스를 일컫는 용어는? (   )
3. 부모들의 역할을 일부 대행하며 부모의 실업, 질병, 장애뿐만 아니라, 가족의 재정적 곤란 등을 보충하는 데 목적을 두고 가정 내에서 전개되는 서비스의 형태를 의미하는 용어는? (   )
4. 이 책에서의 "아동"이라 함은 몇 세를 말하는가? (   )
   ① 13세 미만　② 15세 미만　③ 18세 미만　④ 24세 미만

생각 나누기

1. 본인이 생각하는 아동복지의 개념에 대해 토론해 보시오.
2. 우리나라 아동복지에 대해 본인의 의견을 피력하고 토론해 보시오.
3. 가족은 아동에게 어떠한 영향을 미치는지 토론해 보시오.

참고문헌

공계순(2010). 지역아동센터 생활복지사의 직무환경과 직무만족도가 이직의도에 미치는 영향에 관한 연구. 한국가족복지학.

공계순, 박현선, 오승환, 이상균, 이현주(2013). **아동복지론**. 서울 : 학지사.

공계순, 서인혜(2006). 증거기반 사회복지실천에 대한 이해와 한국에서의 적용가능성에 관한 연구. 한국사회복지연구회.

김성경, 김혜영, 최현미(2005). **아동복지론**. 경기 : 양서원.

김오남, 곽수란, 노명희(2001). **아동복지의 이해**. 서울 : 형설출판사.

서보준, 김우호, 박선태, 이정미(2015). **아동복지론**. 경기 : 공동체.

윤매자, 신혜경, 주정현(2014). **아동복지론**. 경기 : 양서원.

이순자, 나성식, 김현경, 이효숙(2014). **아동복지론**. 경기 : 정민사.

이재연(2008). **아동복지론**. 서울 : 학지사.

장인협, 오정수(2001).**아동복지론**. 서울 : 서울대학교출판부.

장인협, 오정수(2003). **아동・청소년복지론**. 서울 : 서울대학교출판부.

장인협, 오정수(2011). **아동・청소년복지론**. 서울 : 서울대학교출판부.

주정일, 이소희(2003). **아동복지론**. 서울 : 나남출판.

표갑수(2002). **아동청소년복지론**. 서울 : 나남출판.

한미현, 문혁준, 강희경, 공인숙, 김상희(2011). **아동복지론**. 서울 : 창지사.

Hartman, A., & Laird, J.(Eds.)(1985). *Child welfare handbook : Context, knowledge, and practice*. New York : Free Press.

Kadushin, A.(1980). *Homemaker Service Child Welfare Service*. New York : Macmillan Publishing Co. N. Gilbert & P.T

Kadushin, A., & Martin, J. A.(1998). Child welfare sevices(4th ed.). New York : Macmillan Publishing Co.

KNS뉴스통신(2017. 3. 8). 아동복지서비스 강화.

CHAPTER 03

아동권리와 복지의 역사

아동의 권리와 복지는 오랜 역사를 갖고 있으며 시대의 변천에 따라 다양하게 변화 · 발전되어 왔다. 아동의 문제가 사회적 이슈로 인식되고 사회문제로 다루어진 것은 근대 산업사회 이후의 일이며 현재의 아동이 하나의 인격체로 대우받고 그 존엄성과 생존에 관한 기본권리를 인정받기까지는 역사적으로 많은 어려움이 있었다.

이 장에서는 아동복지에 대한 역사를 이해하기 위해 아동복지의 발전 과정을 고대, 중세, 근대 및 현대사회로 나누어 살펴보았다. 더불어 서구 선진국의 아동복지가 어떤 과정을 거쳐 전개되어 왔는지를 알아봄으로써 향후 우리나라 아동복지 발전을 위하여 나아갈 미래의 방향을 제시해 보고자 한다.

마인드맵

■ 아동권리와 복지의 역사

1. 아동복지의 역사적 배경
- 고대사회
- 중세사회
- 근대사회
- 현대사회

2. 아동복지의 발전 과정
- 사회구호 단계
- 선별주의 아동보호 단계
- 보편주의 아동복지 지향 단계
- 보편적 아동복지 실시 단계

3. 한국의 아동 권리와 복지 발전 과정 및 특징
- 전통사회
- 근대사회
- 현대사회

4. 외국의 아동 권리와 복지 발전 과정 및 특징
- 영국
- 미국
- 스웨덴
- 프랑스
- 일본

학습목표

1. 아동복지의 역사에 대하여 설명할 수 있다.
2. 한국과 외국의 아동권리와 복지 발전 과정을 비교·분석할 수 있다.
3. 한국과 외국의 아동권리와 복지 특징을 비교·분석할 수 있다.
4. 외국의 아동권리와 복지 발전 과정을 설명할 수 있다.
5. 외국의 아동권리와 복지 특징을 설명할 수 있다.

주요용어

- **유엔아동권리협약** : 아동의 기본권을 담은 협약. 1989년 국제연합(UN) 총회에서 채택되었으며 한국은 1991년 비준했음
- **보편적 복지** : 소득수준 등의 조건이나 자격에 상관없이 모든 국민에게 복지서비스를 제공하는 것
- **선별적 복지** : 필요한 사람들에게만 제한적으로 복지서비스를 제공하는 것
- **아동복리법** : 아동이 건전하게 출생하여 행복하고 건강하게 육성되도록 하기 위하여 1961년 12월 제정된 법률
- **아동복지 관계법** : 아동복지사업 실시의 초석이 되는 것으로서, 아동복지를 보장하기 위한 사회적 책임을 명문화한 것
- **봉건제도** : 중세 유럽에서 토지를 매개로 성립된 지배계급 상호 간의 주종관계
- **구빈법** : 빈민의 구제를 다루는 모든 법률
- **사회보장제도** : 노동자 계급의 임금에 대한 실질적인 보조·확충에 그치지 않고 나아가 전 국민의 개인 소득을 재분배에 의해서 일정 한도 이상으로 보장하고 최저한도의 생활을 확보케 하기 위한 제도상의 모든 체계를 말하는 것

'보편 복지', 인식의 확장이 필요하다

사 례 – '보편, 선별' 넘어 체제 차원의 보편주의, 기사내용 中 –

우리에게는 어떤 보편주의가 필요한가?
"지금의 한국 사회에 보편적 복지가 필요한가?"

누가 이렇게 질문한다면 나는 그렇다고 대답할 것이다. '보편 대 선별' 논쟁이 벌어진 2010년에 비해 우리의 삶은 그다지 나아지지 않았다. '헬조선', '지옥불반도', '흙수저'와 같은 담론이 상징하듯 점점 더 상황은 나빠지고 있는지도 모른다. 여전히 많은 사람들이 인간다운 삶을 영위하기 위한 최소한의 사회경제적 조건조차 충족하지 못한 채 살아가고 있다. 더구나 한국의 복지제도에서 가장 큰 문제는 '사각지대'이다. 국민연금, 실업 급여, 국민기초생활보장제도 등 주요 사회보장제도가 모두 상당히 큰 사각지대를 가지고 있으며, 그 사각지대에 이 제도들의 지원을 가장 필요로 하는 이들이 자리하고 있다. 보편적 복지는 가장 유연하게 적용할 경우에도 '필요를 가진 모든 이들을 포괄하는 것'을 핵심원칙으로 한다. 따라서 복지 급여의 사각지대 문제를 해소하는 데 보편적 복지가 가장 적합한 방식이 될 수 있다. 그러나 역사적 보편주의의 교훈은 무조건적인 보편주의 원리 강화가 체제 수준에서의 보편성을 보장하지 않는다는 것을 보여준다. … 중략 … 물론 제도가 형성된 시대적 배경 차이를 고려할 필요가 있겠지만, '보편성 원칙'의 강화로 사회의 다양한 필요를 한 번에 해결하겠다는 아이디어는 역사적으로 성공적이지 못했다. 또 한 가지 기억할 부분은 보편주의의 확대가 사회적 약자의 상황까지 자동으로 개선하는 것이 아니라는 점이다. 사회 집단들의 다양한 필요의 반영은 중산층 이상뿐 아니라, 빈곤층의 상황을 어떻게 개선할 것인가의 문제를 포괄한다. 근래 부각되고 있는 성, 민족, 장애 등으로 인한 개인의 다양성 문제에서도 마찬가지이다. 과거 북유럽의 복지국가를 성공으로 이끈 요인인 '다양한 필요를 고려한 보편주의의 유연성과 포용성'은 현재 우리에게 더욱 절실하다.

출처 : 프레시안(2017. 3. 17).

1. 아동복지의 역사적 배경

1) 고대사회(고대부터 기원 후 4세기)

고대사회(고대부터 기원 후 4세기)에서 아동의 존재는 병약자, 노인과 같이 무가치한 존재로 간주되었다. 즉, 아동복지의 이념과 실천이 거의 없었다. 이 시기는 가족이나 씨족 중심에 의해 형성된 원시 공동사회로 이루어진 문명의 매개화로 아동에 대한 사회적 태도는 매우 원시적인 형태로 이루어졌다. 또한 자녀들을 부부의 성관계로 인한 소산으로 여겼으며 영아 살해, 유기, 낙태, 아동의 인신매매가 빈번하게 일어났다. 자연과 타 부족과의 생존경쟁 속에서 의식주를 해결해야 했으므로 아동의 인간으로서의 존엄성과 가치에 대한 인식이 없었다. 이 시기의 아동들은 종족 보존의 수단으로 아동 개개인의 가치나 존엄성은 무시되었고, 아동들이 생산이나 부족 보존에 기여할 수 있을지의 여부가 생존 가치의 중요한 판정기준이 되어 당시 사회의 풍속이나 미신에 의해 생명의 위협을 받아야 하는 무력한 존재였다고 한다. 예를 들어, 오스트레일리아 부족들은 허약한 아이가 태어나거나 장애아이가 태어나면 아기를 내다버렸으며 또한 아마존강 유역의 인디언들은 아기가 태어나면 우선 그 아이를 강물에 넣어보아 건강한 아이만을 꺼내 키웠다고 한다. 즉, 고대사회에서 부족에 부담을 줄 수 있는 약하거나 장애를 가진 아동은 살해하거나 유기하는 등의 일이 성행되었으며 아동생명을 종족보존의 수단으로서만 그 가치를 인정하여 이 시기에는 아동복지를 위한 이념과 실천은 거의 이루어지지 않았다.

2) 중세사회(4~17세기)

중세사회는 신분적 계급을 중시하는 봉건사회제도로 종교가 사회적으로 가장 중요했던 시대였다(서보준, 2015 : 48). 이 사회의 구조적 특징을 보면 장원제도가 있으며, 영주와 영민, 국왕과 신하의 주종관계가 엄격한 사회이기도 했다. 이 사회에서는 아동의 존재 자체에 큰 관심이 없고 아동에게 단지 장원을 위한 군사력, 경제력을 확보하기 위한 수단으로서의 가치만 부여되었다. 또한 아동의 지위는 엄격한 계급사회로 신분에 따라 달라졌으며, 신분이 높은 계급의 아동들은 신분상의 혈통 계승자로 존중받을 수 있었고, 신분이 낮은 계급의 아동들은 농노로서 무가치하게 취급되었다. 중세시대는 봉건제 사회로서 기독교의 영향이 강했던 시대로서 탄생과 동시에 계급이 정해지는 신분제 사회였기 때문에 높은 계급의 아동은 혈통 계승자로 존중되었고, 하류계급은 농노로서 무가치한 생명을 지닌 존재로 취급되었다. 그러나 이 사회는 종교단체나 가톨릭교회에서 생명을 빼앗는 행위를 죄악으로 금지하여 아동도 인격체임을 강조하였다.

5세기경부터 르네상스 이후(15~16세기)에는 기독교 교회 니케인(Nicene)의회에 의하여 영아 살해와 유기를 금지하였고 고아원을 설립하였으며, 가난하거나 의지할 곳 없는 아동들을 보호해 주기 위한 시설을 활용하려는 노력을 시작했다. 기독교의 노력으로 영아 살해는 조금씩 감소되었으나, 18세기까지는 계속 살해가 이루어졌다. 이러한 이유는 아동을 인간으로 대우해 주어야 한다는 기독교적 생각과 어린이의 내면에는 악함과 못된 성품이 있어 모질게 다루어야 한다는 예전의 가치체계를 동시에 갖고 있어서 아동 양육에 갈등상황을 일으켰기 때문이다. 그러나 고대보다 조금 나은 신분에 따른 일부 아동의 권리가 인정되고 종교단체가 자선 차원에서 가난하거나 의지할 곳 없는 아동의 보호를 시도해 아동보호사업이 싹트기 시작했다. 이 시기의 아동보호는 동정에 근거한 종교적 자선행위였고, 개인의 욕구나 권리를 존중하는 근대적 의미의 아동복지는 전개되지 않았다.

17세기 말에는 최초로 아동존중 사상이 강력히 주장되기 시작했으며, 코메니우스는 중세의 아동관인 '아동은 성인의 축소판'이라는 것을 강력히 거부하고 아동을 하나의 인격체로 존중할 것을 강조하였다. 코메니우스의 이러한 사상은 18세기 루소, 페스탈로치(Pestalozzi) 등에게 전달되어 현대 아동관의 뿌리가 되었다.

3) 근대사회(18~19세기)

근대사회는 산업혁명을 계기로 봉건제도가 붕괴되고 자본주의가 시작되었다. 이 시대에는 자본가와 노동자라는 사회계층이 구분되고 아동문제는 개인적인 문제가 아닌 국가적인 책임이라는 관점이 부각되었다.

1601년 영국의 엘리자베스 「구빈법」이 제정되면서 빈곤자들과 보호를 요하는 아동에 대한 관심이 증가되었다. 당시에는 아동에 대한 이해부족으로 집단 수용시설에서 아동, 노인, 장애인들이 함께 수용보호됨으로써 적절한 보호와 수용이 이루어지지 않아 높은 아동사망률과 더불어 아동의 건강과 복지에 많은 문제점이 노출되면서 시설에서의 수용에 대한 문제점이 논란이 되었다.

또한 19세기 전까지 동·서양의 보편적인 양육방식은 부모의 권위적인 모습과 강요, 엄격한 훈련에 의해 이루어졌으며, 어린이는 악한 성향을 가지고 있어 어릴 때에 교정되어야 한다는 기본적인 가정을 갖고 있었다. 이러한 아동관으로 인해 어른의 가치관, 행동 규준 등이 아동들에게 적용되어 아동들이 존중받지 못하였다. 예를 들어, 19세기 이전까지 아동의 옷을 보면, 자유롭게 뛰어놀 수 있는 옷이 아닌 축소된 성인들의 옷을 입고 있다.

19세기 후반에는 시설보호 대신 위탁가정이 등장하기 시작했다. 하지만 이 시대의 위탁가정은 「구빈법」과 결합한 도제형식의 가정위탁으로, 아동을 노동력 제공자로 간주하여 이로 인해 발생한 노동력 착취와 교육기회 박탈의 문제가 발생하게 되었다. 영국에서는 사회에 미치는 부정적인 영향을 방지하기 위해 「공장법(1802)」을 제정하여 최저 근로연령과 근로시간을 법적으로 명시하여 아동을 보호하는 입법조치가 시행되었다. 이 법은 프랑스(1841), 스웨덴(1881), 미국(1895)의 근로아동을 위한 관계법 제정에 큰 영향을 미쳤다. 이후 산업혁명으로 인해 맞벌이 부부가 증가하면서 탁아시설이 증가하게 되었고, 1891년 영국의 오웬(Owen)에 의해 공장 내에 보호와 교육을 담당하는 유아학교가 설립이 되었다.

4) 현대사회

현대사회에서는 많은 학자들에 의해 아동에 관한 연구가 활발하게 전개되었으며, 아동은 성인과 달리 고유한 발달단계를 거쳐 성장하는 존재로 인식하게 되었다. 즉, 아동은 어른의 축소판이 아닌 독립된 인격을 지닌 존재라는 인식이 확산되었다.

20세기로 접어들면서 아동권리와 복지 사상을 강조함과 아울러 아동복지에 대한 예방 차원의 적극적인 개입을 중요시하게 되었다. 1909년 미국 백악관 회의는 아동문제와 사회사업에 대해 모든 국가의 관심을 불러일으켰다. 이로 인해 1924년 국제연맹의 「아동권리에 관한 제네바 선언(The Geneva Declaration of the Child)」, 1930년 3차 백악관 회의에서 19개 조항에 이르는 아동헌장을 채택하여 아동복지의 전문화에 획기적인 계기가 마련되었다.

국제연합은 1959년 아동은 보호받아야 한다는 슬로건을 내걸고 「아동권리선언(Declaration of the Rights of the Child)」을 발표하였으며, 1971년 정신지체인의 복지와 재활을 확고히 하려는 취지를 담고 있는 「정신지체인의 권리 선언(Declaration of the Rights of Mentally Retarded Persons)」을 채택하였다. 그리고 1990년 「아동권리협약(Convention on the Rights of the Child)」을 선포함으로서 아동의 권리를 법적으로 보장하였다. 이로 인해 아동의 요구를 고려한 수용시설과 소규모 집단 위탁가정보호, 장애아동을 위한 수용시설 등의 제도가 등장하여 아동복지실천이 강조되었다. 1990년대 경제성장과 함께 아동인구는 매년 감소하고 여성취업률의 증가로 인해 취업모의 육아부담, 가족변화에 따른 가정 문제, 위기, 핵가족 증가, 빈곤, 실업, 산업재해로 인한 가족 구성원의 사망, 실종 등의 문제가 증가되었다.

2000년 이후에는 「아동복지법」이 강화되면서 우리나라는 2011년 8월 4일에 「아동복지법」이 전부 개정되어 2012년 8월 5일부터 시행되고 있다(보건복지부, 2016). 가장 중요한 변화는 2000년 개정에서 아동학대 관련 내용이 강화되었고, 2004년도에는 지역아동센터와 공동생활가정을 법제화하여 2012년에 「아동복지법」에 대한 전반적인 기반을 마련한 것이다.

2. 아동복지의 발전 과정

1) 사회구호 단계(1945~1961년대)

사회구호 단계는 1945년 해방 이후부터 1961년 「아동복리법」 제정 이전까지 시기를 말한다.

1946년 발부된 행정각서에서는 일반 공공구호 대상자를 가족이나 친척이 없는 빈곤자, 취업이 불가능한 빈곤자, 공공시설 외에 갈 곳이 없는 빈곤자, 65세 이상 노인, 6~13세 미만 아동을 양육하고 있는 여성, 만성질병자, 임산부, 장애자 중 한 범주에 속한 자라고 규정을 하고 있다(이혜경, 1992 : 7).

광복 이후 대한민국이 수립되고 1948년 「헌법」이 제정되었으나 체계적인 복지 관련법이 제정되지 못하고 일제 강점기나 미군정 시대의 것을 답습하는 수준이었다(한성심 외, 2011 : 62).

1950년 이후 한국전쟁으로 인해 수많은 전쟁고아와 기아, 미아의 문제가 발생되었고 절대빈곤으로 많은 외국 원조기관들이 국내에 들어와 설립된 수용시설 중심의 아동보호사업이 급속하게 증가하였다. 그러나 당시 산업화 수준과 경제력, 계급구조, 민주화 정도, 국가능력 등 모든 면에서 체계적인 사회보장정책이 형성되고 집행될 수 있는 조건들이 결여되어 있었다(이한우, 2013 : 73).

1960년에는 기독교아동복리회, 양친회, 선명회(현재 월드비전) 등이 등장하여 전체 사회복지시설 592개소 중 약 80%인 472개소가 아동복지시설이었으며, 대부분 해외의 재정 지원을 통해 운영되었다(이순자, 2015 : 51). 그러나 이 시기에는 국가책임의 원칙이나 전문화된 아동서비스를 제공할 수 없었으며, 민간자원과 외국 원조기관에 의해 설립된 아동수용시설을 중심으로 고아, 미아, 기아를 대상으로 하는 응급구호적인 서비스에 그친 것으로 평가된다.

2) 선별주의 아동보호 단계(1961~1970년대)

선별적 아동보호 단계는 1961년 「아동복리법」 제정 이후부터 「아동복지법」으로의 개정 이전인 1970년대까지로 볼 수 있다. 1960년대 초에는 「생활보호법」과 「아동복리법」이 제정되어 보호대상 아동문제에 대한 국가책임의 원칙이 처음으로 제도화되었다. 「생활보호법」과 「아동복리법」은 사회의 빈곤자 및 가족해체와 부양능력이 없는 가정의 아동에 대해서만 국가가 지원을 하는 선별주의 원칙을 확립하여 복지에 대한 국가의 책임 원칙이 법제화되었다.

1960년대 초에 제정된 「아동복리법」은 아동복지에 관한 한국 최초의 법으로 해방과 한국전쟁 이후의 고아, 기아, 미아 등 국가의 보호를 필요로 하는 아동에 대한 보호를 목적으로 제정되었다. 시와 도에서는 아동복리위원회를 설치하고 아동복지지도원을 두어 아동지도에 필요한 가정환경 조사, 입양위탁 업무, 거택구호에 관한 업무 등 요보호아동의 탈시설화와 제반 아동복지 증진에 관한 업무를 담당하게 하였으며, 보육시설 외에 아동상담소 등 다양한 시설과 일시위탁보호제도를 두었다(공계순, 2013 : 112).

1961년에는 「고아입양특례법」이 제정되어 아동을 원가정에서 보호할 수 없는 경우 다른 가정에서라도 보호를 할 수 있도록 하였다. 이 시기는 요보호아동을 대상으로 한 제한적인 보호대책만 있었으며, 법안에 모든 아동의 건전 육성이란 규정은 국가재정의 어려움을 이유로 제외되어 버렸고, 대신 법의 대상이 요보호아동으로만 제한되어 입법되었다(장동일, 1996 : 339).

1960~1970년대는 국내외 아동입양사업이 확대되었으며, 국내입양의 어려움으로 해외입양이 계속 증가하였다. 1960년대 후 계속 증가하던 아동복지시설 수와 수용아동 인구는 1967년을 기점으로 1970년대에는 점차 감소했으며, 외국원조기관의 철수와 사업의 축소로 아동 보호에 대한 국가개입이 점차 증가했다.

1970년대부터는 가정위탁보호, 보육서비스, 입양사업이 확대되었으며, 1976년에는 기아, 결손가정아동 등 요보호아동의 시설보호를 억제하고 국내의 가정에 입양되어

양육되도록 하는 「입양특례법」이 제정되었다(이순자, 2015 : 52).

이 시기에는 보호대상아동을 중심으로 선별주의 원칙에 기초한 잔여적 복지가 이루어졌으나, 일반아동을 대상으로 한 보편주의 단계로는 발전하지 못하였다.

3) 보편주의 아동복지 지향 단계(1980~1990년대)

보편적 아동복지에 대한 지향 단계는 1981년 「아동복지법」으로 개정한 이후부터 1990년대로 분류될 수 있다. 이 시기의 「아동복지법」은 전체 아동을 대상으로 보편주의에 입각한 전문적인 아동복지서비스를 지향하고, 보호대상아동을 위해 가정위탁 및 결연사업의 확대 등 아동복지서비스의 다양화를 갖는 데 의의를 두고 있다.

1982년 「유아교육진흥법」 제정, 「생활보호법」 제정, 1983년 「사회복지사업법」, 1986년 「모자복지법」, 「최저임금법」 등이 제정되었다. 1980년대 중반 이후로 갈수록 기혼여성의 취업 확대에 따른 탁아수요 증가에 대응하고 아동의 건전한 육성을 위하여 탁아시설의 설치에 대한 관심이 높아졌다. 이러한 과제에 대처하기 위해 1989년 9월 「아동복지법 시행령」 중 일부가 개정이 되었다(장동일, 1996 : 339-340).

1990년 1월 9일 「아동복지법 시행규칙」도 보건사회부령 제839호로 제정되어, 시설탁아 및 가정탁아시설의 시설기준을 정했다. 그러나 1991년 1월 「영유아보육법」의 제정으로 탁아와 관련된 내용은 「아동복지법」에서 분리되어, 6세 미만의 영아 및 유아 보육에 대한 국가의 책임이 강화되었다(공계순, 2013 : 115 재인용). 이러한 변화에 따라 시설수용보호사업의 중요성은 점차 퇴조하고 가정과 지역사회 중심의 보육서비스, 국내입양, 가정위탁, 방과 후 보호 등 지역사회 아동복지서비스가 강화되었다. 또한 급증하고 있는 아동학대 문제에 적극적으로 대처하기 위해 24시간 운영하는 아동학대신고 전화(1391번)를 설치하고, 2000년 10월 5일 본격적인 운영에 들어갔다(이소희, 2005 : 114). 1997년 12월 「가정폭력방지법」을 제정하여 가정폭력으로부터 아동을 보호하고자 하였으며, 1999년 하반기부터는 농·어촌지역 저소득층 자녀를 위한 무상보육사업을 2002년까지 전국으로 확대하고 만 5세 미만의 저소득층 자녀를 위한 보육료 지원, 저소득 한부모가정의 생활기반 조성을 위한 지원이 이루어졌다.

이 시기에는 일반아동을 포함하여 요보호아동까지 모든 아동에게 사회복지를 제공하는 보편주의를 지향하게 되었다. 특히 시설보호, 영유아보육, 가정위탁, 입양 등으로 아동복지서비스의 형태가 다양화됨에 따라 아동복지의 영역이 확대되었고 전문화를 지향하게 되었다.

4) 보편적 아동복지 실시 단계(2000년 이후)

보편적 아동복지 실시 단계는 2000년 「아동복지법」 개정 이후의 시기로 볼 수 있다.

우리나라가 OECD에 가입함에 따라 보편적 아동복지가 실현되게 되었고, 「아동의 권리에 대한 국제협약」의 내용을 최대한 반영하여 「아동복지법」의 전면개정을 통해 학대아동에 대한 예방 및 보호체계를 구축하였다(이순자, 2015 : 54).

2004년 「유아교육진흥법」이 폐지되고, 「유아교육법」이 제정 · 공포되면서 우리나라의 모든 아동을 대상으로 하는 교육, 보육복지서비스를 실현하게 되었다. 2004년 「아동복지법」 개정을 통해 보건복지부, 법무부, 교육인적자원부 등 12개 부처 장관, 아동단체장, 학계전문가 12명 등 총 25명으로 구성되는 아동정책조정위원회를 구성하게 되었고, 아동정책위원회 산하 아동정책실무위원회에 아동권리, 아동안전, 빈곤아동청소년 분과위원회를 운영하게 되었다.

2005년도에 「저출산 · 고령사회기본법」을 제정하여 빈곤의 사각지대를 해소하기 위해 기초생활수급자의 선정기준을 완화하고 최저생계비 인상 및 긴급지원제도를 도입하였다. 특히 빈곤예방은 어린 나이에 개입하는 것이 효과적이라는 인식이 확산되면서 미국의 '헤드스타트(Head Start)', 영국의 '슈어스타트(Sure Start)', 캐나다의 '페어스타트(Fair Start)'와 같이 빈곤의 세대 간 전이를 단절하기 위해 2004년 민간단체를 중심으로 '위스타트(We Start)운동'을 종합적이고 체계적으로 발전시켰다(이한우, 2013 : 78).

2007년 「장애인 등에 대한 특수교육법」을 제정하여 유치원 및 고등학교 과정 특수교육에 대한 의무교육의 법적 근거를 마련하였으며, 2012년부터는 유치원 과정부터 만

17세 이하 고등학교 과정까지 총 15년을 특수교육의 의무교육기간으로 확대하였다.

최근에는 여성의 취업증가와 저출산 문제로 양육과 취업을 병행할 수 있는 제도와 모든 아동이 건강하게 자랄 수 있도록 국가적 차원의 개입과 재정지원을 강화하고 있어 앞으로 보편주의 원칙에 기초한 아동복지제도가 더욱더 발전할 것으로 예상된다.

3. 한국의 아동권리와 복지 발전 과정 및 특징

1) 전통사회

전통사회의 아동문제에 대한 개입은 삼국시대부터 고아와 자연재해로 인한 기아, 부모의 보호를 받지 못하고 떠돌아다니는 걸식아동을 대상으로 하여 이루어졌다. 이 시기에는 아동이 고유한 발달단계를 걸쳐 성장하는 인격체로서가 아닌, 가계를 계승시키기 위한 수단으로서 관심의 대상이었다.

삼국시대 신라에서는 홀아비, 홀어미, 고아, 아들 없는 이, 늙은이, 병든 이를 요보호대상자로 정해 무료 급식과 양육을 하였으며, 이는 역사적으로 볼 때 최초로 국가에서 시행한 고아양육사업이라고 할 수 있다. 백제에서는 아동을 포함하여 재해를 당한 사람들에게 관곡을 배급하였다고 기록되어 있다. 고구려시대에는 국교가 불교였기 때문에 불교의 기본사상인 자비에 입각하여 전쟁과 흉년으로 생긴 고아들을 사찰에 위탁하여 승려나 사역승(使役僧)으로 양성하기도 하였다. 그 영향으로 민가에서도 고아들은 수양하여 양자녀 또는 노비로 삼기도 하였다. 이것이 우리나라 최초의 구제 시설 형태이다.

조선시대에는 현종 2년에 요보호아동 보호에 관한 법령이 제정되었다. 유기아동들을 입양한 가정에 옷값이 지급되었고, 10세가 되면 양육한 사람에게는 이들을 사역할 권리를 부여하였다. 조선시대까지 우리나라에서 실시되어 온 아동복지제도는 부랑아 및 기아 등에 대한 구호가 주된 사업이었으며, 주로 생명에만 치중하여 빈민자를 노예 또는 머슴으로 보내게 하여 평생을 중노동에 속박되게 하는 등 아동의 자유와 존엄성이 무시되었다. 그러므로 전통사회에서는 아동복지와 권리에 대한 체계적인 개입의 형태가 전혀 이루어지지 않았다고 볼 수 있다.

2) 근대사회

근대사회는 갑오경장 이후 조선시대 말부터 일제 강점기 시대를 거쳐 해방 이전까지의 기간을 의미한다. 이 시대에는 외국 선교사들에 의해 아동에 대한 관심이 증가하였으며, 수용시설에 의한 아동보호가 서양 선교사에 의해 최초로 도입되었다. 육아사업은 1854년 파리외방선교회가 만든 조선영해회에서 고아원을 설립하였고, 1888년 종로의 수녀원 부속건물에서도 고아원을 설립하여 아동을 양육하였다.

1886년 미국북장로교 선교사 언더우드는 고아들을 모아 예수학당, 구세학당을 시작하여 많은 개신교 선교사들이 고아들에게 교육사업을 하기 시작했다. 1892년 영국 성공회선교사 랜디스는 인천에 고아학원을 설립하였으며, 1923년에 구세군은 서대문 밖에 고아원을 설립하였다(아산사회복지사업재단, 1997 : 218).

서양 선교사들에 의하여 처음으로 도입된 시설보호는 이후 우리나라 아동복지 역사에서 수용시설 중심의 아동복지 발전에 큰 영향을 미치게 되었다. 1930년대부터 각 지방에서는 보육원을 설립하기 시작하였으며, 1939년에는 60개 시설이 전국적으로 설치가 되었다. 1940년에는 조선총독부 수호령이라는 법령이 제정되어, 빈곤한 임산부들과 13세 미만의 아동을 대상으로 가택구호를 규정하였다.

일제 강점기에는 아동애호 사상이 발전하였는데, 소파 방정환(1899~1931)은 아동애호가, 사회운동가로서 많은 활동을 하였으며, 마해송(1905~1966), 강소천(1915~1963)은 아동문학가로서 창작동화, 동요를 발표하여 아동문예 육성과 대한민국 어린이헌장(1957년)의 기초를 다지는 데 기여하였다.

근대사회의 특징은 절대적 빈곤기로 아동정책은 시설보호 중심의 요보호아동을 위한 잔여적 복지가 특징이었으며, 주로 외원에 의한 아동구호와 정부의 최소한의 보호·관리 및 감독에 의한 아동복지가 이루어지던 시기였다.

3) 현대사회

현대사회의 아동복지는 선별주의에서 보편주의 중심으로 바뀌었으며, 다른 선진국들과 마찬가지로 기초생활에 대한 지원과 복리후생으로, 찾는 복지에서 찾아가는 복지로 발전하였다. 1961년에는 「아동복리법」과 「생활보호법」, 「미성년자보호법」이 제정되면서 요보호아동에 대한 국가책임의 원칙이 법제화되었으며, 1970년대 국가 개입을 최소화하는 잔여적 복지정책이 지속되었다. 1973년에는 「모자보건법」, 1976년 「입양특례법」, 1977년 「소년법」과 「특수교육진흥법」이 차례로 공포가 되었다. 1980년대에는 보편주의에 입각하여 가정위탁사업, 국내입양, 아동결연사업, 영유아보육사업 등으로 아동복지 형태가 다양하게 전환되었다.

1981년도에 「아동복리법」을 「아동복지법」으로 개정하며 전체 아동을 대상으로 다양화 · 전문화된 아동복지서비스를 지향하였고 1990년대에는 '유엔아동권리협약'에 서명하고 국제연합에 비준서를 기탁함으로써 '아동권리협약'의 당사국이 되었다. 이로 인해 아동의 건강과 복지에 관한 권리 교육, 휴식, 여가 및 문화 활동에 관한 권리, 위급한 상황 및 착취로부터 보호받을 권리를 준수하게 되었다. 즉, '아동의 권리에 관한 국제협약'의 회원국이 됨에 따라 아동의 권리에 전환점을 맞이하게 되었다.

아동의 권리에 관한 국제협약의 내용에 비추어 우리나라에서도 아동의 권리에 대한 인식의 수준을 개선함과 아울러 협약을 이행하기 위한 관계법 보완에 노력을 기울이고 있다. 1991년에는 취업여성의 증가에 따른 보육수요의 확대에 따라 「영유아보육법」이 추가로 제정되었으며, 「아동복지법」의 개정이 추진되었다. 2000년 전문이 개정된 「아동복지법」이 시행되면서 아동권리와 복지에 대한 관심이 높아지고, 2004년 「아동복지법」과 「영유아보육법」이 또다시 개정되었으며, 이후 지속적으로 내용이 일부 또는 전부 개정되고 있다.

아동복지의 일부 업무가 보건복지부에서 여성부로 이관되면서 보육정책기능 강화와 더불어 시민단체를 중심으로 한 민간주도의 We Start 운동이 종합적이고 체계적으로 발전하게 되었다.

2007년에 들어서 「장애인 등에 대한 특수교육법」을 제정하여 유치원 및 고등학교 과정 특수교육 대상자에 대한 의무교육 실시에 대한 법적 근거를 마련하였으며, 2008년에 전국 아동보호전문기관과 중앙보호전문기관이 설치·운영되었다. 그리고 아동학대행위자에 대한 처벌 규정 강화, 아동학대 신고의무자가 확대되어 아동에 대한 법적 보호가 보다 강화되었다. 또한 영유아보육과 장애아동에 대한 교육재활 지원이 전면적으로 확대되어 보육 및 교육 지원의 공공성이 확대되었다.

2010년부터는 「장애인 등에 대한 특수교육법」 제3조 및 동법 시행령 제2조에 따라, 특수교육 대상자에 대하여는 만 5세 이상의 경우 유치원, 초등학교, 중학교 및 고등학교 과정의 교육을 의무화하였다. 2011년에는 만 5세 아동의 무상교육을 전면 실시하고, 유치원과 어린이집 교육과정을 통합한 '누리과정'을 2012년부터 실시하고 있다. 그리고 보건복지부는 2014년부터 저소득 가정의 아동들에게 통합서비스를 제공하는 드림스타트 사업을 실시하고 있다. 이 사업은 생활이 어려운 가구의 12세 이하 아동과 가족에게 '맞춤형 통합서비스'를 지원함으로써 아동의 건강한 성장과 발달을 도와 공평한 출발기회를 갖도록 하기 위한 것이다(보건복지부, 2015 : 2). 드림스타트 서비스의 내용은 <표 3-1>과 같다.

표 3-1 드림스타트 서비스

서비스 구분	서비스 내용
신체/ 건강 서비스	건강검진 및 예방, 성장발달 스크리닝, 구강교육, 심리검사, 정신건강 서비스, 산전·산후관리, 영양교육 등
인지/ 언어 서비스	기초학습지원, 영유아 가정방문 교육중재, 경제교육, 인터넷 중독예방, 소방 및 안전교육, 독서지도 등
정서/ 행동 서비스	사회성 발달 프로그램, 아동권리교육, 아동학대 예방, 성폭력 예방, 다문화 관련 교육, 진로지도, 멘토링 프로그램 등
가족 및 통합지원 서비스	부모교육, 가족상담 및 치료, 가족애착증진 프로그램 등

출처 : 보건복지부(2015). 2015년 드림스타트 사업보고서, p. 6.

2017년 8월에는 제2차 고위당정청협의회 결정에 따라 보건복지부는 2018년 7월부터 0~5세 아동에게 월 10만 원씩 아동수당을 지급하기로 발표하고, 이를 위한 법적 근거 마련을 위해 「아동수당법」 제정을 추진하겠다고 발표하였다(한국일보, 2017. 8. 18).

아동복지의 발전과 관련하여 시대적인 변화와 발전에 대한 인식을 살펴보면 카두신과 마틴(Kadushin & Martin)은 시대적 분위기를 다음과 같이 여덟 가지로 정리하였다(Kadushin & Martin, 1988, 윤매자 외, 2015 : 87 재인용).

첫째, 인본주의와 함께 발전하였다. 기존의 아동문제 해결 방법을 거부하는 움직임이 증대하였으며, 기독교의 생명존중 사상과 18세기 이후의 계몽주의는 아동의 복지를 개인적 의무에서 종교적 또는 시민적 의무로 인식하는 원동력이 되었다.

둘째, 인도주의적 이념이 강화되었다. 산업혁명을 토대로 한 경제발전과 아동의 문제를 사전에 지원하고 예방해야만 미래의 사회적 짐을 줄일 수 있다는 인식이 생겼다. 더불어서 투표권이 빈민에게까지 확대되어 이들의 욕구와 이익에 관심을 기울일 수밖에 없는 정치적 상황이 아동복지 발전에 기여하게 된 계기가 되었다.

셋째, 아동기가 인간의 성장 과정에서 중요한 시기이며, 아동을 고유한 발달 특성을 갖고 있고, 독특한 욕구와 능력을 갖고 있는 집단으로 인식하기 시작하였다. 평균수명의 증가와 경제발전에 의하여 아동에 대한 관심이 늘어나면서 부모에게 아동기가 중요한 시기로 인식되면서 아동의 다양한 욕구를 충족시키기 위하여 아동복지서비스에 대한 필요성이 증가하였다.

넷째, 가족과 이웃 기능의 쇠퇴로 인하여 사회제도의 전문화가 요구되었다. 즉, 과거에는 부모가 감당하지 못하는 아동복지 문제를 이웃이나 친인척, 지역사회 구성원들이 상호원조를 통해서 해결해 왔으나 산업화와 도시화는 전통적 가족기능을 상실하게 하였고, 사회원조기능을 하던 종교단체나 직장조합도 각각 종교와 직장 문제의 관련 기능에 집중하면서 아동복지에 관한 문제만을 전담할 수 있는 제도와 법이 필요하게 되었다.

다섯째, 사회 내에서 가족과 아동이 차지하는 지위가 향상되었다. 과거에는 가족보다 국가, 사회, 교회, 군대, 동료집단조합, 직업 등에 일차적인 관심과 충성심을 보여야 했지만 현대에 와서는 가족이 그 무엇보다 중요한 삶의 중심이 되었고, 그 결과

가족 구성원인 아동의 중요성도 함께 증가하여 아동복지 발전에 기여하게 되었다.

여섯째, 사회가 저출산·고령화로 변화하면서 부모와 자녀의 정서적 애착관계가 보다 친밀하고 강화되었다. 과거에 비해 의료기술이 발달하여 자녀의 사망에 대한 두려움이 없어지면서, 아동과 깊은 정서적 애착관계를 형성할 수 있도록 보다 신중하고 계획된 출산을 하게 되었으므로 아동의 가치는 더 존중받게 되었다.

일곱째, 과학적 지식의 진보는 아동복지학과 아동복지전문직을 탄생시켰다. 프로이트(Freud) 이후, 여러 학자들은 아동기를 연구대상으로 주목하기 시작하였고, 궁극적으로는 아동발달과 아동복지와 관련된 학문과 전문직이 개발되기에 이르렀다. 그 결과 아동기의 중요성을 강화하는 역할을 하였으며, 아동복지와 관련하여 아동기 연구가 새로운 학문과 전문직을 발전시키는 데 기여하였다.

여덟째, 아동의 법적 지위가 향상되었다. 과거에는 자녀를 성인의 소유물로 여겼으나 다양한 사회변화에 따라 아동이 특별한 관심을 받게 되면서, 1954년 11월 국제연합총회에서 '아동권리선언'이 채택되었으며, 더 나아가 1989년에는 '아동의 권리에 관한 국제협약'이 유엔총회에서 만장일치로 채택되었다. 아동을 단순히 보호를 필요로 하는 대상이 아니라, 권리의 주체로서 인정하고 아동 최선의 이익이 일차적인 기준이 되어야 함을 법적으로 명시하여 아동의 법적 지위를 높여 놓았다. 이 법은 강제성은 없지만 국내법과 동일한 효력이 발생하므로 많은 국가들의 아동복지서비스와 아동복지제도를 개선시키는 데 크게 기여하는 계기가 되었다.

4. 외국의 아동권리와 복지 발전 과정 및 특징

1) 영 국

영국의 아동복지는 「구빈법」을 중심으로 전개되어 왔으며 1911년 「국민보험법」의 제정은 사회보장에 기초가 되었으나, 1941년에 제안된 베버리지 보고서가 나오면서 영국형 사회보장제도가 기초가 되었다. 이 보고서는 빈곤의 제거와 최저생활의 보장을 목적으로 제안되었으며 기본적 욕구를 충족하는 강제사회보험의 성격을 띠고 있다.

전 세계에서 아동보호 원칙을 가장 먼저 수립한 나라로 연소자의 노동을 1일 12시간으로 제한하고 「구빈법」의 개정을 통해 9세 이하 아동의 노동을 금지, 13세 이하 소년의 노동을 주당 48시간으로 제한하였으며 장애아를 위해 특수학교설립을 허가하여 세계 최초로 5세부터 초등의무교육을 실시하였다. 영국은 일찍이 1874년에 출생신고를 의무화한 나라이다. 1948년 제정된 「아동법」은 영국의 아동복지를 확립한 기본법으로(오정수, 정익중, 2006 : 66), 아동에게 가장 좋은 환경은 가정이며, 결핍된 아동에게는 국가가 대신 가정의 역할을 담당하라고 명시하고 있다. 현재 아동을 가진 가정에 대해 아동수당(child benefit)을 지급하고 있으며, 이는 가정의 경제적인 수준에 관계없이 모든 아동에게 주어지는 소득보장제도이다. 1991년부터 첫째 자녀에게 보다 높은 비율의 혜택이 주어지고 편친의 경우에는 급여액이 추가된다. 1997년에 복지정책으로 Sure Start 정책을 만들었는데 0~14세의 아동 및 부모를 대상으로 아동에게는 보육과 교육을, 부모에겐 일자리를 갖고 자녀를 양육할 수 있도록 지원하는 가족을 단위로 하는 서비스 정책이다. 이 제도는 미국의 헤드스타트와 맥을 같이하는데 헤드스타트는 빈곤층에게 교육과 영양을 지원해 주는 제도이다.

영국의 아동복지는 1989년 「아동법(Children Act)」에 의해 아동을 양육하고 보호하는 데 변화를 주었다. 이 법은 부모가 자녀양육에 책임을 지며, 법원이나 지방정부에서 아동보호를 담당하게 될 경우 아동의 이익이 우선적으로 고려되어야 한다고 명시되어 있다. 또한 아동이 가정을 떠날 수밖에 없을 경우 지방정부는 시설이 아닌 대리가정에서 보호될 수 있어야 한다는 "아동의 권리에 관한 국제협약"의 원칙을 포함하고 있다. 영국에서는 병원, 보건소, 학교보건서비스 등에 의한 아동 출생 전후의 종합적인 건강보호에 중점을 두어 영국의 약 90%의 임산부들이 국립병원(NHS : National Health Service Hospital)에서 분만을 하며 퇴원하게 되면 조산원, 보건요원 또는 가정의에 의해 2~6일간의 재택서비스를 제공받게 된다. 모든 아동은 국립병원에서 치과진료를 포함한 모든 의료적 치료를 무료로 제공받는다. 미취학 아동들은 지역보건당국이나 보건요원,

가정의 등에 의해 신체적 · 정신적 성장 · 발달에 대한 종합적인 보호를 받는다. 학령기의 아동에게는 학교보건서비스가 실시된다. 1992년 7월 잉글랜드와 웨일즈의 보건증진 전략은 심장질환, 암, 정신질환, 교통사고 줄이기, 성적 건강 등을 5대 보건목표로 설정하였으며 이와 같은 질병의 퇴치와 아동기의 건전한 생활습관을 길러주기 위한 보건정책은 건전한 가정환경 조성을 위한 정부의 노력을 보여주고 있다.

최근에는 일반탁아소와 3~4세 아동들을 위한 놀이집단(play-group), 계절탁아소가 증가하고 있으며, 1992년 「고등교육법(Further and Higher Education Act)」에서 학교가 부모교육과정을 개설할 것을 강력히 요구하여, 국립성인평생교육연구소(NIACE : National Institute of Adult Continuing Education)는 1994년 부모교육지침서를 발간하였다. 아동학대와 방임에 대한 인식이 증가하면서 지역아동보호회(ACPC : Area Child Protection Committee)는 지역사회의 아동학대 실무를 맡고 있다. 영국아동학대예방협회(NSPCC : National Society for the Prevention of Cruelty to Children)는 24시간 서비스를 제공하는 아동보호전화(Child Protection Helpline)를 운영하고 있어 정부의 아동안전에 대한 지속적인 노력을 보여주고 있다.

2) 미 국

미국은 영국에서 실시했던 「구빈법」을 적용하였으며, 원칙적으로 아동을 거택에서 보호하는 것을 강조하고, 이것이 불가능할 경우 국가사회책임에 의해 수용보호를 하도록 하였다. 18세기에 접어들면서 고아원이 창설되었고, 보호만 하던 상태에서 탈피하여 종교교육, 일반교육 등을 실시하는 보호 방법이 전개되었다. 「아동노동법」은 1895년 제정되어 14세 이하의 아동은 취업시킬 수 없다는 금지조항과 야간작업금지 및 노동시간의 제한 규정, 학교에 출석하도록 배려하는 내용이 있었다. 아동복지사업의 체계가 전국적으로 정비되고 확립된 것은 1935년 제정된 「사회보장법」으로부터이다. 미국은 영국의 영향을 받아 청도교 정신에 의해 낙태는 죄로 여겼으며, 사회복지제도는 각 주가 중심이 되어 아동복지도 주 단위로 발전하게 되었다. 처음에는 종교단체의 주도로 시설보호로 시작되었으나 양육원이 1727년 뉴올리언스의 우슬린 수도원에 의해 처음으로 설립되면서 이를 계기로 1740년 최초의 영속적인 보호시설인 베더스타 고아원이 설립되었다. 1850년 이후에는 시설보호보다 가정보호가 모색되기 시작하면서 아동문제에 대한 관심이 전국적으로 확산되었다. 1909년 제1차 백악관 회의 이후부터 아동문제를 전담하는 아동국이 신설되었고, 이 회의에서 루스벨트(Roosevelt) 대통령은 아동을 위한 부모역할의 중요성과 가정생활의 중요성을 언급하면서 세 가지 원리를 제시하였다.

첫째, 가난하다는 이유 때문에 아동이 가정으로부터 분리되어서는 안 된다.

둘째, 가정을 떠나야만 될 충분한 이유가 있을 경우에는 차선책으로 잘 선정된 위탁가정이 바람직하다.

셋째, 필요에 의해 시설을 이용할 경우 소숙사제도(cottage system)가 좋으며 아동의 의존성이 나타나지 않도록 해야 한다.

1912년에 아동복지 전담부서인 '아동국(Children's Bureau)'을 설치하였으며, 1935년에는 「사회보장법」이 제정되면서 아동복지 사업이 국가적으로 체계가 갖춰지게 되었다. 1960년대 이후에는 미국 가정의 급격한 변화로 도시빈민층이 증가하였으며, 이들 자녀를 위한 1964년 헤드스타트와 푸드스탬프 프로그램을 실시하였다. 그러나 1980년대에 들어오면서 정부예산의 삭감과 통계자료의 미흡, 정부 관계법 문제가 발생하면서 학대, 방임, 비행, 가출 등의 문제를 포괄적으로 대처하지 못하여 심각한 문제를 가져오게 된다. 그 이후로 정부에서는 아동보호서비스를 강화하여 종래의 치료중심에서 발견, 평가, 예방을 보다 중시하게 되었으며, 가정 안에서 해결할 수 없는 아동학대와 방임의 문제를 위탁보호 프로그램으로 개입하게 되었다.

현재 미국의 아동복지는 카두신에 의해 체계화되었고 개별 가족 구성원보다 가족 전체를 대상으로 하는 방향으로 변화하고 있다.

3) 스웨덴

스웨덴에서는 영국의 「구빈법」에 영향을 받아 1853년 「구빈법」을 체계화하고 15세 미만의 아동과 병자, 폐질자 등을 구빈대상으로 규정하였다. 1901년에는 노동자

화재보호 사업이 제정되어 이때부터 아동복지에도 많은 변화를 가져왔다. 1924년에 「아동복지법」이 제정되었고, 1930년 세계경제공황으로 인해 출산율이 격감하자 아동과 모성 및 학교급식에 대한 국가 보조가 실시되었으며 1955년에 출산수당으로 발전하게 되었다.

1963년 「국민보험법」의 제정으로 16세 이상의 모든 국민이 보험 혜택을 받게 되었으며, 1981년에는 스웨덴의 사회복지의 근간이 된 사회사업법이 시행되면서 여성노동력의 효율성을 높이기 위한 다양한 제도와 서비스가 발달하게 되었다.

1973년 이후부터 실시되고 있는 아동보육제도는 보편주의로 전환되었고 부모의 취업 여부와 상관없이 12세까지 보육대상이 확대되어 1995년부터 모든 시 당국이 1세부터 6세 아동을 위한 탁아소나 가정탁아서비스를 제공하고, 6세부터 12세 아동을 위한 방과 후 보호 서비스를 제공할 것을 의무화하는 등 취업모들에게 필요한 대리양육을 위한 각종 제도가 잘 구비되어 있다. 임신기간의 무상건강검진, 유아학교 아동들에 대한 무료검진, 19세까지의 무료 건강검진과 치과검진이 있고 16세 이하의 모든 아동이 아동수당을 받으며 그 밖에도 여러 수당제도가 있다.

1974년부터 부모에게 출산 휴가를 주고 있을 뿐 아니라 소득의 90%까지를 보전해주고 있다. 임신 중에는 50일의 휴가를 사용할 수 있고, 출산 후에는 480일까지 쓸 수 있다. 이 중 390일은 이전 소득의 80%를 보전해 주며, 이후 90일에 대해서도 최소한의 표준 소득을 보전해 준다. 출산 후에는 신생아를 돌보면서 지낼 수 있는 출산휴가, 생후 6개월부터 취학 전 6세까지 어머니가 일하는 동안 아동을 맡길 수 있는 보육시설, 방과 후 보호 서비스, 가정보육시설, 아동간호사제도 등에 따른 경비는 지방자치단체에서 전액 지원하고 있다(2017년 기준).

스웨덴 복지의 특징은 학교나 보육, 건강, 연금, 노인복지, 사회복지사업 등을 국가가 무상으로 제공하고 있으며, 이에 대한 재원을 높은 누진과세와 각종 보조금제도를 통해 조달해 분배하고 있다는 것이다. 이 정책의 핵심은 각 계층의 수입을 재분배함으로써 빈부의 격차를 좁히는 것이며, 실제 국가 전체 예산의 약 3분의 1이 사회복지 비용으로 지출되고 있다(광주일보, 2017. 8. 17). 이에 따라 스웨덴 아동은 성장 · 발달의 결정적인 시기에 부모가 아동과 함께할 수 있는 시간을 최대한 확보함으로써 아동이 신체적 · 정서적으로 건전하게 성장할 수 있도록 한다.

4) 프랑스

프랑스는 서부 유럽국가들 가운데 가장 포괄적인 아동복지를 실시해 왔다. 아동복지서비스는 보건복지부가 지방정부와 함께 담당하며, 교육부에서도 아동의 복지를 책임지고 있다.

프랑스는 19세기 후반부터 급격한 출산율의 감소를 경험하게 되었다. 프랑스의 아동복지가 성장하게 된 배경은 인구감소를 위한 방안으로 아동수당을 지급하면서부터 시작이 되었다. 1974년 아동의 연령을 18세 미만으로 규정하였고, 1978년도 제도개혁으로 부모의 경제적인 수준과 관계없이 모든 아동이 16세까지 가족급여를 지급받게 되었다. 프랑스에서 실시되고 있는 아동복지서비스를 살펴보면 다음과 같다.

첫째, 출산에 따른 '가족수당'이 있다. 아이를 많이 출산할수록 더 많은 수당을 받는 시스템으로, 프랑스에서는 '아이가 부모를 먹여 살린다'는 말도 있다. 가장 기본적인 아동수당은 '가족수당(allocation familiale)'으로 가정의 경제적 수준과 관계없이 2명 이상의 자녀를 양육하는 모든 가정에게 지급되며, 3명 이상의 자녀가 있는 경우에는 '가족보충수당'이 추가로 지급된다. 또한 아이를 출산한 모든 가정에는 출산 전 3개월부터 출산 후 6개월까지 총 9개월간 '유아수당'을 지급한다.

둘째, 3세 이하 아동의 양육을 지원하는 '아동양육수당'이 지급되고 있다. 저소득층 한부모가 아동을 양육할 경우에는 기본급의 200%에 해당하는 '편친수당'이 일시적으로 지급된다. 그리고 부모가 근로 등의 이유로 직접 자녀를 양육할 수 없는 경우는 '재택아동 보육수당'을 통해 3세 미만의 아동들이 부모가 아닌 제3자에 의해 자신의 가정에서 보호받을 수 있도록 지원하고 있다(복지로기자단, 2013. 9. 2., www.bokjiro.go.kr). 고아나 한쪽 부모로부터 최저 양육비를 받지 못하는 아동들에게는 '가족지원수당'이라고 하여, 입양을 하지 않고도 아이들을 고아원 등의 시설이 아닌 자신의 가정에서 보호받을 수 있도록 지원하고 있다.

셋째, 교육서비스 지원이 있다. 유치원의 경우 90% 이상에 달하는 프랑스 아동들이 정부에서 운영하는 공립 유치원에서 교육을 받고 있으며, 모두 무상으로 이루어지고 있다. 초등학교, 중학교를 포함한 16세 이하의 아이들에게는 의무무상교육이 제공되고 있다. 아동들의 교육에 대한 재정적인 지원으로는 18세 이하 아동의 학교 진학을 지원하는 '학교 진학수당'을 제공하며, 저소득층 가정의 18세 이하 아동을 대상으로 하는 '신학기수당', 장애아동을 대상으로 하는 '장애아동 교육수당' 등이 있다(브릿지경제, 2017. 9. 18).

5) 일 본

일본의 아동복지는 1947년에 제정된 「아동복지법」에서 시작되어 1961년에 아동부양수당제도가 사회보장제도 정비의 일환으로 도입되었으며, 1971년에 전 아동을 대상으로 하는 아동수당법이 제정되었다. 이러한 변화에 따라 일본의 아동복지제도는 아동이 있는 가정에 대한 소득지원제도, 요보호아동을 위한 보호적 서비스, 일반가정의 아동을 위한 지지적 아동복지서비스로 나누어 볼 수 있다.

국가주도적인 아동복지는 명치시대에 3명 이상을 출산한 빈곤한 가정의 어머니에게 쌀을 지급하면서 전국적인 규모의 공적 구빈법이 도입이 되었다. 대상은 극빈자로 하되 노약자, 중병자와 13세 미만의 고아로 한정하였으며, 1886년 전국에 빈민아동을 위한 학교보급이 시작되었고 아동복지 접근 또한 민간 차원에서 국가 차원으로 발전하였다. 1887년에는 고아원이 처음 설립되었고, 1900년에 선교사들이 빈곤아동을 위한 시설로 현대의 보육소와 유사한 기능의 후다바 유아원을 설립하였으며, 1918년 이후 공립 보육소가 설립되었다.

2차 세계대전 이후에는 혼란한 상황에서 민간에 의한 아동보육사업을 주도하였으며, 국민의 최저생활을 보장하기 위해 1946년에는 기존의 「구호법」, 「모자보건법」 등을 통합한 「구생활보호법」이 제정되었다. 1947년에 「아동복지법」을 제정하여 「교육

기본법」 및 「학교교육법」에서 모든 아동의 의무교육제도와 장애아동을 대상으로 특수교육 실시를 의무화하였다. 그리고 아동수당제도를 통해 3세 미만의 모든 아동에게 수당을 지급하였다. 복지시설은 조산시설, 보육소(어린이집), 유아원(영아원), 양호시설, 정신지체장애시설, 심신장애아시설, 교호원 등 26개 유형으로 분류하여 중앙 및 지방정부의 지원을 받도록 하였다.

1950년 중반에는 일본이 성장기에 접어들면서 민간 차원에서의 학동보육 운동이 시작되었고, 1963년 이후 지방자치단체의 학동보육 예산이 확대되어, 경제성장과 함께 아동문제와 관련된 다양한 법이 제정되었다. 1964년에는 「특별아동부양수당의 지급에 관한 법」, 1965년에는 「모자보건법」과 「정신박약아동복지법」 등이 제정되었다. 1971년에는 「아동수당법」이 제정되었으며, 1991년 개정에서는 첫째 자녀부터로 확대되었다.

2007년 개정법부터는 3세 미만의 아동에게는 출생순위에 무관하게 일률적으로 1만 엔을 아동수당으로 지급하였다(이상희, 하승수, 이혜원, 2008 : 78). 그 외에도 아동수당의 확대지급이나 학대받는 아동을 위한 대책으로 아동상담제도를 확장하는 등 다양한 복지제도를 실시하고 있다. 일본은 우리나라와 유사하게 「아동복지법」을 기본법으로 하여 몇 가지 특별법으로 구성된 법률체계를 가지고 있으며, 유교문화적 전통으로 인하여 아동의 권리에 대한 인식과 공적 친권개입에 관한 태도에서도 우리나라와 유사한 점이 있다(이혜원, 2006 : 63).

요점정리

1. 아동복지의 역사적 배경
   1) 고대사회 – 고대사회는 아동을 병약자, 노인과 같이 무가치한 존재로 간주
   2) 중세사회 – 기독교의 영향이 지배한 사회로 아동존중 사상이 대두됨
   3) 근대사회 – 근대사회는 자본가와 노동자라는 사회계층이 구분되고 아동문제는 개인적인 문제가 아닌 국가적인 책임이라는 관점이 부각
   4) 현대사회 – 아동은 성인과 달리 고유한 발달단계를 걸쳐 성장하는 존재로 새로운 개념이 정립

2. 아동복지의 발전 과정

1) 사회구호 단계(1945~1961년대)–한국전쟁으로 많은 외국 원조기관들이 국내에 들어와 설립된 수용시설 중심의 아동보호사업이 급속하게 증가
2) 선별주의 아동보호 단계(1961~1970년대)–「생활보호법」과 「아동복리법」이 제정되어 보호대상 아동문제에 대한 국가책임의 원칙이 처음으로 제도화됨
3) 보편주의 아동복지 지향 단계(1980~1990년대)–보편주의에 입각한 전문적인 아동복지 서비스를 지향하고, 보호대상아동을 위해 가정위탁 및 결연사업의 확대 등 아동복지 서비스가 다양화됨
4) 보편적 아동복지 실시 단계(2000년 이후)–보편적 아동복지 실시 단계는 2000년 아동복지법 개정 이후의 시기로 모든 아동을 대상으로 보편적 아동복지를 지향함

3. 한국의 아동권리와 복지 발전 과정 및 특징

1) 전통사회–삼국시대부터 고아와 자연재해로 인한 기아, 부모의 보호를 받지 못하고 떠돌아다니는 걸식아동을 대상으로 하여 이루어짐
2) 근대사회–외국 선교사들에 의해 아동에 대한 관심이 증가
3) 현대사회–보편주의 중심으로 바뀌면서 기초생활에 대한 지원과 복리후생 차원으로, 찾는 복지에서 찾아가는 복지로 발전

4. 외국의 아동권리와 복지 발전 과정 및 특징

1) 영국–구빈법을 중심으로 이루어짐. 1911년 국민보험법의 제정은 사회보장에 기초가 되고 1941년에 제안된 베버리지 보고서가 나오면서 영국형 사회보장제도가 기초가 됨
2) 미국–미국은 영국에서 실시했던 구빈법을 적용하여 거택보호를 강조하고 아동 보호를 우선으로 하였음
3) 스웨덴–1853년 구빈법을 체계화, 15세 미만의 아동과 병자, 폐질자 등을 구빈대상으로 규정. 1901년에는 노동자 화재보호 사업이 제정
4) 프랑스–1932년 「가족급여법」의 제정으로 선진국 가운데 아동수당제도가 가장 일찍 시작, 1974년 아동의 연령을 18세 미만으로 규정하고, 1978년도 제도개혁으로 모든 아동이 16세까지 가족급여를 지급받음
5) 일본–1947년에 제정된 아동복지법에서 시작되어 1961년에 아동부양수당제도가 사회보장제도 정비의 일환으로 도입. 1971년에 전 아동을 대상으로 아동수당법 제정

Quiz

1. 이 사회에서는 신분적 계급을 중시하는 봉건사회제도로 아동의 존재 자체에 큰 관심은 없고 아동은 단지 장원을 위한 군사력, 경제력을 확보하기 위한 수단으로서의 가치만 부여된 시대는 어느 시대인가? (   )

2. 가족이나 씨족 중심에 의해 형성된 원시 공동사회로 이루어진 문명의 매개화로 아동에 대한 사회적 태도는 매우 원시적인 형태로 이루어진 사회를 무슨 사회라고 하는가? (   )
   ① 고대사회 ② 중세사회 ③ 근대사회 ④ 현대사회

3. 아동복지 발전 과정에서 많은 외국 원조기관들이 국내에 들어와 설립된 수용시설 중심의 아동보호사업이 급속하게 증가하게 된 단계는? (   )
   ① 사회구호 단계
   ② 선별주의 아동보호 단계
   ③ 보편주의 아동복지 지향 단계
   ④ 보편적 아동복지 실시 단계

4. 아동복지법이 개정되어 보호대상아동을 위해 가정위탁 및 결연사업의 확대 등 아동복지서비스의 다양화를 갖는 단계는? (   )
   ① 사회구호 단계
   ② 선별주의 아동보호 단계
   ③ 보편주의 아동복지 지향 단계
   ④ 보편적 아동복지 실시 단계

5. 구빈법을 중심으로 아동복지가 전개되어 왔으며, 1941년에 베버리지 보고서에 의해 사회보장제도가 성립된 국가는? (   )
   ① 일본 ② 영국 ③ 스웨덴 ④ 일본

생각 나누기

1. 아동복지 역사에 대한 자신의 생각에 대해 이야기를 나누어 보시오.
2. 우리나라 아동복지 역사에 대한 자신의 생각에 대해 이야기를 나누어 보시오.
3. 외국의 아동복지 역사를 보고 우리나라에서 아동권리나 복지서비스 중 강화해야 될 내용에 대해 토론해 보시오.

참고문헌

보건복지부(2015). 2015년 드림스타트 사업보고서. 보건복지부.

서보준, 김우호, 박선태, 이정미(2015). **아동복지론**. 경기 : 공동체.

아산사회복지사업재단(1997). **아동복지편람**. 서울 : 아산사회복지사업재단.

오정수, 정익중(2013). **아동복지론**. 서울 : 학지사.

윤매자, 신혜경, 주정현(2014). **아동복지론**. 경기 : 양서원.

이상희, 하승수, 이혜원(2008). 한·일 아동학대 관련 법률에 대한 비교 연구. 한국아동권리 학회.

이순자, 나성식, 김현경, 이효숙(2015). **아동복지론**. 경기 : 정민사.

이한우(2013). **아동복지론**. 경기 : 양서원.

이혜경(1992). **권위주의적 자본주의 사회에서의 복지국가의 발달**: 한국의 경험. 복지국가의 현재와 미래. 사회복지 국제학술대회 자료집.

이혜원(2006). 한일 아동복지법의 내용에 관한 비교연구. 한국사회복지학.

장동일(1996). **사회복지법의 이해**. 서울 : 학문사.

한성심, 송주미(2011). **아동복지론**. 서울 : 창지사.

광주일보(2017. 8. 17). 스웨덴 복지를 바라보며.

브릿지경제(2017. 9. 18). 가뿐한 엄마! 임신부터 출산, 육아까지 '맞춤형 서비스'.

복지로. www.bokjiro.go.kr

CHAPTER 04

아동권리와 복지 관련 정책 및 행정

아동과 관련된 정책 및 행정은 아동복지의 방향을 설정하고 시행하는 데 있어서 근간이 된다. 따라서 아동의 권리와 행복을 위한 아동 중심적인 양질의 정책이 선행되어야 한다. 더불어 이러한 정책을 시행하는 데 있어 뒷받침이 되는 체계적인 행정의 지원은 아동복지에 있어서 중요한 의미를 지니고 있다고 할 수 있다.

이 장에서는 아동권리 및 아동복지정책에 대한 기본적인 이해를 돕고, 아동권리와 복지정책의 근간이 되는 아동복지법을 살펴보고자 한다. 또한 아동복지행정과 관련된 서비스 전달체계를 공공과 민간 아동복지 전달체계로 구분하여 살펴보고자 한다. 그리고 이를 바탕으로 아동권리 및 복지 관련 정책과 행정의 과제를 제시하였다.

마인드맵

■ 아동권리와 복지 관련 정책 및 행정

- 아동권리정책의 이해
- 아동복지정책의 이해

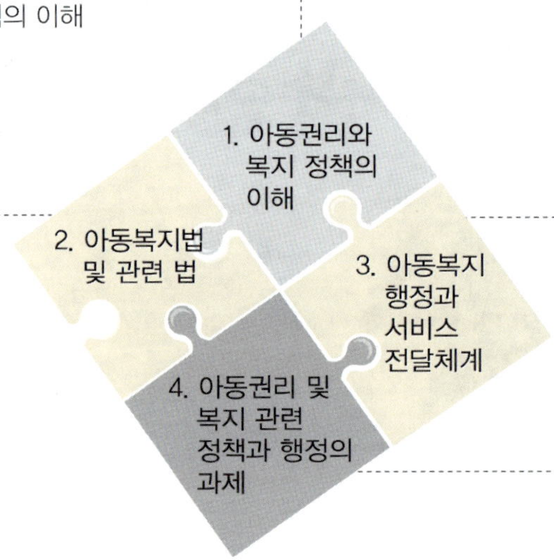

- 아동복지법
- 아동복지 관련 법

- 공공 아동복지 전달체계
- 민간 아동복지 전달체계

- 아동권리 및 복지 관련 정책의 과제
- 아동권리 및 복지 관련 행정의 과제

학습목표

1. 아동권리정책의 개념을 정의할 수 있다.
2. 아동복지정책의 개념을 제시할 수 있다.
3. 아동복지정책의 유형을 분류할 수 있다.
4. 아동복지법의 목적을 제시할 수 있다.
5. 아동권리 및 복지 관련 정책의 과제를 제시할 수 있다.

주요용어

- **아동권리정책** : 아동의 권리증진과 건강한 출생 및 성장에 영향을 미치는 모든 정책과 프로그램 및 활동
- **아동정책조정위원회** : 종합적인 아동정책을 수립하고 관계 부처의 의견을 조정하며 그 정책의 이행을 감독하고 평가하는 중앙정부기구
- **아동복지정책** : 아동의 복지를 위한 사회복지정책으로 아동과 가족의 욕구충족을 위한 정부의 지침, 정부의 조직화된 계획
- **아동복지법** : 아동이 건전하게 출생하여 행복하고 건강하게 육성되도록 그 복지를 보장하는 것을 목적으로 제정되었으며, 아동복지정책과 서비스의 기반이 되는 법
- **서비스 전달체계** : 일반적이고 추상적인 사회복지정책이 개별적이고 구체적인 서비스 제공으로 이어지는 과정 또는 구조

사 례 양육수당 받았어도 아동수당 추가 지급

지금까지 아동을 위한 보편적 복지는 큰 관심을 받지 못했다. 지난 정부는 무상보육과 양육수당을 도입했으나 '아동'이 아닌 '부모'의 양육부담을 덜기 위한 조치였고 아동복지는 빈곤아동 구제에만 초점이 맞춰졌다.

문재인 대통령은 후보 시절 '아동수당 지급'과 '15세 이하 아동 입원 진료비 국가책임제 도입'을 공약하며 보편적 아동복지를 주장했다. 노인 공약과 비교했을 때 가짓수와 예산 규모가 크게 부족한 수준이나 일반아동을 대상으로 한 복지를 중요 정책으로 여긴 점에서 의미가 있었다.

18일 보건복지부에 따르면 정부는 내년에 아동수당 도입을 확정하고 현재 세부내용을 조율하고 있다. 5세 미만의 모든 아동에게 10만 원의 수당을 추가 지급하기로 방침을 정했다. 현재 정부는 무상보육과 함께 가정에서 자녀를 돌보는 부모에게 10만~20만 원의 양육수당을 지급하고 있는데 이들 모두에게 추가 지원금을 주기로 한 것이다.

12개월 미만 아이를 가정에서 돌보는 부모는 양육수당 20만 원과 아동수당 10만 원 등 30만 원의 지원금을 받고 아이를 보육시설에 보내 따로 현금을 받지 않는 부모는 아동수당 10만 원을 받게 된다. 다만, 지급 연령 기준을 연도로 할지, 개월 수로 할지 등 세부사항을 조율 중이다.

아동수당은 독일, 프랑스, 스웨덴, 핀란드 등 유럽뿐만 아니라 일본, 호주, 스페인 등 많은 나라에서 시행하고 있다. 아동수당을 도입한 나라 중 호주가 지급 연령이 6세로 가장 낮고 대부분 나라는 만 18세까지 수당을 준다. 프랑스가 만 20세로 가장 높다. 문 대통령은 후보 시절 "아동수당을 10만 원에서 시작해 단계적으로 올리겠다"고 밝혔다.

현금성 지원뿐만 아니라 보편적 서비스도 추가될 가능성이 높아졌다.

보건복지부는 현재 대통령 공약 이행을 위해 만 15세 이하 아동 입원진료비의 95%를 건강보험에서 지원하는 내용의 '아동 국가책임제' 도입을 검토하고 있다. 의료비 부담이 큰 희귀질환과 일부 비급여 항목 등을 포함해 연내 검토를 마무리할 방침이다. 보건복지부 관계자는 "현금성 서비스만으로는 아동에 대해 충분한 지원을 하기 어렵다"며 "향후 아동복지, 건강, 안정, 돌봄 등 패키지를 설계해 복지를 강화해 나가야 한다"고 말했다.

출처 : 세계일보(2017. 7. 18).

1. 아동권리와 복지 정책의 이해

1) 아동권리정책의 이해

아동권리정책은 아동이 태어나면서부터 천부적으로 가지게 되는 권리를 보호하기 위해 시행되는 기준이나 원칙을 의미한다. 즉, 건강한 출생 및 행복한 성장을 도모하기 위하여 국가 및 공공기관이 아동의 권리증진과 관련된 법을 입안하고, 서비스를 제공하기 위한 계획을 수립하여 시행하는 다양한 활동이라고 할 수 있다. 이러한 활동은 아동의 권리를 보장해야 하며, 아동권리에 대한 인식을 증진시키기 위한 국가의 의무이자 책무이기 때문이다. 따라서 아동권리에 대한 정책은 국가에서 아동의 존엄성을 지켜주기 위해 이루어지는 제반 계획 및 활동이라고 할 수 있다.

아동권리정책을 이행하기 위해서 우리나라에서는 아동정책조정위원회가 구성되어 있으며, 아동권리교육을 실시하고 있다. 이 외에도 아동권리 모니터링센터 및 아동권리 옴부즈퍼슨 제도가 시행되고 있다.

(1) 아동정책조정위원회

「유엔아동권리협약」은 아동의 기본적 권리에 대한 국제적 약속으로 1989년 11월 유엔총회에서 채택된 국제사회 최초의 협약이며, 현재 195개국이 비준한 국제법이다. 아동권리협약을 비준한 각 국가는 협약에 명시된 아동의 권리를 보장하고 그 이행 사항과 진전 상황을 담은 보고서를 5년마다 '유엔아동권리위원회'에 제출해야 한다. 우리나라는 1990년에 「유엔아동권리협약」에 가입하고 1991년 11월에 비준하여 협약 당사국이 되었으며, 1차 보고서는 1994년, 2차 보고서는 2000년, 3차와 4차 통합 보고서는 2008년에 제출하였다. 아동 인권 모니터링 결과를 담은 5차・6차 통합 보고서는 2017년 6월에 제출하였다.

2003년 유엔아동권리위원회의 2차 권고에서는 우리나라 정부의 아동정책 및 사업을 위한 상설 총괄 조정기구의 미비함을 지적하였다. 이러한 문제점을 해결하기 위해서 아동정책 및 사업을 조정하는 중앙상설기구를 마련하고 이 기구에 권한, 재정, 인적·물적 자원을 부여할 것을 권고하였다(이재연 외, 2009 : 161). 이러한 권고에 따라 2004년 개정된 「아동복지법」에서는 국무총리실 산하에 '아동정책조정위원회'를 두도록 하였다. 「아동복지법」 제10조에 명시된 '아동정책조정위원회'는 아동의 권리증진과 건강한 출생 및 성장을 위하여 종합적인 아동정책을 수립하고 관계 부처의 의견을 조정하며 그 정책의 이행을 감독하고 평가하는 것을 목적으로 한다. '아동정책조정위원회'는 <표 4-1>과 같은 사항을 심의·조정한다.

표 4-1 아동정책조정위원회 심의·조정 내용

1. 기본계획의 수립에 관한 사항
2. 아동의 권익 및 복지 증진을 위한 기본방향에 관한 사항
3. 아동정책의 개선과 예산지원에 관한 사항
4. 아동 관련 국제조약의 이행 및 평가·조정에 관한 사항
5. 아동정책에 관한 관련 부처 간 협조에 관한 사항
6. 그 밖에 위원장이 부의하는 사항

출처 : 국가법령정보센터. www.law.go.kr

'아동정책조정위원회'의 구성은 위원장을 포함한 25명 이내의 구성원으로 구성되며, 위원으로는 기획재정부장관, 교육부장관, 법무부장관, 행정안전부장관, 문화체육관광부장관, 산업통상자원부장관, 보건복지부장관, 고용노동부장관, 여성가족부장관 및 아동 관련 단체의 장이나 아동에 대한 학식과 경험이 풍부한 사람 중 위원장이 위촉하는 15명 이내의 위원으로 구성된다. '아동정책조정위원회'는 여러 부처에서 추진하고 있는 아동정책에 대한 조정과 정책이행에 대한 감독 및 평가 등을 담당함으로써 아동정책의 효과성을 증진할 수 있다. 그리고 아동 관련 전문가의 참여를 통해 아동정책을 민주적 절차에 따라 수립할 뿐만 아니라 효과성을 증진시켜 정부와 민간의 협력을 더욱 원활히 할 수 있다는 데 의의가 있다.

그러나 '아동정책조정위원회'는 2008년 제3·4차 국가보고서 제출 이후에는 회의 개최 실적이 전무하는 등 실질적인 활동이 부진하고 적절한 권한과 지원, 자원(예산,

인력 등) 부재 등으로 아동 인권 관련 민간집단들의 개선요구가 있었으며, 2011년 유엔아동권리위원회의 개선 권고를 받은 바 있다(한국청소년정책연구원, 2013 : 3).

2014년 2월 28일자로 범정부 차원에서 '아동학대 예방 및 피해아동 조기발견 · 보호 종합대책(이하 '정부종합대책')'을 확정하였으며, 이에 대한 지속적인 정책지원을 모니터링하고 있다. 앞으로도 부처 간, 국가 및 지역단체 간 아동권리 관련 기능 및 관계를 명확히 하고 협력사항을 논의할 수 있도록 회의를 정례화하고 위원회의 역할을 선명하게 규정해야 할 것이다.

(2) 아동권리교육

아동권리보장은 아동권리의 이해에서부터 비롯되므로 아동의 권리에 대한 교육과 홍보는 다른 어떤 정책보다 우선적으로 고려되어야 한다. 우리나라의 아동권리에 대한 교육은 초기단계라 할 수 있다. 2014년 한국 아동 · 청소년 인권실태조사에 따르면, 아동권리협약이 무엇인지 알고 있는 경우는 15.2%에 불과했으며(김경준 외, 2014 : 237), 아동을 권리행사의 주체로 인식하고, 협약의 정신을 파악하여 대책을 강구하고 있는 정부부처는 아직까지 찾아보기 어려운 형편이다.

현재 '아동 · 청소년의 시민권 강화를 위한 맞춤형 권리교육 프로그램 개발'로 2008년에 개발된 4종의 권리교재(일반공통, 초등교사용, 복지시설 실무자용, 보육교사용)와 이를 토대로 제작된 사이버 교육용 웹교재를 활용하여, 전국 권역별 복지시설종사자 집합 · 순회 교육 및 사이버 교육을 실시하고 있으며(보건복지부, 2016 : 304), 여성가족부와 보건복지부, 민간단체 등에서 이미 여러 가지 협약 관련 자료, 아동인권침해의 주요사례인 아동학대 예방교육 등에 대한 교육 및 영상 자료를 제작 · 배포하고 있다.

아동권리교육은 전 국민을 대상으로 지속적으로 다양한 형태를 활용하여 실행될 필요가 있다. 학교 교육과정에 아동권리 및 권리에 대한 교육을 포함시키고, 아동을 위해 아동과 함께 일하는 학교 교사와 전문단체의 종사자를 대상으로 하는 인권교육을 더욱 체계화할 필요가 있다.

2) 아동복지정책의 이해

(1) 아동복지정책의 개념

아동복지정책의 개념에 대해 카두신과 마틴(Kadushin & Martin, 1988)은 아동에게 영향을 미치는 모든 정책과 프로그램 및 활동으로 정의하였으며, 캐머만과 칸(Kamerman & Kahn, 1985)은 아동에게 한정되었던 정통적 정책에서 벗어나 아동과 그 가족의 삶의 질 향상과 가정의 복지를 지향하는 것으로 개념화하였다. 이 장에서는 아동복지정책을 아동의 복지를 위한 사회복지정책으로 아동과 가족의 욕구충족을 위한 정부의 지침, 정부의 조직화된 계획으로 정의하고자 한다. 즉, 아동복지정책(child welfare policy)의 개념은 '아동복지를 위한 행동 노선과 계획이며, 아동복지를 위한 활동을 하는 데 필요한 원칙과 방향을 정하거나 계획하는 것이다(이순형 외, 2015 : 168).

아동복지정책에는 정책을 수립하는 국가가 아동의 성장과 발달을 위해 무엇이 필요하고 중요한지, 우선시하는 것에 따라 정책의 방향이 달라질 수 있다. 따라서 아동정책을 수립하기 위해서는 다음과 같은 전제조건이 요구된다(오동석, 2015 : 194).

첫째, 아동에 대한 통계를 별도로 작성해야 한다. 아동의 인적 구성에 대한 데이터베이스를 구축할 때, 입법·사법·행정의 유기적인 집행이 가능하다.

둘째, 아동예산의 확보이다. 아동권리위원회는 「일반논평 5 : 아동권리협약 이행을 위한 일반 조치」에서 국가 및 기타 예산에서 아동을 위한 자원의 확인과 분석의 중요성을 강조하고 있다. 또한 아동에게 할당된 직·간접 국가 및 기타 예산의 비율을 확인할 것을 권고하였다. 일부 국가에서는 이것이 불가능함을 주장하기도 하였으나, 매년 아동예산을 발표하는 국가도 있다.

셋째, 아동인권지수를 개발·보급해야 한다. 아동인권지수는 아동인권의 보장 정도에 대한 평가·측정을 도모한다.

(2) 아동복지정책의 유형

「사회보장기본법」에 따르면 "사회보장"이란 출산, 양육, 실업, 노령, 질병, 빈곤 및 사망 등의 사회적 위험으로부터 모든 국민을 보호하고 국민 삶의 질을 향상시키는 데 필요한 소득·서비스를 보장하는 사회보험, 공공부조, 사회서비스를 말한다(제3조 제1호)고 명시되어 있다. 따라서 아동복지정책의 유형을 「사회보장기본법」에 준하여 아동과 관련된 사회보험과 아동 관련 공공부조 및 아동복지서비스로 구분하여 살펴보고자 한다.

① 사회보험 정책

사회보험은 "국민에게 발생하는 사회적 위험을 보험의 방식으로 대처함으로써 국민의 건강과 소득을 보장하는 제도"를 말한다(「사회보장기본법」 제3조 제2호). 즉, 일정한 기여금을 납부하고 질병, 장애, 실업 등 해당되는 사회적 위험이 발생하여 개인이 감당하기 어려운 상황에서 현금 또는 현물을 지원받을 수 있도록 하는 것이다. 사회보험정책은 대상자의 기여를 전제로 하며, 대상자의 기여를 가능하게 하는 소득에 영향을 받기 때문에 비교적 시장논리가 강한 사회에서 강조되는 편이다.

우리나라의 경우 아동과 가족을 대상으로 하는 사회보험은 없지만, 모든 가구를 대상으로 하는 사회보험 정책은 가족 내 아동에게 영향을 미치므로 아동의 복지를 도모한다고 할 수 있다. 우리나라의 사회보험 정책은 노령 시 소득을 보충해 주는 국민연금, 질병이나 부상 등의 의료비 보충을 위한 국민건강보험제도, 사업장에서의 업무상 재해 시 부상이나 질병에 대비하는 산업재해보상보험제도 그리고 실직 시에 소득을 보충해 주는 고용보험이 있다.

② 공공부조 정책

공공부조 정책은 "국가와 지방자치단체의 책임하에 생활 유지 능력이 없거나 생활이 어려운 국민의 최저생활을 보장하고 자립을 지원하는 제도"이다(「사회보장기본법」 제3조 제3호). 즉, 공공부조제도는 개인의 소득과 자산조사를 실시하여 일정 소득 이하의 사람들에게 선별적으로 급여를 제공한다. 공공부조는 국민의 최저생계비를 보장하는 제도로서 사회적으로 취약한 계층을 위한 정책이며, 최후의 사회적 안전망 역할을 한다. 국가의 책임이라는 원칙하에 조세를 통해 운영된다. 공공부조 정책은 소득과 자산조사를 통해 공공부조 혜택 여부를 결정하게 되므로 비용효과성이 높은 장점이 있지만, 반면 혜택을 받는 자는 수급자라는 낙인이 부여된다는 단점이 있다.

우리나라의 경우 1999년 제정된 「국민기초생활보장법」을 근거로 국민기초생활보장제도를 통해 공공부조 정책을 실시하고 있으며, 국민기초생활보장제도를 통해 빈곤 아동가구의 기초 생계를 지원하고 있다.

③ 사회서비스 정책(사회복지서비스)

사회서비스는 "국가 · 지방자치단체 및 민간부문의 도움이 필요한 모든 국민에게 복지, 보건의료, 교육, 고용, 주거, 문화, 환경 등의 분야에서 인간다운 생활을 보장하고 상담, 재활, 돌봄, 정보의 제공, 관련 시설의 이용, 역량개발, 사회참여 지원을 통하여 국민의 삶의 질이 향상되도록 지원하는 제도"이다(「사회보장기본법」 제3조 제4호). 즉, 사회복지서비스는 직접적으로 클라이언트에게 현금과 현물을 제공하여 클라이언트의 변화를 이끄는 제도이다.

아동복지서비스는 시설보호를 포함하여 아동 및 가족을 대상으로 상담, 조사, 교육 및 취약아동가구의 재가지원 등을 실시하고 있다. 우리나라 아동복지서비스는 「아동복지법」에 근거하고 있으며, 서비스는 주로 현물로 제공된다. 최근 아동복지서비스가 증가하고 있지만 저소득층 아동을 대상으로 제공하고 있어 잔여적 성격의 아동복지 정책으로 운영된다고 할 수 있다.

(3) 우리나라의 아동정책

우리나라의 아동정책은 한국전쟁으로 인한 고아, 기아, 부랑아 문제를 해결하기 위한 복지서비스로 시작되었다. 1961년에 요보호아동에 대한 선별적 차원의 지원을 목적으로 제정된 「아동복리법」은 1981년 「아동복지법」으로 개정되었고, 2012년에 전면 개정을 통해 선별적 성격의 복지가 일반아동에 대한 보편적 복지로 확대되었다. 우리나라 아동정책 추진의 변천 과정은 [그림 4-1]과 같다.

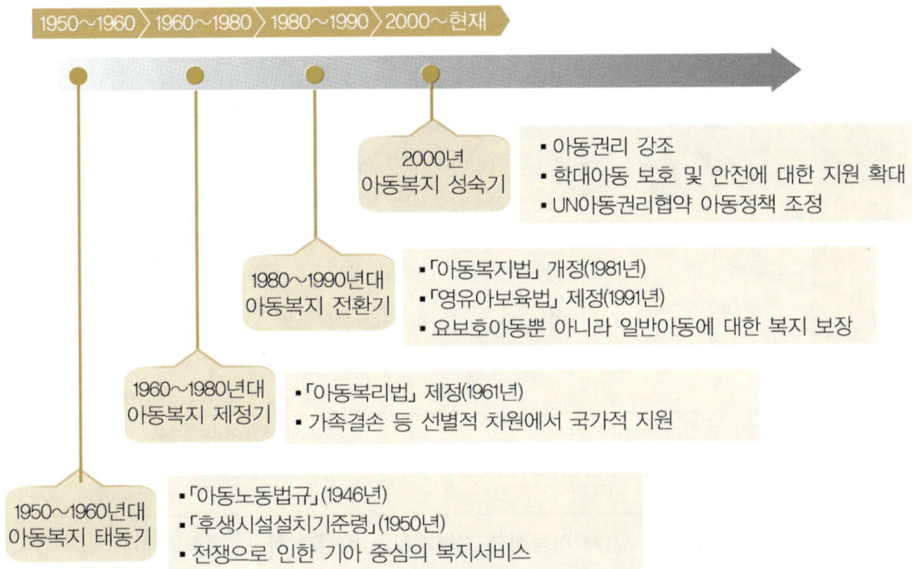

[그림 4-1] 아동정책의 변천 과정

출처 : 보건복지부(2017). 2016 보건복지백서, p. 284.

우리 정부는 2015년 5월 처음으로 "행복한 아동, 존중받는 아동"을 비전으로 하는 「제1차 아동정책기본계획」을 수립하였다. 이 계획에서 정부는 아동기가 가장 행복한 시기가 될 수 있도록 모든 정책에서 아동을 권리의 주체로 인정하여 아동의 권리가 온전하게 실현되도록 한다는 의지를 표명하였고, '아동 최우선의 원칙'을 실현할 수 있는 기반 조성을 정책의 핵심목표로 선정하였다. 정부는 기본계획에서 '미래를 준비하는 삶', '건강한 삶', '안전한 삶', '함께하는 삶'의 4개 부문에 걸쳐 16개의 중점과제와 158개의 세부과제를 선정하였다. 아동정책은 아동권리의 핵심개념, 즉 '아동 최선의 이익', '아동참여', '아동영향평가'를 다루고 있다. 제1차 아동정책 기본계획은 다음 [그림 4-2]와 같다.

구분		내용
비전		행복한 아동, 존중받는 아동
핵심목표		▪ 아동 행복도 증진 ▪ 아동 최우선의 원칙 실현기반 조성
추진영역	미래를 준비하는 삶	▪ 아동기 역량강화 ▪ 꿈과 끼를 살리는 교육 실현 ▪ 아동의 참여권 보장 ▪ 놀이 · 여가 권리 보장
	건강한 삶	▪ 생활공간 기반 건강관리체계 마련 ▪ 발달주기별 건강관리체계 내실화
	안전한 삶	▪ 생활공간 안전 확보 ▪ 사회안전 위협요인 대응체계 구축 ▪ 아동안전 기반 구축
	함께하는 삶	▪ 아동보호 차별금지 원칙 실현 ▪ 보호 · 지원 필요 아동에 대한 종합대책 마련
실행기반		▪ 아동권리 실현기반 조성 ▪ 가정의 양육역량 강화 ▪ 아동친화적 지역사회 조성 ▪ 민간과의 협력 강화 ▪ 아동정책 지원 인프라 강화

[그림 4-2] 제1차 아동정책 기본계획의 비전과 목표, 정책과제

출처 : 관계부처합동(2015). 제1차 아동정책기본계획, p. 4.

2. 아동복지법 및 관련 법

1) 아동복지법

한국의 아동복지정책과 서비스는 「아동복지법」에 기반을 두고 있다. 1961년 제정된 「아동복리법」은 요보호아동을 대상으로 구호적 성격이 강하였으나, 1981년 「아동복지법」에서는 일반아동까지 그 대상을 확대하고 아동복지의 책임이 가족뿐 아니라 국가에도 있음을 강조하는 방향으로 전면 개정되었다. 우리나라가 유엔아동권리협약을 비준한 후 아동권리에 관한 국제협약의 기준에 미치지 못하는 영역들이 점검되면서 「아동복지법」은 수차례 개정을 통해 수정 · 보완되어 왔다.

2000년에는 전문개정을 통해 아동의 권리와 안전 등 보편적 아동복지 측면을 강화하였으며, 아동학대 관련 조항을 추가하고 체계화하였다. 2004년에는 "아동정책조정위원회"를 국무총리 소속하에 두는 조항을 신설하였으며, 2005년에는 가정위탁사업의 활성화를 위해 가정위탁지원센터의 설치와 관련 내용 및 아동학대 신고의무자 교육 조항이 추가되었다. 2011년에는 전문개정을 통해 아동종합실태조사를 5년마다 실시하도록 하였으며, 2014년에는 「아동학대범죄의 처벌 등에 관한 특례법」의 제정과 더불어 아동학대의 예방과 피해아동의 보호를 위한 부분에서 대폭적인 변화를 가져왔다. 2016년에는 아동 관련 정책의 효율화 도모, 아동보호의 강화, 아동 보호기관 및 시설의 기능강화의 내용이 보완되었다.

「아동복지법」은 「사회복지사업법」에 기초하는 특별법으로 볼 수 있으며, 아동복지 및 복지서비스와 관련하여 기본이 되는 주요한 법이다. 따라서 「아동복지법」의 기본 내용이 우리나라 아동복지정책의 방향을 대변한다고 보아야 할 것이다. 「아동복지법」의 골자는 다음과 같다.

(1) 목적과 기본이념

「아동복지법」 제1조에 따르면 "아동이 건강하게 출생하여 행복하고 안전하게 자랄 수 있도록 아동의 복지를 보장함에 있다"고 목적을 밝히고 있다. 이를 위한 기본이념으로 "아동은 자신 또는 부모의 성별, 연령, 종교, 사회적 신분, 재산, 장애 유무, 출생지역 등에 따른 어떠한 종류의 차별도 받지 않고 자라나야 한다"고 명시되어 있다(제2조 제1항). 또한 "아동은 완전하고 조화로운 인격발달을 위하여 안정된 가정환경에서 행복하게 자라나야 하며"(제2조 제2항), "아동에 관한 모든 활동에 있어서 아동의 이익이 최우선적으로 고려되어야 하고"(제2조 제3항), "아동은 아동의 권리보장과 복지증진을 위하여 이 법에 따른 보호와 지원을 받을 권리를 가진다"(제2조 제4항)고 명시하고 있다.

(2) 대상자 정의

「아동복지법」에서 "아동"이란 18세 미만인 사람을 말한다(제3조 제1호). 이와 비교하여 "보호대상아동"이란 보호자가 없거나 보호자로부터 이탈된 아동 또는 보호자가 아동을 학대하는 경우 등 그 보호자가 아동을 양육하기에 적당하지 아니하거나 양육할 능력이 없는 경우의 아동을 말하며(제3조 제4호), "지원대상아동"이란 아동이 조화롭고 건강하게 성장하는 데 필요한 기초적인 조건이 갖추어지지 아니하여 사회적·경제적·정서적 지원이 필요한 아동을 말한다(제3조 제5호).

(3) 아동복지의 책임주체

「아동복지법」에서 아동복지의 책임주체는 국가와 지방자치단체, 아동의 보호자, 그리고 국민을 모두 포괄하고 있으며 각 주체에 대한 책임을 밝히고 있다.

국가와 지방자치단체는 아동의 안전·건강 및 복지증진을 위하여 아동과 그 가정을 지원하기 위한 정책을 수립·시행하여야 한다(제4조 제1항). 국가와 지방자치단체는 보호대상아동 및 지원대상아동의 권익을 증진하기 위한 정책을 수립·시행해야 하며(제4조 제2항), 장애아동의 권익을 보호하기 위하여 필요한 시책을 강구해야 하고(제4조 제3항), 아동이 자신 또는 부모의 성별, 연령, 종교, 사회적 신분, 재산, 장애 유무, 출생지역 또는 인종 등에 따른 어떠한 종류의 차별도 받지 아니하도록 필요한 시책을 강구해야 한다(제4조 제4항). 또한 국가와 지방자치단체는 「아동의 권리에 관한 협약」에서 규정한 아동의 권리 및 복지 증진 등을 위하여 필요한 시책을 수립·시행하고 이에 필요한 교육과 홍보를 하여야 한다(제4조 제5항).

한편 아동의 보호자는 아동을 가정에서 그의 성장 시기에 맞추어 건강하고 안전하게 양육하여야 한다(제5조 제1항). 아동의 보호자는 아동에게 신체적 고통이나 폭언 등의 정신적 고통을 가하여서는 아니 되며(제5조 제2항), 모든 국민은 아동의 권익과 안전을 존중하여야 하며, 아동을 건강하게 양육하여야 한다(제5조 제3항).

이처럼 「아동복지법」에서 아동의 건전한 육성과 행복의 보장은 가정의 책임으로 제한되는 것이 아니라 국가와 지역사회, 그리고 국민이 함께 노력하여야 하는 것임을 분명히 하고 있다.

(4) 재정부담 원칙

「아동복지법」에는 아동복지 정책과 서비스에 대한 필요한 재원을 어떻게 마련할 것인지에 대해 규정하고 있다. 국가 또는 지방자치단체는 대통령령으로 정하는 바에 따라 비용의 전부 또는 일부를 보조할 수 있으며, 해당하는 비용은 아동복지시설의 설치 및 운영, 수탁보호 중인 아동의 양육 및 보호관리, 대리양육이나 가정위탁보호, 아동복지사업의 지도 · 감독 · 계몽 및 홍보, 취약계층 아동에 대한 통합서비스 지원, 보호대상아동의 자립지원, 자산형성지원사업, 아동복지단체의 지도 · 육성과 관련된 내용에 해당된다(제59조).

비용보조는 아동복지에 대한 국가의 책임 정도를 나타내는 단서가 되는데, 현재 비용보조에 대하여 '~하여야 한다'는 강행규정이 아니라 '~할 수 있다'의 임의조항으로 되어 있어 비용에 대한 국가의 책임이 미온적임을 보여준다.

(5) 아동복지정책 및 서비스 실행을 위한 조직

「아동복지법」에 의하면 아동복지 정책이나 서비스 실행을 위한 조직으로 '아동정책조정위원회'와 '아동위원'을 구성하게 되어 있다. 「아동복지법」 제10조에는 "아동의 권리증진과 건강한 출생 및 성장을 위하여 종합적인 아동정책을 수립하고 관계 부처의 의견을 조정하며 그 정책의 이행을 감독하고 평가하기 위하여 국무총리 소속으로 아동정책조정위원회를 둔다"고 명시하여 '아동정책조정위원회'가 우리나라 아동정책 및 사업을 위한 상설 총괄 조정기구의 역할을 하도록 제시한다.

「아동복지법」 제14조에서는 '아동위원'의 구성과 역할을 설명하고 있는데, 아동위원은 시 · 군 · 구에 아동위원을 두며(제14조 제1항), 아동위원은 그 관할 구역의 아동에 대하여 항상 그 생활상태 및 가정환경을 상세히 파악하고 아동복지에 필요한 원조와 지도를 행하며 전담 공무원 및 관계 행정기관과 협력해야 함을(제14조 제2항)을 명시하고 있다. 그러나 '아동정책조정위원회'와 '아동위원' 등은 아동 정책이나 서비스에 미치는 실제적 역할이나 영향력이 크지 않은 것으로 평가되고 있다.

2) 아동복지 관련 법

아동복지 관련 법인 「영유아보육법」, 「입양특례법」, 「실종아동 등의 보호 및 지원에 관한 법률」, 「아동의 빈곤예방 및 지원 등에 관한 법률」, 「장애아동복지지원법」을 중심으로 살펴보고자 한다.

(1) 영유아보육법

영유아 및 가정의 복지증진을 위하여, 영유아의 보호 및 교육에 관하여 규정된 「영유아보육법」은 1991년에 제정되어 2017년 일부 개정되어 현행 법에 이르렀다. 「영유아보육법」의 내용은 <표 4-2>와 같다.

표 4-2 영유아보육법

구분	내용
목 적	영유아의 심신을 보호하고 건전하게 교육하여 건강한 사회 구성원으로 육성함과 아울러 보호자의 경제적·사회적 활동이 원활하게 이루어지도록 함으로써 영유아 및 가정의 복지 증진에 이바지함을 목적으로 함(제1조)
대 상	영유아 : 6세 미만의 취학 전 아동을 의미함(제2조)
책 임	모든 국민은 영유아를 건전하게 보육할 책임을 지며, 국가와 지방자치단체는 보호자와 더불어 영유아를 건전하게 보육할 책임을 지며, 이에 필요한 재원을 안정적으로 확보하도록 노력해야 함(제4조)
전달체계	보육정책조정위원회(제5조), 보육정책위원회(제6조), 육아종합지원센터(제7조), 보육개발원(제8조), 어린이집(국공립, 사회복지법인, 법인·단체 등, 직장, 가정, 협동, 민간 어린이집, 제10조)
내 용	보호와 교육을 통합한 보육서비스로서 적절한 영양, 건강, 안전 관리가 이루어져야 함
비 용	국가와 지방자치단체는 영유아에 대한 보육을 무상으로 함(제34조)

(2) 입양특례법

1976년 「입양특례법」으로 제정되어, 2017년 개정된 「입양특례법」의 내용은 <표 4–3>과 같다.

표 4-3 입양특례법

목 적	요보호아동의 입양에 관한 요건 및 절차 등에 대한 특례와 지원에 필요한 사항을 정함으로써 양자(養子)가 되는 아동의 권익과 복지를 증진하는 것을 목적으로 함(제1조)
대 상	친생부모가 친권상실의 선고를 받아 보장시설에 보호·의뢰한 아동, 친권상실의 선고를 받은 부모의 자녀로서 시·도지사 또는 시장·군수청장이 보장시설에 보호·의뢰한 아동(제9조)
원 칙	입양은 아동의 이익이 최우선이 되도록 하여야 함(제4조)
전달체계	입양기관(제20조)
내 용	입양아동보호, 모국방문사업, 가정위탁보호
비 용	입양기관은 대통령령으로 정하는 바에 따라 양친이 될 사람으로부터 입양알선에 실제로 드는 비용의 일부를 받을 수 있으며, 국가와 지방자치단체에서 비용의 전부 또는 일부를 보조할 수 있음(제32조)

(3) 실종아동 등의 보호 및 지원에 관한 법률

2005년에 제정되어 개정절차를 거친 「실종아동 등의 보호 및 지원에 관한 법률」의 내용은 <표 4–4>와 같다.

표 4-4 실종아동 등의 보호 및 지원에 관한 법률

목 적	실종아동 등의 발생을 예방하고 조속한 발견과 복귀를 도모하여 복귀 후의 사회적응을 지원함으로써 실종아동 등과 가족의 복지증진에 이바지함을 목적으로 함(제1조)
대 상	"실종아동"이란 약취(略取), 유인(誘引) 또는 유기(遺棄)되거나 사고를 당하거나 가출하거나 길을 잃는 등의 사유로 인하여 보호자로부터 이탈된 아동을 의미(제2조)
국가의 책무	실종아동 등을 위한 정책 수립 및 시행, 실태조사 및 연구, 발생예방을 위한 연구·교육 및 홍보, 정보연계시스템 및 데이터베이스의 구축·운영, 실종아동 등의 가족지원, 실종아동 등의 복귀 후 사회적응을 위한 치료서비스 제공
전달체계	실종아동전문기관(제5조)
내 용	실종아동 등의 조기발견과 등록관리, 신고접수 및 수사

(4) 아동의 빈곤예방 및 지원 등에 관한 법률

2012년에 제정된 「아동의 빈곤예방 및 지원 등에 관한 법률」의 내용은 <표 4-5>와 같다.

표 4-5 아동의 빈곤예방 및 지원 등에 관한 법률

목 적	빈곤아동이 복지·교육·문화 등의 분야에서 소외와 차별을 받지 아니하고 한 사회의 구성원으로 건강하게 자랄 수 있도록 제도적 기반을 마련하는 것을 목적으로 함(제1조)
이 념	빈곤아동이 부모의 사회적·경제적 지위와 상관없이 태어나서 자립할 때까지 충분한 역량을 갖출 수 있도록 균형 있고 조화로운 성장과 건강하고 행복한 삶을 누릴 수 있도록 하는 것을 기본이념으로 함(제2조)
대 상	"아동빈곤"이란 아동이 일상적인 생활여건과 자원이 결핍하여 사회적·경제적·문화적 불이익을 받는 빈곤한 상태를 의미함 "빈곤아동"이란 생활여건과 자원의 결핍으로 인한 복지·교육·문화 등의 격차를 해소하기 위하여 지원이 필요한 아동을 의미함(제3조)
국가의 책무	국가 및 지방자치단체는 복지·교육·문화 등의 지원 등 빈곤아동정책의 수행에 필요한 법적·제도적 장치를 마련하고 업무수행에 필요한 재원을 안정적으로 확보하기 위하여 노력하여야 함(제4조)
전달체계	아동빈곤예방위원회(제8조), 지역아동빈곤예방위원회(제10조)
내 용	빈곤아동의 복지·교육·문화 등의 기본적인 욕구 등에 대한 실태조사 실시 빈곤아동의 지원에 관한 기본계획 수립 및 시행

(5) 장애아동복지지원법

2011년에 제정된 「장애아동복지지원법」의 내용은 <표 4-6>과 같다.

표 4-6 장애아동복지지원법

목 적	국가와 지방자치단체가 장애아동의 특별한 복지적 욕구에 적합한 지원을 통합적으로 제공함으로써 장애아동이 안정된 가정생활 속에서 건강하게 성장하고 사회에 활발하게 참여할 수 있도록 하며, 장애아동 가족의 부담을 줄이는 데 이바지함을 목적으로 함(제1조)
기본이념	장애아동을 위한 모든 활동에 있어 장애아동의 이익이 최우선적으로 고려되어야 하며, 장애아동은 자신에게 영향을 미치는 모든 활동에 대하여 자신의 견해를 자유로이 표현할 권리를 최대한 보장받아야 함(제3조)

대 상	"장애아동"이란 18세 미만의 아동 중 「장애인복지법」 제32조에 따라 등록한 장애인을 의미(제2조)
국가의 책무	국가와 지방자치단체는 장애아동과 그 가족을 위한 복지지원대책 강구, 복지지원사업의 연구·개발, 장애의 조기발견을 위한 홍보, 복지지원 전달체계의 구축, 복지지원 이용권의 수급 및 이용에 대한 관리·감독 등(제6조)
전달체계	중앙장애아동지원센터(제8조), 지역장애아동지원센터(제9조), 복지지원 제공기관(제30조)
내 용	장애아동 의료비, 보조기구, 발달재활서비스 지원 가족지원 및 돌봄 지원 서비스

3. 아동복지행정과 서비스 전달체계

1) 공공 아동복지 전달체계

서비스 전달체계는 일반적이고 추상적인 사회복지정책이 개별적이고 구체적인 서비스 제공으로 이어지는 과정 또는 구조를 의미한다. 운영주체에 따라 공적 전달체계와 사적 전달체계로 구분하는데, 공적 전달체계는 정부(중앙 및 지방)나 공공기관이 직접 관리·운영하며, 사적 전달체계는 민간(또는 민간단체)이 직접 관리·운영하는 것을 말한다.

우리나라 아동복지정책을 담당하는 중앙정부의 해당 부처는 보건복지부를 들 수 있다. 보건복지부 내의 아동 관련 부서는 인구정책실에서 담당하고 있다. 인구정책실은 인구아동정책관, 노인정책관, 보육정책관으로 구성되어 있으며, 인구아동정책관은 인구정책총괄과, 분석평가과, 출산정책과, 아동복지정책과, 아동권리과로 분류된다. 이 중 아동복지정책과는 아동복지에 관한 정책 총괄 및 종합계획의 수립·시행, 아동복지법령 제정·개정, 아동정책조정위원회, 아동복지서비스 조사·연구·홍보 및 통계, 아동복지 관련 업무의 중앙부처 및 지방자치단체 협의·조정, 빈곤아동 종합대책의 수립 및 조정, 가정위탁, 소년소녀가정, 아동복지시설, 그룹홈, 입양특례법령 제정·개정, 국내외 입양제도 개선 및 활성화 종합대책 수립·시행, 아동발달지원계좌,

아동 관련 법인 및 단체, 한국아동복지협회, 한국아동그룹홈협의회에 관한 사항을 담당한다. 아동권리과는 아동권리증진 및 인권보호, 아동권리 관련 국제협약 및 국제협력, 아동학대 예방 및 보호, 아동 건강관리, 결식아동 급식, 실종아동 보호 및 지원, 아동에 대한 맞춤형 통합서비스 제공, 지역아동센터, 방과 후 돌봄 서비스, 아동복지교사 파견 및 관리, 어린이날, 어린이 주간 등 아동행사와 아동안전에 관한 사항을 담당한다. 중앙정부의 아동복지서비스 전달체계는 [그림 4-3]과 같다.

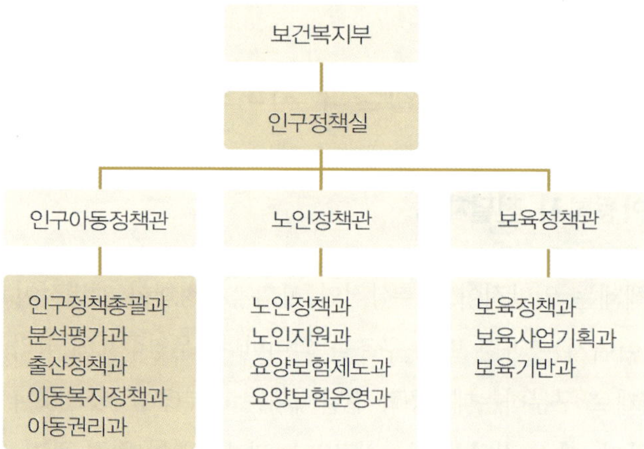

[그림 4-3] 중앙정부의 아동복지서비스 전달체계

출처 : 보건복지부 홈페이지(www.mohw.go.kr) 조직도 재구성.

아동복지공공행정은 보건복지부를 중심으로 시·도, 시·군·구, 읍·면·동의 사회복지행정체계로 연결된다. 지방정부 차원에서는 시·도 단위, 시·군·구 단위에서 아동복지업무 담당 부서를 두어 중앙에서 시달된 지침을 받아 사업을 시행하고 있다. 또한 아동복지심의위원회를 두어 연도별 아동정책 시행계획에 관한 사항, 아동의 보호조치, 퇴소조치, 친권행사의 제한이나 친권상실 선고 청구, 후견인의 선임이나 변경 청구, 지원대상아동의 선정과 지원에 관한 사항을 심의한다(「아동복지법」 제12조). 우리나라는 아동복지를 전담하는 기구가 없고, 별도의 전달체계를 갖고 있지 않아 일반 행정체계에 기초하여 이루어지고 있다.

2) 민간 아동복지 전달체계

민간 전달체계는 비영리 조직이나 법인, 종교단체 등이 운영하는 기관으로서 국가로부터 보조금을 지원받아 운영하고 있으며 행정기관의 지도・감독을 받아 서비스를 전달하고 있다. 대부분의 기관들은 국가로부터 보조금을 지원받아 운영하고 있으며, 행정기관의 지도・감독을 받으며 아래 서비스를 제공하고 있다.

아동복지의 민간 전달체계로는 <표 4-7>과 같이 아동복지시설(생활시설, 이용시설), 보육시설, 아동보호전문기관, 입양기관, 가정위탁지원센터, 실종아동전문기관 등이 있으며, 이 기관들은 각 영역에서 전문적인 아동서비스를 제공하고 있다. 한편 지역의 종합사회복지관에서도 아동 및 가족 복지서비스를 제공하고 있다.

표 4-7 아동복지 민간조직

아동복지 민간조직		시설의 종류/ 내용
아동복지시설	생활시설	아동양육시설, 아동일시보호시설, 아동보호치료시설, 자립지원시설, 공동생활가정
	이용시설	아동상담소, 아동전용시설, 지역아동센터
보육시설		국공립 어린이집, 사회복지법인 어린이집, 법인・단체 등 어린이집, 직장 어린이집, 가정 어린이집, 부모협동 어린이집, 민간 어린이집
아동보호전문기관		중앙아동보호전문기관, 지방아동보호전문기관(시・도 또는 소규모 단위)
입양기관		국외입양기관, 국내입양기관
가정위탁지원센터		중앙가정위탁지원센터, 지방가정위탁지원센터(시・도 또는 소규모 단위)
실종아동전문기관		실종아동전문기관(어린이재단 위탁운영)

출처 : 오정수, 정익중(2016). 아동복지론, p. 248.

4. 아동권리 및 복지 관련 정책과 행정의 과제

1) 아동권리 및 복지 관련 정책의 과제

아동권리를 존중한 복지정책이 시행되기 위해서는 아동권리 교육을 비롯한 장기적인 아동복지 정책, 취약계층 아동에 대한 보호, 아동복지 예산의 확충 등이 요구된다. 따라서 이와 관련된 구체적인 과제를 제시하면 다음과 같다.

첫째, 아동권리에 대한 교육이 국민을 대상으로 확대 실시되어야 한다. 모든 아동은 건강하게 출생하여 행복하고 안전한 환경에서 자라날 권리가 있으며, 학대와 방임으로부터 보호받아야 한다. 그러므로 모든 활동에서 아동의 이익이 최우선적으로 고려되어야 한다는 사실을 인식하고 실생활에서 이행할 수 있도록 아동권리에 대한 교육이 체계적으로 시행되어야 한다. 아동인구의 감소는 생산가능인구의 부족으로 이어지고 노인인구 부양에 따른 부담 등 지속가능한 사회의 성장을 위협하고 있다. 이러한 현상과는 별개로 한국사회에서 아동은 가장 소외받는 대상으로 정책의 우선순위에서 밀려나고 있다.

유엔아동권리협약에 비준한 나라로서 아동은 모든 위해환경으로부터 안전하게 보호되어야 하며, 영속적이며 안정된 가족 안에서 양육되어야 하는 대상임을 기억하고 아동의 권리를 보장하고 이행될 수 있도록 법에 명시된 '아동정책조정위원회'와 아동권리 모니터링센터가 제 역할을 할 수 있어야 한다.

둘째, 전체 아동을 대상으로 하는 보편적이고 장기적인 아동복지 정책이 요구된다. 1961년 「아동복리법」에서는 취약계층 아동, 요보호아동을 대상으로 선별주의적인 아동보호정책이 운영되었다. 그러나 2000년 이후 아동의 권리에 대한 관점이 확장되면서 일반아동을 대상으로 한 보편적 복지정책이 점차 확대되어 가고 있다. 요보호아동을 대상으로 하는 정책은 사후적이고 치료적이며, 서비스를 받는 요보호아동은 낙인(stigma)과 오명(labeling)에서 자유롭지 못하다. 모든 아동을 대상으로 하는 정책은 아동의 기본적 역량강화를 향상시킬 수 있으며 예방적 성격을 갖는다.

우리나라의 경우 선별적 아동복지정책에서 보편적 아동복지정책으로 확장의 길을

걷고 있다. 보건복지부는 2018년부터 아동수당을 지급할 계획을 갖고 있는데, 이 정책이 안정적으로 정착되어 앞으로 아동 빈곤을 예방하고, 아동이 균등한 기회를 보장받으며 성장할 수 있는 출발점이 되기를 기대해 본다. 이와 함께 아동의 삶의 질 향상을 위해서는 가족을 원조하는 것이 효과적이므로 다양한 가족형태를 인정하고 가족의 전체성에 초점을 두는 가족친화적 정책의 확대도 함께 고려되어야 한다.

셋째, 취약계층 아동에 대한 아동보호체계의 개선이 필요하다. 전체 아동을 대상으로 한 정책과 함께 취약계층 아동을 위한 안전망과 보호체계 정책에도 관심을 가져야 한다. 현재 운영되고 있는 아동보호체계는 공공성이 결여되고 전달체계의 분절화로 아동보호의 전 과정이 체계적이고 전문적이지 못한 상황이다. 이를 위해 아동보호체계에 공공성을 강화하여 국가가 책임지고 아동보호의 기능을 수행할 수 있도록 시스템이 구축되어야 한다.

넷째, 아동복지 예산의 확충이 요청된다. 앞서 제시한 아동권리에 대한 교육과 보편적 복지정책, 아동보호체계의 개선 등이 이루어지기 위해서는 아동복지 예산이 확충되어야 한다. 지금까지 아동은 주변적인 존재로 간주되어 아동에 대한 사회적 투자가 부족했던 것이 사실이다. 김유경 등(2016 : 75)에 따르면 우리나라 아동복지 공공부분 예산은 보육을 제외하면 전체 GDP 대비 0.1%에 불과하며, 심지어 아동학대 예방 예산은 보건복지부 예산항목으로 편성되지 못하고 '범죄피해자보호기금'과 '복권기금'에서 충당되고 있음을 지적하고 있다. 앞으로 미래의 주인공인 아동을 위한 지원은 지속가능한 사회를 위해 필요한 것임을 인식하여 전략적인 예산수립을 할 수 있어야 한다.

2) 아동권리 및 복지 관련 행정의 과제

아동의 권리가 보호되는 정책을 실행하기 위해서는 적절한 행정지원이 밑바탕이 되어야 한다. 아동의 복지를 위한 서비스가 체계성을 갖추고 시행될 수 있도록 행정적 과제를 살펴보면 다음과 같다.

첫째, 아동복지서비스 전달체계의 중심축이 필요하다. 취약계층 아동을 위한 다양한 기관, 즉 양육시설, 아동보호센터, 아동학대예방센터, 가정위탁지원센터, 입양기관 등에서는 전문 인력을 갖추고 각 기관의 업무 매뉴얼과 지침에 따라 서비스를 제공하고 있다. 그러나 통일된 접수창구의 부재와 다양한 전달체계들이 연계 없이 나열되어 있으므로 시·도 단위에 접수된 사례가 전문기관에 의뢰되기까지는 시간이 많이 소요된다. 또한 사례에 적합한 기관에 신속히 연결하지 못하여 여러 기관을 거쳐 가까스로 서비스를 받게 되는 경우도 있다.

따라서 시·도 단위에서 아동복지 전달체계의 중심축으로서 보호대상아동에 대한 초기의 접수신청과 진단이 통합적으로 이루어질 수 있도록 하며, 기존의 아동복지 전달체계와 새롭게 형성되고 있는 아동복지 전달체계가 상호 간에 협력과 연계체계를 수행할 수 있도록 중심축을 형성하는 것이 필요하다(오정수, 정익중, 2016 : 249).

둘째, 아동보호체계의 공공성이 확보되어야 한다. 취약계층 아동의 보호체계를 개선하기 위해서는 아동보호체계의 공공성 확보가 우선되어야 한다. 학대피해아동, 입양, 가정위탁, 그룹홈 등 위기아동을 위한 사회적 보호시스템에서 공공성의 결여로 인해 위기아동에 대한 신속한 조치와 이들을 위한 질 높은 서비스 제공을 기대하기는 어렵다. 아동을 안전하게 보호하고 아동의 권리를 보장할 수 있도록 사법기관과의 협력체계를 구축하고, 아동보호에 있어서는 국가의 공공성을 적극적으로 강화해야 할 것이다.

셋째, 아동지원체계의 강화를 위해 아동복지 담당 공무원의 전문성이 확보되어야 한다. 아동복지 담당 공무원이 자주 변경되어 민간 아동복지 전달체계 기관에서는 신속하게 서비스를 제공하거나 전문적인 서비스 확장에 어려움을 겪기도 한다. 다양한 민간 아동복지 전달체계는 행정기관의 지도·감독을 받고 있으므로 담당 공무원의 가치와 철학, 그리고 전문성은 매우 중요하다. 이를 위해 담당 공무원에 대한 지속적인 재교육과 아동복지 담당 공무원의 충원도 고려되어야 한다.

넷째, 생애주기의 변화에 대응하도록 아동복지서비스가 통합 운영될 필요가 있다. 우리나라의 경우 아동복지서비스 전달체계의 주무부처는 보건복지부이며, 청소년복지는 여성가족부를 중심으로 하고 있다. 아동 및 청소년복지와 관련하여 주무부처 외에도 교육부, 법무부, 고용노동부 등 다양한 부처에서는 관련된 아동복지사업을 운영하고 있다. 예를 들면, 아동·청소년이 학교 내에 있을 때에는 교육부의 서비스 대상이지만, 부모로부터 떨어져 나왔을 때는 보건복지부에서, 학교 밖으로 밀려났을 때는 여성가족부에서 제공하는 서비스를 받게 된다. 아동의 생애주기는 연속되는 과정이므로 연령이나 상황에 따라 분절적으로 서비스가 지원되는 것이 아니라 아동보호서비스와 청소년보호서비스가 통합되어 아동의 변화에 신속하게 제공되어야 할 것이다.

요점정리

1. 아동권리와 복지 정책의 이해
   1) 아동권리정책의 이해
      - 아동권리정책은 아동의 권리증진과 건강한 출생 및 성장에 영향을 미치는 모든 정책과 프로그램 및 활동을 의미함
      - 아동정책조정위원회, 아동권리교육
   2) 아동복지정책의 이해
      - 아동복지정책은 아동의 복지를 위한 사회복지정책으로 아동과 가족의 욕구충족을 위한 정부의 조직화된 계획을 의미함
      - 사회보험, 공공부조, 사회서비스, 아동수당 정책

2. 아동복지법 및 관련 법
   1) 아동복지법－요보호아동을 대상으로 구호적 성격에서 모든 아동의 권리와 안전 등 보편적 아동복지를 강화하는 방향으로 체계화됨
   2) 아동복지 관련 법－영유아보육법, 입양특례법, 실종아동 등의 보호 및 지원에 관한 법률, 아동의 빈곤예방 및 지원 등에 관한 법률, 장애아동복지지원법 등이 있음

3. 아동복지행정과 서비스 전달체계
   1) 공공 아동복지 전달체계－보건복지부(중앙정부 차원)
   2) 민간 아동복지 전달체계－아동복지시설, 아동보호전문기관, 입양기관, 가정위탁기관, 실종아동전문기관 등

4. 아동권리 및 복지 관련 정책과 행정의 과제
   1) 아동권리 및 복지 관련 정책의 과제－아동권리교육 확대실시, 보편적·장기적 아동복지정책 요구, 아동보호체계 개선, 예산확충
   2) 아동권리 및 복지 관련 행정의 과제－아동복지서비스 전달체계 중심축 필요, 아동보호체계의 공공성 확보, 생애주기변화에 대응하는 아동복지서비스 운영

Quiz

1. 아동의 권리증진과 건강한 출생 및 성장을 위하여 종합적인 아동정책을 수립하고 관계 부처의 의견을 조정하며 그 정책의 이행을 감독하고 평가하는 중앙정부기구는? (　　　　　)

2. 자녀가 있는 가족에게 정해진 현금액을 지급하여 아동양육에 필요한 비용의 일부를 국가가 현금으로 보조하는 제도는? (　　　　)

3. 아동이 건전하게 출생하여 행복하고 건강하게 육성되도록 그 복지를 보장하는 것을 목적으로 제정되었으며, 아동복지정책의 방향을 대변하는 법은? (　　　　　)

4. 우리나라 아동복지정책을 담당하는 중앙정부의 해당 부처는? (　　　　　)

5. 아동복지 민간 전달체계 기관이 아닌 것은 무엇인가? (　　)
   ① 아동양육시설　　② 중앙아동보호전문기관
   ③ 가정위탁지원센터　　④ 건강가정지원센터

생각 나누기

1. 유엔아동권리협약 이행과 권리보장 실천이 아동복지정책의 이념 변화에 준 영향은 무엇인지 논의해 보시오.
2. 「아동복지법」이 아동복지 정책 및 서비스 수행 과정에서 어떤 역할을 하는지 토론해 보시오.
3. 우리나라에도 아동수당제도를 도입할 예정인데, 어떤 대상과 어느 정도의 수준으로 지급하는 것이 적절한지 토의해 보시오.

참고문헌

관계부처합동(2015). **아동의 삶과 대한민국의 미래를 바꾸는 제1차('15~'19) 아동정책 기본계획**. 보건복지부.

김경준, 김희진, 이민희, 김윤나(2014). **한국 아동 · 청소년 인권실태 연구** Ⅳ. 총괄보고서(연구보고 14-R14). 세종 : 한국청소년정책연구원.

김유경, 류정희, 변용찬(2016). 가족 · 아동 · 장애인복지 현황과 정책과제. **보건복지포럼**, 1, 66-80.

남기민(2015). **사회복지정책론**. 서울 : 학지사.

보건복지부(2016). 2015 **보건복지백서**. 보건복지부.

보건복지부(2017). 2016 **보건복지백서**. 보건복지부.

오동석(2015). 국제적 아동인권규범을 이행하기 위한 방안. 아동최선의 이익, 최우선적 고려 이상인가?. 한국아동권리학회 추계학술대회. 아동권리학회.

오정수, 정익중(2016). **아동복지론**. 서울 : 학지사.

이순형, 민하영, 이소은, 이완정, 황혜신, 이강이, 이영미, 이혜승, 한유진, 권혜진, 성미영(2015). **아동복지이론과 실천**. 서울 : 학지사.

이재연, 황옥경, 김효진(2009). 아동과 권리. **아동학회지**, 3(6), 153-165.

한국청소년정책연구원(2013). **아동 · 청소년 인권정책 개발 워크숍**. 한국청소년정책연구원.

DiNitto, D. M.(2005). *Social welfare : public Policy*(6th ed.). Boston : Pearson.

Kadushin, A., & Martin, J. A.(1988). *Child welfare service*(4th ed.). New York : Macmillan Publishing Company.

Kamerman, S. B., & Kahn, A. J.(1985). Child welfare and the welfare of families with children : A child and family policy agenda. In B. G. McGowan & Meesan(1983), *Child welfare : Current dilemmas and future directions*. Itasca : F. E. Peacock Publisbers, Inc.

Pecora, P. J., Whitaker, J. K., Maluccio, A. N., Barth, R. P., & Depanfilis, D.(2009). *The child welfare challenge : Policy, practice, and research*(3rd ed.). New York : Walter de Gruyter. (Aldine Transaction)

세계일보(2017. 7. 18).

국가법령정보센터. www.law.go.kr

보건복지부. www.mohw.go.kr

CHAPTER

05

아동권리와 복지 실천 방법

아동권리와 복지 실천 과정이란 아동과 가족 및 관련된 집단을 대상으로 아동의 문제해결과 환경을 변화시키기 위해 개입하는 과정을 의미한다. 아동복지실천에서는 사회복지실천의 핵심가치에 따라 인간존엄과 아동의 권익 옹호를 추구하며, 무엇보다 아동의 발달수준과 특성, 가족생활주기와 가족관계 역동을 고려하는 것이 필요하다.

이 장에서는 아동권리와 복지 실천 과정에 필요한 목표와 원칙을 파악하고, 개별대상과 집단대상으로 구분하여 초기단계, 사정단계, 개입단계, 종결단계 순으로 살펴보고, 각 단계에서 필요한 과업과 실천기술을 소개한다.

마인드맵

■ 아동권리와 복지 실천 방법

- 아동복지실천의 개념
- 아동복지실천 대상자로서 아동의 특성

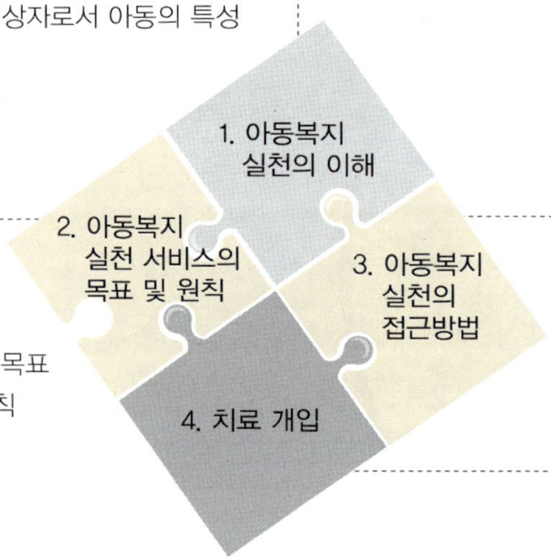

- 아동복지실천 서비스의 목표
- 아동복지실천의 기본원칙

- 개별대상 아동권리와 복지 실천
- 집단대상 아동권리와 복지 실천
- 지역사회 중심 아동권리와 복지 실천

- 아동에 대한 개입
- 가족에 대한 개입
- 사례관리 개입

학습목표

1. 아동복지실천 대상으로서 아동의 특징을 제시할 수 있다.
2. 아동복지실천 서비스의 목표를 설명할 수 있다.
3. 개인대상 아동권리와 복지 실천 과정에서 단계별 과업을 설명할 수 있다.
4. 집단 실천 과정에서 단계별로 필요한 전문가의 역할을 제시할 수 있다.

주요용어

- **아동복지실천** : 아동과 가족 및 관련된 집단을 대상으로 아동의 문제해결과 환경을 변화시키기 위해 개입하는 과정
- **초기단계** : 아동의 주 호소 문제를 파악하고, 의뢰한 보호자의 기대가 기관의 서비스를 받을 수 있는지 여부를 확인하는 것이 필요
- **사정단계** : 아동의 문제와 강점 및 약점, 자원을 확인하고 문제에 영향을 주는 환경을 파악하여 아동을 이해하며 수집된 자료에 대한 해석과 분석을 통해 아동의 문제해결을 위한 개입방향을 결정하는 과정
- **개입단계** : 사정을 통해 얻은 자료에 근거하여 아동의 변화를 위한 계획을 수립하여 실행하는 단계
- **종결단계** : 아동과 가족이 초기단계에서 제시하였던 문제가 해결되거나 상담목표를 달성하여 실천과정을 마무리하는 단계
- **놀이치료** : 훈련받은 치료자가 사회정서적인 어려움이나 발달상의 문제를 가진 아동을 대상으로 놀이의 심리치유의 힘을 활용하여 하는 심리치료
- **미술치료** : 미술활동을 통하여 개인의 내면적 갈등을 해결하고 자아성장을 돕는 심리치료
- **사례관리** : 복합적인 욕구를 가진 대상자와 가족의 사회적 기능 회복을 위해 체계적 사정과 지역사회의 다양한 자원을 활용하여 지속적이고 효과적인 서비스를 제공하는 통합적 실천방법

사례 **웃음 잃어버린 시설아동에게 치료와 재활의 손길을**

보건복지부의 위탁을 받아 한국아동복지협회가 진행 중인 '시설아동 치료·재활 지원사업'이 현재까지 2,888명의 시설아동들의 치료 및 재활에 크게 기여하고 있는 것으로 나타났다.

… 중략 …

전북의 한 아동복지시설에 입소 중인 쾌남(가명, 12세) 군의 사연은 지원사업의 대표적 우수 사례로 꼽힌다. 왼쪽 얼굴의 붉은 반점으로 위축된 성격에 친구들과 잦은 싸움을 일으키던 쾌남이는 학교에도 시설에도 적응하지 못한 채 문제행동을 일삼아 왔다. 하지만 시설아동 치료·재활 지원사업의 대상자로 선정돼 모래놀이치료, 미술치료, 음악치료 등을 받으며 적대감 가득한 눈빛과 부정적인 언어습관이 개선되기 시작했다. 치료가 진행될수록 분노조절과 우울감이 해소되고 자아존중감이 높아지는 모습이 확연히 드러났다.

치료 결과 쾌남이의 K-CBCL(아동·청소년문제행동평가척도)상 임상점수는 사전 76점에서 치료·재활지원 후 63점으로 무려 13점이 감소하였다. 전체 아동 평균이 6.21점인 것을 감안할 때 상당히 높은 수치이다. 한국아동복지협회 관계자는 "쾌남이가 지난해에는 시설 내 '생활규칙 지키기'에서 58명 중 2등을 차지하며 타 재원생들의 귀감이 되기도 했다"고 전했다.

출처 : 뉴스1(2017. 1. 14).

1. 아동복지실천의 이해

1) 아동복지실천의 개념

아동복지실천이란 아동과 가족 및 관련된 집단을 대상으로 아동의 문제해결과 환경을 변화시키기 위해 개입하는 과정을 의미한다. 아동복지실천에서는 사회복지실천의 핵심가치에 따라 아동의 존엄성과 권익 옹호를 추구하며, 윤리적 원칙을 준수한다.

아동복지실천 방법은 개별적·집단적·지역사회복지적 개입으로 이루어진다. 아동문제를 해결하기 위해 개입하는 사회복지사는 전문성을 갖추어야 하며 부모, 학교 및 지역사회와 협력하고 자원 연계와 활용을 실행할 수 있어야 한다.

2) 아동복지실천 대상자로서 아동의 특성

실천 대상자로서 아동의 독특한 특성을 파악하는 것은 아동복지실천 과정에서 매우 중요하다. 아동복지실천에서 고려해야 할 아동의 특성은 다음과 같다.

첫째, 아동은 발달과정 중에 있다. 아동기는 일생 중 가장 급격한 속도로 발달하며, 영아기부터 유아기, 아동기의 단계별로 발달과업을 수행하며 성장한다. 따라서 사회복지사는 아동의 특정한 행동이 발달과정상의 특성인지 병리적인 일탈이나 충족되지 못한 욕구를 채우기 위한 표현인지 여부를 파악할 수 있어야 한다. 발달과정 중에 있으므로 아동은 자신의 욕구 충족을 위해 전적으로 부모에게 의존하거나 외부환경의 도움에 의지할 수밖에 없다. 아동의 성장과 발달을 위해서는 안전한 가정과 체계적인 지역사회의 안전망이 구축되어야 한다.

둘째, 아동은 비언어적 행동으로 의사소통한다. 인지적 발달이 진행 중인 아동은 풍성한 어휘력과 단어사용에 어려움이 있기 때문에 비언어적 행동, 즉 표정이나 행동으로 의사소통을 하는 경향이 있다. 비언어적인 특성에도 많은 메시지를 담고 있으므로 아동의 행동에 주목하고 아동이 사용하는 단어를 활용하여 접근하는 태도가 필요하다.

셋째, 아동은 부모에게 의존적이다. 아동은 안정된 가정에서 자랄 권리가 있으며 부모의 돌봄과 양육을 필요로 한다. 아동에게 부모는 온 우주이며 절대적인 존재이므로 아동은 부모에게 의존할 수밖에 없다. 아동의 성격과 행동은 부모의 양육태도와 성장배경, 자녀와의 관계 등에 의해 영향을 받으므로 아동의 문제를 파악할 경우에는 반드시 부모와 가족의 역동과 상황을 파악해야 하며, 개입할 경우에도 부모와 가족이 어떻게 도울 수 있을지를 함께 논의하며 변화의 협력체계를 구성한다.

넷째, 아동은 비자발인 클라이언트일 경우가 많다. 부모나 교사 등에 의해 지적을 받거나 비난을 받았던 문제행동 때문에 기관을 방문하므로 대부분의 아동은 비자발적이며 치료에 저항하기 쉽다. 따라서 사회복지사는 아동이 어려움을 겪고 있는 문제에 대해 지적했던 어른과 비슷한 태도를 지니기보다 아동의 입장에서 그럴 수밖에 없었던 상황을 이해하는 태도가 필요하다. 또한 아동의 저항이나 비자발적 태도에 대해 충분히 수용하고 아동의 흥미와 동기를 유발할 수 있도록 노력해야 한다.

2. 아동복지실천 서비스의 목표 및 원칙

1) 아동복지실천 서비스의 목표

아동복지서비스는 아동복지실천을 위한 미션(mission)으로서 다음과 같은 목표를 갖는다. 페코라 등(Pecora et al., 2009 : 6-11)은 아동복지서비스의 목표로 아동의 안전(safety), 지속성(permanence), 아동복지(child welfare), 가족복지(family welfare)를 제시하였다.

(1) 목표 1 : 아동의 안전

아동복지서비스의 가장 핵심적임 목표는 아동학대나 유기 및 모든 위해환경으로부터 아동이 안전하게 보호되는 것이다. 구체적인 결과목표 측면에서 아동복지서비스는 아동이 학대받지 않으며 동시에 가족이 최소한의 양육기준을 수행할 수 있도록 안전하게 유지되어야 한다. 사회복지사는 모든 아동이 학대와 방임으로부터 보호되고 안전한 환경에서 자랄 권리가 있다는 철학적 기초 아래 활동하게 된다. 아동복지서비스 분야의 사회복지사는 모든 부모가 "최상의" 양육수준을 제공하는 데 필요한 것보다 아동에게 최소한의 위험수준, 충분한 돌봄 여부에 초점을 맞추어야 한다.

(2) 목표 2 : 지속성

국가가 학대받은 아동 또는 방임아동을 보호할 때, 아동의 안전만을 고려하는 것으로 충분하지 않다. 국가는 지속적이며 안정된 가족의 유대관계에 대한 아동의 욕구를 고려해야 한다. 아동을 일시적인 공공기관의 보호 아래 두기보다는 안전하고 영구적인 가정에서 양육될 수 있도록 조치해야 한다.

지속성만이 건강한 아동 시기를 보장하는 것은 아니지만, 지속성은 다양한 이유로 아동양육에 중요한 요인으로 꼽힌다. 첫째, 정신건강 전문가들은 안정적이고 지속적인 보호자가 정상적인 아동발달에 중요함을 강조하는데, 아동은 성인과의 지속적이고 안정적인 정서적 관계를 통해 성장하기 때문이다. 둘째, 아동은 전적으로 그들에게 헌신하는 부모를 필요로 하는데, 아동은 아동복지기관보다 부모의 돌봄 아래서 더 안전함을 느낀다. 셋째, 영구적인 가족 안에서 아동은 소속감을 증진시키고 미래에 대한 확신을 갖고 살아갈 수 있으며, 아동기나 청소년기의 어려움을 보다 잘 극복할 수 있기 때문이다. 넷째, 가족은 국가보다 아동을 더 잘 양육할 수 있기 때문이다. 공공기관에서 보호받은 아동에 대한 결정은 다양한 전문가들에 의해 공유되어야 하므로 분절화되기 쉽다. 이에 반해 부모는 어느 전문가보다 아동에게 적절한 정보를 제공하고 함께 결정할 수 있다.

(3) 목표 3 : 아동복지

아동복지를 구현한다는 것은 아동이 학대와 방임으로부터 보호받는 것이다. 아동복지란 이러한 아동의 기본적인 욕구가 충족되고, 아동이 지속적인 양육과 지원, 자극이 제공되는 환경에서 성장하고 발달할 수 있는 기회를 갖는 것을 의미한다. 아동복지서비스가 아동복지의 결과물로서 아동의 교육, 정신건강과 건강 등에 전적으로 책임이 있지는 않을지라도, 아동복지서비스는 이러한 목표를 위해 다양한 부서와 협력해야 한다.

(4) 목표 4 : 가족복지

가족복지는 아동복지서비스의 결과물로 볼 수는 없지만 아동과 가족 서비스 프로그램을 공식화하는 결과물로서 간주되었다. 가족복지는 가족이 아동을 돌볼 수 있는 능력을 갖게 하고 기본적인 아동의 발달, 건강, 교육, 주거 및 사회적·문화적·영적인 욕구를 충족시키게 하는 것을 의미한다. 아동복지 분야의 사회복지사는 가족복지를 위해 이와 같이 필요한 서비스를 공급하고 아동을 양육하는 부모의 역할을 지지하고 증진할 책임이 있다.

이 밖에도 아동복지서비스의 추가적인 철학적 기반으로는 가족을 위한 지역사회의 지지, 가족 중심 서비스, 문화적 기능, 책임성 있고 시의적절한 체계 마련, 자원과 체계의 조화 등이 필요하다고 페코라 등(2009)은 제시하였다.

2) 아동복지실천의 기본원칙

아동복지실천 과정에서 사회복지사는 전문가로서의 태도를 갖추고 유지해야 한다. 사회복지실천에서 사회복지사와 클라이언트 관계의 중요성을 제시한 비에스텍(Biestek, 1957)의 전문적 관계 7대 원칙을 아동대상 실천현장에 적용하여 살펴보면 다음과 같다.

(1) 개별화

개별화는 모든 인간이 개별적인 특징을 가지고 있는 독특한 개인으로 존중받아야 한다는 인간의 권리에 기초한다. 즉, 개별화는 아동의 독특한 특성에 대해 인식하고 이해하여 아동이 보다 잘 적응할 수 있도록 실천의 원칙과 방법을 맞추어 사용하는 것을 의미한다. 이를 위해서 사회복지사는 편견과 선입관에서 벗어나야 하며, 인간행동과 발달에 관한 전문지식을 갖추고, 아동의 말에 경청하며 아동의 감정에 민감하게 반응할 수 있어야 한다.

(2) 의도적 감정표현

의도적 감정표현은 아동이 자신의 감정을 자유롭게 표현하도록 돕는 것이다. 아동에게 편안한 분위기를 조성하여 아동의 다양한 감정을 표현하도록 격려하며, 특히 분노나 슬픔, 짜증 등 부정적인 감정과 생각을 표현해도 비난하지 않고 수용받는 경험을 제공한다. 이러한 접근은 아동이 감정을 억제하며 통제하려는 긴장에서 벗어나 감정

정화를 경험하여 정서적으로 안정될 수 있기 때문이다. 어휘력의 제한으로 말로 표현하는 것이 어려운 아동에게는 놀잇감이나 동물 피규어 등 도구를 활용하여 접근한다.

(3) 통제된 정서적 관여

통제된 정서적 관여는 사회복지사가 아동의 감정을 이해하고 민감하게 반응해 주는 것을 의미한다. 아동은 자신의 생각이나 감정을 말로 표현하는 것을 어려워하므로 눈 마주침, 표정, 억양, 자세, 손놀림 등 비언어적 행동을 통해 더 많은 표현을 하고 있다. 아동의 모습을 세밀하게 관찰하여 아동이 전달하고 싶은 내용이나 표현하고 싶은 욕구가 무엇인지 확인하고, 아동의 언어로 표현하여 아동이 말하고 싶은 내용을 제대로 이해했는지를 되묻거나 재진술하여 점검하도록 한다. 공감은 단순히 그 감정을 아는 것이 아니라 함께 느끼는 것이다. 사회복지사는 아동의 감정에 머물러 함께 있어주어야 한다.

(4) 수용

수용은 아동을 있는 그대로 받아들이고 대하는 것이다. 아동의 긍정적인 모습과 부정적인 모습, 건강하거나 파괴적이고 충동적인 모습, 호의적인 태도나 불편감을 주는 특성 등 어떠한 행동을 나타내더라도 있는 그대로 수용하는 것을 의미한다. 지적장애가 있거나 자폐아, 산만하거나 집중력이 떨어지는 아동, 친구를 괴롭히거나 학교폭력 가해자인 아동일지라도 현재 있는 모습을 받아들여 줄 때 아동은 용기 있게 자신의 이야기를 시작할 수 있을 것이다.

(5) 비심판적 태도

비심판적 태도는 아동의 특성, 가치관, 행위 등에 대해 비판하지 않는 것이다. 문제행동을 자주 보이는 아동은 자신에게 소리를 지르거나 화를 내는 부정적인 부모 또는 어른의 태도에 익숙해져 있으며, 부정적인 피드백을 요청하는 문제행동을 지속적으로 할 수 있다. 이때 사회복지사는 아동이 그동안 만났던 어른과는 다르게 그 행동을 꾸짖거나 비판하지 않고 어떤 상황에서 그렇게 행동하게 되는지, 그 행동을 통해 무엇을 이루고 싶었는지 등에 대해 진심으로 궁금해하고, 경청할 준비가 되어 있어야 한다. 이러한 태도를 알게 된 아동은 정서적 재경험을 통해 변화를 준비할 수 있을 것이다.

(6) 자기결정의 원칙

자기결정의 원칙은 아동이 결정하고 선택할 수 있는 권리와 욕구를 가진다는 점을 인정하는 원칙이다. 아동은 아직 발달단계에 있으며 상황을 조망하여 충분히 추론적 결론을 내리지 못한다는 한계가 있지만, 아동에게도 스스로 결정하고 선택할 수 있는 권리가 있으며 이러한 기회를 제공하는 것이 필요하다.

(7) 비밀보장

비밀보장은 아동과의 면담에서 매우 중요하다. 아동은 자신이 이야기하는 내용이 모두 부모에게 전달될 경우 부모를 비난했다는 죄책감으로 두려움을 느낄 수 있다. 아동과 나누는 이야기는 모두 비밀보장이 됨을 사전에 알려주어 아동이 불안하지 않도록 한다. 그러나 비밀보장이 아동에게 소중한 권리이지만 지켜지지 않는 예외사항을 알려주어 신뢰관계를 훼손하지 않도록 한다.

3. 아동복지실천의 접근방법

1) 개별대상 아동권리와 복지 실천

(1) 초기단계

초기단계는 사회복지사와 아동의 대면이 처음으로 이루어지며 신뢰를 쌓는 첫 단계이다. 이 시기의 가장 중요한 과업은 우선적으로 클라이언트의 주 호소 문제와 욕구를 분명하게 파악하는 것이다. 동시에 아동을 의뢰한 부모 또는 보호자, 교사의 욕구와 기대가 기관의 서비스를 받을 수 있는지 여부를 확인해야 한다.

① 문제 · 욕구 확인 및 관계형성

초기접수 단계에서는 아동과 부모가 어떠한 문제로 왔는지, 오게 된 동기와 기대는 무엇인지 등을 명확하게 파악하는 것이 필요하다. 이러한 내용을 확인하는 과정은 사회복지기관에서 해결할 수 있는 문제인지, 아동에 대한 부모의 걱정이 적절한 내용인지 여부를 파악하고, 제시한 문제가 기관의 자원과 정책에 부합되는지를 판단할 수 있다. 이를 위해 사회복지사는 초기단계에 클라이언트에게 기관의 방침과 관련 법, 윤리원칙에 대한 정보 등을 안내하고 설명한다.

아동 대부분은 기관에 자발적으로 오기보다는 부모를 따라오는 경우가 대부분이며 부모가 아동을 동행하지 않고 혼자서 방문하는 경우도 많다. 부모는 아동의 문제가 자신과 관련되어 있다고 생각하여 죄책감을 갖거나 스스로를 비난할 수도 있으며, 또는 무조건 아동을 탓하며 가족의 다른 구성원을 비난하는 등 복잡한 심경으로 기관을 방문하므로 사회복지사는 부모와 아동을 별도로 만나 문제와 욕구를 파악하는 것이 효과적이다. 아동과 면담할 때에 사회복지사는 아동이 하는 행동이나 말, 아동이 표현하기를 원하는 어떠한 것이라도 수용하고 존중하는 태도가 필요하다. 또한 아동이 사용하는 단어를 사용하고, 아동이 관심 있어 하는 분야에 대한 이야기를 나누는 등 아동이 거부감이 들지 않도록 따뜻한 태도로 다가간다. 부모와의 면담에서는 지금까지 부모가 겪은 어려움에 공감하고, 용기를 내어 기관을 방문한 태도를 지지하면서 부모와 협력관계를 형성하도록 한다.

② 서비스 제공 가능성과 개입 형태 결정

접수면접을 통하여 아동과 보호자의 호소 문제와 제공받고자 하는 서비스의 내용이 기관의 목적에 적합할 경우 구체적인 사정과 계획 단계로 들어가지만, 그렇지 않을 경우에는 부모에게 그 이유를 설명하고 관련 서비스를 받을 수 있는 다른 기관에 의뢰를 한다. 의뢰할 경우 사회복지사는 클라이언트에게 구체적이며 적극적으로 정보를 제공하는 것이 필요하다. 예를 들어, 기관명과 연락처뿐 아니라 기관의 위치와 클라이언트가 받을 수 있는 구체적인 서비스의 내용 등에 대해 설명하여 클라이언트가 문제해결을 위한 노력을 포기하기 않고, 지속가능한 서비스를 받을 수 있도록 지원해야 한다.

③ 아동의 저항 다루기

아동은 처음 기관을 방문할 때에 걱정과 불안, 두려움 등을 가지고 온다. 부모나 보호자 등에 의해 비자발적으로 오게 될 경우 아동은 더욱 거칠게 저항하거나 화를 낼 수 있다.

아동의 저항을 극복하기 위해 사회복지기관은 아동이 안전하고 편안함을 느낄 수 있도록 물리적 환경을 제공해야 한다. 또한 사회복지사는 아동의 부정적 감정을 대신 읽어주고 표현하면서 그 상황에 대해 이해하고 있음을 알리고, 불안한 마음을 충분히 표현할 수 있도록 경청하고 공감한다. 기관에 대한 안내와 개입과정에 대해 아동이 이해할 수 있는 단어를 활용하여 설명하여 이해를 돕는다. 무엇보다 아동에게 초점을 맞추고, 아동을 존중하며 아동의 은유와 상징을 이해하여 아동과 신뢰관계를 형성하도록 노력해야 한다. 이와 더불어 학대나 폭력 등의 위기상황을 제외하고는 상담내용이 비밀보장이 된다는 사실을 안내한다.

(2) 사정단계

사회복지사는 클라이언트의 일반적 사항과 신체적·심리적 요인 등 개인 내부체계뿐 아니라 양육환경 및 가족관계 등 가족체계에 대한 자료를 수집하고 사정한다. 이때 사실을 확인하여 문제를 정확하게 파악하는 것도 중요하지만, 클라이언트의 강점과 공식적·비공식적 자원 등에 대한 사정을 통해 클라이언트가 문제상황에 적용할 수 있는지를 점검한다.

이처럼 사정은 클라이언트의 문제와 강점 및 약점과 자원을 확인하고, 문제에 영향을 주는 환경을 파악하여 클라이언트를 이해할 수 있으며, 수집된 자료에 대한 해석과 분석을 통하여 클라이언트의 문제 해결을 위한 개입방향을 결정하는 중요한 과정이다. 따라서 사정과정에 클라이언트가 지속적으로 관여할 수 있도록 격려하며, 아동의 발달수준을 정확하게 파악하기 위해 인증된 검사도구를 활용한다. 사정과정에서 클라이언트와 함께 문제의 우선순위를 정하여 아동과 부모가 실행 가능한 수준에서 개입할 수 있도록 돕는다.

아동은 환경의 영향을 쉽게 받기 때문에 아동을 둘러싼 사회적 상황에 대하여 생태체계적 준거 틀에 근거한 사정이 이루어져야 한다. 생태체계적 사정은 아동에 대한 이해뿐 아니라 아동 부모의 양육태도, 가족의 역동성, 아동의 또래관계와 소속된 집단의 특성 등에 대한 이해에서부터 비롯된다. 예를 들어, 부모의 사이가 좋지 않아 갈등과 폭력을 간접적으로 경험한 아동은 언젠가는 자신이 부모로부터 분리될 수 있다는 두려움 때문에 문제행동을 일으킬 수 있다.

① 아동 개인에 대한 사정

아동을 심층적으로 이해하기 위해서는 다음과 같은 내용에 주목할 필요가 있다.

- 아동은 연령에 맞는 발달수준을 보이고 있는가?
- 아동이 사용하는 대처방식은 무엇인가?
- 아동이 지닌 장점과 강점은 무엇인가?

즉, 사회복지사는 아동의 신체적 · 인지적 · 사회정서적 발달 정도를 파악하여 발달단계와 기능의 수준을 사정해야 한다. 아동이 연령에 따른 적합한 발달수준에 미치지 못할 경우에는 어려움을 겪을 수 있는데, 예를 들어 부모와의 애착이 형성되지 못한 아동은 또래관계에서 사회적 기술이 부족하여 또래와의 관계에서 어려움을 경험할 수 있다. 이때 아동의 독특한 대처방식을 이해하고 그 행동을 통해 전달하려는 메시지가 무엇인지까지 파악할 수 있어야 한다. 일반적으로 아동의 문제는 아동의 욕구가 충족되지 못하거나, 부적절한 방법으로 욕구를 충족시키고자 할 때 일어날 수 있기 때문이다. 이때 사회복지사는 아동을 문제 중심으로만 바라볼 것이 아니라 아동이 가지고 있는 강점을 확인하여 효과적으로 적용할 수 있는 방안을 탐색한다.

② 평가도구에 근거한 사정

심리검사는 아동의 현재 발달과 기능 수준뿐 아니라 적응의 어려움과 증상을 유발하게 된 원인을 파악하기 위한 객관적인 자료를 얻는 데 그 목적이 있다. 즉, 심리검사를 통하여 아동의 현재 발달과 기능 수준, 사고와 정서상의 문제, 아동의 장단점 그리고 대인관계 패턴과 성격 특성을 파악한다(정문자 외, 2016 : 23). 심리검사는 아동과 가족의 문제를 진단하고 원인을 탐색하며 적절한 개입방법을 결정하는 데 도움을 주기 때문에 유용하다.

일반적으로 사용되는 아동 심리검사에는 표준화검사로 유아용 지능검사(W-WPPSI), 아동지능검사(K-WISC, K-ABC), 행동평가척도(K-CBCL), 성격유형검사(MMTIC, MBTI) 등이 있으며, 투사검사로는 아동용 BGT 검사(Bender Gestalt Test), 집-나무-사람 검사(HTP : House-Tree-Person), 동작성 가족화 검사(Kinetic Family Drawing), 문장완성검사(SCT) 등이 있다. 심리검사를 통해 아동의 인지, 정서, 욕구체계, 대인관계 양상과 특징적인 행동을 파악할 수 있지만 심리검사 결과를 아동의 특성으로 단정 지어 낙인화하거나 고정된 틀로 아동을 바라보지 않도록 주의해야 한다.

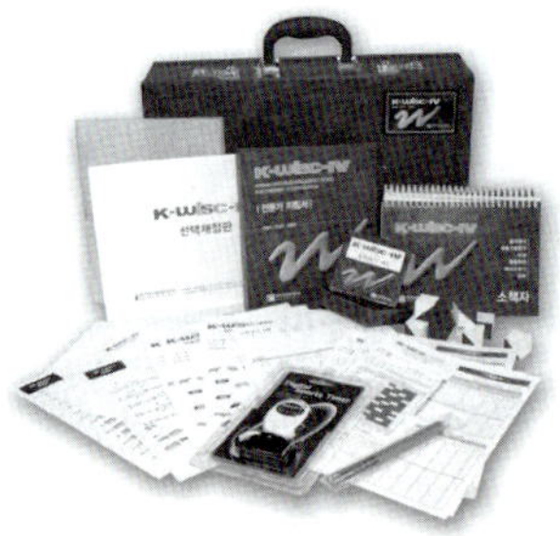

K-WISC-Ⅳ

BGT 검사

[그림 5-1] 심리검사 도구

출처 : 한국심리연구소. www.koreapsy.kr

③ 가족관계와 역동 사정

가족은 아동의 가장 중요한 환경이자 체계이므로 가족관계와 가족의 역동을 사정하는 과정이 필요하다. 먼저 가족의 생활주기를 확인하고 가족이 발달 과업과 변화에 대하여 적응적으로 대처하는지를 확인하고, 가족의 역동성 및 가족기능을 사정한다. 가족의 정서적 기능과 역동을 사정하기 위해서는 가계도를 활용하도록 한다. 가계도는 가족에 대한 정보를 도식화하여 복잡한 가족의 구조와 역동을 한눈에 볼 수 있다. 가계도를 통해 세대 간 전해 내려오는 가족문제나 규칙을 확인하고, 가족의 상호작용 특성 및 구조를 확인하며 가족관계의 특성을 이해할 수 있다.

연령이 낮은 아동은 자신의 어려움을 표현하기 어려워할 수 있으므로 부모와의 면담을 통해 정보를 얻을 수 있다. 특히 아동이 현재 겪고 있는 문제행동을 이해하기 위하여 관련된 발달사 정보를 탐색하는 데 주의를 기울여야 한다. 아동의 출생부터 현재에 이르기까지 발달사에 대한 정보 수집은 아동의 발달 정도를 파악할 뿐 아니라 아동에 대한 부모의 기대와 지각을 이해하는 데 도움이 된다.

④ 환경에 대한 사정

아동의 가족 외에 아동과 접촉하거나 아동과 상호작용하는 사회적 지지망에 대한 사정이 필요하다. 아동은 가정에서의 모습과는 다른 모습으로 학교나 외부환경에서 행동할 수 있으므로, 외부사람들이 아동에 대해 어떻게 이해하는지에 대한 탐색이 필요하다. 사회 지지망 조사를 통해 아동에게 중요한 영향을 미치는 타자를 찾아내는 과정은 이후에 아동의 변화를 이끌어 내거나 성장을 위한 지원자로 연계할 수 있다. 예를 들어, 담임교사 또는 지역아동센터 선생님은 아동이 문제를 해결하는 데 부모와 함께 협력자로서의 역할을 할 수 있다. 또한 지역사회의 자원을 사정하여 아동에게 도움이 될 만한 기관과 자원을 확보한다.

(3) 개입단계

개입단계는 사정을 통해 얻은 자료에 근거하여 아동의 변화를 위한 계획을 수립하고 실행하는 단계이다. 사회복지사가 개입단계에서 주의해야 할 사항은 다음과 같다.

첫째, 사정단계에서도 강조하였듯이 개입단계에서도 아동의 발달수준과 인지능력을 고려해야 한다.

둘째, 사정에서 확인된 문제를 목록화하여 우선순위를 정하고, 개입목표는 구체적으로 실현 가능한 목표 형태로 설정하여 아동이 성취할 수 있는 과제부터 실천할 수 있도록 돕는다.

셋째, 개입목표는 아동과 부모 또는 보호자 그리고 사회복지사가 합의를 이루는 것이 필요하다.

넷째, 아동의 변화를 위해 필요한 다양한 자원과 수단을 선택하여 연결하는 데 초점을 둔다.

개입목표를 달성하기 위해 사회복지사는 개입과정에 참여할 대상을 아동 개인으로 할지 아동을 포함한 가족으로 할지 여부를 결정한다. 다양한 개입모델 중에서 아동의 문제 및 욕구, 심각성 정도, 사회복지사의 전문성을 고려하여 모델을 선정하고 개입한다. 개입모델에는 아동의 심리내적 갈등과 불안에 초점을 두는 정신분석모델, 아동의 부정적 행동을 소거하고 바람직한 행동을 학습하도록 돕는 행동주의 모델, 아동에 대한 깊은 신뢰와 존중으로 접근하는 인간 중심 모델, 아동의 변화를 이끌어 내기 위해 다양한 인지적 전략과 행동적 기법을 사용하는 인지행동 모델 등이 대표적이다.

아동은 성인과는 다른 특성을 가지고 있으므로 아동의 특성을 고려하여 다양한 모델을 절충적으로 활용하거나 변형하여 개입할 수 있다. 이러한 모델 내에서 놀이치료와 미술치료는 가장 많이 활용되고 있는 치료접근이다. 이 밖에도 실천과정에서는 아동의 가족에게 접근하는 가족 개입과 복합적인 문제와 욕구를 가진 아동과 가족의 기능을 회복하고 욕구충족을 지원하는 사례관리 개입이 이루어지고 있다.

(4) 종결단계

종결단계는 아동과 가족이 초기단계에서 제시하였던 문제가 해결되거나 상담목표를 달성하여 실천과정을 마무리하는 단계이다. 종결 시기는 아동과 가족이 초기단계에서 호소하였던 어려움 또는 제시하였던 문제가 해결되었을 경우 사회복지사와 클라이언트가 합의해서 결정하는 것이 바람직하다. 즉, 상담목표를 실제적으로 이루었거나 아동이 자신의 연령에 맞는 발달단계의 과업을 다룰 수 있고, 더 이상 상담을 원하지 않을 때에 종결을 시도한다. 사회복지사의 판단에 아동이 잘 적응하고 좋아졌을 경우에도 종결을 할 수 있다.

그러나 가족의 이사 등 아동의 상황이 변화되거나 사회복지사의 이직 등 전문가의 상황이 변화되어 종결이 될 수도 있다. 한편 아동과 가족이 실천과정에 오지 않아서 조기종결이 될 경우도 있는데, 이 경우에 사회복지사는 상담기록을 검토하여 원인규명을 하고, 아동이 나아질 가능성이 없다면 종결을 고려해야 할 책임이 있다.

① 종결에서의 과제

아동에게 종결은 쉬운 과정이 아니다. 그동안 자신을 존중하고 따뜻하게 대해주었던 성인과 신뢰관계를 형성하고 유지하였던 좋은 시간을 끝내는 것은 매우 힘든 일이다. 아동에게 종결은 버려지는 과정이 아니라 기쁘게 헤어지는 경험임을 알려주고 수용할 수 있도록 설명하는 것이 필요하다. 안정된 종결단계를 이루기 위해 사회복지사는 다음과 같은 과제를 수행한다.

첫째, 종결은 서서히 진행한다. 종결하기 3~4회기 전에 미리 종결할 것임을 알려주어 아동뿐 아니라 사회복지사도 종결을 준비한다.

둘째, 종결단계에서는 초기에 설정했던 목표들이 실천과정 동안 어떻게 이루어졌는지를 아동과 함께 요약하고 논의한다. 그동안 아동에게 이 과정이 어떠한 점에서 도움이 되었는지를 점검하고, 변화를 위해 노력했던 아동의 행동과 긍정적인 경험 등은 무엇이었는지에 대해 지지하고 격려한다.

셋째, 종결에 따른 이별의 감정을 다루어야 한다. 아동은 이별을 부정적으로 지각할 수 있으므로 아동이 경험하는 이별의 감정을 충분히 알아주고, 파티나 수료식 등 특별한 종결 회기를 준비하여 종결을 긍정적으로 맞이하도록 한다.

넷째, 지금은 문제가 해결되어 종결하지만 아동이 어려움을 다시 겪게 될 경우에는 언제든지 다시 도움을 받을 수 있다는 사실을 알려준다.

② 사후관리

사후관리는 종결 이후 일정 기간을 두고 개입을 통해 이루어진 변화가 지속적으로 이루어지는지 여부를 점검하고, 필요할 경우 재개입 여부를 판단하기 위해 수행된다. 사후관리를 통해 사회복지사는 아동과 지속적인 접촉을 유지함으로써 종결로 인해 아동이 힘들어하지 않도록 도울 수 있으며, 변화를 위한 아동의 의지와 가족의 노력을 지지하여 아동의 변화를 강화할 수 있다.

2) 집단대상 아동권리와 복지 실천

사회복지실천에서 집단은 서로 상호작용하는 2~3명 이상의 사람들이 동일한 집단에 소속되어 있다는 집단의식과 공통의 관심사를 가지고 반복적으로 모여 서로에게 영향을 주며 공동의 목표를 달성하고자 참여하는 모임을 의미한다. 아동에게 집단 활동이 효과적인 이유는 첫째, 집단을 통해 구조적 환경에서 유대감을 형성하고 부정적인 상호작용(예 욕설이나 비웃음 등)의 위험을 줄이고 안전하게 의사소통할 수 있기 때문이다. 둘째, 집단 안에서 공통의 관심사를 공유하고 그들의 관심사뿐 아니라 어려움이 자신만의 고유한 것이 아님을 이해할 수 있도록 돕는다. 셋째, 집단은 실생활의 축소판으로 아동에게는 새로운 행동을 시도하고 성장할 수 있는 환경을 제공하며, 넷째, 개인대상 접근보다 집단대상 접근은 시간과 비용 면에서 효율적이다. 사회복지사가 활용할 수 있는 아동대상 집단의 유형을 파악하고, 아동을 대상으로 하는 집단 실천 과정을 살펴보면 다음과 같다.

(1) 아동대상 집단의 유형

집단의 유형을 과업집단, 교육집단, 성장집단, 상담 및 치료집단으로 구분하여 살펴보면 다음과 같다.

① 과업집단

과업집단(task group)은 조직이나 지역사회에서 특정 유형의 목적이나 과제를 효과적으로 완성하거나 명령을 수행하기 위해 집단 역동을 활용한다. 일반적으로 관련 위원회, 협의회 등이 특정 프로젝트에 일정 기간 투입되는 TFT(Task Force Team) 등이 해당된다. 아동의 경우, 방학 중 역사탐방 과제를 수행하기 위해 자체적으로 학습하고 수행하기 위한 모임이나 학교 내 학교를 대표하는 임원회의 등이 이에 포함된다.

② 교육집단

교육집단(educational group)은 집단성원들에게 필요한 교육 및 정보, 기술을 제공하는 것을 목적으로 한다. 집단의 성원들은 공통적인 관심사를 가지고 있으며 이에 대한 강의와 교육을 제공한다. 교육을 중심으로 집단이 운영되기 때문에 성원들 간의 자기노출 정도가 적은 편이며, 교육효과를 높이기 위해 집단토론을 활용하기도 한다. 아동을 위한 성교육 집단이나 학교폭력 예방교육 집단, 소아당뇨환자들을 위한 식이요법 훈련집단, 청소년을 위한 스트레스 관리교육 집단 등이 있다.

③ 성장집단

성장집단(growth group)은 집단성원들의 자기인식을 증진시켜 인지 · 정서 · 행동의 변화를 가져오며 구성원의 통찰력과 잠재력 개발을 목적으로 한다. 집단경험을 통해 개별적인 성장이 이루어지며 집단을 이용하여 성장하려는 구성원들의 공통된 목적이 있으므로 응집력이 높은 편이다. 성장집단으로 참만남 집단, 청소년을 위한 가치명료화 집단, 또래상담 집단 등이 있다.

④ 상담 및 치료집단

상담 및 치료집단(counseling/ psychotherapy group)은 대인관계 어려움이나 정서행동 문제를 가진 아동·청소년을 대상으로 성원들의 행동변화와 문제해결을 목적으로 한다. 집단이 진행되면서 집단성원들의 지속적인 상호작용과 역동적인 피드백을 통해 희망과 수용, 보편성, 응집력, 정화, 모델링, 책임감 등 집단의 변화촉진 요인들을 경험하면서 성장할 수 있다. 자주 다루어지는 주제는 대인관계, 자존감, 분노, 슬픔과 상실 등이며 학교나 아동·청소년 기관에서 자주 활용된다. 학교폭력 가해자 집단, 친구 사귀기 집단, 자존감 향상 집단, 인터넷 게임중독 예방 집단 등이 이에 속한다.

(2) 아동에 대한 집단적 개입방법의 실천과정

① 준비 및 계획단계

집단의 준비 및 계획단계 과정은 집단의 성과와 관련이 있으므로 사전에 충분히 준비하고 계획해야 한다. 집단을 효과적으로 준비하기 위한 단계는 다음과 같다.

첫째, 집단의 목적과 활동내용을 분명히 해야 한다. 이때 가장 고려되어야 할 것은 아동이 겪는 문제나 어려움이 무엇인지 '욕구'를 파악하는 것이다. 예를 들어, 우리 기관이 위치해 있는 지역적 특성으로 빈곤가정이 많이 있고, 부모의 방임으로 인해 학교적응에 어려움을 호소한다면 이러한 욕구를 반영하여 아동의 학교적응을 위한 집단 운영을 고려할 수 있다. 집단의 목적은 집합적으로 추구해야 할 목표뿐 아니라 개별 아동의 기대까지도 포함할 수 있어야 한다.

둘째, 준비단계에서는 집단의 목표를 홍보하여 참여아동을 모집하고 선정해야 한다. 관심을 보이는 잠재적 아동 중에서 집단을 통해 도움을 받고자 하는 동기와 관심사, 도움 받고자 하는 문제 등을 점검하여 최종 선발한다. 특히 아동을 대상으로 집단을 운영할 때에는 반드시 부모나 보호자들로부터 연락처와 동의서를 받고 집단의 목적과 내용을 알리는 것이 좋다.

셋째, 집단의 구성은 아동의 연령과 기능 수준 등을 고려하여 집단의 크기를 결정하고, 집단이 유지되기 위해서 아동의 동질성과 이질성의 균형을 고려하며, 집단의 욕구와 목적에 따라 교육, 성장, 상담, 치료 집단유형을 결정한다. 또한 집단을 구조화하여 운영할 것인지 비구조화 상태로 운영할 것인지를 결정하고, 폐쇄집단으로 할 것인지 개방집단으로 할 것인지를 결정한다.

넷째, 집단의 전체 기간과 모임빈도, 소요시간 등 집단일정은 집단의 유형과 목적, 집단 구성원 수에 따라 결정한다. 아동은 집중하는 시간이 짧기 때문에 회기당 30~40분 정도의 시간을 할애하며, 집단모임이 이루어지는 장소는 아동이 편안하고 비밀이 보장받을 수 있는 공간인지를 고려한다.

② 초기단계

집단 초기단계에서 아동은 긍정적인 성과에 대한 기대와 함께 낯선 사람과 새로운 환경에 대한 불안을 경험할 수 있다. 사회복지사는 초기단계에서 느낄 수 있는 아동의 혼란을 공감하고 존중하면서 신뢰관계를 맺는 것이 필요하다. 초기단계에서는 다음과 같은 과업을 수행한다.

첫째, 오리엔테이션을 실시하여 집단에 대한 정보를 제공한다. 오리엔테이션에는 사회복지사 소개, 집단 구성원인 아동의 소개, 집단 목적 및 목표 설정, 집단 규칙 설정 등이 포함된다. 집단의 목적을 설명하고 규칙을 정하는 과정은 집단과정의 뼈대를 세우는 작업이므로 간결하지만 지루하지 않도록 진행하여 아동의 참여를 높인다.

둘째, 초기단계에는 신뢰성 있는 분위기 조성에 힘써야 한다. 아동이 집단을 신뢰하고 편안하게 경험할 수 있도록 아동의 이야기를 적극적으로 경청하며, 초기에 모든 구성원이 이야기할 수 있도록 기회를 제공한다.

셋째, 집단 구성원인 아동의 참여를 촉진하기 위해 참여하는 행동을 격려하며, 특정 아동에게 압도되어 오랜 시간을 할애하거나 소극적인 아동의 질문에 성의 없이 대답하는 실수를 저지르지 않도록 주의한다. 초기단계에 아동이 불안해하고 저항하는 것은 자연스러운 행동이므로 적절하게 응대하도록 한다.

넷째, 집단의 사정은 집단에 참여한 아동, 전체로서의 집단, 집단 환경이라는 세 가지 차원에 초점을 두어 실시되어야 한다. 이때 집단성원들 간의 관계를 선을 통해 표현하는 소시오그램을 활용할 수 있다.

③ 개입단계

집단의 발달단계 과정에서 개입단계는 초기단계에 비해 아동들의 친밀감과 상호작용이 증가하면서 집단의 소속감과 응집력이 증가하고 활발한 상호작용이 이루어져 자신의 문제에 대해 인식하는 단계이다. 따라서 사회복지사는 아동이 자신의 문제를 이해한 것을 기반으로 변화하려는 의지를 격려하고 문제해결을 위한 행동을 촉진한다. 그러나 집단이 항상 성장하고 발전하는 것이 아닐 수 있다. 예를 들어, 자기개방이 높아지면서 불안수준도 높아져 상처를 피하기 위해 저항을 보일 수 있으므로, 집단 내 갈등과 저항을 잘 다루어야 한다.

④ 종결단계

집단의 종결단계는 계획에 따라 집단 목표가 달성되었다고 구성원이 동의함으로써 이루어진다. 미리 계획하여 아동에게 예고하여 아동이 이별의 충격을 받지 않도록 주의한다. 종결단계에서 사회복지사가 다루게 될 과업은 첫째, 집단경험을 통해 배운 것을 요약하면서 의미를 부여한다. 그동안 집단과정을 통해 긍정적인 경험과 새롭게 배우게 된 것, 실제 생활에 적용해 보고 싶은 내용을 지지하는 과정은 아동의 자존감을 높일 수 있으며 구성원들이 현실에서 시도할 수 있는 기회로 연결될 수 있을 것이다.

둘째, 종결에 따른 이별 감정을 다룬다. 아동은 정들었던 집단 구성원, 지도자와 헤어지는 것에 대해 불안감과 상실감을 느낄 수 있는데, 이러한 부정적 감정을 충분히 표현하고 공유하여 성취경험을 가져갈 수 있도록 돕는다.

셋째, 집단에서 미처 다루지 못한 문제나 해결되지 못한 감정이 남아 있는지를 묻고 이에 대해 표현할 수 있도록 한다. 집단의 종결 이후에도 전화나 사후모임을 통해 집단을 통해 이루었던 성과를 지속적으로 유지할 수 있도록 돕는다. 한편 종결단계에서는 사전−사후 평가를 통하여 집단의 효과를 검증해야 한다. 측정도구를 활용한 양적인 평가와 함께 아동의 주관적인 서술평가, 만족도 평가 등을 통해 질적인 평가도 실시한다.

3) 지역사회 중심 아동권리와 복지 실천

지역사회 중심 아동복지실천이란 아동을 둘러싼 환경체계에 사회복지사가 간접적으로 개입하는 실천방법으로 아동에게 필요한 자원을 발굴하고 연계하여 효율적이고 촘촘하게 아동의 보호와 성장을 지원할 수 있다.

지역사회 중심의 아동복지실천을 활성화하기 위하여 첫째, 사회자원의 개발이 필요하다. 사회자원은 아동의 복합적인 욕구를 충족시키고 문제를 해결할 수 있는 바탕이 될 수 있으므로 국가기관, 지방자치단체, 공공기관 등의 공식적인 자원 외에도 친척, 친구, 이웃, 자원봉사자 등 비공식적인 자원을 개발해야 한다. 특히 아동과 가족 가까이에 있으면서 영향을 미칠 수 있으며 유연하게 서비스를 제공할 수 있는 비공식적 자원을 발굴하고 활용할 필요가 있다.

둘째, 아동의 문제해결을 위하여 필요한 서비스와 자원을 연계할 수 있는 인프라가 구축되어야 한다. 지역사회 내에서 효과적인 아동의 보호체계를 활성화하기 위하여 기관 간의 체계적인 연계와 시스템 구축이 필요하다.

호워드와 모리슨(Horwath & Morrison, 2007)은 연계의 특성을 [그림 5−2]와 같이 설명하면서 처음 협력은 자율적으로 시작하고, 협력이 강화될수록 자율성은 줄어들지만 공통의 목표로 통합될 수 있음을 제시하였다.

우리나라 지역사회 아동 관련 기관들의 연계 정도를 분석한 김기현 등(2014)의 연구에서는 업무협력 정도가 보통수준으로 나타났는데, 호워드와 모리슨(Horwath & Morrison, 2007)의 틀에서 볼 때 아동보호체계의 연계는 낮은 단계의 협업 특성을 보여주었다. 지역사회에서 아동을 위한 자원연계 활성화를 위해서는 서비스를 효과적으로 조정할 수 있는 연계 인프라가 구축되어야 하며 연계할 수 있는 사회자원이 충분하게 갖춰져야 할 것이다.

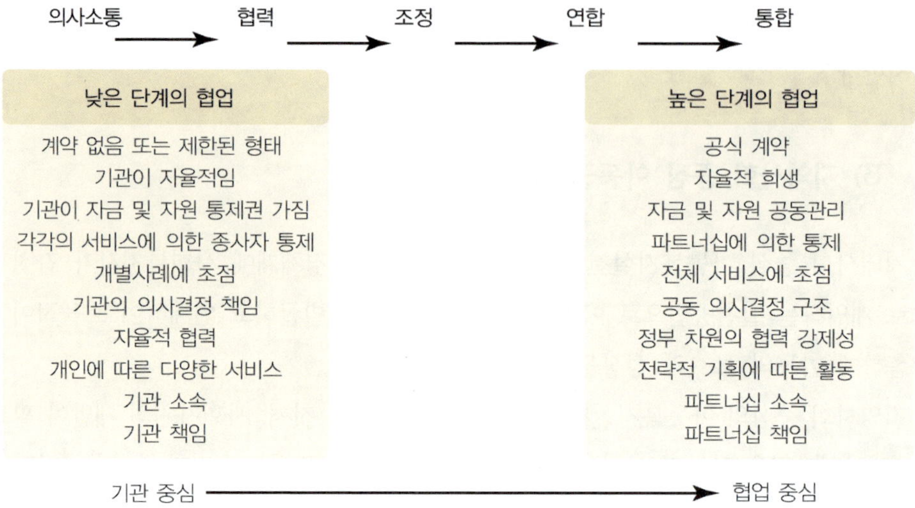

[그림 5-2] 연계 및 협업의 특성

출처 : Horwath & Morrison(2007), p. 57.

셋째, 지역의 특성, 아동과 가족의 욕구에 적합한 프로그램과 서비스가 개발되어야 한다. 지역별 · 가구별로 다양한 특성과 수요에 부합하는 프로그램이 제공된다면 보다 효과적으로 아동문제를 예방할 수 있을 것이다.

넷째, 아동권리옹호 활동을 실행해야 한다. 아동권리옹호란 아동과 가족, 지역사회와 직접 함께 일한 경험을 바탕으로 아동의 삶에 긍정적 변화를 가져오기 위하여 시민의 행동과 정책을 바꾸려는 일련의 조직된 활동을 의미한다(www.sc.or.kr). 초록우산 어린이재단(2016)은 아동복지 분야가 정책 우선순위의 결정에서 불이익을 받지 않기 위해서는 아동을 대신해서 아동의 권익을 옹호하고 보호하는 사회적 기능이 필수적이라고 강조하였다. 따라서 지역사회에서 아동의 인권이 유린되고 차별과 폭력에 노출될 때 보다 적극적으로 아동을 위한 옹호활동을 실행하고, 아동권리의 중요성을 느끼게 하는 다양한 참여활동을 운영해야 할 것이다.

4. 치료 개입

1) 아동에 대한 개입

(1) 놀이치료

놀이치료란 훈련받은 치료자가 사회정서적인 어려움이나 발달상의 문제를 가진 아동을 대상으로 놀이의 심리치유의 힘을 활용하는 심리치료이다(정문자 외, 2016 : 277). 아동상담에서 아동에게 적합한 매체를 활용하는 것이 필요한데, 놀이는 아동의 감정과 욕구, 경험, 생각 등을 자연스럽게 표현할 수 있는 수단이 되므로 치료적으로 접근할 수 있다.

놀이치료실은 아동에게 안전하고 편안하며 자신을 표현하기에 허용적인 공간으로 편안하게 느낄 수 있는 공간이 되어야 한다. 개별 아동을 위한 놀이치료실은 4m × 4m(약 4.5평) 정도의 크기가 적당하며, 다양한 표현과 놀이를 위해 안전한 바닥과 벽, 놀이도구를 꺼내기에 적합한 선반, 표현놀이에 좋은 다양한 미술재료 등이 갖추어져야 한다. 놀이치료실은 [그림 5-3]과 같다.

[그림 5-3] 놀이치료실

출처 : 송파아이존. www.aizone.or.kr

놀이치료 과정에서 놀이치료자는 아동에게 반응하는 치료자 역할과 함께 다양한 환경에서 상호작용하는 아동의 경험이 잘 드러날 수 있도록 안내하고 개입해야 한다.

놀이치료에서 아동의 놀이는 상담과정 중 언어에 해당하며, 놀이에 사용되는 놀잇감이나 도구는 단어에 해당되므로(Landerth, 1991), 아동의 생각과 감정, 그리고 욕구 등이 잘 표현될 수 있는 도구를 제공한다. 현장에서 많이 사용되는 놀이도구 유형은 <표 5-1>과 같다.

표 5-1 놀이도구 유형

구 분	놀이도구 종류	심리적 내용
실생활 관련 놀이도구	인형집, 가족 인형, 사람 퍼펫	가족관계에서 경험하는 분노, 두려움, 수치심, 경쟁심, 질투 등과 욕구
	유치원, 학교, 사람 인형	유치원, 학교에서 경험하는 다양한 감정과 욕구
	소꿉도구, 아기 인형, 양육도구	양육경험과 관련된 감정과 욕구
공격성 표출 놀이도구	공룡, 악당, 괴물, 용사, 군인, 총, 칼, 수갑, 퍼펫, 점토	부정적 감정과 공격적 욕구
창의적 표현과 정서적 해소 놀이도구	모래, 물	창조적으로 자기 안의 세계 표현/ 이완, 변형과 창조
	블록	탑을 쌓고 부수면서 정서 해소/ 보호벽 건설
	이젤과 물감, 그림도구	창의적으로 표현
	점토(주무르고 만들기)	정서 해소
게임 놀이도구	주사위, 카드게임, 젠가, 할리갈리 등	자기통제력, 좌절인내심, 규칙 지키기, 기억력
	말하기, 행동하기, 느끼기 게임	가족이나 또래관계 문제, 부모의 이혼, 상실, 왕따 등과 관련된 경험 이야기

출처 : 정문자 외(2016). 아동상담의 이해, pp. 236-238. 재구성.

(2) 미술치료

미술치료는 미술활동을 통하여 개인의 내면적 갈등을 해결하고 자아성장을 돕는 심리치료이다(정문자 외, 2016 : 337). 미술치료는 미술활동이라는 비언어적 표현활동을 통하여 내면의 소망, 부정적인 정서와 공격성, 충동 등을 표현하고 경험할 수 있으므로 자신의 욕구와 감정 등 내면세계를 충분히 표현할 수 없는 유아나 아동에서부터 노인에 이르기까지 유용하게 활용되고 있다.

미술치료 과정은 평가, 치료, 종결단계로 구분된다(문혁준 외, 2014 : 253). 평가단계에서는 심리검사와 함께 집－나무－사람 검사(HTP : House－Tree－Person), 동적 가족화(KFD : Kinetic Family Drawing) 등 투사검사를 실시하여 아동의 문제와 발달 상태를 평가하여 목표를 설정한다. 치료단계에서는 아동의 발달수준과 문제유형 성격 특성을 고려하여 재료를 제시하며 미술치료를 진행한다. 아동의 문제가 해결되었다고 판단되면 심리검사를 재실시하여 변화 정도를 측정하고 종결을 준비한다. 종결 시점은 아동과 보호자, 치료자가 협의하여 결정하며 치료단계의 매 회기는 도입－활동－토론 순서로 진행한다.

2) 가족에 대한 개입

가족은 아동을 돌보며 욕구를 충족시키는 중요한 환경이므로 아동에 대한 실천과정에서 가족개입은 필수적이다. 가족은 하나의 체계로서 정서적 결합이 매우 중요하다. 아동은 부모와 지내면서 신체 · 인지 · 정서 발달 등 전 영역에 영향을 받으면서 성장하는데, 문제행동 역시 가족과의 관계 또는 부모의 양육태도와 관련이 있으므로 가족에 대한 개입은 중요하게 고려되어야 한다. 이러한 점이 아동의 문제로 상담에 왔을지라도 사회복지사가 가족 전체를 대상으로 사정하고 개입하는 이유이기도 하다.

가족에 대한 개입에는 대표적으로 가족상담, 부모상담, 부모교육이 있다. 가족상담은 가족이 원활하게 기능하도록 돕는 것을 목표로 문제행동을 하는 아동과 다른 가족 사이의 역기능적인 상호작용 패턴을 변화하도록 돕는다. 최근에는 문제보다 가족의 강점이나 건강한 부분에 초점을 맞추어 개입하고 있다.

부모상담은 부모역할 수행에 도움을 줄 수 있는 정보와 조언을 제공하여 문제해결을 위해 함께 조력하는 과정이며(강영식 외, 2016), 부모교육은 자녀에 대한 부모의 이해와 지식을 증진시켜서 사고와 감정 그리고 행동에 있어서 습관적인 방법을 돌이켜 검토해 보도록 함과 동시에, 자녀를 양육하는 새로운 방법을 습득하도록 도와주는 다양한 교육적 경험을 의미한다(홍길회 외, 2016 : 93). 사회복지사는 아동문제에 대한 가족의 영향을 파악하기 위해 체계로서의 가족의 기능과 역동을 이해하고 있어야 한다.

3) 사례관리 개입

최근 사회복지실천의 방향은 효과적인 서비스 전달방법으로 평가되는 사례관리에 초점을 두고 있다. 사례관리는 복합적인 욕구를 가진 대상자와 가족의 사회적 기능회복을 위해 체계적인 사정과 지역사회의 다양한 자원을 활용하여 지속적이고 효과적인 서비스를 제공하는 통합적 실천방법이다. 2000년대부터 민간영역뿐 아니라 공공영역에서도 중요한 사업으로 진행되고 있으며, 구체적인 사회복지사의 직무가 매뉴얼화되고 있다.

포괄적이며 맞춤형 서비스를 제공하는 사례관리는 급격하게 변화하는 사회변화로 인하여 경제적 · 정서적 어려움 등 복합적인 욕구를 가진 아동과 가족의 안전한 보호와 사회적 기능 향상을 위해 필요하다. 사례관리는 아동의 발달단계와 수준, 아동의 문제영역에 적합한 서비스가 제공되고 조기개입이 실행될 경우 더 큰 문제를 예방하고 아동을 안전하게 건강하게 보호할 수 있는 실천방법이라 할 수 있다.

우리나라에서 아동을 대상으로 사례관리를 실천하는 기관이 점차 증가하고 있다. 취약계층 아동에게 맞춤형 통합서비스를 제공하는 '드림스타트'와 빈곤아동의 교육격차를 해소하고 문화 · 복지 수준을 향상시키기 위한 '교육복지우선지원사업'에서는 사례관리가 핵심사업으로 운영되고 있다. 지역아동의 건전 육성을 위하여 종합적인 아동복지서비스를 제공하는 역할을 수행하는 '지역아동센터'와 지역사회 문제를 예방하고 해결하는 '지역사회종합복지관'에서도 아동과 그 가족을 위한 사례관리가 효율적으로 운영되고 있다. 최근 시군구에 희망복지지원이 설치되어 체계적인 관리와 지원체계를 토대로 통합사례관리를 시행하고 있다.

아동 사례관리를 위한 실천전략으로는 첫째, 아동에게 우선적인 초점으로 두고 가족중심의 개입을 실천해야 한다. 둘째, 아동 및 그의 가족들과 협력적인 관계를 형성하여 신뢰를 바탕으로 한 전문적 개입이 실행되어야 한다. 셋째, 아동을 둘러싼 환경과의 상호작용을 고려하여 필요한 기관과 협력해야 한다. 넷째, 아동의 특성을 고려하고 아동의 발달 과정을 이해하여 개입해야 한다.

요점정리

1. 아동복지실천의 이해
   1) 아동복지실천의 개념 – 아동과 가족 및 관련된 집단을 대상으로 아동의 문제해결과 환경을 변화시키기 위해 개입하는 과정
   2) 아동복지실천 대상자로서 아동의 특성 – 아동은 발달과정 중에 있으며, 비언어적 행동으로 의사소통하고 부모에게 의존적이며 비자발적인 경우가 많음

2. 아동복지실천 서비스의 목표 및 원칙
   1) 아동복지실천 서비스의 목표 – 아동복지실천을 위한 미션으로 아동의 안전, 지속성, 아동복지, 가족복지 목표가 있음
   2) 아동복지실천의 기본원칙 – 개별화, 의도적 감정표현, 통제된 정서적 관여, 수용, 비심판적 태도, 자기결정의 원칙, 비밀보장

3. 아동복지실천의 접근방법
   1) 개별대상 아동권리와 복지 실천
      (1) 초기단계 – 아동의 대면이 처음으로 이루어지며 신뢰를 쌓는 첫 단계
      (2) 사정단계 – 아동의 발달수준과 대처방식 등을 파악하고, 가족관계와 역동 사정에서는 가족의 생활주기를 확인하고 가계도를 활용하여 정서적 기능과 역동을 파악
      (3) 개입단계 – 사정을 통해 얻은 자료에 근거하여 계획을 수립하고 실행하는 단계로서 문제를 목록화하여 우선순위를 정하고 목표는 구체적이며 실현 가능한 목표형태로 설정
      (4) 종결단계 – 초기에 제시하였던 문제가 해결되었을 경우 합의해서 결정
   2) 집단대상 아동권리와 복지 실천
      (1) 아동대상 집단의 유형 – 과업집단, 교육집단, 성장집단, 상담 및 치료집단
      (2) 아동에 대한 집단적 개입방법의 실천과정
         - 준비 및 계획단계 : 집단의 목적과 활동 내용 확인. 참여아동 모집과 선정, 구조화
         - 초기단계 : 오리엔테이션 실시. 집단에 대한 정보를 제공. 아동의 참여를 촉진
         - 개입단계 : 친밀감과 상호작용, 집단의 소속감과 응집력이 증가하여 문제를 인식하는 단계
         - 종결단계 : 집단경험을 통해 배운 것을 요약. 종결에 따른 이별감정과 미해결문제를 다룸
   3) 지역사회 중심 아동권리와 복지 실천
      아동을 둘러싼 환경체계에 사회복지사가 간접적으로 개입하는 실천방법

4. 치료 개입
   1) 아동에 대한 개입–놀이치료는 아동을 대상으로 놀이의 심리치유의 힘을 활용하는 것이며, 미술치료는 미술활동을 통해 개인의 내면적 갈등을 해결하고 자아성장을 도움
   2) 가족에 대한 개입–대표적 가족 개입 방법에는 가족상담, 부모상담, 부모교육이 있음
   3) 사례관리 개입–복합적인 욕구를 가진 아동과 가족의 사회적 기능회복을 위해 지속적이고 효과적인 서비스를 제공하는 통합적 실천방법

Quiz

1. 아동과 가족 및 관련된 집단을 대상으로 아동의 문제해결과 환경을 변화시키기 위해 개입하는 과정을 무엇이라 하는가? (   )
2. 아동복지실천 서비스의 목표 네 가지를 서술하시오. (   )
3. 개별대상 아동권리와 복지 실천 과정 중에서 초기단계의 과업이 아닌 것은? (   )
   ① 아동의 문제와 욕구 확인　　② 관계형성
   ③ 서비스 개입 형태 결정　　④ 가족생활주기 확인
4. 집단의 소속감과 응집력이 증가하고 활발한 상호작용이 이루어져 아동이 문제에 대해 인식하는 집단 실천 단계는? (   )
5. 복합적인 욕구를 가진 아동과 가족의 사회적 기능회복을 위해 지속적이고 효과적인 서비스를 제공하는 통합적 실천방법은? (   )

생각 나누기

1. 개인상담에 저항하는 아동에게 접근하기 위한 전략에 대해 논의하시오.
2. 자신의 발달사와 가계도를 조사하여 아동발달적인 관점에서 자신을 분석해 보시오.
3. 아동복지실천 과정 초기단계에서 아동, 부모, 사회복지사가 바라보는 욕구와 문제가 서로 다를 때 서비스 개입의 목표를 어떻게 설정해야 하는지 논의하시오.

참고문헌

강영식, 오경숙, 김혜영, 박창옥(2016). **부모교육**. 경기 : 공동체.

김기현, 김미숙, 양심영, 하태정(2014). 지역사회 아동보호체계의 서비스 연계성 연구. **한국아동복지학**, 47, 1-34.

문혁준, 김정민, 김태은, 양성은, 이진숙, 이희선(2014). **아동상담**. 서울 : 창지사.

정문자, 채경숙, 이혜란, 신숙재, 박진아(2016). **아동상담의 이해 : 유아기에서 학령기까지**. 서울 : 학지사.

초록우산어린이재단(2016). 아동옹호를 위한 지표와 지수의 의미와 역할. 초록우산어린이재단.

홍길회, 이혜란, 왕영희, 정미자(2016). **사회 · 가족 변화에 따른 부모교육**. 서울 : 창지사.

Biestek, F. P.(1957). *The case work relationship*. Illnois : Loyla Univ.Press.

Horwath, J., & Morrison, T.(2007). Collaboration, integration and change in children's service : Critical issues and key ingredients. *Child Abuse & Neglect, 31*, 55-69.

Pecora, P. J., Whitaker, J. K., Maluccio, A. N., Barth, R. P., & Depanfilis, D.(2009). *The child welfare challenge : Policy, practice, and research*(3rd ed.). New York : Walter de Gruyter. (Aldine Transaction)

Sheafor, B., & Horejsi, C. R.(2011). *Technique and guidelines for social work practice*(9th ed.). Pearson Education, Inc.

뉴스1(2017. 1. 14).

송파아이존. www.aizone.or.kr

한국심리검사연구소. www.koreapsy.kr

CHAPTER

06

보육아동의 권리와 복지서비스

현대는 보육에 대해 보육과 교육의 의미를 넘어서 질 높은 서비스를 요구하는 상황에 이르렀다. 더불어 일·가정 양립 및 다양한 요인들로 인해 양질의 보육에 대한 수요가 증가하고 있다. 이러한 요구에 맞추어 보편적 보육서비스가 시작되었고, 무상보육 시대를 넘어 맞춤형 보육시대에 이르렀다. 그러나 국공립 보육시설의 확충, 취약계층에 대한 보육서비스의 강화 등 보육의 발전을 위해 풀어야 할 과제도 산재해 있다.

이 장에서는 보육에 대한 기본적인 이해와 더불어 보육사업의 발달 과정, 보육사업 현황 및 실태를 파악하고자 한다. 그리고 이를 바탕으로 보육아동의 권리와 현행 지원되고 있는 보육서비스, 보육아동 복지의 문제점과 개선해야 될 과제를 제시하고자 한다.

마인드맵

■ 보육아동의 권리와 복지서비스

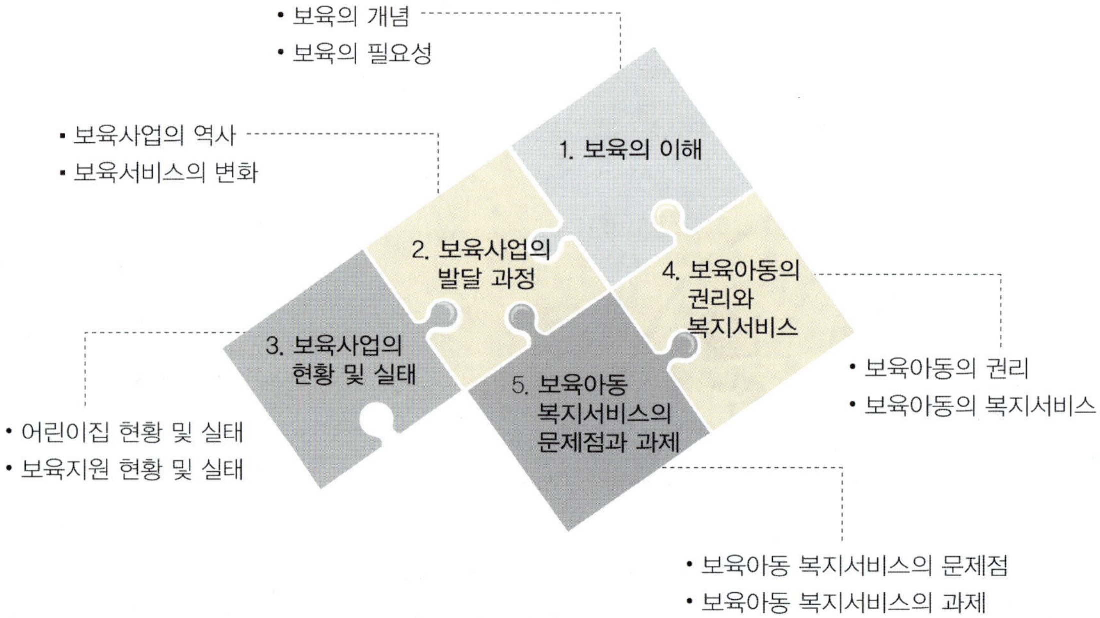

학습목표

1. 보육의 개념을 정의할 수 있다.
2. 새싹플랜과 아이사랑플랜을 비교·분석할 수 있다.
3. 맞춤형 보육을 설명할 수 있다.
4. 보육아동에게 제공되고 있는 보육서비스를 제시할 수 있다.

주요용어

- **보육** : 영유아를 건강하고 안전하게 보호·양육하고 영유아의 발달 특성에 맞는 교육을 제공하는 어린이집 및 가정양육 지원에 관한 사회복지서비스
- **탁아** : 보호자가 근로 또는 질병으로 인해 양육하여야 할 아동을 보호할 능력이 없을 경우 보호자의 위탁을 받아 그 아동을 입소시켜 보호하는 것
- **보충적 서비스** : 부모역할의 일부를 지원하는 서비스로 부모의 보호 혹은 양육이 어렵거나 제약이 있을 경우 이를 보충할 수 있도록 제공되는 서비스
- **지지적 서비스** : 부모와 아동이 각자의 책임을 다할 수 있도록 능력을 강화하고 지원
- **맞춤형 보육** : 아이와 부모의 보육서비스 요구 상황에 맞게 만 0~2세에게 적용되는 보육
- **가정양육수당** : 보육 및 유아교육기관에 보내지 않고 가정에서 자녀를 양육할 경우 자녀 양육비를 소득수준에 상관없이 지원하는 제도
- **아이 돌봄 지원** : 맞벌이를 하거나 갑자기 아이를 돌볼 수 없는 일이 생겼을 때 만 12세 이하 아동을 대상으로 육아 도우미가 방문하여 아이를 돌봐주는 서비스

사례

'오줌 쌌다'며 바지 벗겨 때리고, 차고, 밥 안 주고 등…
가혹행위 어린이집 교사

뒤통수 때리기, 머리카락 잡아 흔들기, 발로 정강이 차기, 오줌 쌌다고 바지 벗겨 때리기, 밥 안 주고 벌세우기 등 거의 매일 어린이들을 학대한 어린이집 교사가 경찰 조사를 받고 있다.

12일 ○○경찰서는 지난 8일 ○○의 모 어린이집 교사 A씨를 긴급 체포, 10일 아동복지법 위반 혐의로 구속해 조사 중이라고 밝혔다.

경찰은 지난 8일 어린이들을 상습적으로 폭행한다는 익명의 신고에 따라 ○○시와 아동보호전문기관 관계자와 함께 어린이집에 가서 CCTV를 확인했다. 그 결과 A씨는 9월 1주일 동안 자신이 맡은 5세반 어린이를 수시로 폭행한 것으로 드러났다. 7일 CCTV에서는 한 아이에게 밥을 안 주고 구석에 놔둔 장면이 담겨 있다.

A씨가 맡은 15명 가운데 9월에만 폭행당한 사실이 드러난 어린이가 7명으로 18차례에 걸쳐 학대를 받았다. A씨는 경찰 조사에서 혐의 내용을 모두 인정하며 "말을 제대로 듣지 않아 그렇게 했다"고 진술했다. 경찰은 추가 피해 어린이를 확인하는 한편 어린이집 원장이 아동학대를 방조했는지도 조사하고 있다.

출처 : 세계일보(2016. 9. 12).

1. 보육의 이해

1) 보육의 개념

보육의 개념은 시대의 상황에 따라 다르게 규정되어 왔다. 1840년 프랑스에서 시작된 탁아의 개념은 우리나라에서도 1991년 「영유아보육법」이 제정되기 전까지 사용되었다. '탁아(託兒)'라는 용어는 구빈적 차원에서 선별적으로 저소득층 가정의 방치된 아동들을 돌보아 주기 위해 시행되었다. 즉, 탁아는 주로 저소득층 부모의 자녀를 맡아 보호하는 자선적인 경향이 강했다.

이는 1961년 제정된 「아동복리법 시행령」 제2조에 '탁아'의 개념이 "보호자가 근로 또는 질병으로 인해 양육하여야 할 아동을 보호할 능력이 없을 경우 보호자의 위탁을 받아 그 아동을 입소시켜 보호"하는 것이라고 정의되어 있는 것을 통해서도 알 수 있다. 하루 중 일정 시간 동안, 주로 낮에 위탁되기 때문에 'day care'로 표기되기도 하는 '탁아'의 개념은 교육의 개념이 없는 보호에 치중되어 있었으며, 대상자에 대한 부분도 사회적으로 도움이 필요한 사람들이 주로 이용하는 것으로 인식되어 왔다. 따라서 '탁아'는 자녀에 대한 양육을 부모가 할 수 없는 경우에 부모의 위탁을 받아 아동에 대한 보호 및 양육이 보충적으로 이루어지는 서비스라고 할 수 있다.

그러나 1991년 「영유아보육법」이 제정되면서 보육에 대한 개념을 새롭게 정립하게 되었고, 현대에는 보육을 보호와 교육을 통합하는 사회복지서비스의 개념으로 볼 수 있다. 「영유아보육법」 제2조에도 "보육"이란 영유아를 건강하고 안전하게 보호·양육하고 영유아의 발달 특성에 맞는 교육을 제공하는 어린이집 및 가정양육 지원에 관한 사회복지서비스를 말한다라고 명시되어 있다. 따라서 보육은 단지 타인에게 맡겨지는 것만이 아니라 영유아들을 적극적으로 보호하고 교육받을 권리를 찾아주고 영유아들의 부모가 일할 수 있는 권리를 개인 차원을 넘어서 국가와 사회가 공동으로 책임지는 개념을 말한다(사회과학백과).

최근에는 생태학적 관점의 영향으로 아동과 부모 외에도 지역사회를 포함하여 환경 속에서 아동의 발달을 위해 적합한 문화적 환경을 조성하는 것까지 보육의 개념에 포함시키려고 한다(Downs, Moore & McFadden, 2010). 그러므로 보육은 가족의 복지증진과 영유아의 전인적 발달을 지원하기 위해 제공되는 교육과 보호를 통합한 개념이며, 생태학적인 영향을 포함한 사회적 서비스라고 정의할 수 있다.

2) 보육의 필요성

(1) 저출산 심화

우리나라는 현재 OECD 국가 중에서도 출산율이 최하위에 머물러 있다. 이에 위기의식을 느낀 국가는 2005년 「저출산·고령화 기본법」을 제정하여 2006년 '제1차 저출산·고령사회 기본계획'을 수립하면서 이에 대한 대응방안 마련의 노력을 시도하였으며, 현재 제3차 저출산 · 고령사회 기본계획이 시행되고 있다. 이러한 정책은 출산율을 증가시키기 위한 국가의 의지를 보여주고 있다고 할 수 있다.

그럼에도 불구하고 '2015년 전국보육실태조사'(김은설 외, 2016 : 112-113) 중 출산과 관련된 질문에 추가 출산계획이 없다는 응답은 약 78%로 자녀가 유아인 경우 그 비율은 91.4%로 높았고, 영아인 경우에도 추가 출산계획이 있는 비율이 20.7%였다. 정부의 보육료 · 교육비 지원 정책이 자녀 출산 결정이나 계획에 영향을 미쳤는지에 대해 보통 이상으로 영향을 받았다고 답변한 비율은 약 51%로 절반 이상이다. 그리고 자녀 출산 결정이나 계획에 영향을 미쳤다고 응답한 경우, 추가 출산에 가장 영향을 많이 미친 정책에 대해 62.2%가 보육료 · 교육비 지원 정책이라고 응답하였으며, 가정양육수당 등 현금 지원은 31%로 나타났다.

보육지원 정책의 획기적인 확대 배경에는 저출산에 직면한 사회적 요구 및 여러 가지 정치 · 사회적 상황이 복합적으로 작용한 것으로 볼 수 있다. 특히 2000년대 이후 가속화된 저출산 현상에 대해서 사회적으로 위기의식을 느끼게 되었고, 이를 해결하기 위해 다양한 정책에 대한 요구가 높아졌다. 이러한 사회적 분위기로 복지정책에 대한 수요와 관심이 증대되었고, 그에 따라 각 분야의 복지정책 확대에 대한 논의가 보다 더 활발해졌으며, 일 · 가정 양립지원 기능으로서 보육지원정책에 대한 관심이 증대되었다. 이처럼 무상보육정책은 저출산에 대한 사회적 위기의식과 복지에 대한 국민적 관심과 수요 증가로 인해 지속적으로 확대되어 온 측면이 있다(김은정, 이혜숙, 2016 : 11).

이러한 사실은 국가의 출산 장려 지원정책이 출산에 어느 정도 영향을 미칠 수 있음을 시사하고 있다. 따라서 자녀를 양육하는 데 따른 경제적인 부담과 아울러 자녀를 마음 놓고 맡길 수 있는 곳이 없다는 것도 저출산을 가속화하는 요인들 중 하나이므로 정책적인 지원을 통해 저출산의 문제를 해결하기 위한 하나의 방안으로 보육의 필요성이 대두되었다고 할 수 있다.

(2) 가족구조의 변화

우리나라는 현대사회로 들어서면서 대가족의 붕괴로 인한 핵가족화 현상 및 한부모가족, 맞벌이 가족과 다문화가족의 증가, 이혼, 재혼 등으로 다양한 가족형태가 나타나면서 가족구조에도 많은 변화를 맞이하게 되었다. 이로 인해 가족의 기능이 약화되고, 자녀양육과 교육에 대한 문제가 급증하게 되었다. 즉, 현대사회는 경제적 성장과 소득증대로 복지국가로의 진입이 시도되고 있지만, 최근 가족규모 축소, 여성의 경제활동 증가, 가족 간 유대 약화 및 가족해체 증가, 지역공동체 약화 등으로 인해 가족 내 돌봄 공백이 발생하고 있다. 과거 대가족 상황에서는 부모의 경제활동과 부재에 따른 문제 직면 시 다른 가족 구성원이 자녀를 보호하고 양육할 수 있었으며, 가족 구성원을 통해 예의범절을 비롯한 기본적인 생활 습관을 자연스럽게 보고 배울 수 있었다. 또한 여성의 사회적 지위가 향상되기 전에는 어머니의 주된 관심 대상과 책임이 자녀양육이었다고 할 수 있다.

그러나 현대에는 가족구조의 변화로 인해 자녀양육에 대한 전반적인 책임이 부모에게 부여되었고, 사교육비에 대한 부담이나 개인의 자유에 대한 의식이 증대하면서 맞벌이 부부가 증가하였다. 이로 인해 출산율이 저조해졌을 뿐만 아니라 자녀에 대한 부모나 가족의 기능이 현저히 약화되고 있는 현실이다. 따라서 과거보다 현재의 시점에서 아동의 보육에 대한 필요성 및 국가적인 정책과 지원이 더욱 절실히 요구되고 있다.

(3) 여성의 사회참여

1960년 이후 급격한 경제발전이 이루어지면서 여성의 사회참여가 증가하게 되었으며, 기혼 여성의 취업률도 향상되었다. 특히 현대에 이르러 여성의 학력 수준 향상으로 자아실현과 경제적 독립에 대한 욕구가 팽배해져 결혼 후에도 계속 취업을 유지하려는 경향이 증가하고 있다. 더불어 취업을 하지 않더라도 자신의 능력개발과 취미 생활 등을 유지하고자 하는 여성이 증가하면서 자녀양육에 대한 문제가 심각하게 대두되었다. 이로 인해 가정과 일을 양립해 나가는 상황이 어려워 직장을 포기하는 여성 및 자아실현에 대한 욕구의 증가는 보육수요에 대한 요구의 증가로 이어지게 되었다.

김은설 등(2016 : 6-8)의 '2015년 전국보육실태조사'에 의하면 자녀의 최초 기관 이용은 대부분(94%) 어린이집을 통해 이뤄지고 있었으며, 기관을 처음 이용하게 된 이유는 전인적 발달을 위해(25%), 부모가 돌보기 어려워서(24%), 사회성 발달을 위해(23%), 양육부담 경감(14%) 순이었다. 그리고 모가 취업 중인 경우에는 부모가 돌보기 어려워서라는 응답이 약 48%로 나타났다. 특히 미취업모의 경우 약 65%가 미취업 이유를 양육과 가사에 전념하기 위해서라고 응답하였다. 실제 취업 상태를 중단한 적이 있는 어머니는 전체 중 31.4%로 취업을 중단한 이유가 자녀를 믿고 맡길 곳이 마땅치 않다는 응답이 43%, 일이 육아에 지장을 주어서가 16%로 나타났다. 그리고 취업모들은 긴급상황과 부모참여에 대한 어려움을 높게 인식하고 있었으며, 기관 이용이 양육부담 완화에 도움이 되었다는 응답이 약 92%, 업무 능률 향상에 도움이 되었다는 응답은 약 90%, 취업 및 구직 약 90%, 여가 · 취미활동 약 87% 순이었다.

이러한 결과 기혼 여성의 과반수가 취업 시 자녀의 양육에 상당한 부담을 느끼고 있음을 알 수 있고, 어린이집이 양육부담을 완화하고 여성의 취업과 자아실현에 절대적인 역할을 하고 있음을 나타내고 있다. 이는 「영유아보육법」 제1조 목적에서 명시한 '이 법은 영유아(嬰幼兒)의 심신을 보호하고 건전하게 교육하여 건강한 사회 구성원으로 육성함과 아울러 보호자의 경제적 · 사회적 활동이 원활하게 이루어지도록 함으로써 영유아 및 가정의 복지증진에 이바지함을 목적으로 한다'와도 부합된다. 그러므로 국가의 경제적인 발전과 아울러 여성의 인권과 권리를 보장하기 위해서도 국가가 자녀의 양육을 보장하는 정책이 지속적으로 이루어져야 한다.

(4) 아동 발달 및 인재육성

가족구조의 변화와 여성의 사회참여 증가 및 자아실현의 욕구는 가정에서 자녀가 건강하고 행복하게 자랄 수 있도록 양육을 책임지기에는 어려운 상황으로 도래되었다. 따라서 자녀양육에 대한 책임이 1991년 「영유아보육법」 제정 시에는 보육의 1차

책임을 부모로 명시하였지만 현재 「영유아보육법」은 보육의 공적 서비스와 국가적 책임을 강조하고 있다. 이러한 영향으로 2013년 부모의 소득수준과 상관없이 '무상보육'이 실시되었고, 이로 인해 영유아들은 조건 없이 발달에 적합한 보호와 교육을 받을 수 있게 되었다.

성장과 발달이 가장 급격히 이루어지는 시기에 양질의 보호와 교육은 전 생애에 있어 영향을 미친다. 특히 발달에 있어 영유아기는 성인기의 기초가 형성되어 이후 발달에 영향을 미치게 되는 기초성, 발달과업에 가장 적절한 시기가 있다는 적기성에 영향을 받는다. 그리고 성장발달의 결손이 누적되면 심각한 문제가 발생할 수 있는 누적성, 영유아기에 성취해야 할 발달이 이루어지지 않으면 이후 교정 및 보완이 어려운 불가역성에 대한 인식은 보육에 대한 책무를 불러일으켰다. 즉, 모든 아동은 안정된 환경에서 전인적인 발달을 도모할 권리를 가지고 있으며, 국가는 이에 대한 책무를 수행해야 한다.

아동은 미래의 국가를 짊어지고 갈 인재이다. 특히 우리나라처럼 자원이 부족한 국가에서의 인재육성은 국가의 미래와 연결되어 있다. 따라서 국가는 모든 아동이 적절한 발달을 도모할 수 있도록 아동의 특성에 적합한 보육을 제공해야 할 의무가 있다. 그러므로 아동의 개인적인 발달과 국가의 발전을 위해서 보육의 필요성이 대두되었다고 할 수 있다.

2. 보육사업의 발달 과정

1) 보육사업의 역사

(1) 보육 태동기(1921~1980년)

전통사회에서는 자녀에 대한 양육이 전적으로 가족의 책임이었고 대부분 어머니가 그 몫을 담당하였다. 그러나 근대화의 영향으로 우리나라에서도 1921년 서울의 태화 기독교사회관에서 빈곤가정의 자녀를 위한 보육 프로그램을 개설하여 탁아사업을 실시하였다. 이후 1926년 부산의 공생탁아소와 대구 탁아소가 설치되면서 본격적인 보육이 시작되었고, 한국전쟁으로 인한 고아, 기아, 부랑아 등 요보호아동을 위한 수용보호 시설이 해외 원조에 의해 설치되기도 하였다. 그러므로 1960년까지는 국가에 의한 보육정책보다는 외국의 원조에 의존한 보육정책이 실시되었다고 할 수 있다. 따라서 이 시기의 보육사업은 예방적 기능보다 사후 처리에 중점을 두었고 구호적인 성격을 띠고 있었다.

본격적인 보육사업의 실시는 1961년 「아동복리법」이 제정되면서부터라고 볼 수 있다. 「아동복리법」 제정으로 요보호아동에 대한 선별적 차원의 공적 지원이 시작되었고, 1967년 탁아시설 설치 5개년 계획이 발표되었다. 그리고 1968년 '미인가 탁아시설의 임시조치령'이 공포됨으로써 '탁아소' 대신 '어린이집'이라는 명칭을 사용하게 되었으며, 정부지원이 시작되었다. 이 과정에서 보육시설은 양적으로 팽창하였지만 질 낮은 보육으로 인해 여러 가지 폐단과 부작용을 낳았다. 이후 경제개발 정책의 추진으로 보육수요가 늘어남에 따라 1978년 '탁아시설 운영개선안'을 마련하였다. 이로 인해 일반아동에게도 보육시설을 개방하고 보육료를 받을 수 있도록 하였다. 이 조치는 중산층 자녀들도 보육시설을 이용할 수 있는 계기가 되었다.

1981년 「아동복리법」이 「아동복지법」으로 전면 개정되면서 대상자의 범위를 요보호아동에서 일반아동까지 확대하여 보호·육성할 책임을 명문화하였고, 무료 탁아시설은 신고만으로 시설을 설치하여 운영할 수 있게 되었다. 그러므로 이 시기는 「아동복지법」이 제정·공포됨에 따라 보육사업은 구호적인 성격을 벗어나 아동복리를 증진하고 보장하기 위한 시설로 전환되기 시작하였지만 '탁아'라는 용어는 보편적으로 사용되었다.

(2) 보육 모색기(1982~1990년)

1982년 12월 유아교육과 보육을 진흥함을 목적으로 「유아교육진흥법」이 제정·공포되어 보육사업에도 큰 변화가 일어나게 되었다. 1982년 2월 「아동복지법 시행령」

을 개정하여 탁아에 대한 규정이 삭제되었지만 「유아교육진흥법」에 탁아에 대한 관련 법이 규정되어 다시 근거를 가지게 되었다. 그리고 동법으로 인해 보육 관련 시설들은 모두 통합되어 '유치원'과 '새마을 유아원'의 이원화 체계가 구축되었고, '새마을 유아원'에 대해 교육인적자원부, 내무부, 보건사회부가 관련된 관할과 지원을 하게 되었다.

그러나 새마을 유아원은 운영과 보육내용에 있어 많은 문제점을 가지고 있었고, 저소득 취업여성이 이용하기에 적절하지 못하다는 평가를 받고 있었다. 또한 교육의 성격이 강하였고, 여성의 사회참여 증가 및 가족구조의 핵가족화에 따라 급격히 증가한 보육수요를 한정된 새마을 유아원이 충족시키기에 미흡하여, 취업여성의 자녀양육 문제가 큰 사회적 문제로 등장하게 되었다(서문희 외, 2009 : 5). 이에 1987년 12월 고용노동부에서는 「남녀고용평등법」을 제정 · 공포하여 직장탁아제도를 도입하였고, 1989년 9월부터 보육사업은 보건사회부가 관할하게 되었다. 이어 1990년 1월에 「아동복지법 시행규칙」을 개정하여 세부지침으로 '탁아시설의 설치 · 운영 규정'을 마련하였다.

이 시기는 이원화 체계로 인한 문제점이 도출되기는 하였지만 보육에 대한 개념이 교육서비스로 확장되기도 하였다. 그리고 「유아교육진흥법」 시행으로 유아교육에 대한 진일보와 아울러 「아동복지법」에 의해 보육정책의 모색을 위한 기반이 마련되었다고 할 수 있다.

(3) 보육 확립기(1991~2003)

1991년 「영유아보육법」이 제정 · 공포됨으로써 본격적인 보육사업이 전개될 근거가 마련되었고 보육사업의 주관부처가 보건복지부로 일원화되었다. 이로 인해 종전의 '탁아' 개념이 보호와 교육의 개념을 통합한 보육사업으로 발전하는 확립기가 시작되었으며, 보육정책의 발전과 도약의 발판이 갖추어졌다.

1998년 장애아 전담보육시설이 강화되었고, 1999년에는 보육설치 절차를 신고제로 완화함으로써 보육시설의 양적 증대는 가져왔지만 질적인 문제를 야기시켰다. 2001

년 보건복지부는 '보육발전 기획단'을 구성하여 보육사업 개선안을 마련하였고, 2002년에는 보육의 공공성 확립 및 보육서비스의 수준을 향상시키기 위한 '보육활성화 방안'이 발표되었다. 이 시기는 '탁아'라는 용어 대신 '보육'이라는 용어가 공식적으로 사용되었으며, 보육이 국가적인 정책으로 인식되기 시작하였다고 할 수 있다.

(4) 보육 발전기(2004년~현재)

2004년 「영유아보육법」이 전면 개정되면서 보편주의 보육이 시작되었고, 아동의 권리를 보장하는 이념이 명시되었다. 또한 보육서비스의 질적 수준 향상을 위한 '평가인증제' 도입 및 보육종사자의 전문성 강화를 위한 보육교사와 시설장의 '국가 자격증' 제도가 시행되기 시작하였다. 이로 인해 보육의 공공성 확립 및 보육서비스의 수준과 보육 전문성이 강화되어 보육사업이 획기적으로 발전할 수 있게 되었다. 그리고 보육 담당 부처가 2004년 6월부터 보건복지부에서 여성부(현, 여성가족부)로 이관되었다가 다시 2008년부터 보건복지가족부로 이관되었다.

2013년에는 5세아 누리과정을 3~4세까지 확대하였고, 가정 양육부담 완화를 위해 전 계층에 양육수당을 지원하였다. 이 시기에 두드러진 보육정책은 2006년 7월 발표된 새싹플랜과 2010년 발표된 아이사랑플랜에 포함되어 있다. 이를 간략하게 정리하면 다음과 같다.

첫째, 새싹플랜은 제1차 중장기 보육계획(2006~2010)으로 함께 키우는 건강한 아동이라는 비전을 가지고 보육의 공공성 강화와 양질의 보육서비스 제공을 정책목표로 설정했다. 새싹플랜은 공보육 기반 조성, 부모 육아부담 경감, 다양한 보육서비스 제공, 아동 중심의 보육환경 조성, 보육서비스 관리체계 강화라는 다섯 가지의 정책분야에 각각 정책과제를 제시하고 있으며 그 내용은 [그림 6-1]과 같다.

정책분야	정책과제	
공보육 기반 조성	• 중장기 수급계획에 따른 보육시설 확충 • 기본보조금 제도 도입	• 국공립 보육시설 확충
부모 육아 부담 경감	• 보육비용 지원 확대 • 취업 부모에 대한 지원 강화	• 영아보육 활성화
다양한 보육 서비스 제공	• 보육시설 이용시간 다양화 • 농어촌 보육서비스 확대 • 포괄적 보육서비스 등 활성화	• 장애아 보육 활성화 • 방과 후 보육 프로그램 활성화
아동 중심의 보육환경 조성	• 보육시설 환경 개선 • 보육인력 전문성 제고 및 처우개선	• 건강 · 영양 · 안전관리 강화 • 표준보육과정 개발 · 보급
보육서비스 관리체계 강화	• 보육시설 평가인증시스템 구축 • 지역사회 참여 및 시설운영 투명성 제고 • 보육사업 추진 관련 인프라 확충	• 보육행정시스템 구축 • 지방자치단체 보육정책 활성화

[그림 6-1] 새싹플랜 추진 방향

출처 : 여성가족부(2006). 새싹플랜 보도자료, pp. 3-4.

둘째, 새싹플랜의 문제점을 수정 · 보완하여 2010년 1월 발표된 아이사랑플랜은 제2차 중장기 보육계획(2009~2012)으로 6대 추진과제를 설정하였다. 즉, 부모의 비용부담을 경감하기 위하여 2012년부터 만 5세 누리과정 및 0~2세 보육료 지원이 이루어져 연령별로 무상보육정책이 시작되었다. 그리고 보육시설 미이용 아동을 위한 양육수당 도입이 시행되었다. 아이사랑플랜의 추진 방향은 [그림 6-2]와 같다.

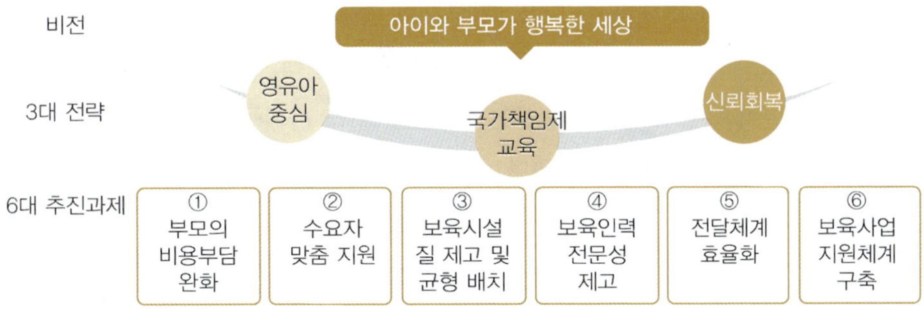

[그림 6-2] 아이사랑플랜의 추진 방향

출처 : 보건복지가족부(2010). 아이사랑플랜 2010년 시행계획, p. 1.

2) 보육서비스의 변화

(1) 선별적 · 보충적 서비스

사회복지서비스의 대표적 철학이라 할 수 있는 선별주의와 보편주의는 사회적으로 끊임없이 논쟁을 불러일으키고 있다. 이는 사회복지서비스 제공 기준에 대해 가지고 있는 가치관과 이념이 충돌하기 때문이다.

역사적으로 보육의 첫 출발도 선별주의와 대리적 서비스 관점에서 시작되었다. 1991년 제정된 「영유아보육법」의 목적도 보호자의 근로, 질병, 기타사유로 인해 정상적인 보호 양육이 어려운 자녀를 맡아주는 '탁아적' 기능에서 출발하므로 선별적 · 보충적 서비스의 개념이었다. 즉, 보육대상을 빈민구제 차원에서 저소득층 또는 취업모의 자녀로 제한하므로 특정 계층만 보육의 혜택을 받을 수 있었다. 따라서 보육에 대한 서비스도 보충적 서비스의 개념으로 인식하게 되었다.

선별주의는 빈민이나 저소득층 등 복지혜택의 대상자를 제한하는 방식의 복지정책으로, 사회보장 급여를 저소득층에게 효과적으로 집중시키기 위해 소득이나 자산 등을 조사하여 수급자격요건에 해당하는 사람들에게만 선별적으로 급여를 행해야 한다는 사고방식이다.

보충적 서비스는 부모역할의 일부를 지원하는 서비스로 부모의 보호 혹은 양육이 어렵거나 제약이 있을 경우 이를 보충할 수 있도록 제공되는 서비스이다. 즉, 국가나 사회가 일정 부분 책임을 지고 부모의 역할을 일부 제공하게 되는 것이다. 따라서 부모가 역할을 전적으로 수행할 수 없을 때 부모의 역할에 대한 부분을 제3자가 대신하는 대리적 서비스와는 차이가 있다. 그러나 이러한 선별적 · 보충적 서비스는 가족구조의 변화, 맞벌이 부부의 급증, 여성의 자아실현 욕구, 사회구조의 변화 등으로 보편적 · 지지적 서비스로 전환하게 되었다.

(2) 보편적 · 지지적 서비스

보편주의는 대상자의 자격과 조건을 부여하지 않고 누구에게나 보육을 제공하는 방식을 의미한다. 따라서 복지를 개인의 권리로 보고 접근하므로 평등의 구현, 빈곤으로부터 자유를 기본가치로 여기며, 보육서비스 신청자의 욕구를 존중하고 보육에 대한 사회적 책임을 강하게 인식하여 국가적 책임을 강조한다. 또한 지지적 서비스는 가장 예방적인 접근방법으로 부모와 아동이 각자의 책임을 다할 수 있도록 능력을 강화하고 지원하는 것이다.

2000년부터 보육사업은 국가에 의해 선별주의를 지양하고 보편주의로 전환하기 시작하였다. 2004년 「영유아보육법」 전면개정과 새싹플랜으로 인해 보육사업의 대상이 '모든 아동'으로 확대되는 보편성의 발판을 마련할 수 있었고, 2013년 전면 무상보육으로 보편적·지지적 서비스가 정착되었다.

보편적 서비스는 모든 아동에게 보육의 혜택이 제공된다는 측면에서 공정성을 확보할 수 있고, 영유아들의 발달을 확보할 수 있다는 점에서 대부분의 공감을 얻었다. 또한 가정양육수당은 만 0세에서 취학 전 만 5세 아동을 어린이집이나 유치원을 보내지 않고 가정에서 양육하는 경우 전 계층을 대상으로 누구나 연령에 따라 차등 지급받을 수 있다. 이는 부모의 직업 유무, 종교, 소득수준이나 아동 자신의 성별, 인종, 출생순위, 장애에 따라 어떠한 종류의 차별도 받지 않고 보육되어야 한다는 보편주의에 따른 정책이라고 할 수 있다.

그러나 준비되지 않은 보편적 보육서비스는 사회적으로 많은 혼란을 가져왔다. 무상보육이 시행되면서 많은 부모들이 혜택을 받기 위해 보내지 않아도 될 영유아들까지 어린이집을 보냄으로써 어린이집의 난립과 더불어 어린이집에서 영유아를 선별해서 받는 현상까지 나타난 것이다. 그리고 이후 양육수당이 보편적으로 시행되자 자녀를 어린이집이나 유치원에 보내던 학부모들이 가정양육수당을 받기 위해 보내지 않는 상황이 발생했다. 이로 인해 어린이집의 경영난이 가중되기도 하였으며, 가정양육수당을 받기 위해 허위 출생신고를 하는 사례까지 나타났다. 따라서 전 국민이 공감하는 사회복지서비스를 제공하기 위해서는 선별주의와 보편주의의 합리성을 고려할 필요가 있다.

3. 보육사업의 현황 및 실태

1) 어린이집 현황 및 실태

(1) 어린이집 일반 현황

2017년 7월 어린이집 수는 '가정', '민간', '국공립' 어린이집 순으로 많으며, 2016년에 비해 가정 어린이집과 민간 어린이집이 점차 감소하는 현상을 보이고 있으며, 국공립 어린이집과 직장 어린이집은 증가 추세에 있다.

보육아동 수는 약 138만 5천 명으로 2010년 이후 연평균 2.6% 증가를 보였다. 그러나 2016년 12월 말 기준 약 145만 명으로 2017년 7월 138만 5천 명과 비교하면 약 6만 5천 명이 감소되었다. 어린이집별로 보면, 가정 어린이집이 29만 7천 명으로 가장 많으며, 다음으로는 민간 어린이집 70만 4천 명, 국공립 어린이집 18만 3천 명 순이다. 따라서 전반적으로 어린이집 수와 아동 수는 감소하고 있는 추세이다. 어린이집의 연도별 설치·운영 현황은 <표 6-1>, 연도별 보육아동 현황은 <표 6-2>와 같다.

표 6-1 어린이집 연도별 설치·운영 현황 (단위 : 개소)

구분	계	국공립	사회복지법인	법인·단체 등	민간	가정	부모협동	직장
2017	40,330	3,071	1,396	781	14,093	19,803	160	1,026
2016	41,084	2,859	1,402	804	14,316	20,598	157	948
2015	42,517	2,629	1,414	834	14,626	22,074	155	785

출처 : 사회보장정보원 홈페이지(www.ssis.or.kr). 2017년 7월 보육사업통계 재구성.

표 6-2 어린이집 연도별 보육아동 현황 (단위 : 명)

구분	계	국공립	사회복지법인	법인·단체 등	민간	가정	부모협동	직장
2017	1,385,525	183,437	93,910	42,706	704,167	297,456	4,272	57,577
2016	1,451,215	175,929	99,113	45,374	745,663	328,594	4,240	52,302
2015	1,452,813	165,743	99,715	46,858	747,598	344,007	4,127	44,765

출처 : 사회보장정보원 홈페이지(www.ssis.or.kr). 2017년 7월 보육사업통계 재구성.

(2) 장애아전문 · 통합 어린이집 현황

장애유아에 대한 의무교육 실시로 장애아 전문 어린이집 및 통합 어린이집은 꾸준히 증가하고 있으며, 통합보육도 점차 활성화되고 있다. 장애아전문 어린이집은 2016년 12월 177개소이며, 아동 수는 7,121명이다. 그리고 장애아통합 어린이집은 2016년 12월 기준 911개소이며, 이용 아동 수는 75,122명이다. 장애아를 담당하는 보육교사는 2016년 12월 기준 장애아전문 어린이집 2,590명, 장애아통합 어린이집 1,429명으로 약 4천 명이다. 장애아전문 · 통합 어린이집 현황은 <표 6-3>과 같다.

표 6-3 장애아전문 · 통합 어린이집 현황 (단위 : 개소, 명)

특수보육	2016년		2015년		2014년	
	어린이집 수	아동 수	어린이집 수	아동 수	어린이집 수	아동 수
장애아전문	177	7,121	175	5,895	174	5,860
장애아통합	911	75,122	899	3,929	872	3,835
계	1,088	82,243	1,074	9,824	1,046	9,695

출처 : 보건복지부(2016). 어린이집 및 이용자 통계. kosis.kr

(3) 어린이집 보육교직원 현황

보육교직원 수는 지속적인 증가 추세를 보이다가 2016년 이후 점차 감소되어 2016년 말 약 32만 2천 명에 비해 2017년 7월 31만 2천 명으로 약 1만 명이 감소되었다. 그러나 전반적으로 2010년 이후 보육아동 수 연평균 증가율보다 높은 증가를 나타내고 있다. 즉, 교사 1인당 아동 수는 2010년 7.7명에서 2016년 말에는 4.5명으로 교사가 담당해야 할 영유아 수는 2.2명 감소하였다. 이를 구체적으로 살펴보면 어린이집 보육교직원 현황은 <표 6-4>와 같고, 보육교사 1인당 아동 수는 [그림 6-3]과 같다.

표 6-4 어린이집 연도별 보육교직원 현황 (단위 : 명)

구분	계	국공립	사회복지법인	법인 · 단체 등	민간	가정	부모협동	직장
2017	311,947	35,079	18,408	8,148	138,782	96,090	1,004	14,436
2016	321,766	32,937	18,920	8,436	145,609	101,891	979	12,994
2015	321,067	30,823	18,933	8,637	145,724	105,124	970	10,856

출처 : 보건복지부(2016). 어린이집 연도별 보육교직원 현황 재구성. kosis.kr

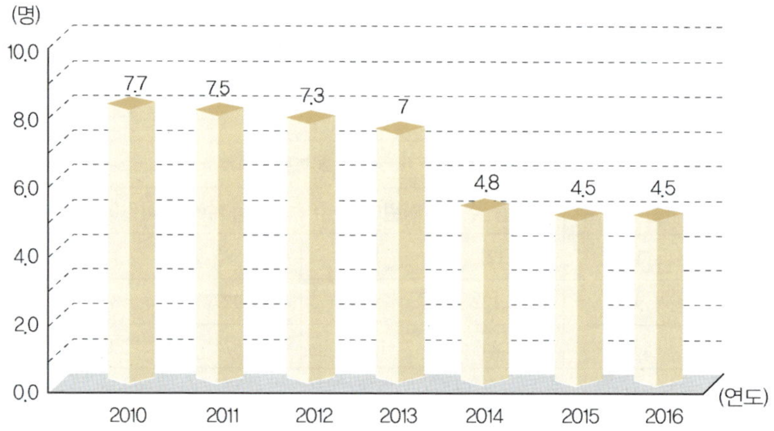

[그림 6-3] 보육교사 1인당 아동 수(2010~2016)

출처 : 보건복지부(2016). 2016 보건복지통계연보, p. 6. 재구성.

2) 보육지원 현황 및 실태

보육예산의 규모는 양육수당이 도입된 2009년 2.7조 원에서 2016년 8.6조 원으로 증가되어 2009~2016년간 318.5%, 연평균 17.8% 증가되었다. 지원대상 0~5세(320만 명) 중 보육료 지원은 143.8만 명으로 약 50%가 지원받고 있으며, 양육수당 지원 대상은 100.9만 명으로 약 32%이다. 그리고 2015년 말 기준으로 영유아 서비스를 이용하는 영아는 대상자 중 약 34%, 유아는 약 90%, 가정양육수당의 지원율은 영아가 75%, 유아가 9.7%이다. 지원 예산 및 대상은 [그림 6-4], 영유아 서비스 이용 현황은 <표 6-5>와 같다.

[그림 6-4] 보육지원 예산 및 대상

출처 : 최윤경(2016). 무상보육의 한계와 맞춤형 보육 추진 배경, p. 7.

표 6-5 영유아 서비스 이용 현황(2015년 말 기준) (단위 : 명, %)

출생연도	총계	영아 계	2015년	2014년	2013년	유아 계	2012년	2011년	2010년	2009년
반편성			0세반		1세반		2세반	3세반	4세반	5세반
아동 수	3,196,000	1,325,100	453,400	435,200	436,500	1,870,900	484,600	471,300	470,200	444,800
기관아동	2,217,970	445,344	15,411	121,706	308,227	1,682,626	419,252	425,408	429,446	408,520
(이용률)	(66.6)	(33.6)	(3.4)	(28.0)	(70.6)	(89.9)	(86.5)	(90.3)	(91.3)	(91.8)
가정양육 수당	1,009,346	828,768	386,361	310,212	132,195	180,578	66,546	40,139	37,894	35,999
(지원률)	(33.9)	(75.1)	(166.2)	(71.3)	(30.3)	(9.7)	(13.7)	(8.5)	(8.1)	(8.1)

출처 : 최윤경(2016). 무상보육의 한계와 맞춤형 보육 추진 배경, p. 10.

4. 보육아동의 권리와 복지서비스

1) 보육아동의 권리

권리의 주체로서 아동은 자율권을 갖는 동시에 보호받고 양육 받을 권리도 지닌다. 그러므로 부모와 가정, 국가와 사회로부터 보호받고 존중되어야 하며, 그 보호와 존중은 가정이라는 사적 공간을 넘어 공적 영역에서 보다 적극적으로 행해져야 한다. 아동의 권리는 단순한 자유를 넘어 '행복 보장을 향한 권리'라고 할 수 있기 때문이다(강현구, 2014 : 12). 이를 시행하기 위해 영유아의 권리는 법적으로도 명시되어 있다.

「영유아보육법」 제3조 보육이념에서 첫째, 보육은 영유아의 이익을 최우선적으로 고려하여 제공되어야 한다. 둘째, 보육은 영유아가 안전하고 쾌적한 환경에서 건강하게 성장할 수 있도록 하여야 한다. 셋째, 영유아는 자신 또는 보호자의 성, 연령, 종교, 사회적 신분, 재산, 장애 및 출생지역 등에 따른 어떤 종류의 차별도 받지 아니하고 보육되어야 한다는 것이다. 이는 영유아의 이익 최우선적 권리, 안전하고 쾌적한 환경에서 성장할 권리, 차별금지의 권리를 규정함으로써 '아동권리협약(Convention on the Rights of the Child)'의 기본원칙이 보육현장에서도 실행되어야 함을 규정하고 있는 것이라고 할 수 있다.

권리는 아동의 일차적 환경인 가정에서 부모나 형제들에 의해서 학습되며, 유아교육기관이나 학교에서 교육과정을 통해 교사로부터 배우고, 권리를 존중하는 환경과 그렇지 않은 환경의 각각 구체적인 생활 속 사례를 통해 가르치고 배울 수 있다(서정은, 2000 : 10). 따라서 보육현장은 영유아들이 또래들과 상호작용하는 가운데서 교사를 통한 아동권리 존중의 질 높은 보육이 확보되어야 한다. 그러므로 보육교사의 아동권리에 대한 가치관이나 인식 및 실천은 영유아들의 권리 인식에 직접적인 영향을 미칠 수 있다. 즉, 유아기에 직면하게 되는 발달과제, 경험 및 도전을 존중해 주는 것이 유아기 아동권리의 시발점이 됨을 알 수 있다(황옥경, 2012 : 36). 따라서 유아교사는 아동의 권리를 존중하는 것에 대한 중요성에 대해 알아야 할 뿐 아니라, 이를 교육현장에 실현시켜야 할 책무성이 제기된다. 아동권리를 존중하는 교육이 이루어지기 위해서는 교사 자신이 아동권리에 대한 인식과 중요성을 인지하여야 하며, 이를 현장에서 실현하고자 하는 의지를 가져야 할 것이다(신상화, 2017 : 13). 왜냐하면 어린이집은 보육서비스가 제공되는 아동복지 실천 현장이며, 아동이 교사를 통해 권리를 배워가는 현장이기도 하기 때문이다. 그러므로 보육현장에서 영유아들은 자신의 권리를 추구할 수 있어야 한다. 그럼에도 불구하고 영유아가 가지고 있는 취약성 때문에 부모나 교사의 요구가 영유아의 요구보다 더 중요하게 고려되고, 교사들의 영유아에 대한 권리 인식은 아직도 낮은 수준에 머물러 있는 상황이 지속되고 있다고 할 수 있다.

이로 인해 아동의 참여권이나 자율성에 대한 부분이 침해되는 상황과 보육현장에서의 아동학대 사건이 종종 발생하고 있다. 어린이집 아동학대는 2014년 300건, 2015년 432건으로 나타나 유치원의 2015년 207건(보건복지부, 중앙육아종합지원센터, 2016 : 15-16)에 비해 상대적으로 배를 넘는 아동학대 사건이 발생되었다. 이는 영유아를 대상으로 보육 및 교육을 하는 기관임에도 불구하고 어린이집에서 상대적으로 아동권리가 지켜지지 않고 있음을 반증하는 것이라고 할 수 있다.

하루의 대부분을 아동과 함께 보내는 보육교사는 아동의 권리를 옹호하고 실현시켜야 하는 책임을 가지고 있다. 이러한 인식의 확산으로 교사의 아동학대 신고 의무자로서의 책임강화와 더불어 아동권리에 대한 교육이 본격적으로 시행되고 있다. 즉, 중앙육아종합지원센터는 보육교사를 대상으로 e-러닝 아동학대예방 온라인 교육, 아동학대 예방교육, 온라인 자체교육을 실시하고 있다. 주 교육 내용은 「영유아 권리 존중」을 위해 영유아 권리 이해하기 및 영유아 권리 감수성 향상을 위한 보육교직원 역할에 대한 것이다.

어린이집과 유치원에서 발생하는 아동학대가 심각해지자 교육부·보건복지부는 2016년 '유치원·어린이집 아동학대 조기발견 및 관리·대응 매뉴얼'을 배포하기도 하였다. 이는 교사들에게 영유아의 권리존중에 대한 의미가 무엇인지를 인식시키고, 이를 바탕으로 영유아들의 권리를 지키기 위한 국가적인 움직임이라고 할 수 있다.

2) 보육아동의 복지서비스

보육서비스란 "심신의 보호와 건전한 교육을 통해 영유아를 건강한 사회 구성원으로 육성함과 아울러 보호자의 경제적·사회적 활동을 원활히 함으로써 가정 복지증진에 기여함을 목적으로 하루 중 일정 시간 동안 가정의 아동양육 기능을 보완하기 위해 제공되는 서비스"이다(Kadushin & Martin, 1988). 그러므로 정책적으로 제공되는 양질의 보육서비스는 영유아의 전인적인 발달과 더불어 가정의 경제적 부담 및 양육부담을 완화시켜 주는 데 기여하고 아동의 보호와 교육권을 보장할 수 있다.

보육아동을 위한 대표적인 복지서비스는 2012년부터 연령별로 시작된 무상보육정책이 2013년에는 만 0~5세를 대상으로 무상보육이 시행됨으로써 보육료 지원 및 가정양육수당 지원, 아이 돌봄 지원 서비스 등이 이루어지고 있다.

(1) 보육료 지원

정부지원 보육료는 부모가 아이행복카드로 결제하면 해당 어린이집으로 입금된다. 보육료 지원과 관련하여 아이와 부모의 보육서비스 요구 상황에 맞추어 더욱 다양한 지원을 하고자 2016년 7월 1일부터 만 0~2세를 대상으로 맞춤형 보육정책이 시행되었다. 맞춤형 보육의 주요내용은 [그림 6-5], 대상 및 이용시간은 [그림 6-6], 종일반, 맞춤반 보육료 지원은 <표 6-6>과 같다.

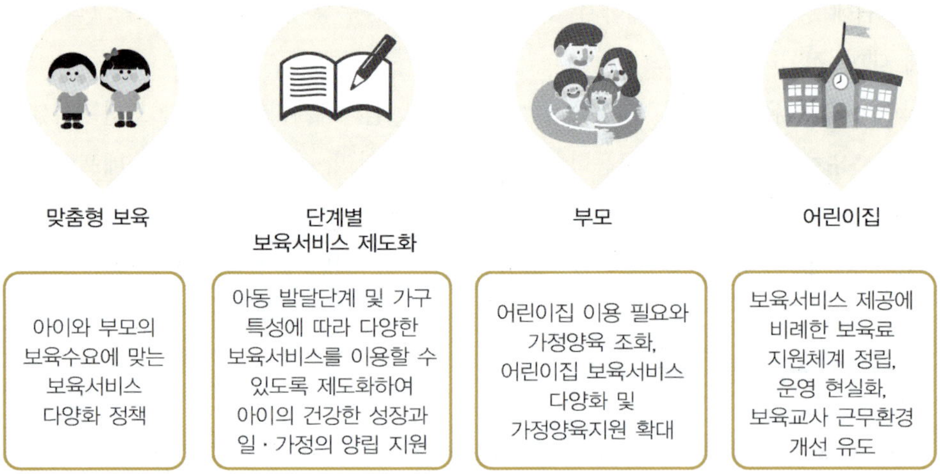

[그림 6-5] 맞춤형 보육의 주요내용

출처 : 최윤경(2016). 무상보육의 한계와 맞춤형 보육 추진 배경, p. 16.

대상 어린이집 만 0~2세반 이용 아동

내용 아이와 부모의 필요에 따라 종일반 또는 맞춤반 이용

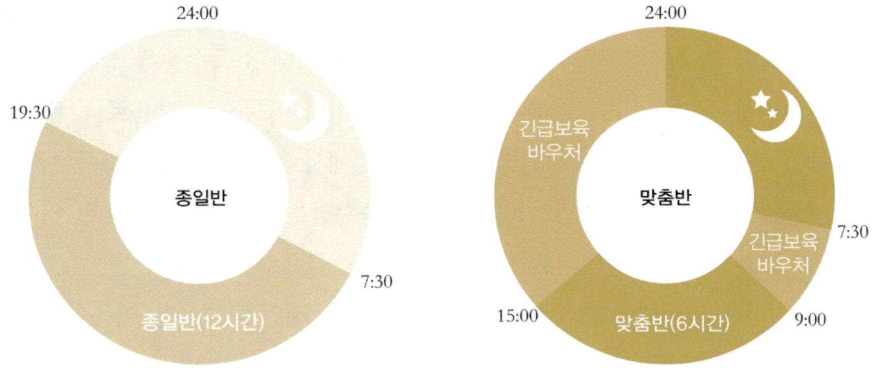

7:30~19:30(12시간)
* 자격기준 : 취업, 구직(취업준비), 장애, 다자녀, 임신, 한부모, 입원, 간병 등

9:00~15:00
+긴급보육바우처(월 15시간)
* 자격기준 : 종일반 이용대상 외

[그림 6-6] 대상 및 이용시간

출처 : 임신육아종합포털 아이사랑. www.childcare.go.kr

표 6-6 종일반, 맞춤반 보육료 지원 (단위 : 원)

<table>
<tr><th rowspan="2">연 령</th><th colspan="2">종일반</th><th colspan="3">맞춤반</th><th rowspan="2">다문화
보육료</th></tr>
<tr><th>부모보육료</th><th>기본보육료</th><th>부모보육료</th><th>기본보육료</th><th>긴급보육바우처</th></tr>
<tr><td>만 0세반</td><td>430,000</td><td>395,000</td><td>344,000</td><td>395,000</td><td>60,000</td><td>418,000</td></tr>
<tr><td>만 1세반</td><td>378,000</td><td>191,000</td><td>302,000</td><td>191,000</td><td>60,000</td><td>368,000</td></tr>
<tr><td>만 2세반</td><td>313,000</td><td>125,000</td><td>250,000</td><td>125,000</td><td>60,000</td><td>304,000</td></tr>
<tr><td>만 3~5세반</td><td>220,000</td><td></td><td></td><td></td><td></td><td>220,000</td></tr>
<tr><th rowspan="2"></th><th colspan="2">일반아동</th><th colspan="4">장애아동</th></tr>
<tr><th colspan="2">방과 후 보육료</th><th colspan="2">보육료</th><th colspan="2">방과 후 보육료</th></tr>
<tr><td>취학 전 만 12세</td><td colspan="2"></td><td colspan="2">438,000</td><td colspan="2"></td></tr>
<tr><td>만 12세 이하
취학아동</td><td colspan="2">100,000</td><td colspan="2"></td><td colspan="2">219,000</td></tr>
</table>

* 기본보육료 : 정부에서 인건비를 지원받지 않는 민간가정 어린이집에서 만 0~2세 및 장애아동 보육 시 지원
* 긴급보육바우처 : 맞춤반 아동이 맞춤반 보육시간 이외에 어린이집 추가 이용이 필요할 때 사용(15시간 지원)
* 방과 후 보육료 : 하루 4시간 이상 이용하는 법정저소득층 및 차상위 이하 아동, 장애아동에게 지원
* 다문화보육료 : 보호자의 소득수준과 관계없이 지원

(2) 가정양육수당 지원

가정양육수당 지원서비스는 부모가 자녀를 보육 및 유아교육기관에 보내지 않고 가정에서 양육할 경우 부모의 부담을 경감시켜 주기 위해 소득수준에 상관없이 자녀 양육비를 지원하는 제도이다. 취학 전 만 84개월 미만 아동으로 보육료나 유아학비, 종일제 아이 돌봄 서비스 등을 지원받지 않고 가정에서 양육하는 경우 소득수준과 무관하게 아동의 연령에 따라 10만~20만 원의 양육수당을 지원받을 수 있다. 양육수당은 아동 또는 부모 등의 명의 계좌로 매월 25일 현금으로 지급된다.

가정양육수당을 지원받는 6~36개월 미만의 영아는 시간제 보육을 이용할 수 있다. 시간제 보육이란 필요한 시간만큼 이용하고 비용을 지불하는 보육서비스로 기본형과 맞벌이형이 있다. 기본형은 월 40시간 이용 가능하며 이용단가는 시간당 4천 원으로 2천 원이 지원되어 부모는 2천 원을 부담하면 된다. 맞벌이형은 월 80시간 이용 가능하며 시간당 3천 원을 지원받아 1천 원을 부담하게 된다. 그러나 보육료 또는 유아학비를 지원받는 아동은 시간제 보육 이용 시 전액 본인 부담이다. 가정양육수당 지원은 <표 6−7>과 같다.

표 6−7 가정양육수당 지원 (단위 : 원)

<table>
<tr><th>연령(개월)</th><th>양육수당</th><th>연령(개월)</th><th>농어촌 양육수당</th><th>연령(개월)</th><th>장애아동 양육수당</th></tr>
<tr><td>0~11</td><td>200,000</td><td>0~11</td><td>200,000</td><td rowspan="3">0~35</td><td rowspan="3">200,000</td></tr>
<tr><td>12~23</td><td>150,000</td><td>12~23</td><td>177,000</td></tr>
<tr><td rowspan="3">24~83</td><td rowspan="3">100,000</td><td>24~35</td><td>156,000</td></tr>
<tr><td>36~47</td><td>129,000</td><td rowspan="2">36~83</td><td rowspan="2">100,000</td></tr>
<tr><td>48~83개월</td><td>100,000</td></tr>
</table>

출처 : 2016년 영유아보육료 및 양육수당지원 서비스 이용안내, p. 3. www.bokjiro.go.kr

(3) 아이 돌봄 지원

맞벌이를 하거나 갑자기 아이를 돌볼 수 없는 일이 생겼을 때 만 12세 이하 아동을 대상으로 육아 도우미가 방문하여 아이를 돌봐주는 서비스로 시간제와 영아종일제가 있다. '시간제 돌봄'의 경우 만 3개월 이상~만 12세 이하 아동으로 1회 2시간 이상 사용이 원칙이다. 정부지원 시간은 연간 480시간 이내이며, 종합형은 시간제 돌봄에 아동과 관련된 가사가 추가된다. '영아종일제 돌봄'은 만 3개월 이상 만 36개월 이하 영아로 1일 4시간 이상 사용이 원칙이고 정부지원 시간은 월 120~200시간 이내이며, 보육교사형은 보육교사 자격증을 가진 아이돌보미로 하여금 보육서비스를 제공한다(여성가족부, 2017 : 11).

아이 돌봄 지원은 양육문제가 발생할 수 있는 가정, 즉 취업 한부모, 장애부모, 맞벌이 가정, 다자녀 가정, 기타 양육에 부담을 가진 중위소득 120% 이하 가정을 대상으로 소득수준에 따라 차등 지원한다. 서비스 지원은 부모가 귀가할 때까지 보육제공 및 등하교, 식사 또는 간식, 이유식 제공, 목욕 등의 서비스를 제공한다. 그리고 영아종일제와 보육교사형, 시간제와 종합형은 각각 하나로만 신청이 가능하며, 보육료, 가정양육수당, 유아학비와 중복하여 지원하지 않는다. 아이 돌봄 서비스의 추진목적은 [그림 6-7]과 같고, 영아종일제와 보육교사형은 <표 6-8>, 시간제와 종합형은 <표 6-9>와 같다.

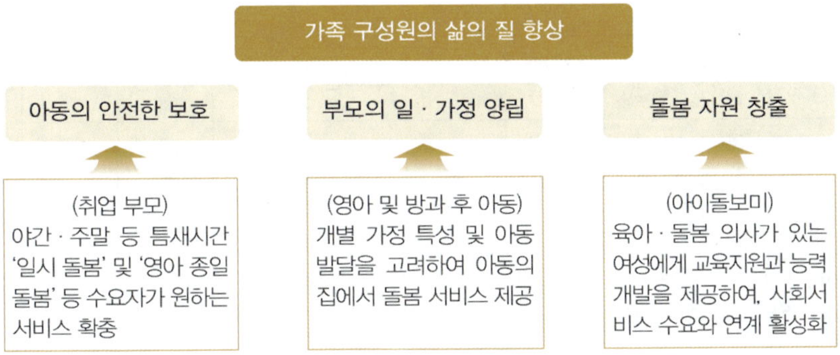

[그림 6-7] 추진목적

출처 : 여성가족부(2017). 2017년도 아이돌봄 지원사업 안내, p. 9. 여성가족부.

표 6-8 영아종일제와 보육교사형

유형	소득기준 (4인가족 기준 중위소득)	영아종일제 (월 130만 원, 200시간 기준)		보육교사형 (월 143만 원, 200시간 기준)	
		정부지원	본인부담	정부지원	본인부담
가형	60% 이하(2,680천 원)	91만 원(70%)	39만 원(30%)	91만 원	52만 원
나형	85% 이하(3,797천 원)	65만 원(50%)	65만 원(50%)	65만 원	78만 원
다형	120% 이하(5,361천 원)	39만 원(30%)	91만 원(70%)	39만 원	104만 원
라형	120% 초과	–	130만 원(100%)	–	143만 원

* 괄호 속 비율은 이용요금에 대한 정부지원 · 본인부담 비율임
* 1시간 기준 : 영아종일제(6,500원), 보육교사형(7,150원), 야간 · 휴일(3,250원 추가)

출처 : 여성가족부(2017). 2017년도 아이돌봄 지원사업 안내, p. 13. 여성가족부.

표 6-9 시간제와 종합형

유형	소득기준 (4인 가족 기준 중위소득)	시간제(시간당 6,500원)				종합형(시간당 8,450원)			
		A형		B형		A형		B형	
		정부지원	본인부담	정부지원	본인부담	정부지원	본인부담	정부지원	본인부담
가형	60% 이하 (2,680천 원)	4,875원 (75%)	1,625원 (25%)	4,225원 (65%)	2,275원 (35%)	4,875원	3,575원	4,225원	4,225원
나형	85% 이하 (3,797천 원)	2,925원 (45%)	3,575원 (55%)	-	6,500원	2,925원	5,525원	-	8,450원
다형	120% 이하 (5,361천 원)	1,625원 (25%)	4,875원 (75%)	-	6,500원	1,625원	6,825원	-	8,450원
라형	120% 초과	-	6,500원	-	6,500원	-	8,450원	-	8,450원

* A형 : 2010. 1. 1. 이후 출생 아동, B형 : 2009. 12. 31. 이전 출생 아동

출처 : 여성가족부(2017). 2017년도 아이돌봄 지원사업 안내, p. 13.

5. 보육아동 복지서비스의 문제점과 과제

1) 보육아동 복지서비스의 문제점

보육아동을 위해서 다양한 복지서비스가 이루어지고 있지만 양질의 서비스가 제공되기에는 걸림돌이 될 수 있는 문제점들을 가지고 있다. 즉, 교사의 질적 수준, 양질의 어린이집 확충, 무상보육, 양육수당 지원의 문제, 아동학대 등이 대두되고 있다. 이를 구체적으로 살펴보면 다음과 같다.

첫째, 교사의 질적 수준이 미흡하고 근로여건이 열악하다. 보육서비스의 질을 좌우하는 핵심은 교사이다. 그러므로 교사로서의 개인적인 자질과 더불어 교사의 전문성이 확보되어야 한다. 그럼에도 불구하고 다양한 경로를 통하여 단기간의 교육과정을 수료하고 교사자격증이 발급되는 현 시스템은 교사의 질 저하를 가져올 수밖에 없는 상황이다.

둘째, 현재 국공립 어린이집이 증가 추세에 있지만 아직도 미미한 수준이다. 국가는 영유아보육법 제4조(책임)에서 모든 국민은 영유아를 건전하게 보육할 책임을 진다는 것과, 국가와 지방자치단체는 보호자와 더불어 영유아를 건전하게 보육할 책임을 지며, 재원의 안정적 확보, 지방자치단체의 영유아의 보육을 위한 적절한 어린이집 확보, 보육교직원의 양성 및 근로여건 개선을 위해 노력해야 함을 명시하여 국가와 지방자치단체의 어린이집 확보에 대한 책임을 강조하고 있다. 그러나 이에 대한 구체적인 실행이 미흡한 수준이다.

셋째, 무상보육에 대한 문제점이 도출되고 있다. 즉, 무상보육이 시행됨에 따라 가정에서 양육할 수 있는 상황의 영아들까지도 양육수당 지원보다 더 많은 지원이 이루어지는 어린이집을 이용하지 않을 경우 손해라는 생각에 불필요한 수요가 발생되었고, 이는 어린이집의 급격한 증가를 불러일으키기도 하였다. 또한 정부는 2016년 7월부터 맞춤형 보육을 시행하고 있지만 맞춤형 보육이 선별적 보육으로 또다시 회귀하고 있는 것은 아닌지에 대한 우려를 낳고 있다.

넷째, 양육수당 지원에 대한 문제가 대두되고 있다. 즉, 양육수당이 서비스가 아닌 현금으로 지급되므로 적절한 시기에 보육 및 교육을 받아야 하는 영유아들이 방치될 수 있는 문제가 발생할 수 있다. 또한 가정 내 양육을 활성화하기 위한 양육수당의 인상 혹은 아동수당의 도입이 자칫 사교육을 부추기는 역효과를 불러올 수 있다는 우려를 갖게 한다.

다섯째, 보육현장에서 여전히 아동학대가 이루어지고 있다. 국가에서는 보육현장의 아동학대를 방지하기 위해, CCTV 설치, 「아동학대 범죄의 처벌 등에 관한 특례법」을 제정하는 등 다각적인 노력을 기울이고 있다. 그럼에도 불구하고 보육현장에서의 아동학대는 근절되지 않고 있으며, 이로 인해 건강하게 성장해야 할 영유아들에게 부정적인 영향을 미치고 있다.

2) 보육아동 복지서비스의 과제

보육아동을 위해서 제공되는 서비스를 개선하기 위해서는 다양한 방안의 모색이 선행되어야 한다. 이에 대해 정부에서도 지속적으로 노력을 하고 있지만 미래의 인적 자원을 행복하고 건강하게 보육하기 위해서 보완해야 할 과제를 제시하면 다음과 같다.

첫째, 교사의 전문성 강화 및 근로여건의 개선이 이루어져야 한다. 「영유아보육법」 제4조(책임)에서는 종전의 법조항에 2015년 국가와 지방자치단체는 보육교직원의 양성 및 근로여건 개선을 위하여 노력하여야 한다는 규정을 추가하여 교사의 근로여건 개선에 따른 안심하고 자녀를 맡길 수 있는 양질의 보육제공에 대한 국가의 의지를 보여주고 있다. 이는 교사의 근로여건에 대한 전반적인 개선이 이루어져야 전문성을 확보한 교사들이 유입될 수 있다고 판단한 것으로 볼 수 있다. 그러므로 이에 대한 실행과 아울러 보육교사의 재교육을 위한 직무교육 및 승급교육에 대한 예산 증가 지원, 보수교육에 대한 시스템의 점검이 필요하다.

둘째, 보육의 질을 보장할 수 있는 국공립 어린이집 및 공공형 어린이집의 확충이 시급히 요구된다. 서문희와 이혜민(2014 : 145)에 의하면, 정부의 재정투자 우선순위의 질문에 조사대상 전문가의 38.1%, 국민들은 약 54%가 공립 유치원 및 국공립 어린이집의 확충이 최우선 정책 과제라고 응답하였다. 국가에서도 지역 간 불균형의 배치를 해결하기 위하여 취약지역에 국공립 어린이집 확충을 위한 노력을 하고 있지만 역부족이다. 이러한 부분을 해결하기 위한 하나의 방안으로 우수한 민간 및 가정 어린이집을 선정하여 각 지역에 공공형 및 지방자치단체형의 어린이집을 확충하는 것도 고려해야 할 것이다.

셋째, 무상보육에 대한 개선방안이 마련되어야 한다. 국가는 2013년부터 가계부담 완화 및 보육·교육 기회를 제공하기 위하여 전 계층을 대상으로 막대한 예산을 투여하여 무상보육서비스를 시행하고 있으나 예산 마련 및 효과성에 대한 비판의 목소리가 높다. 즉, 무상보육·교육 정책은 소득이 높은 계층이 상대적으로 더 이익을 보는 소득 역진적 정책으로 형평성에 어긋난다는 비판에 대해서 전문가 57.6%, 일반국민 64%가 그렇다고 응답하였다(서문희, 이혜민, 2014 : 161). 이는 보편적 보육의 문제성을 보여주는 한 단면이라고 할 수 있다. 그러므로 소득에 대한 부분을 고려한 정책의 대안이 제시되어야 할 것이다.

넷째, 양육수당 지원에 대한 모색이 필요하다. 서문희와 이혜민(2014 : 168)에 의하면 양육수당이 늘어날 경우 여성이 더 이상 취업하지 않을 것이라고 응답한 비율이 0~1세아의 경우 약 45%로 나타났다. 그리고 취약계층 자녀의 보육·교육 기관 이용 기회가 축소될 수도 있다는 사실에 대해서는 과반수가 우려를 나타냈다. 특히 양육수당 정책은 차등 지원에서 보편 지원으로 확대 도입되면서 영유아 가구의 양육부담 경감이라는 정책 목표가 약화되고 정책 수혜자의 만족도 또한 감소하는 것으로 나타났다. 따라서 현재의 영유아 연령에 따른 차등 지원이 아닌 소득계층과 자녀의 출생순위에 따른 차등 지원정책으로의 전환이 요구된다(박진아, 2016 : 15). 그러므로 양육수당 지원이 자녀의 출생순위와 소득계층을 고려하여 설계되어야 하며, 현금성 지원에 대한 재고와 더불어 이를 개선하기 위한 구체적인 논의가 이루어져야 한다.

다섯째, 보육현장에서 발생하는 아동학대를 방지하기 위한 구체적인 대안이 구축되어야 한다. 아동학대를 예방하기 위한 안전교육보다 먼저 시행되어야 하는 것은 보육교사의 인성에 대한 검증이다. 그럼에도 불구하고 보육교사의 인성을 검증해야 하는 의무 및 시스템이 전무한 것이 현실이므로 이에 따른 정책이 시행되어야 한다. 또한 아동학대를 경험한 영유아를 위해서 지원해 줄 수 있는 다양한 프로그램이 부재하다.

따라서 이를 위하여 정서적인 치료를 도와줄 수 있는 심리치료, 놀이치료, 미술치료 등이 무료로 시행되어야 하며, 아동학대 사건 발생 후 이루어지는 다양한 지원이 각 기관과 연계성을 가지고 구축될 수 있도록 정비되어야 한다.

요점정리

1. 보육의 이해
   1) 보육의 개념-영유아를 건강하고 안전하게 보호·양육하고 영유아의 발달 특성에 맞는 교육을 제공하는 어린이집 및 가정양육 지원에 관한 사회복지서비스
   2) 보육의 필요성-저출산 심화, 가족구조의 변화, 여성의 사회참여, 아동 발달 및 인재육성 측면에서 필요함

2. 보육사업의 발달 과정
   1) 보육사업의 역사
      (1) 보육 태동기(1921~1980년)-보육사업이 예방적 기능보다는 사후 처리에 중점 및 구호적인 성격을 띠고 있었으나 1981년 「아동복지법」으로 대상자를 일반아동까지 확대
      (2) 보육 모색기(1982~1990년)-1982년 「유아교육진흥법」이 제정·공포되었고, 이원화 체계로 인한 문제점 도출 및 보육에 대한 개념이 교육서비스로 확장됨
      (3) 보육 확립기(1991~2003)-1991년 「영유아보육법」이 제정·공포됨, 보육사업의 주관부처가 보건복지부로 일원화. 1992년 「유아교육진흥법」의 제정으로 '어린이집'이 '새마을 유아원'으로 전환됐고 '탁아'라는 용어 대신 '보육'이라는 용어가 공식적으로 사용
      (4) 보육 발전기(2004년~현재)-2004년 「영유아보육법」이 전면 개정되면서 보편주의 보육 시작 및 아동의 권리를 보장하는 이념 명시, 평가인증제 도입, 보육교사와 시설장의 국가 자격증 제도 시행, 새싹플랜과 아이사랑플랜 정책 실시
   2) 보육서비스의 변화-선별적·대리적 서비스에서 보편적·지지적 서비스로 변화됨

3. 보육사업의 현황 및 실태
   1) 어린이집 현황 및 실태-어린이집 수는 가정, 민간, 국공립 어린이집 순으로 많으며, 어린이집 및 보육 아동 수는 감소, 보육교직원 수는 2010년 이후 보육아동 수 연평균 증

가율보다 증가 추세이며, 교사 1인당 아동 수는 4.5명임. 장애아 전문 어린이집 및 통합 어린이집은 증가

2) 보육지원 현황 및 실태－보육료는 약 50%가 지원받고 있으며, 양육수당 지원대상은 약 32%임

4. 보육아동의 권리와 복지서비스

1) 보육아동의 권리－권리의 주체로서 자율권을 갖는 동시에 보호받고 양육 받을 권리

2) 보육아동의 복지서비스－보육료 지원 서비스, 가정양육수당 지원 서비스, 아이 돌봄 지원 서비스 등이 있음

5. 보육아동 복지서비스의 문제점과 과제

교사 전문성 강화 및 근로여건 개선, 국공립 및 공공형 어린이집의 확충, 무상보육에 대한 개선방안 마련, 양육수당 지원에 대한 모색 필요, 아동학대 방지 및 추후 프로그램 시행

Quiz

1. 자녀를 보육 및 유아교육기관에 보내지 않고 가정에서 양육할 경우 자녀 양육비를 소득수준에 상관없이 지원하는 제도는? (　　　　　　)

2. 맞벌이를 하거나 갑자기 아이를 돌볼 수 없는 일이 생겼을 때 만 12세 이하 아동을 대상으로 육아 도우미가 방문하여 아이를 돌봐주는 서비스는? (　　　　　　)

3. 아이와 부모의 보육서비스 요구 상황에 맞게 만 0~2세에게 적용되는 보육정책은? (　　　　　　)

4. 전면 무상보육이 시작된 시기는? (　　)
   ① 2011　② 2012　③ 2013　④ 2014

5. 아이 돌봄 서비스의 추진목적과 관련이 없는 것은? (　　)
   ① 아동의 안전한 보호　② 부모의 일・가정 양립
   ③ 무상보육　④ 돌봄 자원 창출

생각 나누기

1. 무상보육에 대한 자신의 의견을 제시하고 토론해 보시오.
2. 맞춤 보육에 대하여 본인의 의견을 피력하고 토론해 보시오.
3. 보육서비스 중 강화해야 할 내용에 대해 토론해 보시오.

참고문헌

강현구(2014). 아동권리관점에서 본 영유아보육법과 유아교육법의 형성과정 및 법령 분석. 서울대학교 대학원 박사학위논문.

김은설, 유해미, 최은영, 최효미, 배윤진, 양미선, 김정민(2016). **2015년 전국보육실태조사**. 보건복지부, 육아정책연구소.

김은정, 이혜숙(2016). **영유아 보육(돌봄) 지원 정책 평가와 정책 과제**. 세종 : 한국보건사회연구원.

박진아(2016). 영유아 가구의 양육비 지출 현황과 육아물가 체감 추이(pp.6-15). **육아정책포럼**, 2016 **겨울 제**50**호**. 육아정책연구소.

보건복지가족부(2010). 아이사랑플랜 2010년 시행계획.

보건복지부(2016). 2016 보건복지통계연보.

보건복지부(2016). 2016년도 보육사업 안내.

보건복지부, 중앙육아종합지원센터(2016). 2016년 보육교직원 아동학대예방 특별교육. 보건복지부, 중앙육아종합지원센터.

서문희, 안재진, 이세원, 유희정(2009). **보육정책 개편방안 연구-영유아보육법을 중심으로-**. 보건복지가족부, 육아정책개발센터.

서문희, 이혜민(2014). **영유아 교육·보육 재정 증가 추이와 효과** : 2004-2014. 서울 : 육아정책연구소.

서정은(2001). 유아 인권교육프로그램 개발과 적용. 숙명여자대학교 대학원 석사학위논문.

신상화(2017). 유치원 교사의 아동권리 실행수준. 이화여자대학교 교육대학원 석사학위논문.

여성가족부(2006). 새싹플랜 보도자료. 여성가족부.

여성가족부(2017). **2017년도 아이돌봄 지원사업 안내**. 여성가족부.

육아정책연구소(2016). 2016년 제1차 육아선진화 포럼 : 맞춤형 보육 제도 시행에 따른 쟁점. 최윤경. 무상보육의 한계와 맞춤형 보육 추진 배경(pp. 1-16). 육아정책연구소.

황옥경(2012). 영유아기 권리에 대한 유엔의 권고 분석 : 유엔아동권리위원회의 일반논평을 중심으로. **아동과 권리**, 16(1), 27-49.

Downs, S. W., Moore, E., & McFadden, E. J.(2010). *Child Welfare and Family Services*. Boston : Pearson.

Kadushin, A., & Martin, J. A.(1988). *Child welfare services*. New York and London : Macmillan.

세계일보(2016. 9. 12).

NAVER 지식백과. 사회과학백과. 보육학.

보건복지부(2016). 어린이집 및 이용자 통계. kosis.kr

보건복지부(2016). 어린이집 연도별 보육교직원 현황. kosis.kr

복지로. 2016년 영유아보육료 및 양육수당지원 서비스 이용안내. www.bokjiro.go.kr

사회보장정보원 홈페이지. 2017년 7월 보육사업통계. www.ssis.or.kr

임신육아종합포털 아이사랑. www.childcare.go.kr

CHAPTER 07

빈곤가정의 아동권리와 복지

빈곤이란 어느 사회에서나 존재하고 있지만 현대사회로 접어들면서 특히 빈곤아동에 대한 심각성이 조명되고 있다. 이는 빈곤으로 인해 아동이 마땅히 누려야 할 권리를 누리지 못하고, 생존의 위협을 받으며 아동의 전인적인 발달에 부정적인 영향을 미치고 있음을 인식한 결과라 할 수 있다. 따라서 최근 「아동빈곤예방법」이 시행되고 사회적 관심이 증가하는 것은 매우 고무적이라 할 수 있다.

이 장에서는 빈곤아동에 대한 이해를 돕기 위해 빈곤의 개념 및 빈곤아동에 대한 현황과 실태를 제시하고 더불어 빈곤아동의 권리와 이들에 대한 지원 서비스를 살펴보고자 한다. 그리고 이를 바탕으로 빈곤가정 아동복지의 문제점과 과제를 제시하고자 한다.

마인드맵

■ 빈곤가정의 아동권리와 복지

- 빈곤의 정의
- 빈곤아동의 정의
- 절대적 빈곤과 상대적 빈곤의 개념

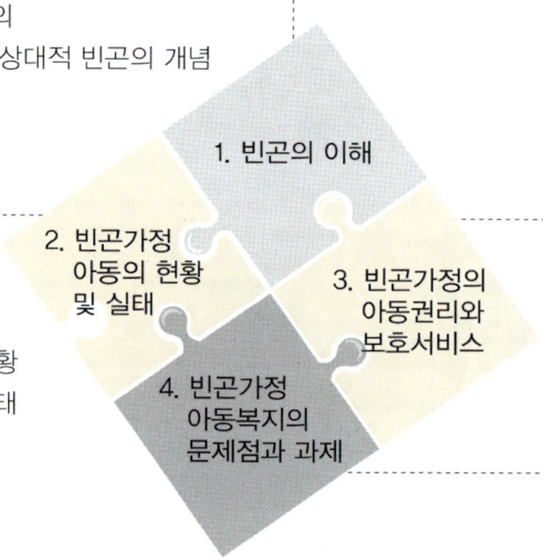

- 빈곤가정 아동의 현황
- 빈곤가정 아동의 실태

- 빈곤가정 아동의 권리
- 빈곤가정 아동의 보호서비스

- 빈곤가정 아동복지의 문제점
- 빈곤가정 아동복지의 과제

학습목표

1. 빈곤의 개념에 대하여 정의할 수 있다.
2. 빈곤아동에게 제공되고 있는 복지서비스를 설명할 수 있다.
3. 빈곤아동을 위한 복지서비스의 문제점을 피력할 수 있다.
4. 빈곤아동을 위한 복지서비스의 과제를 제시할 수 있다.

주요용어

- **빈곤** : 인간의 기본적 욕구를 충족시킬 수 있는 소득이 부족한 상태
- **절대적 빈곤** : 한 가구의 소득이 최저생활을 유지하는 데 필요한 생계비에 미달된 상태
- **상대적 빈곤** : 동일 사회 내의 다른 사람과 비교해서 상대적으로 빈곤한 상태
- **아동빈곤** : 일상적인 생활여건과 자원이 결핍하여 사회적 · 경제적 · 문화적 불이익을 받는 빈곤한 상태
- **빈곤아동** : 생활여건과 자원의 결핍으로 인한 복지 · 교육 · 문화 등의 격차를 해소하기 위하여 지원이 필요한 아동
- **가처분소득** : 개인이 소득 가운데 소비나 저축을 자유롭게 할 수 있는 소득
- **드림스타트** : 취약계층 아동에게 맞춤형 통합서비스를 제공하여 아동의 건강한 성장과 발달을 도모하고 공평한 출발기회를 보장함으로써 건강하고 행복한 사회 구성원으로 성장할 수 있도록 지원하는 사업
- **아동발달지원계좌 지원** : 빈곤 요보호아동이 18세 이후 사회에 진출할 때 경제활동에 소요되는 초기비용의 마련을 위한 자산형성을 지원하는 제도
- **지역아동센터** : 지역사회 아동의 건전 육성을 위하여 보호 · 교육, 건전한 놀이와 오락의 제공, 보호자와 지역사회의 연계 등 종합적인 아동복지서비스 제공
- **결식아동 급식지원** : 저소득 가정의 아동들이 건강하게 자랄 수 있도록 급식지원 등을 통해 결식예방 및 영양개선을 제공하는 제도
- **교육복지우선지원사업** : 취약 학생이 밀집한 지역의 학교를 선정하여 집중 지원함으로써 교육 · 문화 · 복지 수준을 높이고 교육격차를 해소하기 위한 사업

사 례 복지사각지대 빈곤아동 최대 68만 명

국가로부터 아무런 도움을 받지 못하고 복지사각지대에 방치된 빈곤아동이 2011년 기준으로 최대 68만 명에 달했다는 분석결과가 나왔다.

허선 순천향대학교 사회복지학과 교수는 7일 보건복지포럼(2016년 3월호)에 실은 '아동빈곤의 현황과 정책과제' 연구보고서에서 이같이 밝혔다. 허 교수 등 연구진은 2011년 한국복지패널 조사 자료와 기초생활보장가구 아동 수를 이용해 복지사각지대에 내몰린 빈곤아동의 규모를 추계했다. 그 결과, 절대적 · 상대적 빈곤 기준 모두에서 빈곤한데도 단지 부양해 줄 가족이 있다는 등의 이유로 기초생활보장제도의 혜택을 받지 못하는 사각지대 빈곤가구 아동은 2011년도(전체 아동 990만 명)를 기준으로 최소 39만 명에서 최대 68만 명으로 추정됐다. 이들 사각지대 빈곤아동의 생활은 기초생활보장 수급가구 아동과 별반 다르지 않거나 오히려 더 열악했다.

이로 말미암아 차상위 빈곤아동가구는 일상생활을 하면서 공과금을 내지 못하고, 전기 · 전화 · 수도가 끊어지고, 공교육비를 미납하며, 난방을 못 하고 병원에도 못 가는 등 생활고를 겪으며 최소한의 생존마저 위협받는 지경에 이른 것으로 조사됐다.

허 교수는 "차상위 빈곤아동가구의 소득과 소비 불균형을 해결하는 데 힘쓰고, 특히 이들 사각지대 빈곤가구를 가장 우선으로 기초생계보장 지원대상에 포함하는 등 제도적 노력이 필요하다"고 강조했다.

출처 : KBS뉴스(2016. 4. 7).

1. 빈곤의 이해

1) 빈곤의 정의

빈곤은 인류의 역사가 시작된 이래 가장 오래되고 심각한 사회문제 중의 하나이다. 빈곤에 대한 정의와 기준은 국가와 시대, 또는 학자에 따라 다양하게 제시되어 왔으며 이에 따라 다양한 정책들이 시행되었다.

빈곤의 사전적 정의는 "기본욕구를 충족시킬 수 있는 생활수단이 부족한 상태"로 여기에서 말하는 기본적 욕구는 좁은 의미로 '생존을 위한 필수적인 욕구'를 말하며,

넓은 의미로 '공동체의 일반적인 생활수준을 반영하는 것'으로 정의한다(브리태니커, 2015). 전통적으로 빈곤이란 '최소한의 인간다운 생활에 필요한 물질적 자원(소득)의 부족상태'로 정의되어 왔다. 곧 생필품을 구할 수 있는 경제적 능력 여부가 빈곤 여부를 정하는 기준이었다(오정수, 정익중, 2016 : 258). 우리나라의 국민기초생활보장제도에서도 소득을 빈곤의 척도로 보아 최저생계비 수준에 미달되는 소득과 자산을 보유하고 있는 자를 공공부조의 대상자로 선정하고 있다.

'아동빈곤'은 성인빈곤이나 노인빈곤과는 구분되는 개념으로서 보통 18세 미만의 아동이 빈곤한 가족에 속해 있는 경우를 말하며 「아동의 빈곤예방 및 지원 등에 관한 법률」 제3조 제2호에서는 '아동빈곤'을 아동이 일상적인 생활여건과 자원이 결핍하여 사회적 · 경제적 · 문화적 불이익을 받는 빈곤한 상태로 정의하고 있다. 특히 아동기는 전인적인 발달에 있어서 결정적인 시기이므로 빈곤의 영향은 아동의 현재 삶뿐만 아니라 성인기의 삶에도 부정적인 영향을 미칠 수 있다. 빈곤은 아동의 건전한 성장과 발달을 저해할 뿐 아니라 사회적 일탈행동 및 절망감 등과 더불어 빈곤의 악순환을 초래하여 성인기의 안녕을 위협할 수 있다.

아동이 있는 가구의 소득수준이 일정 수준 이하일 경우, 아동 발달에 필요한 주거환경, 영양, 건강, 양육, 교육 등에서 재화 및 서비스 이용이 제한되므로 빈곤한 가정의 아동이 겪는 빈곤경험은 성장기의 발달을 저해할 뿐 아니라 성인기의 빈곤과 연결된다(정은희, 2015 : 47). 이처럼 빈곤은 인간의 생존에 위협을 미치고 부정적인 결과를 가져오지만, 아동은 부모의 보호와 양육에 의존할 수밖에 없고, 부정적인 영향은 인생 전반에 서서히 잠재적으로 드러나기 때문에 아동빈곤은 다른 연령집단에 비해 상대적으로 주목받지 못하고 있다.

2) 빈곤아동의 정의

2012년 8월 5일에 시행된 「아동의 빈곤예방 및 지원 등에 관한 법률」 제3조 제3호에 의하면, '빈곤아동'이란 생활여건과 자원의 결핍으로 인한 복지 · 교육 · 문화 등의 격차를 해소하기 위하여 지원이 필요한 아동을 말하며, 구체적인 기준은 보건복지부령으로 정한다고 하였다. 「아동의 빈곤예방 및 지원 등에 관한 법률 시행규칙」 제2조에 명시된 빈곤아동의 기준은 <표 7-1>과 같다.

표 7-1 빈곤아동의 기준

- 「아동복지법」 제3조 제4호 및 제5호에 따른 보호대상아동 및 지원대상아동
- 「국민기초생활보장법」 제2조 제2호에 따른 수급자인 아동
- 「한부모가족지원법」 제4조 제2호에 따른 한부모가족 및 「다문화가족지원법」 제2조 제1호에 따른 다문화가족의 아동 등 복지·교육·문화 등의 격차를 해소하기 위하여 사회적·경제적·문화적 지원이 필요하다고 보건복지부장관이 인정하는 아동

출처 : 국가법령정보센터. www.law.go.kr

3) 절대적 빈곤과 상대적 빈곤의 개념

빈곤은 절대적 빈곤과 상대적 빈곤의 개념으로 구분하여 살펴볼 수 있다. 일반적으로 절대적 빈곤은 궁핍으로서의 빈곤을 의미하며, 상대적 빈곤은 불평등으로서의 빈곤을 의미한다. 절대빈곤(absolute poverty)은 가장 역사가 깊고 널리 사용되는 빈곤 개념으로 '한 가구의 소득(또는 지출)이 최저생활을 유지하는 데 필요한 생계비에 미달하였을 경우'를 의미한다. 여기서 빈곤선은 최저생활에 필요한 기본수요를 추정함으로써 정의된다.

빈곤을 과학적이며 사회문화적으로 합의 가능한 방법으로 측정하기 위하여 영국의 타운젠트(Townsend)는 상대적 빈곤(relative poverty) 개념을 제시하였는데, 그는 상대적 빈곤이란 "사회 구성원으로서 평균적으로 살아가는 데 필요한 자원이 결여된 상태"라고 규정하였다(Townsend, 1962, 김은주, 2015 : 107 재인용). 상대적 빈곤은 동일 사회 내의 다른 사람과 비교해서 상대적으로 빈곤한 상태로 정의되며, 한 사회의 전반적인 생활수준에 무게를 두고, 전체 국민의 복지나 소득수준과 비교하여 다수가 누리는 생활수준에 미치지 못한 불평등과 박탈로서의 빈곤을 의미한다.

절대빈곤은 추계가 어렵고 임의성을 내포하기 때문에 상대빈곤의 개념이 널리 사용되는데, 상대적 빈곤율은 균등화된 중위소득의 일정 비율, 즉 중위소득 50% 이하로 상대적

빈곤선으로 설정한 후 균등화된 소득이 빈곤선 미만인 인구의 비율로 정의한다(보건복지부, 2017a : 319). 소득수준이 생활수준에 영향을 미치는 것은 사실이지만, 물질적인 부족을 넘어 사회적 · 문화적 차원을 포함하는 '상대적 결핍' 개념으로 확대되는 경향을 보인다.

절대적 빈곤선을 공식적 빈곤선으로 두는 나라는 세계적으로 드물며, 통상 상대적 빈곤율을 공표함으로써 상대적 빈곤의 개념은 국제 비교에 활용된다. 우리나라 중위소득 50% 기준 상대적 빈곤율은 <표 7-2>와 같다.

표 7-2 중위소득 50% 기준 상대적 빈곤율

구분	2010년	2011년	2012년	2013년	2014년	2015년	2016년
상대적 빈곤율	14.9	15.2	14.6	14.6	14.4	13.8	14.7

출처 : 보건복지부(2017a). 통계로 보는 사회보장, p. 320.

OECD 국가 가처분소득 기준 2013년도 상대적 빈곤율을 비교해 보면, 우리나라의 상대적 빈곤율 14.6%는 OECD 국가 평균 10.9보다 높은 수준이다. 우리나라의 상대적 빈곤율은 OECD 분석 대상 30개 국가 중 8번째로 높으며, 가장 높은 이스라엘보다는 약 4% 정도 낮은 것으로 나타났다(보건복지부, 2017a : 319).

2. 빈곤가정 아동의 현황 및 실태

1) 빈곤가정 아동의 현황

아동빈곤을 해결하기 위한 각국의 노력은 다각적인 방면에서 이루어지고 있지만 근본적인 해결방안을 강구하는 것은 요원한 상황이다. 아동빈곤과 관련하여 한국복지패널을 활용하여 복지사각지대의 빈곤아동의 규모를 살펴본 결과 최소 39만 명에서 최대 68만 명으로 추정되었으며 이들의 생활수준이 기초생활보장 수급자와 비슷한 형편이거나 오히려 더 열악한 것으로 나타나고 있다(허선, 2016 : 19).

아동빈곤의 정도를 나타내는 아동빈곤율도 절대적 빈곤율과 상대적 빈곤율로 나누어 설명할 수 있다. 절대적 아동빈곤율은 전체 아동 중 절대적 빈곤선(최저생계비) 미만인 아동의 비율로 정의하며, 상대적 아동빈곤율은 전체 아동 중 상대적 빈곤선(균등화 중위소득 50% 미만)인 아동의 비율로 정의한다. 절대적 빈곤율을 살펴보면, 절대적 아동빈곤율은 2011년 7.1%에서 점차 감소하여 2015년 5.0%를 기록하였다. 급속한 경제성장과 공공부조 제도의 확대 등으로 인해서 절대빈곤율은 완화된 것으로 보인다. 사회의 양극화와 불평등의 심화에 따라 아동의 빈곤수준은 절대적 빈곤율보다 상대적 빈곤율을 활용한 분석이 관심을 받고 있다. 아동의 상대적 빈곤율의 경우, 2011년에는 8.9%였던 빈곤율이 2015년 6.9%로 감소하는 추세를 보인다. 우리나라의 절대적 아동빈곤율과 상대적 아동빈곤율은 <표 7-3>과 같다.

표 7-3 절대적 아동빈곤율과 상대적 아동빈곤율

연 도	절대적 빈곤율			상대적 빈곤율		
	시장소득	경상소득	가처분소득	시장소득	경상소득	가처분소득
2011	7.1	4.4	5.3	10.6	9.2	8.9
2012	6.1	4.4	5.1	9.3	9.0	8.6
2013	5.3	3.6	4.3	8.4	7.8	7.5
2014	4.7	3.3	4.0	7.7	7.0	7.0
2015	5.0	3.6	4.5	8.1	7.2	6.9

* 시장소득 : 시장(노동시장, 금융시장, 서비스시장 등)에서 벌어들이는 소득의 합계
* 경상소득 : 시장소득에 정부에서 지원하고 있는 각종 연금과 정부지원금을 합한 금액
* 가처분소득 : 경상소득에서 조세 및 사회보장부담금을 제외한 소득

출처 : 한국보건사회연구원(2016). 2016년 빈곤통계연보, p. 85, 88 재구성.

OECD 35개 국가의 평균 아동빈곤율 11.4%(2013년 기준)와 비교했을 때, 우리나라 아동의 상대적 빈곤율은 7.1%로 덴마크, 핀란드, 노르웨이, 독일, 스웨덴 등 소위 복지선진국과 비교할 경우 낮은 수준의 빈곤율을 보인다.

빈곤아동의 사각지대 규모를 추정한 초록우산어린이재단(2014 : 48)의 연구에서도 2011년을 기준으로 기초생활보장제도 수급아동은 5.1%, 비수급 빈곤가구와 차상위

가구 아동은 1.6%, 중위소득 50% 이하인 상대적 빈곤에 해당하는 저소득 빈곤가구는 4.9% 등으로 추정하였다. 기초생활보장제도 수급을 받지 못하는 복지사각지대 '빈곤아동가구' 전체 규모는 6.5%임을 밝혔다. 하지만 전체 아동가구 중 국민기초생활보장이나 차상위 계층으로 정부지원을 받는 가구는 4%에 불과하였으며, 수급아동을 포함하여 전체 빈곤아동을 추계하면 11.6%나 되었다. 2012년 말 기준으로 기초생활보장 대상 아동가구는 2.56%, 차상위층 아동가구는 1.33%밖에 되지 않았다. 여전히 많은 아동들이 빈곤에 노출되어 있지만, 정부의 지원을 받지 못하는 사각지대에 놓여 있다고 할 수 있다.

2) 빈곤가정 아동의 실태

(1) 빈곤가정 아동의 실태

소득을 기준으로 측정한 한국의 공식 아동빈곤율은 계속해서 감소하고 있지만, 최근에는 아동의 빈곤양상을 정확히 이해하고, 보다 근본적으로 인권 차원에서 접근하기 위해 소득수준뿐 아니라 다차원적으로 접근하여 분석하려는 움직임이 확장되고 있다. 대표적으로 OECD는 2015년에 발간된 「How's Life?－2015 Measuring Well-being(OECD, 2015)」 보고서에서 아동의 삶의 문제, 특히 발달적 측면과 권리의 측면에서 다차원적 방식으로 바라보는 것이 중요함을 강조하고 있다(OECD, 2015 : 143, 여유진 외, 2016 : 68 재인용). 즉, 아동이 살고 있는 가족의 복지조건과 함께 아동에게 필요한 특수한 복지조건인 지표를 아홉 가지 차원에서 <표 7－4>와 같이 제시하였다.

표 7-4 OECD(2015)의 아동복지 차원과 지표들

아동이 살고 있는 가족의 복지조건	
소득과 재산	아동가구의 가처분소득/ 아동 소득빈곤
일자리와 소득	무직가구 아동/ 장기실업 부모를 둔 아동
주거조건	아동당 평균 방 수/ 기본시설이 결여된 주택에 사는 아동

아동에게 특수한 복지조건	
건강상태	영아 사망률/ 저체중 출산율/ 주관적 건강상태 과체중과 비만/ 청소년 자살률/ 청소년 출산율
교육과 숙련	PISA 평균 읽기점수/ PISA 창의적 문제해결능력 점수/ NEET/ 교육박탈
시민참여	투표의사/ 시민참여
사회환경과 가족환경	부모와 대화가 용이하다고 생각하는 청소년 친절하고 도움을 주는 교우 학업으로부터 많은 압박감을 느끼는 학생 학교를 좋아하는 학생/ PISA 소속감 지표/ 부모와 함께 보내는 시간
개인안전	아동 살해율/ 괴롭힘
주관적 복지	삶의 만족도

출처 : 여유진 외(2016). 아동의 빈곤예방을 위한 실태 연구, p. 70.

대표적인 국제아동자선기구인 UNICEF에서도 다차원적 박탈지표와 기준선을 주거, 위생, 식수, 음식/ 영양, 보건, 교육, 정보로 7개의 지표를 제시하였고, 다차원적 박탈지표와 박탈의 기준선을 <표 7－5>와 같이 제시하였다.

표 7-5 UNICEF 아동빈곤 국제비교연구에서 정의하는 다차원적 박탈지표와 기준선

박탈 (deprivation)	덜 심각한 박탈의 기준선 (less severe)	심각한 박탈의 기준선 (severe)
주거 (shelter)	방 1개당 4인 이상이 거주하는 집에 살거나, 바닥재나 지붕이 적절하지 못한 집에 사는 아동	방 1개당 5인 이상이 거주하는 집에 살거나, 바닥재가 없는 집에 사는 아동
위생 (sanitation)	비위생적인 화장실 시설을 이용해야 하는 아동	화장실이 없는 곳에 거주하는 아동
식수 (water)	비위행적인 식수를 사용하는 아동 (예 공동우물 혹은 물을 긷는 데 30분 이상 걸리는 식수원을 이용하는 경우)	강, 연못, 호수 등 표층수를 사용하거나 물을 긷는 데 30분 이상 걸리는 식수원을 이용하는 아동
음식/ 영양 (food)	국제표준에 비해 발육(나이 대비 키), 체력저하(키 대비 몸무게), 저체중(나이 대비 몸무게) 상태가 －2표준편차 이하인 아동	국제표준에 비해 발육(나이 대비 키), 체력저하(키 대비 몸무게), 저체중(나이 대비 몸무게) 상태가 －3표준편차 이하인 아동
보건 (health)	2세까지 여덟 가지 기본적인 백신접종을 받지 못한 아동	백신접종을 받지 못한 아동 또는 호흡기 감염/ 설사 같은 병에 의료처치를 받지 못한 아동

교육 (education)	7~17세 아동 중에 학교에 가지 못하거나 초등교육을 받지 못한 아동	7~17세 아동 중 학교를 전혀 가본 적이 없거나 현재 학교에 다니지 못하고 있는 아동
정보 (information)	3~17세 아동 중 라디오나 텔레비전에 접근할 수 없는 아동	3~17세 아동 중 라디오, 텔레비전, 전화, 신문, 컴퓨터 등에 접근할 수 없는 아동

출처 : 김은주(2015). 다차원 빈곤지표로 측정한 한국의 아동빈곤, p. 113.

우리나라 아동빈곤은 소득을 기준으로 측정한 상대적 빈곤율은 낮은 수준을 보이지만, 다차원적 박탈지표를 통해 분석한 빈곤지표에서는 높은 수준의 빈곤 정도를 보이고 있다는 점에 주목할 필요가 있다. 2013년 아동종합실태조사에서는 식생활, 교육자원, 사회활동 등을 포함한 UNICEF 아동결핍지수(child deprivation index)로 빈곤상태를 측정한 결과 한국 아동들의 결핍 정도는 OECD 국가 중 가장 높은 것으로 나타났다(김미숙 외, 2013 : 493). 주거, 식생활, 건강, 교육 등 다차원 빈곤지표를 활용하여 빈곤을 측정한 연구(김은주, 2015 : 125)에서도 소득기준으로만 측정했을 때의 아동빈곤율보다 소득기준과 박탈 정도를 결합하여 추정했을 때 아동빈곤율이 훨씬 높게 나타났는데, 이는 소득기준으로 차상위계층 혹은 일반가구로 분류될지라도 생활수준의 박탈과 소득을 동시에 고려한 지표에 따르면 빈곤집단으로 분류될 수 있다는 사실을 보여준다. 즉, 소득기준만으로 측정했을 때 상당수의 빈곤아동들이 복지혜택의 사각지대에 놓이게 된다는 점을 확인하였다.

아동의 빈곤상황을 파악하기 위해 실태조사를 실시한 한국보건사회연구원(2016 : 179-180)에 의하면, 빈곤가구의 특징을 볼 수 있다. 가구유형 중에서는 한부모가구와 조손가구 등에서 빈곤율이 높았으며, 빈곤한 아동가구는 가구주가 실업 혹은 불안정한 일자리를 갖고 있었고, 부채가 많은 것으로 나타났다. 빈곤아동가구는 최저기준에 미달하는 열악한 주택에 거주하며, 부모님의 부부싸움의 횟수가 상대적으로 많고, 자녀양육에 자신감이 없는 것으로 나타났다. 또한 빈곤아동가구는 육류와 과일 등의 섭취가 결핍되었으며, 취미활동도 옥내로 국한되어 나타나는 등 주거, 건강, 교육, 가정환경 등 가족의 복지조건이 열악한 것으로 확인되었다.

(2) 빈곤이 아동에게 미치는 영향

아동기의 빈곤 경험은 아동의 발달 전체 영역에 부정적인 영향을 미치며, 이러한 영향은 성인기까지 지속되어 세대 간 대물림으로 이어진다. 빈곤이 아동에게 주는 영향을 신체적 건강, 정서행동, 인지 및 언어 영역으로 구분하여 살펴보고자 한다.

첫째, 빈곤은 출생 시부터 아동의 신체적 발달에 부정적인 결과를 미친다. 가정의 경제적 어려움으로 인해 의식주와 관련한 기본적 욕구를 충족하지 못한 아동은 발달 과정에서 지속적으로 낮은 발달 정도를 보였다. 빈곤아동은 비빈곤 아동에 비해 유아 사망률이 1.7배 높고, 미숙아 출생률이 1.7배 높으며 병원입원율이 2배 높은 것으로 나타났다(Brooks-Gunn & Duncan, 1997 : 57). 빈곤아동은 열악한 주거환경 등으로 인해 아토피 등 피부병, 천식 등 기관지염 등 알레르기와 선천적 질병의 문제를 갖기 쉽고, 부족한 음식섭취와 영양불균형으로 인해 영양결핍과 빈혈 등을 경험할 가능성이 높다. 이처럼 빈곤아동은 다양한 어려움에 노출되지만 적절한 시기에 의료적인 서비스와 지원을 받지 못하여 건강을 회복하지 못하는 악순환에 놓여 있는 것이다.

둘째, 빈곤은 아동의 정서 및 행동발달에도 부정적인 영향을 미친다. 빈곤가족 아동의 경우 비빈곤 가족의 아동에 비해 더 높은 우울이나 불안 등의 내재화 문제, 낮은 자존감, 비행이나 공격행동 등 심리사회적 문제를 경험하는 것으로 보고되고 있다(Brooks-Gunn & Duncan, 1997 : 62). 빈곤상황과 이로 인한 경제적인 스트레스는 부모에게도 부정적인 영향을 미치며 이러한 정서적 상황은 자녀에게 그대로 전달될 수 있다. 빈곤아동은 일반아동에 비해 부모로부터 방임될 확률이 높아 적절한 훈육을 받지 못하고, 부정적인 부모-자녀 상호작용을 더 많이 경험하면서 자녀의 정서 및 행동 발달에 부정적인 영향을 미치는 것으로 파악된다.

셋째, 빈곤은 아동의 인지와 언어영역에도 부정적인 영향을 미친다. 이로 인해 인지능력과 학업성취가 떨어지며, 학교에서 적응적이지 못한 것으로 보고되고 있다. 누적된 빈곤은 아동의 학업성적에 부정적인 영향을 미쳤으며, 빈곤아동은 비빈곤 아동에 비해 성적뿐 아니라 자존감, 또래관계 등에서 낮은 수준을 보였으며 이러한 차이는 통계적으로 유의미하였다(김형태, 2015 : 281). 빈곤가정의 부모들은 늦은 시간까지 일을 해야 하므로 아동의 학습을 지원할 수 있는 시간과 능력이 부족하고, 학습에 필요한 물품이나 교육자료 등을 지원할 수 없는 환경은 아동의 학업성취를 지속적으로 저해하고 있는 것이다.

그러나 빈곤한 아동 모두가 문제를 경험하는 것은 아니다. 빈곤아동일지라도 그 상황을 잘 극복하고 긍정적인 측면을 발달시킬 수 있는데 이러한 차이를 회복탄력성 개념으로 설명할 수 있다. 따라서 빈곤아동을 위한 적합한 서비스 지원·제공과 함께 이들이 부정적인 환경적 스트레스에 잘 대처하며 심각한 위험 상황에서도 현실적으로 잘 적응할 수 있도록 그들의 강점과 탄력성을 파악하는 것이 필요하다.

3. 빈곤가정의 아동권리와 보호서비스

1) 빈곤가정 아동의 권리

아동기의 빈곤은 아동의 신체적·인지적·심리적 발달에 부정적인 영향을 미치며 전 생애에 걸친 영향력이 크므로 중요하고 세심하게 다루어져야 한다. 아동은 빈곤에서 벗어나 안전하게 보호되고, 건강하게 성장할 권리가 있기 때문이다.

빈곤아동에 대한 예방과 지원을 위해 2011년 7월 14일에 제정되어 2012년 7월 15 시행된 「아동의 빈곤예방 및 지원 등에 관한 법률(약칭 : 아동빈곤예방법)」은 빈곤아동과 관련된 법률로는 처음 제정되었다. 이 법의 목적은 빈곤아동이 복지·교육·문화 등의 분야에서 소외와 차별을 받지 아니하고 한 사회의 구성원으로 건강하게 자랄 수 있도록 제도적 기반을 마련하는 것이다(제1조). 이 법의 기본이념은 빈곤아동이 부모의 사회적·경제적 지위와 상관없이 태어나서 자립할 때까지 충분한 역량을 갖출 수 있도록 균형 있고 조화로운 성장과 건강하고 행복한 삶을 누릴 수 있도록 하는 것이다(제2조).

이 법에 따른 국가 및 지방자치단체의 책무는 첫째, 복지·교육·문화 등의 지원 등 빈곤아동 정책의 수행에 필요한 법적·제도적 장치를 마련하고 업무수행에 필요한 재원을 안정적으로 확보하기 위하여 노력하여야 한다. 둘째, 빈곤아동의 안전 · 건강 및 복지증진을 위하여 빈곤아동과 그 보호자 및 가정을 지원하기 위한 정책을 수립 · 시행하여야 한다. 셋째, 빈곤아동이 어떠한 종류의 차별도 받지 아니하도록 필요한 시책을 마련하여야 한다고 명시되어 있다(제4조).

빈곤아동의 공평한 출발기회를 제공할 목적으로 「아동복지법」의 하위법령 개정안과 「아동의 빈곤예방 및 지원 등에 관한 법률(이하 아동빈곤예방법)」 하위법령 제정안을 마련하였다. 「아동빈곤예방법」은 모든 아동이 교육, 영양, 의복, 주거 및 건강과 같은 사회적 · 경제적 · 문화적 권리를 마땅히 보장받아야 할 주체자임을 선언한 「유엔아동권리협약」의 내용을 반영하고 있다. 「아동빈곤예방법」에서 실질적인 '빈곤아동 실태조사'를 통해 빈곤아동정책에 대한 기본방향을 수립하여 국가가 좀 더 엄격하게 아동의 빈곤에 대하여 책임질 수 있을 것으로 기대한다.

「아동빈곤예방법」의 실효성 확보를 위해서는 기본계획 수립 사항을 구체적으로 규정하여 빈곤아동에 대한 예방과 지원이라는 목적이 달성되어 아동의 권리를 마땅히 보장할 수 있어야 한다. 또한 빈곤아동에 대한 정책적 대책마련을 위해서는 어느 한 부처의 소관으로 한정하는 것이 아니라 부처 전반에 걸쳐 아동의 빈곤문제에 대해 추진전략을 세울 필요가 있으며, 관련 부처 간 의견을 조정하여 추진할 수 있는 주체가 마련되어야 할 것이다.

2) 빈곤가정 아동의 보호서비스

빈곤가정 아동을 위한 서비스에는 드림스타트, 아동발달지원계좌 지원, 지역아동센터, 결식아동 급식지원, 교육복지우선지원사업 등이 운영되고 있다.

(1) 드림스타트

드림스타트는 현대사회에 이르러 다양한 이유로 인한 가족해체 및 사회양극화 현상 등에 따라 아동빈곤에 대한 문제가 심각하게 대두됨에 따라 2004년 민간부문에서 시작된 위스타트(We Start) 프로그램을 2007년 국가의 정책으로 전환한 국가주도형의 아동복지사업이다. 이는 빈곤에 대한 대물림을 단절하고 빈곤을 완화할 수 있는 공공정책으로 비용 대비 효과성이 높은 사업이라고 할 수 있다.

드림스타트 사업은 취약계층 아동에게 맞춤형 통합서비스를 제공하여 아동의 건강한 성장과 발달을 도모하고 공평한 출발기회를 보장함으로써 건강하고 행복한 사회구성원으로 성장할 수 있도록 지원하는 사업이다(보건복지부, 2017b : 16). 즉, 드림스타트는 아동기에 빈부의 격차로 발생할 수 있는 발달의 격차를 줄이기 위해 제공되는 '맞춤형 통합서비스'로 궁극적인 목적은 아동의 잠재능력을 키워 빈곤의 고리를 끊을 수 있도록 하는 것이다. 이는 빈곤의 대물림을 방지하기 위한 영국의 슈어스타트(Sure Start), 미국의 헤드스타트(Head Start) 등과 맥을 같이하는 취약계층 아동 통합서비스 지원사업이라고 할 수 있다.

드림스타트 사업대상은 0세(임산부)~만 12세(초등학생 이하) 아동 및 가족이다. 특히 국민기초수급 및 차상위계층 가정, 보호대상 한부모가정(조손가정 포함), 학대 및 성폭력 피해아동 등에 대한 우선 지원을 원칙으로 한다. 만 12세 이상 아동 중 위기개입·집중사례관리 등급에 한해 지속적인 사례관리가 필요하다고 인정되는 경우 사례회의 및 자치단체장의 승인을 거쳐 사례관리 기간 연장이 최대 15세까지 가능하다(보건복지부, 2017b : 16).

드림스타트 사업은 가정방문을 통해 아동 및 가구 현황조사, 위기도 검사 후 사례관리 대상아동과 그 가족에게 아동과 가족의 기초정보 및 아동의 양육환경과 발달 정보를 기준으로 지원서비스가 시행된다. 지원방식은 대상자가 필요한 서비스를 제공받을 수 있도록 관련 기관과 연계하거나 대상자에게 서비스를 직접 제공하는 방식으로 이루어진다. 서비스 유형은 사례등급과 관계없이 가정방문을 통해 대상자를 면담하는 기본서비스와 아동의 발달을 위해 반드시 제공되어야 하는 필수서비스, 그리고 대상자의 필요와 욕구를 고려한 맞춤서비스가 제공되고 있다. 드림스타트가 제공하는 필수서비스는 <표 7-6>, 지원서비스 내용은 <표 7-7>과 같다.

표 7-6 드림스타트 필수서비스

대상별 서비스 내용		
아동(총 8종)	건강검진(성장발달스크리닝 포함) 예방접종 영양교육 응급처치교육	아동권리교육 인터넷 중독 및 예방교육 소방 및 안전교육 학대 및 (성)폭력 예방교육
임산부(총 2종)	산전 및 산후 검진	예비부모 교육
부모(총 1종)	자녀발달 및 양육교육	

※ 영아(생후 36개월 미만)의 경우 프로그램 참여가 어려운 점을 고려하여 영양교육, 응급처치교육, 아동권리교육, 인터넷 중독 및 예방교육, 소방 및 안전교육, 학대 및 (성)폭력 예방교육은 부모교육으로 대체 가능

출처 : 보건복지부(2017b). 2017년 드림스타트 사업안내, p. 62.

표 7-7 드림스타트 지원서비스 내용

서비스 구분	서비스 내용
신체 · 건강	• 아동의 건강한 성장과 신체발달 증진 • 건강한 생활을 위한 건강검진 및 예방, 치료 • 아동 발달에 필요한 신체/ 건강 정보 제공
인지 · 언어	• 아동의 의사소통 및 기초학습 능력 강화 • 맞춤형 인지/ 언어 서비스를 통한 아동의 강점 개발
정서 · 행동	• 자아존중감 및 긍정적 성격 형성을 위한 정서발달 서비스 제공 • 사회성 발달 및 아동권리 신장을 위한 교육
부모 · 가족	• 부모-자녀 상호작용 및 적합한 교육환경을 위한 부모 역량 강화 • 부모의 유능감 및 자존감 강화 • 부모의 양육기술 지원 • 임산부의 건강한 출산 및 양육 지원

출처 : www.dreamstart.go.kr

보건복지부가 사업을 총괄하고 시 · 도가 관리 및 운영을 지원하며 시 · 군 · 구가 아동통합서비스지원기관(드림스타트)을 운영한다. 사업추진체계도는 [그림 7-1]과 같다.

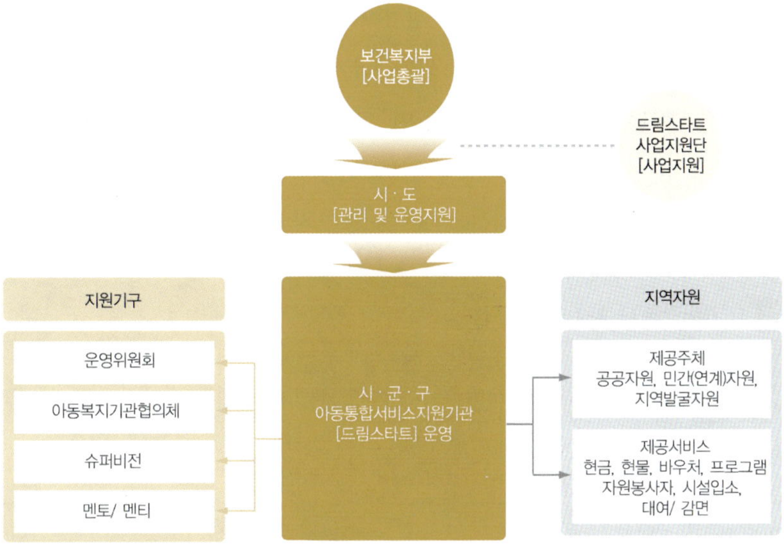

[그림 7-1] 드림스타트 사업추진체계도

출처 : 보건복지부(2017b). 2017 드림스타트 사업안내, p.21.

(2) 아동발달지원계좌 지원

아동발달지원계좌(CDA : Child Development Account)는 빈곤 요보호아동이 18세 이후 사회에 진출할 때 경제활동에 소요되는 초기비용의 마련을 위한 자산형성을 지원하는 제도이다. 우리나라 아동 자산형성 지원 프로그램인 아동발달지원계좌는 "디딤씨앗통장"이라는 이름으로 2007년 4월부터 실시하고 있다. "디딤씨앗통장"은 아동의 새 희망과 큰 꿈을 실현하는 데 디딤이 되는 종잣돈(seed money)이 됨을 의미한다. 저소득층 아동이 후원자 또는 보호자의 도움 등으로 매월 일정 금액을 저축하면 국가(지방자치단체)에서 일대일로 정부매칭지원금으로 월 4만 원까지 같은 금액을 적립하여 아동이 준비된 사회인으로 성장할 수 있도록 돕는다. 기본매칭 최고한도 4만 원을 적립한 보호아동(보호자, 후원자 등)은 월 47만 원(연간 564만 원) 내에서 추가 적립이 가능하다.

아동발달지원계좌 지원대상아동은 만 18세 미만의 아동복지시설 보호아동, 가정위탁보호 아동, 장애인생활시설 아동, 소년소녀가정 아동과 기초생활수급가구 아동(중위소득 40% 이하의 수급가구 아동 중 신규 선정)이다.

지원기간은 보호대상아동 및 기초생활수급가구 아동의 가입 시부터 만 18세 미만까지 지원된다. 2016년 12월 기준 가입아동 현황은 총 70,417명이며, 아동의 저축액은 1,562억 원, 정부매칭액은 1,150억 원으로 총 저축액은 2,712억 원이 적립되고 있다. 디딤씨앗통장 가입아동 구성은 <표 7−8>과 같다.

표 7-8 디딤씨앗통장 가입아동 구성

구분	합계	시설보호 아동	가정위탁 보호아동	소년소녀 가정아동	공동생활 가정아동	장애인 시설아동	가정복귀 아동	기초생활 수급자 아동
총가입자 (%))	70,417 (100%)	12,481 (17%)	9,087 (13%)	104 (1%)	2,408 (3%)	1,184 (2%)	4,239 (4%)	42,936 (60%)

출처 : 디딤씨앗통장. www.adongcda.or.kr

만 18세 만기 이후에는 대학(대학원)학자금, 기술자격 및 취업훈련비용, 창업지원금, 주거마련 지원 등 오직 아동의 자립을 위한 용도에 한하여 사용 가능하며, 자립사용용도가 발생하지 않은 경우, 만 24세 도달 시에는 사용용도에 제한 없이 적립금을 사용할 수 있다.

아동발달지원계좌사업은 아동이 18세에 이르러 독립하게 될 때 자산형성을 지원하기 위한 사업이며, 적립된 저축금은 18세에 이른 연장아동에게 지급되고 있으나 이 돈이 지원대상아동의 자립에 어떻게 사용되고 있는지, 자산형성에 어떠한 영향을 미쳤는지에 대한 연구는 아직까지 찾아보기 어렵다. 앞으로 지원대상아동에 대한 장기적인 자료 수집을 통해 아동발달계좌를 포함한 사회투자지원의 효과를 평가할 수 있을 것으로 기대한다.

(3) 지역아동센터

지역아동센터는 1980년대 공단주변과 저소득층 밀집지역에서 민간이 운영하던 공부방에 뿌리를 두고 있다. 공부방은 IMF 이후 급증한 결식아동의 문제를 해결하기 위한 노력으로 많은 사회적 관심을 받았으며, 빈곤아동의 결식문제뿐만 아니라 가정의 문제, 지역사회의 문제까지 개입하게 되며, 지역의 각종 공공 및 시민사회 단체와 연대하며 아동보육서비스까지 담당하는 역할을 수행하기도 하였다(공계순 외, 2016 : 198). 2004년 「아동복지법」 개정으로 공부방이 지역아동센터로 법제화되었으며, 현재 지역아동센터는 지역사회 아동의 건전육성을 위하여 보호·교육, 건전한 놀이와 오락의 제공, 보호자와 지역사회의 연계 등 종합적인 아동복지서비스를 제공하는 역할을 수행하고 있다.

법제화 당시 2004년에는 895개소, 23,347명이 이용하고 있던 지역아동센터는 2016년 12월 기준으로 4,107개소에 이용아동은 106,668명으로 급속한 양적 성장을 이루었다. 2016년 12월 기준으로 이용아동의 구성은 미취학 아동 1,872명(2%), 초등학생 82,140명(77%), 중학생 18,156명(17%), 고등학생 4,377명(4%), 탈학교 123명(0.1%) 순으로 초등학생이 가장 많이 이용하는 것으로 나타났다. 지역아동센터시설 및 이용아동 현황은 <표 7-9>와 같다.

표 7-9 지역아동센터시설 및 이용아동 현황

	2011년	2012년	2013년	2014년	2015년	2016년
개소 수	3,985	4,036	4,061	4,059	4,102	4,107
아동 수	104,982	108,357	109,066	108,936	109,661	106,668

출처 : 보건복지부(2016a). 2016년 전국지역아동센터 통계조사 보고서, p. 5, 38 재구성.

지역아동센터 지원대상은 현황에서도 알 수 있듯이 지역사회 내 방과 후 돌봄 서비스를 필요로 하는 18세 미만의 아동을 대상으로 한다. 신고정원의 90% 이상은 우선보호아동을 유지해야 하며, 일반아동은 10% 이내로 이용이 가능하다(www.icareinfo.go.kr). 우선보호아동이란 중위소득 100% 이하 지역사회 방과 후 돌봄을 필요로 하는 18세 미만의 아동을 의미하며, 일반아동이란 지역사회 방과 후 돌봄이 필요한 아동을 의미한다.

지역아동센터에서는 방과 후 돌봄이 필요한 아동에게 다양한 프로그램을 제공함으로써 아동의 정서적 안정과 신체·인지·정서·사회성 발달을 위한 종합적인 아동복지서비스를 제공한다. 구체적인 프로그램 내용은 <표 7-10>과 같다.

표 7-10 지역아동센터 프로그램 내용

구분	내용
보호 프로그램	안전한 곳에서 건강한 생활지원(생활 및 안전)
교육 프로그램	다양한 교육활동 지원(학습, 특기적성, 성장과 권리 등)
문화 프로그램	아동의 정서적 성장 도모(체험활동 및 참여활동)
정서지원 프로그램	아동 및 가족에 대한 지원, 가족기능강화(상담 및 가족지원)
지역사회연계 프로그램	지역네트워크를 통해 필요한 서비스 제공 및 연계(홍보 및 연계)

출처 : 지역아동센터중앙지원단. www.icareinfo.go.kr

지역사회에서 아동의 접근성이 높고 개소 수가 많은 지역아동센터는 지방자치단체와 함께 지역 내 빈곤·학대·방임가정, 한부모·조손·맞벌이·이혼가정의 아동과 결혼이민자 가정의 아동 등 돌봄이 필요한 아동들을 적극 발굴·보호하여 아동방임을 예방할 수 있어야 할 것이다. 지역아동센터의 특징은 <표 7-11>과 같으며 기능은 <표 7-12>와 같다.

표 7-11 지역아동센터의 특징

- 소규모 가정형태의 이용시설로 정서적·심리적 안정감을 제공
- 지역사회 내 아동·청소년의 접근성 용이
- 아동, 가족의 욕구파악 및 사례관리, 상담 실시
- 교육과 복지의 통합적 서비스 실시
- 아동의 권리 보호 및 보장 활동 실시
- 빈곤위기 아동정책에 대한 제도적 개선 및 정책반영 활동

출처 : www.icareinfo.go.kr

표 7-12 지역아동센터의 기능

- 아동·청소년의 심리정서적 안정 및 건강한 신체발달 기능 강화
- 일상생활, 학교생활의 유지 및 적응력 강화 기능
- 빈곤위기 가정, 아동·청소년 가정의 기능 보완
- 지역사회 내 아동·청소년 문제에 대한 사전 예방적 기능
- 지역사회 자원 확보, 발굴 및 지지망 강화

출처 : www.icareinfo.go.kr

(4) 결식아동 급식지원

아동급식의 개념은 아동이 가정빈곤, 가족해체, 가정위탁, 소년소녀가정, 부모(보호자)의 실직·질병·가출 및 직업적 특성, 아동학대·방임·유기 및 부양기피·거부, 그 밖에 여러 가지 사정으로 제대로 보살핌을 받지 못해 끼니를 거르거나, 먹는다 해도 필요한 영양을 충분히 공급받지 못하는 경우에 아동의 건강한 성장과 발달을 위하여 식사를 직접 제공하거나 식사를 할 수 있도록 관련 식품 등을 지원하는 일체의 행위를 말한다(이재연 외, 2016 : 181).

결식아동 급식지원은 저소득 가정의 아동들이 건강하게 자랄 수 있도록 급식지원 등을 통해 결식예방 및 영양개선을 제공할 목적으로 실시되고 있다. 급식지원은 「아동복지법」 제35조(건강한 심신의 보전) 제2항 제3호에서 명시하고 있는 국가와 지방자치단체는 아동의 건강증진과 체력향상을 위하여 급식지원 등을 통한 결식예방 및 영양개선에 관한 사항을 지원해야 한다는 내용에 근거하고 있다.

급식지원 대상자의 연령은 18세 미만의 취학 및 미취학 아동이며, 18세 이상인 경우에도 고등학교에 재학 중인 아동을 포함하며, 18세 미만인 학교 탈락아동의 경우에도 지원이 가능하다. 지원대상은 국민기초생활보장 수급자 및 보호대상자 아동 등 저소득층에 해당되는 아동 중에서 결식우려가 있는 아동이며, 지역아동센터, 사회복지관 등의 아동복지 프로그램을 이용하는 아동 모두가 해당된다. 급식지원은 조식·중식·석식 중 아동별 특성에 따라 급식형태를 선택하여 지원하고 있다. 취학아동의 경우, 중식은 학기 중에는 교육청에서 학교급식으로 지원하고, 조식·석식과 방학 중 중식은 지방자치단체에서 취학아동의 특성과 지역여건에 따라 다양한 급식방법으로 지원하고 있다.

지원방법은 아동(가정)의 취사능력 유무, 지역사회의 식사제공 가능 시설 등을 고려하여 아동에게 맞는 방법으로 지원하고 있지만 현금지급은 하지 않고 있다. 결식아동 급식지원은 지역설정과 아동여건에 따라 급식소 급식, 일반음식점 급식, 도시락 배달, 편의점 급식, 부식지원 등의 방법으로 지원되고 있다. 급식지원 과정에서 아동의 낙인감(stigma)이 발생하지 않도록 다양한 방법이 모색되어야 할 것이다.

(5) 교육복지우선지원사업

교육복지우선지원사업은 「초 · 중등교육법 시행령」 제54조 제1항에 따른 학생이 밀집한 학교에 대하여 교육 · 복지 · 문화 지원 프로그램 등을 제공하는 사업을 말한다. 취약계층 학생이 밀집한 지역의 학교를 선정하여 집중 지원함으로써 교육 · 문화 · 복지 수준을 높이고 교육격차를 해소하기 위해 수립되었다.

교육복지우선지원사업은 계층 간 소득 격차 심화 및 가정의 기능 약화, 급격한 도시화 등으로 초래된 사회통합 위기에 교육격차를 극복함으로써 사회통합을 이룰 수 있도록 교육의 형평성 추구를 목적으로 추진되고 있다. 저소득층 학생 및 아동의 학습결손 예방과 행동 · 정서 · 문화적 치유를 통해 교육적 성취를 제고하고, 가정-학교-지역사회의 통합 지원망을 구축하여 취약계층 아동이 자주적 시민으로 성장할 수 있도록 생애주기에 적합한 서비스를 다양하게 지원하고 있다.

2003년도에 2년에 걸친 '교육복지투자우선지역지원사업'이 시행되었고, 사업의 효과성이 입증되면서 2008년 전국 100개 지역으로 사업이 확대되었다. 이후 지역에서 취약집단학생이 밀집한 단위학교를 중심으로 사업이 재편되면서 명칭도 '교육복지우선지원사업'으로 변경되었으며, 학교에 지역사회교육전문가(교육복지사)가 배치되어 활동하고 있다. 2003년 시범사업 시기부터 2010년까지는 중앙정부의 특별교부금을 재원으로 운영되다가, 2011년부터는 재원을 보통교부금으로 전환하여 시도교육청에서 자율적으로 사업을 추진할 수 있도록 하면서 시지역뿐 아니라 읍면지역에서도 사업 추진이 가능하게 되었다. 현재 각 시 · 도별 교육복지사업의 추진체계와 내용 등은 모두 자율적으로 운영하면서 다양하게 전개되고 있다. 2011년 전국에 1,356개 학교에서 추진되었던 교육복지우선지원사업은 2017년 기준 한국학교사회복지사협회에서 집계한 바에 따르면 전국 3,178개교에서 사업을 추진하고 있다. 2017년 기준 교육복지우선지원사업 참여학교 현황은 <표 7-13>과 같이 초등학교와 중학교에 집중되어 있다.

표 7-13 교육복지우선지원사업 참여학교 현황 (단위 : 개교)

연 도	초등학교	중학교	고등학교	특수학교	계
2017	1,746	1,244	184	4	3,178

출처 : 한국사회복지사협회. www.kassw.or.kr

교육복지우선지원사업에서 제공하는 서비스는 대상 학생에게 교육과정과 연계한 학습, 문화 · 체험, 심리 · 정서, 보육 · 복지 등 종합적으로 지원하고 있으며 구체적인 내용은 <표 7－14>와 같다.

표 7-14 교육복지우선지원사업 서비스 내용

구분	내용
학 습	교육과정과 연계한 기초학습능력 확보 및 학습결손 치유, 예방 프로그램 운영 제공(일대일 학습, 방과 후 학교 프로그램, 방학 중 캠프, 대학생 멘토링 등)
문화 · 체험	각족 현장체험학습 실시로 문화체험에 대한 기회 결핍을 해소하고 살아있는 학습 경험을 제공(예술제, 축제, 캠프, 동아리, 자원봉사활동, 박물관 및 미술관 견학 등)
심리 · 심성	건강한 자아 형성 및 부적응 치유를 위한 맞춤형 상담 및 심리치료 지원 (학생상담 및 심리검사, 심리치료, 학교부적응 예방 프로그램 참여 등)
복 지	학교 · 가정 · 지역사회와 연계한 학생 통합보호, 지원체계 구축 (치과 · 안과 치료, 학습준비물 지원, 가정방문, 간식비 등)

출처 : 복지로. www.bokjiro.go.kr/welInfo/retrieveGvmtWelInfo.do?welInfSno=20

4. 빈곤가정 아동복지의 문제점과 과제

1) 빈곤가정 아동복지의 문제점

아동이 빈곤에서 벗어나 아동의 권리를 누릴 수 있도록 해결되어야 할 빈곤가정 아동복지의 문제점을 살펴보면 다음과 같다.

첫째, 기본생활보장을 위한 소득보장 수준이 매우 미약하다. 우리나라에서 빈곤아동은 대체로 국민기초생활보장 수급가정의 아동이며, 모자가구와 부자가구의 한부모가정 아동과 소년소녀가장 아동으로 볼 수 있다. <표 7-15>와 같이 수급자 가구 유형 중에서 모자가구, 부자가구, 소년소녀가구가 차지하는 비율은 16.1%에 이른다.

표 7-15 2015년도 수급자의 가구유형별 현황 (단위 : 가구, %)

구분	계	노인가구	소년소녀 가장가구	모자가구	부자가구	장애인 가구	일반가구	기타
가구 수	1,014,177	262,124	5,188	123,497	34,538	191,723	323,289	73,818
구성비	100	25.8	0.5	12.2	3.4	18.9	31.9	7.3

자료 : 보건복지부(2016b). 2015 국민기초생활보장 수급자 현황, p. 29.

기초생활보장을 통한 지원은 빈곤가구에 대한 최저생계비를 지원하는 것으로서 아동의 연령과 발달단계, 욕구의 특성에 따른 지원이 이루어지기 어렵다(오정수, 정익중, 2016 : 275). 소득기준으로 평가했을 때 차상위계층 혹은 일반가구로 분류될지라도 생활수준의 박탈과 소득을 동시에 고려한 지표에 근거하여 분석한 연구(김은주, 2015 : 125)에서는 실질적으로 도움이 필요한 상당수의 아동들이 수혜대상에서 제외되어 복지사각지대에 놓이는 것으로 확인되었다.

둘째, 빈곤가족에 대한 지원은 빈곤가구의 다양한 특성의 차이를 반영하지 못하고 있다. 2013년 빈곤아동실태를 조사한 연구에서는 한부모가구이거나 조손가구인 경우의 빈곤율이 19배 높았으며(김미숙 외, 2013 : 5), 한부모가정의 경우 양부모가정에 비해 빈곤율이 10배 정도 높았고, 자녀가 1명인 가구에 비해 자녀가 4명 이상인 가구에서 박탈을 경험하고 있는 비율과 빈곤에 처한 비율이 모두 3배 이상 높다(김은주, 2015 : 127). 그러나 소득기준만으로 빈곤이 평가되어 여성가구주의 가정이나, 근로형태가 불안정한 가정, 농어촌 가정의 아동들은 수혜대상에서 제외되어 빈곤상황에 지속적으로 처할 가능성이 높다.

셋째, 빈곤아동복지에 대한 예산은 여전히 부족한 상황이다. 2000년 이후 빈곤아동을 위한 다양한 정책이 개발되어 시행되고 있지만 여전히 예산이 부족하여 한정된 계층만이 수혜를 받고 있다. 김미숙(2013 : 47)은 빈곤아동의 인지 및 정서발달 지원 분야에 종사하고 있는 근로자의 근로조건 또한 매우 열악한 상황임을 지적하였다.

2) 빈곤가정 아동복지의 과제

효과적인 빈곤가정 아동복지를 위한 과제는 다음과 같다.

첫째, 기본생활보장을 위한 소득보장 수준을 확대해야 한다. 기초보장수급자를 선정하는 데 있어서 선정기준을 개선하여 기초보장 사각지대에 있는 대상을 줄이고, 기본재산액 기준 등도 현실화하여 보다 실질적인 도움을 제공해야 할 것이다.

둘째, 아동빈곤 측정방식을 개선해야 한다. 기존의 소득기준을 적용했을 때에는 사각지대에 있는 아동들이 발생할 수밖에 없으므로, 소득수준뿐 아니라 물질적 결핍과 박탈수준을 동시에 고려하고, 이들을 위한 지원방안이 마련되어야 할 것이다.

셋째, 빈곤아동 지원정책 수립 시 대상집단을 세분화하여 지원책을 수립해야 한다. 빈곤율은 가구형태에 따라 다르게 나타나는데, 한부모가정은 소득원이 한 명일 수 있고, 여성일 경우 저소득 노동시장에 참여할 가능성이 높으며, 조손가정의 경우 노인의 노동시장 참여 가능성이 낮아 소득이 낮을 가능성이 높기 때문이다(정은희, 2015 : 54). 따라서 빈곤율이 높은 가구유형인 한부모가구와 조손가구의 소득을 보장할 수 있도록 현금지원을 확대하고, 가구원의 소득활동을 지원할 수 있도록 취업을 지원하고 보육서비스를 강화하는 방안이 필요하다.

넷째, 빈곤아동을 위해 제공되고 있는 드림스타트, 아동발달지원계좌 지원, 지역아동센터, 결식아동 급식지원, 교육복지우선지원사업 등이 지역사회 안에서 뿌리 내리고 확장되어야 할 것이다. 빈곤아동에 대한 조사 결과, 건강상태와 발달 정도가 부진하며 비빈곤 아동에 비해 정서적인 어려움을 겪고 있는 것으로 드러난 만큼 관련 기관의 종사자들은 전문성을 갖추어 빈곤아동을 위한 지원에 최선을 다하며, 질 높은 서비스를 제공해야 할 것이다.

다섯째, 빈곤아동복지에 대한 예산 확보가 필요하다. 빈곤아동복지예산을 대폭 확보하여 복지사각지대에 놓여 있는 아동까지 포괄해야 하고, 빈곤아동을 지원하고 있는 기관 종사자의 역량강화와 근로조건 개선을 통해 보다 질 높은 서비스를 제공할 수 있도록 해야 한다.

여섯째, 보편적 급여로서 '아동수당' 도입에 대한 검토가 필요하다. 아동수당제도는 아동이 있는 가족에 대한 양육비에 대해 국가가 경제적 지원을 해주는 것으로 대다수 OECD 국가에서는 실시하고 있는 것이다. 이 제도는 재원이 많이 소요되지만, 자녀를 양육하는 가정에 대한 소득보장 프로그램으로 가족정책으로 활용될 수 있다. 2018년부터 정부는 만 5세 미만의 아동에게 한 달에 10만 원씩 지급하는 '아동수당' 제도를 시행할 예정이라고 한다. 정부는 아동수당을 지역 화폐로 지급하는 방안을 검토하고 있는데, 아동수당이 부모의 육아부담 하락과 지역 경제 활성화라는 성과를 얻을 수 있기를 기대해 본다.

요점정리

1. 빈곤의 이해
   1) 빈곤의 정의
      - 빈곤이란 인간의 기본적 욕구를 충족시킬 수 있는 자원이 부족한 상태임
      - 아동빈곤이란 아동이 일상적인 생활여건과 자원이 결핍하여 사회적·경제적·문화적 불이익을 받는 빈곤한 상태를 의미함
   2) 빈곤아동의 정의
      생활여건과 자원의 결핍으로 인한 복지·교육·문화 등의 격차를 해소하기 위하여 지원이 필요한 아동
   3) 절대적 빈곤과 상대적 빈곤의 개념
      - 절대빈곤은 한 가구의 소득(또는 지출)이 최저생활을 유지하는 데 필요한 생계비에 미달하였을 경우를 의미함
      - 상대적 빈곤은 한 사회의 전반적인 생활수준에 무게를 두고, 전체 국민의 복지나 소득수준과 비교하여 상대적인 저소득층을 판단함으로써 빈곤을 정의함

2. 빈곤가정 아동의 현황 및 실태
   1) 빈곤가정 아동의 현황–아동빈곤의 절대빈곤율과 상대빈곤율 모두 감소하는 추세를 보이고 있음. 그러나 상대적 빈곤가구의 아동은 실질적 지원을 받지 못하는 사각지대에 놓여 있음
   2) 빈곤가정 아동의 실태–아동빈곤 양상을 인권 차원에서 접근하기 위해 소득수준뿐 아니라 다차원적으로 접근하여 분석하게 될 경우, 결핍의 정도가 높은 것으로 추정됨

3. 빈곤가정의 아동권리와 보호서비스
   1) 빈곤가정 아동의 권리－빈곤아동이 복지·교육·문화 등의 분야에서 소외와 차별을 받지 아니하고 한 사회의 구성원으로 건강하게 자랄 수 있도록 「아동빈곤예방법」이 실행되고 있음
   2) 빈곤가정 아동의 보호서비스－드림스타트, 아동발달지원계좌 지원, 지역아동센터, 결식아동 급식지원, 교육복지우선지원사업
4. 빈곤가정 아동복지의 문제점과 과제
   1) 빈곤가정 아동복지의 문제점－기본생활보장을 위한 소득보장 수준이 매우 미약, 빈곤가구의 특성을 반영하지 못한 지원, 빈곤아동복지예산 부족
   2) 빈곤가정 아동복지의 과제－소득보장의 수준을 확대, 아동빈곤 측정방식 개선, 빈곤아동정책을 세분화, 빈곤아동을 위한 서비스 확대, 빈곤아동복지예산 확보, 아동수당 도입

Quiz

1. 한 사회의 전반적인 생활수준에 무게를 두고, 전체 국민의 복지나 소득수준과 비교하여 상대적인 저소득층을 판단함으로써 빈곤을 정의하는 개념은 무엇인가?
   (   )

2. 일상적인 생활여건과 자원이 결핍하여 사회적·경제적·문화적 불이익을 받는 빈곤한 상태를 무엇이라 하는가? (   )

3. 취약계층 아동에게 맞춤형 서비스 제공으로 공평한 출발기회를 보장하는 사업은?
   (   )

4. CDA 적립금 사용용도에 해당되지 않는 것을 고르시오. (   )
   ① 18세 이전 학자금　　② 취업훈련비용
   ③ 창업지원금　　④ 주거마련 지원
   ⑤ 결혼비용

5. 학생이 밀집한 학교에 대하여 교육·복지·문화 지원 프로그램 등을 제공하는 사업은? (   )

생각 나누기

1. 빈곤아동의 위험요인과 보호요인에 대하여 토론해 보시오.
2. 빈곤아동을 위한 서비스 중에서 효과적인 사업은 무엇인지 토론해 보시오.
3. 빈곤아동을 지원할 때에 낙인감을 감소시킬 수 있는 방안에 대하여 논의해 보시오.

참고문헌

공계순, 박현선, 오승환, 이상균, 이현주(2017). **아동복지론**. 서울 : 학지사.

김미숙(2013). 빈곤아동 삶의 질과 소득지원방안. **보건복지포럼**, 206, 35-47.

김미숙, 전진아, 하태정 외(2013). **아동종합실태조사**. 보건복지부, 한국보건사회연구원.

김은주(2015). 다차원 빈곤지표로 측정한 한국의 아동빈곤. **한국사회정책**, 22(3), 105-137.

김형태(2015). 학교환경인식이 학교적응 유연성에 미치는 영향: 빈곤청소년과 비빈곤 청소년의 비교. **한국청소년정책연구**, 26(1), 269-291.

보건복지부(2016a). 2016년 전국 지역아동센터 실태조사 보고서. 보건복지부.

보건복지부(2016b). 2015 국민기초생활보장 수급자 현황. 보건복지부.

보건복지부(2017a). 통계로 보는 사회보장 2016. 보건복지부.

보건복지부(2017b). 2017년 드림스타트 사업안내. 보건복지부.

브리태니커사전 (2015). 브리태니커 온라인 백과사전.

여유진, 김미곤, 정은희, 이주미, 정희선, 권지성, 김광혁, 김은지, 조준용, 황정미(2016). **아동의 빈곤예방을 위한 실태연구**. 한국보건사회연구원.

오정수, 정익중(2016). **아동복지론**. 서울 : 학지사.

이재연, 박은미, 황옥경, 김형모, 이은주, 강현아(2016). **아동복지론**. 서울 : 학지사.

정은희(2015). 아동빈곤 현황과 정책방향. **보건복지포럼**, 220, 49-57.

초록우산어린이재단(2014). **복지사각지대 빈곤아동가구 현황분석 및 복지서비스 욕구에 관한 연구**. 서울 : 초록우산어린이재단.

한국보건사회연구원(2016). 2016년 빈곤통계연보. 한국보건사회연구원.

허선(2016) 아동빈곤의 현황과 정책과제 : 기초보장 사각지대 빈곤아동을 중심으로. **보건복지포럼**, 2016(3), 19-30.

Brooks-Gunn, J., & Duncan. G. J.(1997). The effects of poverty on child. *The Future of Children,* 7(2), 55-71.

국가법령정보센터. www.law.go.kr
드림스타트. www.dreamstart.go.kr
디딤씨앗통장. www.adongcda.or.kr
복지로. www.bokjiro.go.kr
지역아동센터중앙지원단. www.icareinfo.go.kr
한국학교사회복지사협회. www.kassw.or.kr

CHAPTER 08

다양한 가족의 아동권리와 복지

최근 한국사회는 확대가족에서 핵가족으로의 변화와 더불어 한부모가족, 다문화가족, 조손가족 등 가족유형 및 가족형태가 다양해지고 있다. 이와 같은 가족의 변화양상은 새로운 환경에 적응하여 가족이 재구조화되는 과정으로 볼 수 있으며, 이에 대한 수용 욕구도 증가하고 있다. 개인이 어떠한 가족형태를 지니고 있든지 가족의 구성원들이 안전하게 생활하고 살 수 있도록 가족유형별로 상이한 욕구를 파악하여 이에 대한 적절한 지원이 제공되어야 한다.

이 장에서는 다양한 가족유형 중에서도 한부모가족, 다문화가족, 조손가족의 개념과 현황을 파악하고자 한다. 그리고 이를 기반으로 사회적 지원이 더욱 필요한 이들 가족유형에 대한 복지서비스 정책을 점검하여 다양한 가족유형 안에서 아동이 건강하게 성장할 수 있는 방향과 함께 이에 대한 과제를 제시하고자 한다.

마인드맵

■ 다양한 가족의 아동권리와 복지

- 한부모가족의 이해
- 한부모가족의 현황 및 실태
- 한부모가족의 아동권리와 복지서비스
- 한부모가족 아동복지의 문제점과 과제

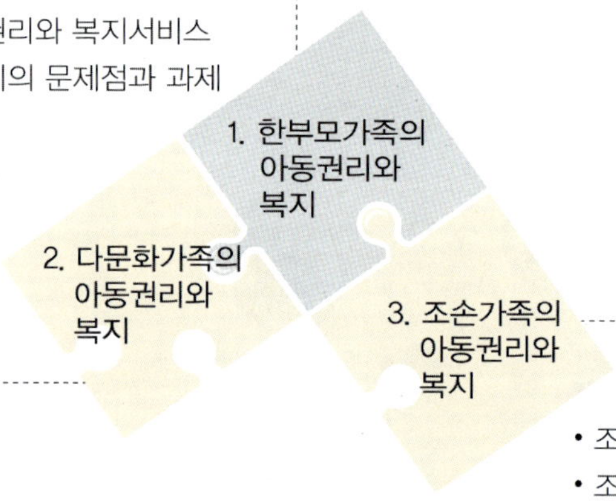

- 조손가족의 이해
- 조손가족의 현황 및 실태
- 조손가족의 아동권리와 복지서비스
- 조손가족 아동복지의 문제점과 과제

- 다문화가족의 이해
- 다문화가족의 현황 및 실태
- 다문화가족의 아동권리와 복지서비스
- 다문화가족 아동복지의 문제점과 과제

학습목표

1. 한부모가족 아동에게 제공되는 복지서비스를 설명할 수 있다.
2. 다문화가족 아동에게 필요한 복지서비스를 제시할 수 있다.
3. 조손가족 아동에게 제공되는 복지서비스를 설명할 수 있다.

주요용어

- **한부모가족** : 배우자와의 사별, 이혼, 별거 또는 미혼모의 출산으로 부나 모 중 한 사람이 18세 미만의 자녀를 양육하며 부모역할을 담당하고 있는 가족
- **다문화가족** : 다문화가족이란 결혼이민자 · 귀화자와 대한민국 국적을 취득한 자로 이루어진 가족
- **조손가족** : 부모세대 없이 조부모와 미성년 손자녀로 구성된 가족형태로 조부모에 의하여 손자녀가 양육되는 가족

사 례 **다문화 청소년의 심리적 문제… 불안 > 과잉행동 > 애착 順**

다문화가정 청소년이 겪는 심리적 문제로는 불안, 과잉행동, 애착문제 등이 많이 나타나는 만큼 이들의 정서를 돌볼 체계적 지원이 필요하다는 지적이 제기됐다.

22일 이주민 지원 단체인 (사)한국이주민건강협회 희망의친구들이 2011~2016년 다문화 가정·이주배경 청소년 44명의 심리 치료를 진행한 결과에 따르면 불안 증상(14명)을 보인 청소년이 가장 많았고, 과잉행동장애(13명), 애착문제(13명), 언어발달 지연(9명), 우울(6명) 등으로 뒤를 이었다. 연령별로는 미취학 아동이 7명인 반면 초등학생 22명, 중학생 12명, 고등학생 3명으로 나타나 학령기가 되면서 심리·정서적 문제가 두드러지는 것으로 풀이됐다. 이들 청소년 중 3년 이상의 장기적 치료가 필요한 비율도 11%에 달했다.

희망의친구들 관계자는 "다문화 청소년은 가정 안팎에서 심리·정서적 지원을 적절하게 받지 못한 탓에 신체적 질환뿐만 아니라 정신건강 측면에서도 어려움을 겪고 있다"면서 "종합심리검사, 언어치료, 놀이치료, 가족사례관리 등 체계적 지원을 강화해 다문화 청소년이 정체성 혼란을 딛고 우리 사회의 건강한 구성원으로 성장하도록 해야 한다"고 말했다.

출처 : 연합뉴스(2017. 3. 22).

1. 한부모가족의 아동권리와 복지

1) 한부모가족의 이해

(1) 한부모가족의 개념

한부모가족은 부모 중의 한쪽이 사망·실종하거나 부모가 이혼·별거하거나 또는 부모 중의 한쪽이 배우자를 유기하는 경우, 이 밖에 부모 중의 한 명이 교정시설에서 무기 또는 장기적으로 복역하는 경우에 양친 중의 한쪽 부모와 그 자녀로 이루어지는 경우를 말한다(곽형식 외, 2013). 즉, 한부모란 사망, 이혼, 별거 등 다양한 이유로 인해 한쪽 부모의 부재로 인해 부 또는 모 중 한 사람이 자녀를 양육하는 것을 의미한다.

우리나라에서 '한부모가족'은 처음에는 '편부모가족'으로 불리었다. '편부모가족'의 '편'은 조각이나 한쪽이란 뜻으로 편부모가족의 명칭은 완전하지 못하며 '결손'과 '부족'의 부정적 의미를 내포하고 있다. 이에 따라 한국여성민우회를 중심으로 '편부모가족' 대신 '온전하면서 하나이다'라는 의미의 '한부모가정'으로 용어가 대체되어 사용되기 시작하였다. 이후 「한부모가족지원법」이 제정되면서 사회복지 영역에서 '한부모가족'으로 사용되고 있다(박경원, 2017 : 11).

2014년 개정된 「한부모가족지원법」 제4조에 따르면 한부모가족은 모자가족 또는 부자가족으로 배우자와 사별 또는 이혼하거나 배우자로부터 유기(遺棄)된 자, 정신이나 신체의 장애로 장기간 노동능력을 상실한 배우자를 가진 자, 교정시설 · 치료감호시설에 입소한 배우자 또는 병역복무 중인 배우자를 가진 사람, 미혼자[사실혼(事實婚) 관계에 있는 자는 제외한다]로 18세 미만인 자녀를 양육하는 자를 말한다. 그 외 청소년 한부모란 24세 이하의 모 또는 부로 정의된다.

(2) 한부모가족의 발생원인

한부모가족의 현황을 혼인상태별로 살펴보면 한부모가족의 발생원인에 대해서 알 수 있다. <표 8-1>과 같이 한부모가족의 형성요인별 현황을 보면 2000년에는 사별이 44.7%, 이혼 21.9%, 미혼모 · 부가 10.9% 순으로 사별이 가장 많이 차지하고 있으나, 2010년에는 이혼이 32.8%, 사별 29.7%, 미혼모 · 부가 25.9%로 나타나 사별보다는 이혼으로 인해 발생하는 한부모가족의 증가가 두드러진다.

표 8-1 한부모가족 형성요인 (단위 : 1,000가구, %)

연도	총 가구 수	한부모					한부모 가구 비율
		사별	이혼	미혼	유배우	계	
2000	14,312	**502(44.7)**	246(21.9)	123(10.9)	253(22.5)	1,124(100)	7.9
2005	15,887	**501(36.6)**	399(29.1)	142(10.4)	328(23.9)	1,370(100)	8.6
2010	17,339	474(29.7)	**523(32.8)**	185(25.9)	413(25.9)	1,594(100)	9.2

출처 : 여성가족부(2017a). 2017년 한부모가족 지원사업 안내, p. 24 재구성.

2) 한부모가족의 현황 및 실태

통계청(2017) 자료에 의하면 전국 한부모가족 현황은 <표 8-2>와 같다. 한부모가구의 수가 2005년에는 1,370천 가구에서 2010년에는 1,594천 가구, 2016년 현재는 1,816천 가구로 증가하고 있는 추세이다. 전체 가구에서 한부모가구가 차지하는 비율은 2005년 8.6%에서 2010년 9.2%, 2016년 기준 9.6%로 한부모가구가 지속적으로 증가하고 있다.

표 8-2 전체 가구 대비 한부모가족 현황

구 분	2005년	2010년	2015년	2016년
전체 가구	15,887	17,339	18,705	18,948
한부모가구	1,370	1,594	1,783	1,816
비율(%)	8.6	9.2	9.5	9.6

출처 : 통계청(2017). e-나라지표.

한부모가족 가구주 성별에 따른 구성비율을 살펴보면 <표 8-3>과 같다. 모자가구의 경우 2005년 6.8%에서 2010년 이후 7.2%로 증가하였으며, 부자가구는 0.9%에서 2%로 증가한 것으로 나타나 한부모가족 중에서도 부자가구 수의 증가도 눈에 띄게 두드러지고 있다.

표 8-3 한부모가족 가구주 성별에 따른 구성비율

구 분	2005년	2010년	2015년	2016년
모자가구	1,083(6.8%)	1,247(7.2%)	1,374(7.3%)	1,395(7.3%)
부자가구	287(0.9%)	347(2.0%)	409(2.2%)	421(2.3%)

출처 : 통계청(2017). e-나라지표.

한부모가족의 가장 큰 특징이자 어려움은 배우자 없이 혼자서 경제활동을 책임지는 동시에 자녀를 양육해야 한다는 점이다. 김승권 등(2011 : 22)은 한부모가족의 가장 큰 어려움은 열악한 생활환경과 좋지 않은 건강상태에서 생계유지를 위한 경제활동과 자녀양육을 병행하는 것으로 보고하였다. 장명선과 이영호(2016 : 142)도 한부모는 배우자 없이 혼자서 가계의 경제적 문제를 책임지는 동시에 자녀를 양육해야 하므로 한부모가 사용할 수 있는 시간적·경제적 자원의 총량이 매우 적음을 강조하였다. 즉, 한부모가족은 가족구조의 변화로 인한 경제적 어려움뿐 아니라 한쪽 부모의 부재로 인한 가족기능의 변화, 자녀와의 관계, 자녀양육의 문제, 상실과 소외 등 다양한 문제에 직면할 수 있다.

한부모 가족의 아동 또한 한부모가족이 된 이후 가정의 경제적 어려움, 부모의 방임적 양육태도, 낮은 자존감의 결과로 우울, 사회적 위축, 공격성의 정서적 문제를 겪고 있는 것으로 나타났다(김현숙, 2015 : 22). 한부모가 겪는 스트레스와 상실감이 자녀양육에 그대로 부정적인 영향을 미치고 있는 것이다. 한부모가족의 아동은 발달단계에 대한 과업뿐 아니라 한부모의 부재로 인한 가정환경의 변화, 역할부담, 사회적 편견 등을 감당해야 하는 이중과업의 짐을 가지고 있다고 볼 수 있다. 박현정과 이기연(2015 : 130)은 이러한 한부모가족이라는 구조적 특성과 역동으로 인해 한부모가족의 아동은 자기노출이나 자기개방을 최소화하며, 혼자 있는 시간을 버티거나 게임 등에 과몰입하는 경향이 있다고 보고하였다.

그러나 모든 한부모가족이 어려움을 겪고 있는 것은 아니다. 한부모가족이기에 가족 구성원들은 더욱 응집력 있고 서로에게 힘이 되는 관계를 유지할 수 있었다. 특히 한부모는 자녀의 양육에 대해 부담스럽지만 자녀의 성장을 긍정적으로 인식하고 있었으며, 한부모가족의 아동은 힘든 시간을 거쳐 외상 후 성장을 경험하기도 하였다. 한부모가족을 무조건 기능적으로 결손을 가진 가족으로 보기보다는 자녀양육을 통해 건강하게 자립할 수 있는 대상으로 보고, 이들의 어려움을 객관적으로 파악하고 욕구에 근거하여 지원을 제공해야 한다.

3) 한부모가족의 아동권리와 복지서비스

한부모가족은 고립된 양육과 생계의 어려움으로 이중고를 겪고 있으나, 상대적으로 젊고 자녀양육으로 인해 자립 가능성이 높은 집단으로 정책적 지원의 효과성이 매우 높은 집단이므로, 한부모가족에 대한 지원 강화는 가족의 변화방향에 대응하는 정책적 흐름이 될 수 있을 것이다(김은지 외, 2015 : 3). 부부관계의 구속이나 규범에 대한 태도는 느슨해졌지만, 자녀에 대한 관심은 높은 한부모를 위한 복지서비스를 법과 복지서비스 차원에서 살펴보면 다음과 같다.

(1) 한부모가족 아동의 권리

한부모를 대상으로 하는 복지정책은 1989년 제정된 「모자복지법」을 근거로 이루어졌으며, 2002년 개정된 「모·부자복지법」을 거쳐 2007년 「한부모가족지원법」으로 전면 개정되어 시행되고 있다. 주요내용을 살펴보면 다음 <표 8-4>와 같다.

「한부모가족지원법」은 한부모가족의 욕구충족을 위한 제도적 기반이 마련되어 실질적인 도움을 제공하고 있지만, 여전히 많은 한부모 가족이 지원대상에서 제외되고 있다. 따라서 한부모가족의 권익지원을 위한 제도와 요건을 조성하고, 지원대상자 발굴에 적극적인 노력이 동반되어야 할 것이다.

표 8-4 「한부모가족지원법」

목 적	한부모가족이 건강하고 문화적인 생활을 영위할 수 있도록 함으로써 한부모가족의 생활안전과 복지 증진에 이바지
국가 등의 책임	• 한부모가족의 복지를 증진할 책임 • 한부모가족의 권익을 지원하기 위하여 노력 • 한부모가족에 대한 사회적 편견과 차별을 예방하고, 사회 구성원이 한부모가족을 이해하고 존중할 수 있도록 교육 및 홍보 • 청소년 한부모가족의 자립을 위하여 노력 • 모든 국민은 한부모가족의 복지 증진에 협력

한부모가족의 권리와 책임	• 한부모가족은 임신과 출산 및 양육을 사유로 합리적인 이유 없이 교육·고용 등에서 차별을 받지 아니함 • 한부모가족은 그들의 자산과 노동능력 등을 최대한으로 활용하여 자립과 생활 향상을 위하여 노력하여야 함
아동·청소년 보육·교육	• 국가와 지방자치단체는 아동·청소년 보육·교육을 실시함에 있어서 한부모가족 구성원인 아동·청소년을 차별하여서는 안 됨

(2) 한부모가족의 복지서비스

한부모가족지원 서비스는 저소득 한부모가족의 아동양육비, 아동교육지원비, 생활보조금 지원 등을 통해 아동의 건강한 성장과 가정의 생활안정을 도모하기 위한 제도이다. 직접방문뿐 아니라 우편으로도 신청 가능하며 2016년부터 복지사업 온라인신청 서비스를 제공하는 복지로 홈페이지(www.bokjiro.go.kr)에 접속하여 신청한 후 처리상황을 조회할 수 있다. 한부모가족사업 서비스를 이용 및 신청하는 방법은 [그림 8-1]과 같다.

1 서비스 신청 (읍·면·동 주민센터 및 복지로 홈페이지 〉 2 사실조사 및 심사 (시·군·구청) 〉 3 서비스 결정 (시·군·구청) 〉 4 서비스 실시 (대상자)

[그림 8-1] 한부모가족사업 서비스 이용 및 신청방법

출처 : 복지로. online.bokjiro.go.kr/apl/info/aplOpfView.do

한부모가족의 복지서비스는 한부모가족의 경제적 문제, 자녀양육 문제, 부모역할 수행 문제, 심리·정서적 문제 등을 해결하기 위하여 재가복지서비스와 시설보호서비스를 제공한다. 한부모가족 대상자를 위한 서비스 지원의 구체적 내용은 <표 8-5>와 같다.

표 8-5 한부모가족 지원사업

사업명 및 개요	사업대상	수행기관
<한부모가족 자녀 양육비 등 지원> • 아동양육비 : 만 13세 미만 자녀, 월 12만 원 • 추가아동양육비 : 조손 및 만 25세 이상 미혼 한부모가족의 만 5세 이하 자녀, 월 5만 원 • 학용품비 : 중학생 · 고등학생 자녀, 연 5.41만 원 • 생활보조금 : 시설 입소가구, 월 5만 원	소득인정액 기준 중위소득 52% 이하 한부모 및 조손가족	자치단체
<청소년한부모 자립지원> • 아동양육비 : 월 17만 원 • 검정고시학습비, 고등학생교육비, 자립촉진수당 등 지원	소득인정액 기준 중위소득 60% 이하 만 24세 이하 한부모가족	자치단체
<권역별 미혼모 · 부자 지원기관 운영> • 미혼모 · 부의 임신 · 출산 · 자녀양육을 위한 초기 양육지원, 상담 및 정보제공 등	미혼모 · 부자 가족	지방자치단체 17개 지원기관
<한부모가족 무료법률구조> • 한부모가족 대상 법률상담, 소송대리, 기타 법률사무 등 무료 법률구조 지원	「한부모가족지원법」 제5조 제2항의 한부모가족	대한법률구조공단
<양육비 이행 원스톱 종합서비스> • 양육비를 받지 못한 한부모가족이 양육비를 지급받을 수 있도록 지원하는 서비스 • 1회 신청으로 자녀가 성인될 때까지 맞춤형 서비스 제공	한부모가족 및 조손가족 지원	양육비 상담센터

출처 : 여성가족부(2017a). 2017년 한부모가족 지원사업 안내, p. 24 재구성.

4) 한부모가족 아동복지의 문제점과 과제

(1) 한부모가족 아동복지의 문제점

「한부모가족지원법」 실행 이후 한부모가족의 자립을 위한 다양한 지원정책과 서비스가 제공되고 있지만, 여전히 한부모가족의 욕구가 충분히 반영되지 못한다는 평가를 받고 있다. 현재 한부모 아동복지의 문제점을 점검하면 다음과 같다.

첫째, 한부모가족을 위한 양육서비스가 여전히 부족이다. 한부모가족실태조사(2015 :

364)에서 한부모들의 자녀돌봄 경험은 자녀의 연령이나 성장단계에 따라 매우 상이하였다. 전체 연령대에 걸쳐 한부모들의 가장 큰 어려움은 양육비와 교육비 부담이었으며, 자녀의 성장단계에 따라 학습지도, 이성·성 문제 등의 어려움을 호소하였으며 이에 대한 지원욕구가 있는 것으로 나타났다.

둘째, 한부모가족의 정책지원은 저소득 한부모가족을 대상에 한정되어 운영되고 있다. 소득과 주거환경이 불안정하여 위기를 경험하는 많은 한부모가족은 여전히 한부모가족 지원의 사각지대에 놓여 있다. 저소득 한부모가족 아동의 주된 지원내용인 양육비 지원도 만 12세까지 동일하게 지급되고 있지만, 개별화된 아동의 욕구를 반영하지 못하고 있는 형편이다.

셋째, 한부모가족과 아동에 대한 심리·정서지원 서비스가 보완되어야 한다. 한부모들은 가족의 구조와 기능이 변화된 가족 안에서 역할의 혼란, 당면한 경제문제와 자녀양육에 대한 버거움으로 심리적 압박을 느끼고 있다. 이들이 지속적으로 우울하거나 부정적인 감정에 머물러 있다면, 이에 영향을 받은 자녀들은 불안해하거나 심리적 어려움을 겪을 수 있다. 그럼에도 불구하고 한부모가족실태조사(2015 : 371)에서는 우울증을 경험하고 있는 한부모들이 상담이나 치료 등 전문적인 서비스를 받는 비율은 매우 낮게 나타났다.

한편 한부모가족의 아동은 부모님의 이혼이나 사별 등에 대해 충분히 설명을 듣지 못하거나, 함께 살고 있지 않는 다른 부모와의 만남이 단절되는 경험으로 불안을 경험하기도 한다. 이들이 어려움에 노출되는 초기에 적합한 지원받을 수 있는 체계가 확보되어야 한다.

넷째, 한부모가족의 아동은 사회적 편견과 부정적 인식으로 여전히 차별을 받고 있다. 우리 주변에서 한부모가족은 빈번히 볼 수 있는 가족의 유형이지만, 여전히 결손가정, 문제가정이라는 인식에서 벗어나지 못하고 있다. 한부모가족실태조사(2015 : 318)에 따르면 한부모가족은 여전히 사회적 편견으로 인해 스스로 위축되는 경향이 있고 차별로 인해 아픔을 겪고 있었다.

(2) 한부모가족 아동복지의 과제

한부모가족에 대한 지원 강화는 가족의 변화에 대응하는 미래지향적인 정책적 흐름이 될 수 있다. 한부모가족의 아동복지를 위한 과제는 다음과 같다.

첫째, 한부모가족의 유형, 아동의 발달적 욕구를 반영한 서비스 지원이 필요하다. 한부모들이 경험하는 자녀 양육상의 어려움이 자녀의 연령이나 성장단계에 따라 차이가 있었으므로 한부모가족에게 제공되는 자녀 양육 지원 정책은 한부모와 그 자녀의 생애주기와 필요에 따라 보다 세분화되어 제공되어야 한다.

특히 초등학생 자녀 돌봄에 대한 요청이 많으므로, 미취학 아동에 대한 보편적 보육·유아교육 서비스가 확장된 것처럼, 초등학생 아동을 위한 보편적 돌봄 지원체계를 구축해 나갈 필요가 있다(한부모가족실태조사, 2015 : 482). 이를 위해 초등 돌봄 교실 등 방과 후 학교와 지역아동센터 돌봄 체계를 강화할 필요가 있다.

둘째, 한부모가족을 위한 보편적·예방적 서비스가 확대되어야 한다. 위기를 경험하는 많은 한부모가족이 한부모가족 선정 기준에 부합되지 못하여 지원을 포기하지 않도록 서비스의 선정기준이 완화되어야 한다. 자녀가 성장하면서 필요한 정책욕구를 파악하여 증가하는 양육비와 교육비 지원을 현실화, 다양화하는 방안을 모색해야 한다.

한부모가족의 정책지원을 저소득 한부모가족에서 일반 한부모가족으로 전환하기 위한 방안으로 한부모가족의 소득에 상관없이 보육시설 입소 우선순위를 1순위로 변경하여야 한다(장명선, 이영호, 2016 : 160). 또한 유아보육과 지원 서비스가 휴일이나 야간시간까지 확대되고, 점진적인 비용부담이 완화될 수 있어야 한다. 이러한 자녀의 안정된 돌봄 지원 접근을 통해 대부분 일용직이나 임시직에 취업하여 취업상태를 증명하기 어려운 한부모들은 일·가정 양립을 감당할 수 있을 것이다.

셋째, 한부모가족과 아동에 대한 심리·정서지원 서비스가 강화되어야 한다. 한부모와 아동이 심리적·정서적으로 힘겨울 때 안전하게 상담하고 회복할 수 있도록 접근성이 확보된 기관이 지역사회 안에서 연계되어, 이들을 위한 다양한 심리·정서지원 서비스가 효과적으로 제공되어야 할 것이다.

또한 한부모와 자녀 간의 관계를 증진할 수 있는 다양한 여가 프로그램, 상담 프로그램을 발굴, 보급하는 등 관련 지원서비스 확충이 이루어져야 한다. 한부모가정의 자녀는 빈곤으로 인한 직접적 결핍보다 한부모와의 관계에 직접적인 영향을 받고 있었다(박현정, 이기연, 2015 : 131). 따라서 한부모가족이 자녀와의 관계를 증진하고 소통할 수 있는 시간을 확보하여 이들이 건강하게 지낼 수 있도록 지원서비스가 개발되고 확장되어야 할 것이다.

넷째, 한부모가족에 대한 올바른 이해와 사회적 인식교육이 강화되어야 한다. 2016년 12월에 개정된 「한부모가족지원법」에서는 한부모가족에 대한 사회적 편견과 차별을 예방하기 위해 각급 학교에서 한부모가족 관련 교육을 실시하도록 하고, 국가와 지방자치단체는 한부모가족 지원 관련 업무에 종사하는 공무원에게 한부모가족에 대한 이해 증진과 전문성 향상을 위한 교육을 실시할 수 있도록 하였다(국가법령정보센터, www.law.go.kr). 「한부모가족지원법」에 한부모가족에 대한 이해교육이 규정된 만큼 한부모가족에 대한 올바른 이해와 인식이 확장되어야 할 것이다. 특히 한부모가족 이해교육과 관련하여 한부모가족의 강점과 다양한 가족유형에 대한 수용적인 태도가 함께 강조되어야 할 것이다.

2. 다문화가족의 아동권리와 복지

1) 다문화가족의 이해

(1) 다문화가족의 개념

1990년대 이후 외국인근로자와 국제결혼에 의한 결혼이주자가 급증하면서 우리 사회는 본격적으로 다문화사회로 진입하였다. 2015년 12월 기준으로 우리나라에 체류하는 외국인은 189만 9,519명으로 주민등록인구(5천 152만 9,338명) 대비 약 3.7%에 이른다(법무부 출입국 · 외국인정책본부, 2016 : 9). 일반적으로 외국태생의 인구비율이 최저 3%에서 5% 이상은 되어야 다문화사회로 분류되는 것을 감안하면, 우리나라는 외국인주민 비율이 3%를 넘었으므로 이미 다문화사회라고 할 수 있다.

다문화가정이라는 용어는 2004년 건강가정시민연대가 가정 용어 개선을 위해 사용을 권장한 것으로, 우리와 다른 민족 · 문화적 배경을 가진 사람들로 구성된 가정을 통칭하는 것이다. 2015년에 개정된 「다문화가족지원법」 제2조에 의하면 <표 8－6>과 같이 다문화가족을 규정하고 있다.

표 8-6 다문화가족의 개념

1. '다문화가족'이란 다음 각 목의 어느 하나에 해당하는 가족을 말한다.
   가. 「재한외국인 처우 기본법」 제2조 제3호의 결혼이민자와 「국적법」 제2조부터 제4조까지의 규정에 따라 대한민국 국적을 취득한 자로 이루어진 가족
   나. 「국적법」 제3조 및 제4조에 따라 대한민국 국적을 취득한 자와 같은 법 제2조부터 제4조까지의 규정에 따라 대한민국 국적을 취득한 자로 이루어진 가족
2. '결혼이민자 등'이란 다문화가족의 구성원으로서 다음 각 목의 어느 하나에 해당하는 자를 말한다.
   가. 「재한외국인 처우 기본법」 제2조 제3호의 결혼이민자
   나. 「국적법」 제4조에 따라 귀화 허가를 받은 자
3. "아동 · 청소년"이란 24세 이하인 사람을 말한다.

출처 : 국가법령정보센터. www.law.go.kr

(2) 다문화가정의 자녀 분류

우리나라는 속인주의 원칙에 따라 한국인과 외국인으로 이루어진 국제결혼가정에서 태어난 자녀는 한국 국적을 가지게 되며, 그 자녀는 교육을 포함하여 모든 면에서 내국인과 동일한 권리를 갖는다. 다문화가정 자녀는 <표 8－7>과 같이 그 배경에 따라 국제결혼가정, 외국인가정으로, 국제결혼가정 자녀는 출생지에 따라 국내 출생 자녀, 중도입국 자녀로 구분된다.

표 8-7 다문화가정의 자녀 분류

구분		내용
국제결혼가정 자녀	국내 출생 자녀	• 한국인과 결혼한 외국인 배우자(이하 '결혼이민자') 사이에서 출생한 자녀 • 국적법 제2조 제1항에 따라 국내 출생과 동시에 한국 국민이 되므로 헌법 제31조에 따른 교육권을 보장받음
	중도입국 자녀	• 결혼이민자가 한국인과 재혼한 이후에 본국에서 데려온 자녀, 국제결혼가정자녀 중 외국인 부모의 본국에서 성장하다가 청소년기에 입국한 자녀 등 • 국내 입국 시에는 외국 국적이나 특별귀화를 통해 한국 국적으로 전환 가능 • 대부분이 중국인 · 조선족(약 90% 이상) • 비교적 연령대가 높은 10대 중 · 후반(중 · 고등학생)에 입국하는 경우가 많음
외국인가정 자녀		• 외국인 사이에서 출생한 자녀 • 헌법 제6조 제2항 및 「UN 아동의 권리에 관한 협약」(1991, 비준)에 따라 한국 아동과 동일하게 교육권을 가짐 • 미등록 외국인 자녀의 경우에도 초 · 중등교육법 시행령 제19조 및 제75조에 따라 거주사실 확인만으로 초 · 중학교 입학이 가능

출처 : 경기교육청북부청사(2014). 교육공동체와 함께하는 2014 다문화교육 기본계획, p. 33.

(3) 다문화가족의 발생원인

우리나라에 '다문화'라는 주제가 등장하게 된 발달배경을 살펴보면 국제결혼의 증가, 2000년대부터 급속히 증가한 이주민가정, 그리고 새터민 등이 증가하면서 시작되었다(김영숙, 우정한, 2012 : 73). 무엇보다도 농촌에 거주하고 있는 총각들이 외국여성과의 결혼이 증가하면서 다문화가정은 이제 한 가족 내에 다양한 배경을 가진 다양한 문화가 공존하고 있는 우리 사회의 새로운 가정형태로 등장하고 있다. 우리 사회의 이러한 새로운 다문화가정의 유형은 그들의 가정뿐만 아니라 그들이 현재 살아가고 있는 우리 사회에 긍정적 또는 부정적인 작용을 하게 된다. 우리나라 다문화가정의 등장은 무엇보다도 농촌의 젊은 세대가 대도시로 취업을 위해 진출하거나 학업유학을 하게 되어 젊은 층과 가족 수가 감소하던 농촌에 실제로 거주인구의 증가를 가져왔다. 그러나 다른 측면에서 보면 생활, 교육, 문화 등의 다양한 삶의 영역에서 누구보다도 문화적인 혜택과 사회적 지원이 열악한 상황에 있는 다문화가정과 가족들에게 적절한 지원환경이 준비되지 않았다. 이에 따라 다문화가족들은 언어문제, 정서적·심리적 문제, 다른 문화에 대한 이해, 종교의 이해, 고부간의 갈등, 자녀교육·양육 문제, 주위 환경과의 소통문제 등에 대한 어려움을 가지고 있다.

2) 다문화가족의 현황 및 실태

다문화가족은 2015년 기준 89만 명이며, 매년 지속적으로 증가하여 2020년에는 100만 명이 예상된다. 이러한 다문화가족은 결혼이민자 및 인지·귀화자는 29만 5천 명, 자녀는 19만 8천 명이고, 배우자 등 기타 가구원은 39만 6천 명으로(여성가족부, 2016 : 23), 매년 그 수가 증가하고 있는 추세이다. 이와 관련하여 외국인과의 혼인 현황을 살펴보면 <표 8-8>과 같이 2010년에는 전체 결혼 건수 중 국제결혼 비율 10.5%에 달하였으나 점차 감소하여 2016년 기준으로 7.3% 양상을 보이고 있다.

표 8-8 외국인과의 혼인 추이 (단위 : 건)

	2010년	2011년	2012년	2013년	2014년	2015년	2016년
총 혼인 건수	336,104	329,087	327.073	322,807	305,507	302,828	281.635
외국인과의 혼인	34,235	29,762	28,326	25,963	23,316	21,274	20.591
(총 혼인 중 비중)	(10.5%)	(9.0%)	(8.7%)	(8.0%)	(7.6%)	(7.0%)	(7.3%)
한국남자+외국여자	26,274	22,265	20,638	18,307	16,152	14.677	14.822
한국여자+외국남자	7,961	7,497	7,688	7,656	7,164	6,597	5.769

출처 : 통계청(2017). e-나라지표.

국제결혼이 증가하면서 국제결혼에 의한 다문화가정의 자녀 수도 증가하고 있다. <표 8-9>와 같이 2015년 기준으로 다문화가족 자녀는 19만 7,550명으로 보고되었으며, 만 6세 이하는 11만 6,068명으로 가장 많고, 초등학생 연령인 만 7~12세가 6만 1,625명, 중학생 연령인 만 13~15세가 1만 2,567명, 고등학생 연령인 만 16~18세는 7,290명이었다.

표 8-9 다문화가족 자녀 연령별 현황 (단위 : 명)

연 도	연령별 현황				
	계	만 6세 이하	만 7~12세	만 13~15세	만 16~18세
2011년	151,154	93,537	37,590	12,392	7,635
2012년	168,583	104,694	40,235	15,038	8,616
2013년	191,328	116,696	45,156	18,395	11,081
2014년	204,204	121,310	49,929	19,499	13,466
2015년 11월	197,550	116,068	61,625	12,567	7,290

출처 : 다문화가족정책과(2016). 다문화가족 관련 연도별 통계, p. 4.

다문화가정은 다양한 어려움에 노출되어 있다.

첫째, 결혼이주여성은 결혼 후 언어나 생활습관의 차이에서 오는 문화적 갈등, 차별과 소외부터 남편과 평등하지 못한 관계 갈등, 자녀양육 등의 어려움을 겪는다. 가족 내에서 가정폭력을 당하거나 비인간적인 대우를 받는 사례도 적지 않다.

둘째, 다문화가족 아동은 한국어 능력 부족으로 인한 학습부진뿐 아니라 자기비하와 낮은 자존감, 정체성 혼란과 갈등상태를 겪고 있다(이상호 외, 2015 : 242-243). 다문화가정에서 정확한 표현이나 부정확한 발음을 구사하는 외국인 어머니로부터 한국어를 제대로 배울 수 없는 아동은 수업에 대한 이해도가 떨어져 학습부진을 겪으며, 또래와의 의사소통 어려움으로 따돌림을 경험하기도 한다. 한편 자녀가 외국인 부모보다 현재의 문화적 역량이 뛰어나므로 양육효능감이 낮은 외국인 부모는 자녀와의 역동을 통해 부정적인 세대 간 전이현상을 일으키는데, 이러한 문화적응 격차는 자녀의 심리사회 적응뿐 아니라 자녀의 학교적응에까지 영향을 미치고 있었다(김준범, 박성훈, 2017 : 4).

셋째, 다문화가족은 경제적인 어려움에 놓여 있다. 이주여성은 경제적으로 더 나은 삶을 살기 위해 국제결혼을 결정하지만, 언어와 문화의 장벽 및 사회적 차별로 인해 단순 노동직이나 서비스직에 머물고 있어 경제적인 어려움을 호소하고 있다.

3) 다문화가족의 아동권리와 복지서비스

(1) 다문화가족 아동의 권리

결혼이민자와 이주민 및 그 자녀들을 지원하기 위한 사업에서 출발한 우리나라 다문화 정책은 2006년에 범부처 종합 계획 성격의 '여성 결혼이민자 가족 및 혼혈인 · 이주자 사회통합 지원 방안'이 발표되면서부터 본격적인 다문화가족 지원 정책으로 바뀌기 시작하였으며, 2008년 「다문화가족지원법」이 제정되면서 질적 · 양적으로 괄목할 만한 성장을 이루었다.

2008년에 제정된 「다문화가족지원법」은 다문화가족 구성원이 안정적인 가족생활을 영위하고 사회 구성원으로서의 역할과 책임을 다할 수 있도록 함으로써 이들의 삶의 질 향상과 사회통합에 이바지함을 목적으로 한다(제1조). 「다문화가족지원법」은 정부가 다문화가족 지원을 위하여 5년마다 다문화가족정책에 과한 기본계획을 수립하여야 한다(제3조의2)고 명시하고 있으며, 기본계획에는 다문화가족 지원 정책의 기본방향, 다문화가족 지원을 위한 분야별 발전시책과 평가에 관한 사항, 다문화가족 지원을 위한 제도 개선에 관한 사항, 다문화가족 지원을 위한 재원 확보 및 배분에 관한 사항 등을 포함하여야 한다.

「다문화가족지원법」을 근거로 정부는 다문화가족 관련 정책을 총괄 · 조정하기 위하여 2009년 12월 '다문화가족정책위원회'를 구성하였으며, '다문화가족정책위원회'에서는 2010년 '제1차 다문화가족정책 기본계획(2010~2012)'을, 2012년에는 '제2차 다문화가족정책 기본계획(2013~2017)'을 수립하였다.

'제1차 다문화가족정책 기본계획(2010~2012)'으로 입국 전에는 결혼이민자를 위한 현지 사전교육과 국제결혼 중개업을 관리하고, 입국 후에는 결혼이민자의 정착지원을 위해 한국어 교육, 통 · 번역 지원 서비스 확대로 이어졌으며, 부모의 소득수준과 관계없이 다문화아동 보육료 전액 지원, 다문화가족 자녀에 대한 언어발달 교육 및 자녀생활 지원 등이 추진되었다.

'제2차 다문화가족정책 기본계획(2013~2017)'은 결혼이민자의 취업지원과 학령기 자녀를 위한 학교적응 지원 등 다문화가족 구성원의 역량강화사업과 다문화가족의 사회통합에 대한 기본관점 정립에 초점을 맞추어 수립되었다. 구체적 내용은 [그림 8-2]와 같다.

구분	내용	
비전	활기찬 다문화가족, 함께하는 사회	
목표	■ 사회발전 동력으로서의 다문화가족 역량 강화 ■ 다양성이 존중되는 다문화사회 구현	
정책 과제 (86)	다양한 문화가 있는 다문화가족 구현(7)	1-1. 상대방 문화 · 제도에 대한 이해 제고 1-2. 쌍방향 문화교류 확대 및 사회적 지지 환경 조성
	다문화가족 자녀의 성장과 발달 지원(15)	2-1. 다문화가족 자녀의 건강한 발달 지원 2-2. 한국어능력 향상 2-3. 학교생활 초기적응 지원 2-4. 기초학력 향상 및 진학지도 강화 2-5. 공교육 등에 대한 접근성 제고
	안정적인 가족생활 기반 구축(16)	3-1. 입국 전 결혼의 진정성 확보 3-2. 한국생활 초기적응 지원 3-3. 소외계층 지원 강화 3-4. 피해자 보호
	결혼이민자 사회경제적 진출 확대(16)	4-1. 결혼이민자 일자리 확대 4-2. 직업교육훈련 지원 4-3. 결혼이민자 역량 개발 4-4. 사회참여 확대
	정책추진체계 정비 (11)	5-1. 인종 · 문화 차별에 대한 법 · 제도적 대응 5-2. 다양한 인종 · 문화를 인정하는 사회문화 조성 5-3. 대상별 다문화 이해교육 실시 5-4. 학교에서의 다문화 이해 제고 5-5. 다문화가족의 입영에 따른 병영 환경 조성
	다문화가족에 대한 사회적 수용성 제고 (21)	6-1. 다문화가족 지원대상 확대 및 효과성 제고 6-2. 다문화가족정책 총괄 추진력 강화 6-3. 국가 간 협력체계 구축

[그림 8-2] 제2차 다문화가족 기본계획

출처 : 여성가족부(2012). 제2차 다문화가족정책 기본계획(2013~2017), p. 26.

(2) 다문화가족의 복지서비스

다문화가족의 복지서비스는 다문화가족지원센터를 중심으로 운영되고 있다. 다문화가족지원센터는 다문화가족의 안정적인 정착과 가족생활을 지원하기 위하여 설치되었으며(「다문화가족지원법」 제12조), 2017년 기준으로 전국 217개소의 다문화가족지원센터(이하 지원센터)가 운영되고 있다. 지원센터에서는 다문화가족을 위한 교육 · 상담 등 지원사업을 실시하고, 결혼이민자 등에 대한 한국어 교육, 다문화가족 지원서비스 정보 제공 및 홍보, 다문화가족 지원 관련 기관 · 단체와의 서비스 연계, 일자리에 관한 정보 제공 및 일자리의 알선, 다문화가족을 위한 통역 · 번역 지원사업을 수행하고 있다.

2014년부터 다양한 가족에 대한 통합적 지원을 지향하면서 다문화가족지원센터는 건강가정지원센터와 통합되어 건강가정 · 다문화가족지원센터로 운영되고 있는 추세이다. 아직 법적인 근거를 갖추지 못하고 있으므로, 이 장에서는 다문화가족지원센터에서 주요하게 지원하고 있는 서비스를 중심으로 살펴보고자 한다. 다문화가족지원센터의 2017년 프로그램 내용은 <표 8-10>과 같다.

표 8-10 다문화가족지원센터 프로그램 안내

구 분	공통필수	선 택
가 족	• 다문화가족 이중언어 환경조성 프로그램(연간 20시간) • 다문화가족 학령기 자녀 입학 및 입시정보 제공(부모대상, 연간 4시간)	• 가족의사소통 프로그램 • 가족관계향상 프로그램 • 결혼과 가족의 이해 • 가족의 의미와 역할 • 아버지교육 • 부모-자녀관계 및 자긍심향상 프로그램 • 자녀교육 프로그램 • 부모역할교육, 자녀건강지도 • 자녀생활지도 등
성평등	• 배우자 · 부부 교육	• 이주여성 대상 프로그램 • 이주여성과 한국인 배우자 대상 프로그램 등
인 권	• 다문화이해교육 • 인권감수성 향상교육	• 다문화가족 관련 법과 제도 • 이주민과 인권 등

<table>
<tr><td rowspan="2">사회통합</td><td>• 취업기초소양교육
• 구직자 발굴 시 새일시스템과 연계된 워크넷 등록 및 새일센터로 적극연계
• 새일센터의 결혼이민자 대상 직업교육훈련 개설 시 적극 협조</td><td></td></tr>
<tr><td>• 다문화가족 나눔봉사단 소양교육
• 다문화가족 나눔봉사단 활동</td><td>• 한국사회적응교육
• 소비자 · 경제교육
• 학업지원반 운영 및 연계
• 다문화인식개선
• 다문화가족 자조모임
• 결혼이민자 멘토링 프로그램
• 결혼이민자 정착단계별 지원 패키지 프로그램</td></tr>
<tr><td>상 담</td><td>• 가족상담</td><td>• 개인상담 • 집단상담
• 사례관리 • 위기가족 긴급지원
• 외부 상담기관 연계 등</td></tr>
<tr><td>홍 보</td><td colspan="2">• 지역사회 홍보 • 지역사회네트워크 • 홈페이지 운영 등</td></tr>
</table>

출처 : 여성가족부(2017b). 2017년 다문화가족 지원사업 안내 재구성.

4) 다문화가족 아동복지의 문제점과 과제

(1) 다문화가족 아동복지의 문제점

첫째, 「다문화가족지원법」의 다문화가족 대상범위가 매우 협소하다. 한국 다문화가족정책은 결혼이민자와 그 가족을 주 대상자로 제한하고 있다. 최근 결혼이민자들의 본국에 있는 자녀들이 한국 가정에 합류하면서 복합가정도 증가하고 있는데, 이들은 한국국적을 취득하지 못하여 다양한 지원을 받는 데 제한을 받고 있다.

둘째, 다문화가족은 사회적 차별을 경험하고 있다. 다문화가족실태조사(2016 : 162)에 따르면, 결혼이민자 · 귀화자 33.3%가 사회적 차별을 경험한 것으로 나타났다. 다문화가족에 대한 인식이 유연해지고 수용적으로 변화하고 있지만, 여전히 차별적인 시선으로 인해 다문화가족 아동들은 어려움을 겪고 있다. 다문화가족실태조사(2016 : 462)에 따르면, 다문화가정 자녀들 중 차별을 경험한 비율은 9.4%로 나타났으며, 학교생활에 적응하지 못하는 이유로는 친구들과 어울리지 못한다는 응답이 64.7%, 학교공부에 흥미가 없는 경우가 45.2%로 나타났다.

셋째, 다문화가족 아동을 위한 지원서비스는 이들의 다양한 욕구가 반영되어 있지 못하였다. 아울러 다문화가족 자녀가 증가하였으나 이들에 대한 특화된 정책이 부족하다. 학교적응을 위한 학습지원, 이중언어교육 정책의 부재문제 해결, 진학이나 진로에 대한 안내 등이 이들의 발달 과정에 따라 이루어져야 할 것이다.

(2) 다문화가족 아동복지의 과제

첫째, 다문화가족 지원대상이 확대되어야 한다. 여성가족부(2016 : 426)에서 실시한 다문화가족실태조사에서는 다문화가족의 2세뿐 아니라 중도 입국하는 아동 및 청소년들이 문화적 적응 특히 학교 및 학업에서의 적응문제가 발생하고 있음을 지적하고 있다. 그 외에도 이주노동자와 그들의 가족들이 겪는 문제는 다시 지역사회의 문제로 확장될 수 있다. 따라서 다문화가족의 대상을 확대하여, 이들을 우리 사회의 구성원으로 통합하여 지원을 제공해야 할 것이다.

둘째, 다문화가족과 아동에 대한 차별과 편견을 해소하기 위한 교육이 필요하다. 다문화가족을 우리 사회의 다양한 가족형태의 유형으로 수용하고, 다문화가족의 아동도 차별받지 않고 건강하게 성장하고 발달할 권리가 있음을 우리 사회가 인식하는 것이 중요하다. 이를 위해 다문화 이해와 다문화가족에 대한 이해교육이 학교기관과 공무원, 지역주민을 대상으로 지속적으로 진행되어야 한다.

셋째, 다문화가족을 다양한 가족의 한 유형이라는 보편적 대상으로서 인식하고 서비스가 제공되어야 한다. 다문화가족이 안정적으로 정착하고 유지되면서 다문화가족을 가족의 한 유형으로 수용하고, 이를 전제로 한 서비스 지원이 고려되어야 한다. 실제로 다문화가족 사례관리에서 주로 제시되는 이슈들은 한국의 가족문제와 크게 다르지 않다. 특히 아동과 관련하여 학교적응과 친구문제, 학업문제, 사회통합 문제 등이 주요한 문제로 다루어지고 있다. 이들에게 개입할 때는 물론 부모의 문화적 배경의 차이, 언어

소통의 어려움 등 다문화가족의 특성이 반영되어야 한다. 동시에 일반적인 가족개입에 필요한 사정과정과 가족의 역동이나 자녀의 발달단계에 따른 특성 등을 고려한 개입과 서비스가 제공되어야 한다. 최근 다문화가족지원센터와 건강가정지원센터가 통합되어 건강가정·다문화가족지원센터로 운영되고 있는데, 다문화가족이 건강하게 지역사회 안에서 뿌리 내리고 살아갈 수 있도록 지속적인 관심과 지원이 요청된다.

넷째, 다문화가족의 추이 변화에 대비하는 정책과 지원이 준비되어야 한다. 여성가족부(2016 : 49)의 다문화가족 현황을 보면, 중·고령층의 결혼이민자와 귀화자가 증가하였고, 다문화가정의 자녀들도 증가하고 있었다. 또한 사별과 이혼·별거 상태인 이민자들도 증가하고 있는데 이들의 관련 서비스 이용경험은 각각 30.8%, 36.5% 수준이었다. 다문화가족의 자녀들은 진학에 대한 요구가 높지만, 아직은 초등교육에 초점이 맞추어져 있다. 따라서 다문화가족의 자녀들의 상급학교 진학과 학업에 대한 욕구가 높은 만큼 적절한 시기에 진학할 수 있도록 교육지원정책이 준비되고, 학교를 졸업한 이후에 군대와 지역사회에서 통합되고 자립하여 사회적 기능을 충분히 할 수 있도록 지속적인 정책이 준비되어야 한다.

3. 조손가족의 아동권리와 복지

1) 조손가족의 이해

(1) 조손가족의 개념

조손가족은 조부모와 손자녀가 함께 살고 있는 가족형태를 의미한다. 일반적으로 부모세대 없이 조부모와 미성년 손자녀로 구성된 가족형태로 조부모에 의하여 손자녀가 양육되는 가족을 의미한다. 「한부모가족지원법」 제5조의2에서는 "부모가 사망하거나 생사가 분명하지 아니한 아동, 부모가 정신 또는 신체의 장애·질병으로 장기간 노동능력을 상실한 아동, 부모의 장기복역 등으로 부양을 받을 수 없는 아동, 부모가 이혼하거나 유기하여 부양을 받을 수 없는 아동과 그 아동을 양육하는 조부 또는 조모로서 여성가족부령으로 정하는 자"를 조손가족으로 규정하고 있다.

학자들마다 조손가족의 개념을 다양하게 정의하고 있는데, 김혜선(2009 : 66)은 '자녀세대의 가족해체로 인해 물적·정서적 지원이 열악한 상황에서 조부모가 손자녀를 책임 있게 양육할 전담 양육자로서 손자녀와 동거하고 있는 가족'으로 규정함으로써 자녀세대의 가족해체라는 상황에 의해 조부모가 손자녀를 양육하게 된 점을 강조하였다. 조흥식 등(2017 : 313)은 조손가족의 개념을 "부모가 부재하거나 혹은 부모가 가구 내 존재하더라도 부모 기능을 수행하지 못하는 경우 조부모가 18세 이하의 손자녀와 함께 한 가정에서 생활하면서 부모를 대신하여 손자녀의 양육자로서 일차적인 책임을 지고 있는 가족"으로 정의하였다. 이 개념은 부모가 가구 내 존재하더라도 부모 기능을 수행하지 못할 때 조부모가 양육의 일차적인 책임을 지고 있는 경우까지 포함하였다. 이상의 개념을 정리하여 이 장에서는 조손가족을 "부모가 부재하거나 부모로서의 기능을 수행하지 못할 경우, 조부모가 만 18세 이하의 손자녀와 생활하며 실질적인 양육을 책임지고 있는 가정"으로 개념 정의하였다.

(2) 조손가족의 발생원인

조손가족이 형성되는 원인을 살펴보면 첫째, 급변하는 사회 속에서 가족기능이 무너지거나 가족이 해체됨으로써 조손가족이 형성되고 있다. 가족을 유지하고 지켜야 한다는 규범이 완화되고 개인주의적 가치관이 확산되면서 이혼율이 증가하는 것과도 무관하지 않다. 즉, 부모의 이혼이나 재혼 등으로 인해 자녀양육은 조부모에게 맡기고, 생계를 위한 경제활동을 위해 자녀양육을 조부모에게 의지하고 있는 경우가 많다. 조손가족실태조사(2010 : 12)에서도 손자녀가 조부모에게 양육되는 주된 이유로 부모의 이혼 및 재혼(53%)이 가장 많이 차지하였다. 그 뒤를 이어 부모의 가출 및 실종(14.7%), 부모의 질병 및 사망(11.4%), 부모의 실직 및 파산(7.6%), 부모의 취업(6.7%) 등이 있었다.

둘째, 노령화와 노동시장의 유연성은 의도하지 않은 결과로서의 조손가족 생성 원인이라고 할 수 있다(여성가족부, 2010 : 52). 노령화로 인해 노년인구가 증가하고, 노동시장의 유연성으로 안정적인 가계유지가 어려워지면서 경제적으로 여유가 없는 저소득층은 지속적인 빈곤에 처하게 된다. 빈곤이 다음 세대로 세습되면서 안정적인 가정을 형성하지 못한 자녀들은 열악한 근로환경에 들어가게 되고 가족의 기능을 유지하지 못하면서 가족 해체의 수순을 밟게 되는 것이다.

2) 조손가족의 현황 및 실태

한국의 조손가족 관련 법률에서는 조손가족을 일반 조손가족과 위탁가족으로서의 대리양육 조손가족으로 구분하여 볼 수 있다. 두 유형의 차이점은 부모의 존재 유무이다. 일반 조손가족은 부모가 이혼하거나 별거하였지만 생존해 있는 반면, 대리양육 조손가족은 과거 소년소녀가장세대가 전환된 것으로 부모의 사망, 가출, 행방불명 등으로 인해 발생한다.

조손가족은 부모나 조부모의 조건에 따라 정부지원에 차이가 발생하는데, 현재 우리나라 조손가족 중 소수만이 대리양육 위탁가정으로 지정되어 정부의 지원을 받고 있다. 대부분의 조손가족은 서류상으로 아동의 부모가 경제력이 있는 것으로 기재되어 지원을 받는 데 걸림돌로 작용하고 있다(윤혜미, 장혜진, 2012 : 276). 조손가족은 사회경제적 상황이 가족에게 큰 변화를 안겨준 IMF와 더불어 많은 관심을 받게 되었으며, 1990년대 후반부터 조손가족 연구가 병행되기 시작하였다.

우리나라 조손가족의 규모는 <표 8−11>에서 알 수 있듯이, 20005에는 5만 8,101가구였으며, 2010년에는 11만9,294가구, 2015년에는 11만3,111명으로 증가하는 것을 볼 수 있다. 전체 가구에서 차지하는 비중이 2005년에는 0.4%에서 2010년에는 0.7%로 증가하였고, 2015년 기준으로 0.6%포인트를 차지하고 있다. 동부보다는 읍・면부에서 조손가족이 차지하는 비율이 높다는 사실을 볼 수 있다. 이러한 결과는 조부모가 세대주인 경우만 포함된 것으로, 부모가 이혼이나 재혼, 또는 경제적 무능, 질병과 수감 등의 이유로 자녀를 양육하지 못하여 조부모가 손자녀를 양육하고 있는 가구를 포함한다면 현재 통계치보다 훨씬 많을 것으로 예측된다.

표 8-11 조손가족 현황

(단위 : 가구, %)

행정구역	2005년		2010년		2015년	
	일반가구	조손가구	일반가구	조손가구	일반가구	조손가구
전국	15,887,128	58,101(**0.4**)	17,339,422	119,294(**0.7**)	19,111,030	113,111(**0.6**)
동부	12,744,940	36,468(**0.3**)	14,031,069	86,668(**0.6**)	15,487,901	81,335(**0.5**)
읍면부	3,142,188	21,633(**0.7**)	3,308,953	32,626(**1.0**)	3,623,129	31,776(**0.8**)

출처 : 인구주택총조사. www.census.go.kr 재구성.

저소득 조손가구가 차지하는 비율은 <표 8－12>에서와 같이 전체 저소득 한부모가구인 모자가구, 부자가구에 비하여 매우 낮다. 2010년도 저소득 한부모가구(18만 5,211가구) 중에서 조손가구는 3,152가구로 1.7%였는데, 2015년 기준 4,918가구로 2.1%를 차지하고 있다. 2015년 전체 11만3,111 조손가구 중에서 정부의 혜택을 받고 있는 저소득 조손가족은 4.35%에 불과하다.

표 8-12 저소득 조손가족 현황

(단위 : 가구, %)

연 도	저소득 한부모가구		모자가구		부자가구		조손가구	
2010	185,211	(100.0)	140,806	(76.0)	41,253	(22.3)	3,152	(1.7)
2015	229,985	(100.0)	174,401	(75.9)	50,666	(22.0)	4,918	(2.1)
2016	231,411	(100.0)	175,281	(75.7)	51,104	(22.1)	5,026	(2.2)

출처 : 여성가족부(2017a). 2017년 한부모가족 지원사업 안내, p. 24 재구성.

조손가족의 특성은 경제적 빈곤, 조부모의 질병, 손자녀 돌봄에 대한 부담 등 세 가지로 요약될 수 있다.

첫째, 조손가족은 경제적인 어려움을 경험하고 있었다. 조손가족실태조사(2010 : 17)에 따르면, 조손가족 전체 소득수준이 월평균 59만 7천 원이었는데, 이는 우리나라

가구소득(월평균 355만 원)의 6분의 1에도 미치지 못하는 수준이었다. 또한 친부나 친모가 살아있어도 경제적 부양을 하지 못하였고, 조부모에게 양육비를 주는 경우는 4명 중 1명에 불과하였다. 근로능력이 상실되고 생활능력마저 감퇴되고 있는 조부모에게 자녀양육은 부담이 될 수밖에 없는 상황이다.

둘째, 조부모들은 노화와 신체적 기능 장애로 어려움을 겪고 있었다. 조손가족 조부모의 신체적 건강과 기능 수준은 낮은 편이었으며, 조손가족 조부모의 대부분(73.9%)은 만성질환 및 질병에 시달리는 것으로 나타났다(여성가족부, 2010 : 30). 조손가족 조부모는 손자녀 양육으로 취약한 건강상태를 돌볼 여유가 없을 뿐 아니라 자녀양육으로 인해 과도한 노동과 사회적 활동의 위축으로 소외감을 느끼는 등 악순환을 경험하기도 한다.

셋째, 조손가족은 가족 내 돌봄과 보호기능이 취약하다. 자녀세대의 이혼과 재혼, 가출과 별거, 사망 등 다양한 이유로 조손가족의 조부모는 자신의 의지와 상관없이 손자녀를 양육해야 한다. 자녀를 제대로 키우지 못했다는 죄책감과 후회로 손자녀를 돌보고 있으며, 손자녀는 부모와의 관계 해체로 인한 상처 위에 조부모와의 세대 차이와 소통의 어려움으로 힘든 시간을 보내기도 한다.

빈곤의 위험과 보호기능이 취약한 조손가족의 조부모는 자녀양육에 부담감과 동시에 책임감을 갖는 등 양가감정을 가지고 있었다. 배나래와 박충선(2013 : 14)은 조부모의 위탁경험에 대한 질적 연구에서 손자녀 양육이 부담스럽고 혼란스러운 부정적 감정부터 희망, 보람, 생의 의욕까지 다양한 감정을 경험하고 있다고 제시하였다. 조손가족실태조사(2010 : 54)에서도 조손가족은 경제적 어려움에도 불구하고, 가족유대는 좋은 것으로 조사되어 가족해체를 통한 문제해결보다는 조부모와 손자녀가 긍정적인 관계를 잘 유지해 갈 수 있도록 적극적인 지원이 필요하다.

3) 조손가족의 아동권리와 복지서비스

우리나라는 미성년자인 18세 미만의 소년소녀가장에게 보호자 없이 가장의 역할을 맡기는 것이 타당하지 않다는 논의와 「유엔아동권리협약」에 의한 소년소녀가장보호

폐지 권고를 받아들여 지난 2000년 「아동복지법」 개정을 통해 친(외)조부모에 의하여 양육되는 가정을 대리양육가정위탁으로 구분하여 보호하고 있다. 조손가족을 위한 정책과 서비스를 살펴보면 다음과 같다.

(1) 조손가족 아동의 권리

조손가족을 위한 소득보장정책은 「국민기초생활보장법」에 의하여 이루어지고 있다. 「국민기초생활보장법」에 근거한 기초생활보장제도는 빈곤가구의 소득을 보장하고 경제적 자립과 자활을 지원하는 제도이다. 기초생활보장제도에 따라 수급자격을 갖춘 조손가족은 최저생계비의 부족분을 현금으로 지급받을 수 있다. 하지만 조손가족의 조부모는 경제능력을 이미 상실했거나 상실해 가고 있기 때문에 경제적 자립과 자활을 취지로 지원하는 국민기초생활보장제도만으로는 조손가족의 생활 안정을 도모하기에 많은 한계가 있다(조흥식 외, 2017 : 323).

최근 보건복지부(2017 : 1)에서는 도움이 필요한 조손가정을 촘촘히 찾고 두텁게 지원하기 위하여 제도 개선을 추진한다고 밝혔다. 기초연금을 받고 있는 노인가구에 손자녀가 전입하거나 부모의 사망·전출이 있는 경우 적극 지원하며, 조손가정의 경우 차상위계층 선정기준을 초과하더라도 조부모 또는 손자녀만 별도 가구로 분리하여 기본적인 혜택을 받을 수 있도록 지침을 완화할 예정이다. 또한 주 소득자가 사망·가출·질병 등으로 생계유지가 곤란하게 된 경우에는 긴급생계비 등을 지원하고 있다.

「한부모가족지원법」의 지원대상에 포함된 조손가족은 한부모가족에게 제공되는 자녀 양육비, 교육지원비, 생활보조금 등을 제공받을 수 있다. 그러나 가구 소득 인정액 기준 중위소득 52% 이하이어야 지원대상에 선정될 수 있으며, 「국민기초생활보장법」에 의해 생계급여를 지원받거나 「아동복지법」에 의한 아동위탁수당을 받는 경우에는 제외가 된다. 무엇보다 한부모가족지원제도는 한부모가족의 자립에 초점을 두고 있어, 자립보다는 보호가 필요한 조손가족은 지원의 사각지대에 놓일 수밖에 없는 형편이다.

조손가족은 「아동복지법」에 근거한 가정위탁제도에도 포함된다. 가정위탁은 친부모의 사정으로 친가정에서 아동을 양육할 수 없는 경우, 일정 기간 위탁가정을 제공하여 보호하고 양육하는 아동복지제도이다(www.fostercare.or.kr). 「아동복지법」에 근거한 가정위탁제도는 대리양육가정위탁, 친인척가정위탁, 일반가정위탁 유형이 있으며, 조부모에 의한 양육은 대리양육가정위탁에 해당된다. 현재 양육보조금은 아동 1인당 월 15만 원이 지원되고 있는데, 현실적으로 매우 낮아 실질적인 지원이 될 수 있도록 개선이 필요하다.

(2) 조손가족의 복지서비스

조손가족을 지원하는 복지서비스는 노인과 아동으로 구분하여 지원되고 있으며, <표 8-13>과 같다.

표 8-13 노인 · 아동 복지서비스 지원

조부모 지원	• 기초연금, 노인돌봄종합서비스 및 가사 · 간병 방문지원사업을 통해 방문인력 지원 및 주간보호서비스 제공
아동양육	• 학령기 아동에 대한 학습지원 · 돌봄서비스(지역아동센터, 방과 후 아카데미) • 아동발달 영역별 통합서비스(드림스타트)
정신건강	• 정서불안, 문제행동이 있는 아동 · 청소년 대상 심리지원 · 정서발달서비스(지역사회서비스 투자사업), 정신건강증진사업 실시
취약위기가족 지원	• 가족역량강화 • 저소득 조손가정의 양육비(월 12만 원), 교육지원비(연 54만 원)

출처 : 보건복지부(2017). 보도자료, pp. 1-4 재구성.

조손가족을 지원하는 대표적인 프로그램은 건강가정지원센터를 중심으로 시행되고 있다. 2005년에 제정된 「건강가정기본법」에 따라 전국 지방자치단체에서 설립한 건강가정지원센터에서는 다양한 가족지원 프로그램의 일환으로 '조손가족 역량강화 프로그램'을 실시하고 있다. 건강가정지원센터에서 시행하는 조손가족 통합지원서비스의 구체적 내용은 다음 <표 8-14>를 포함한다. 건강가정지원센터 외에 지역사회복지관과 민간단체에서도 조손가족을 위한 프로그램을 수행하고 있다. 지역사회복지관에서 실시하는 조손가족 프로그램으로는 가족기능강화, 조부모 역량강화, 지역주민 서포터즈, 일대일 사례관리, 아동의 긍정적 가족역할상 정립 프로그램 등이 있다.

표 8-14 조손가족 역량강화 프로그램

학습 · 정서 지원	• 대상 : 초등학교, 중학교 재학 또는 이에 상응하는 연령대의 (손)자녀 • 지원내용 : 배움지도사를 파견하여 학습지도(학습동기 목표 점검, 기초학습, 자기주도 학습, 부진교과목 지도 등) 및 정서지원(일상생활지도, 멘토 · 멘티 서비스 등)을 지원
생활도움 지원	• 대상 : 만 18세 미만 (손)자녀와 생계 · 주거를 함께하는 취약 · 위기가족 • 지원내용 : (조)부모의 건강상태 악화 · 긴급상황 발생 등으로 인한 (손)자녀의 긴급 일시돌봄, 가사활동지원, 개인활동지원, 정서지원 등 전반적인 생활도움서비스를 지원
프로그램 및 자조모임	• 교육 · 문화 프로그램 제공 : - 정서조절 : 자아존중감 회복, 우울감 감소, 스트레스 관리 등 - 가족관계 : 부모-자녀(조손자녀)관계 개선, 의사소통 및 인간관계 기술 - 가족돌봄 : (손)자녀양육훈련, 연령별 (손)자녀 양육방법, 학교생활 준비 등 건강 관련 건강관리, 신변(위생) 관리 등 - 기타 문화 및 체험 활동 등 • 자조모임 운영

출처 : 여성가족부(2017c). 2017년 건강가정지원센터 사업안내, pp. 276-277 재구성.

4) 조손가족 아동복지의 문제점과 과제

(1) 조손가족 아동복지의 문제점

첫째, 우리나라에서 조손가족을 위한 지원법률과 지원체계는 별도로 마련되어 있지 않다. 조부모와 손자녀에게 지원되는 서비스 체계는 산발적으로 지원되고 있다. 조손가족은 하나의 새로운 가족유형으로서 일정 수준 증가할 것이 예상되지만, 조손가족과 관련된 정책은 「한부모가족지원법」 내에서 운영되고 있어 실제 지원이 필요한 사각지대의 조손가족 욕구를 채우지 못하고 있는 상황이다. 무엇보다 「한부모가족지원법」은 한부모의 자활능력에 초점을 맞춘 서비스를 중심으로 시행되고 있어, 경제적 자활 능력이 없는 조손가족에게는 적용하는 데 한계가 있다.

둘째, 현재 조손가족 지원 정책은 조손가족 단위를 대상으로 하는 지원보다는 노인이나 아동을 대상으로 하는 개별 지원이 제공된다. 조손가족 지원 정책은 저소득 조손가족에 대한 경제적 지원에 초점을 두고 있으며, 조손가족의 조부모세대가 삶의 주기에서 노년기에 속하지만 아동 양육을 다시 밟고 있는 시기임이 간과되고 있다. 조손가족 아동에 대한 지원도 조손가족이 처한 특수한 상황에서 오는 돌봄의 결핍, 부모와의 결별 이후의 상실감과 불안 등 특수한 욕구를 반영하지 못하고 있다.

셋째, 조손가족 지원 정책은 조손가족의 특성과 욕구를 반영하지 못하고 있다(윤혜미, 장혜진, 2012 : 275). 기초생활보장제도의 생계비 지원 정책은 빈곤가구의 자립을 지원하는 취지에서 비롯된 것인데, 주 양육자인 조부모가 노령화되어 경제능력을 상실하고 손자녀들이 본격적으로 경제활동을 하기에는 상당 기간 보호되어야 하는 아동・청소년이라는 점에도 이 제도는 조손가족 지원의 근본적인 해결책이 될 수 없다(여성가족부, 2010 : 38). 조손가족은 어느 대상보다 공적 지원이 절실한 계층이라는 점을 기억해야 할 것이다.

(2) 조손가족 아동복지의 과제

첫째, 조손가족을 위한 지원법률과 정책이 필요하다. 조손가족은 조부모와 손자녀만으로 가족이 형성되었다는 점에서 일반 저소득층 가족이나 한부모가족과는 다른 상황에 처해 있다. 따라서 「한부모가족지원법」이 지닌 목적과는 근본적으로 다른 별도의 법체계가 마련되어 조손가족만의 특수성을 반영한 지원이 제공되어야 할 것이다. 무엇보다 조손가족이 가족 자체의 문제라기보다 가족의 구조적 문제임을 인식하여 가족 유지와 지원이라는 목적에 부합한 법률이 제정되어 이를 근거로 조손가족을 위한 정책이 지원되어야 한다.

둘째, 조손가족이 건강하게 유지될 수 있도록 가족 공동체의 기능을 강화하기 위한 지원이 필요하다. 조손가족실태조사(2010 : 64)에서 조부모들은 손자녀의 양육에 대한

부담감에도 불구하고 손자녀가 성인이 될 때까지 양육의지를 가지고 있었고, 손자녀들도 조부모가 돌아가실 때까지 함께 살겠다는 의사를 밝히고 있는 등 가족의 유대관계는 강하다고 볼 수 있다. 따라서 조손가족의 특성을 반영하여 조부모의 심리상담과 건강 지원, 찾아가는 방문서비스 지원, 다양한 욕구와 복합적 어려움을 지닌 조손가족을 위한 사례관리 운영, 손자녀의 역량강화와 발달 과정에 따른 교육지원 등 조부모가 손자녀와 교감하며 원만한 관계가 지속될 수 있는 서비스 지원이 요청된다.

셋째, 사회적 인식의 변화와 지역사회의 안전망 강화가 필요하다. 조손가족을 가족해체 과정에서 만들어진 유형이라기보다 혈연적 유대로 묶여 있는 양육에 강한 의지를 가진 조부모가 손자녀가 함께 생활하는 정상적 가족으로 보는 사회적 인식이 선행되어야 한다. 조부모가 인식한 사회적 지지 정도가 높을수록 가족 적응성과 응집성이 높은 것으로 나타나므로, 조부모가족을 위한 지역사회의 다양한 지원과 교류의 확보가 필요하다. 일반가족과의 교류, 결연 프로그램을 통해 사회적 연계가 확장되고, 손자녀 양육에 대한 나눔 등에 대한 도움을 받을 수 있는 장이 마련되어 조손가족을 위한 안전망이 강화되어야 할 것이다.

요점정리

1. 한부모가족의 아동권리와 복지

1) 한부모가족의 이해 – 한부모가족이란 현대사회의 다양한 가족 중 하나의 유형이며, 배우자와의 사별, 이혼, 별거 또는 미혼모의 출산으로 부나 모 중 한 사람이 18세 미만의 자녀를 양육하며 부모역할을 담당하고 있는 가족 형태로 정의함
2) 한부모가족의 현황 및 실태 – 한부모가족은 계속적으로 증가하고 있으며, 한부모가족의 가장 큰 특징이자 어려움은 혼자서 경제활동을 책임지는 동시에 자녀를 양육해야 한다는 것임
3) 한부모가족의 아동권리와 복지서비스 – 한부모가족은 「한부모가족지원법」을 근거로 아동양육비, 청소년 한부모 자립지원, 한부모가족복지시설 지원, 한부모가족 자녀 돌봄 지원 등을 제공받고 있음
4) 한부모가족 아동복지의 문제점과 과제 – 한부모가족의 유형과 아동의 발달적 욕구를 반영한 서비스와 한부모가족을 위한 보편적 예방적 서비스가 확대되어야 함

2. 다문화가족의 아동권리와 복지

1) 다문화가족의 이해 – 다문화가족이란 결혼이민자·귀화자와 대한민국 국적을 취득한 자로 이루어진 가족을 의미함
2) 다문화가족의 현황 및 실태 – 다문화가족 자녀의 수도 증가하고 있지만, 언어와 문화적 차이로 어려움을 느끼고 있음
3) 다문화가족의 아동권리와 복지서비스 – 다문화가족은 「다문화가족지원법」을 근거로 다문화가족정책 기본계획을 수립하였으며, 현재 학령기 자녀를 위한 학교적응 지원 등 다문화가족의 사회통합 계획이 수행되고 있음
4) 다문화가족 아동복지의 문제점과 과제 – 다문화 아동도 차별받지 않고 건강하게 성장하고 발달할 권리가 있음을 인식하고, 이들의 진학을 위한 교육지원정책이 뒷받침되어야 함

3. 조손가족의 아동권리와 복지

1) 조손가족의 이해 – 부모가 부재하거나 부모로서의 기능을 수행하지 못할 경우, 조부모가 만 18세 이하의 손자녀와 생활하며 실질적인 양육을 책임지고 있는 가정을 의미함
2) 조손가족의 현황 및 실태 – 저소득 조손가구는 한부모가구보다 적지만, 정부지원을 받는 조손가족은 매우 미미함
3) 조손가족의 아동권리와 복지서비스 – 조손가족에 대한 조항이 「한부모가족지원법」 지

원대상자 범위의 특례로 삽입되어 있어 실제 지원이 필요한 조손가족의 욕구를 채우지 못하고 있는 상황임

4) 조손가족 아동복지의 문제점과 과제–경제적 자활능력이 없고 보호가 필요한 조손가족과 아동을 위한 지원법률과 정책이 필요하며, 이들을 정상적 가족으로 보는 사회적 인식이 선행되어야 함

Quiz

1. 양육비를 받지 못해 어려움을 겪는 한부모가족이 원활하게 양육비를 지급받을 수 있도록 지원하는 제도는 무엇인가? (   )

2. 한부모가족지원사업으로 옳지 않은 것은 무엇인가? (   )
   ① 양육비 지원　　② 사회통합
   ③ 한부모가족복지시설 지원　　④ 무료법률구조

3. 다문화가족지원사업을 총괄 수행하는 정부중앙부처는? (   )

4. 다문화가족지원을 위한 대표적인 민간 전달체계는? (   )

5. 조손가족 통합지원서비스 내용이 아닌 것은 무엇인가? (   )
   ① 학습·정서 지원　　② 생활도움 지원
   ③ 자조모임　　④ 노인장기요양보험

생각 나누기

1. 한부모가족의 위험요인과 보호요인에 대하여 토론해 보시오.
2. 다문화가족지원센터의 현황 및 기능에 대해 토론해 보시오.
3. 손자녀를 양육하는 조부모가 겪을 수 있는 어려움을 제시하고 지원방안을 토론해 보시오.

참고문헌

경기교육청북부청사(2014). **교육공동체와 함께하는 2014 다문화교육 기본계획**.

곽형식, 백경숙, 김민정, 김혜금, 김혜영, 박희현(2013). **아동복지론**. 경기 : 공동체.

김승권, 김유경, 박정윤, 김연우, 최영준(2011). **취약 · 위기 및 한부모가족 지원체계 구축과 자립지원 방안 연구**. 여성가족부, 한국보건사회연구원.

김영숙, 우정한(2012). 다문화가정의 실태와 지원정책 개선방안에 대한 고찰. **다문화콘텐츠연구**, 13, 69-103.

김은지, 장혜경, 황정임, 최인희, 김소영, 정수연(2015). **한부모가족 실태조사**. 여성가족부, 한국여성정책연구원.

김준범, 박성훈(2017). 다문화가정 청소년의 학교부적응에 관한 연구 : 자아탄력성의 종단적 매개효과를 중심으로. 3-26, 다문화청소년패널 학술대회. 한국청소년정책연구원.

김현숙(2015). 한부모 가족의 기간이 자녀의 정서적 적응에 미치는 영향 경로. **한국가족복지학**, 47(3), 5-28.

김혜선(2009). 저소득 조손가족 조모의 손자녀 양육 체험이 조모의 삶에 미치는 의미. **노인복지연구**, 43. 61-92.

다문화가족정책과(2016). 다문화가족 관련 연도별 통계. 다문화가족정책과.

박경원(2017). 한부모가족 청소년의 스트레스 및 심리사회적 특성에 관한 연구. 전남대학교 대학원 박사학위논문.

박현정, 이기연(2015). 저소득 한부모 자녀의 삶과 발달전략에 관한 질적 연구. **사회과학연구논총**, 31(2), 105-139.

배나래, 박충선(2013). 대리양육가정 조부모의 위탁경험에 관한 질적 연구. **한국가족복지학회**, 18(3), 333-352.

법무부 출입국, 외국인정책본부(2016). **2016년도 중앙행정기관 외국인정책 시행계획**. 경기 : 법무부 출입국, 외국인정책본부.

보건복지부(2017). 도움 필요한 조손가정, 빨리 발견하고 세심하게 배려. 보도자료(3월 2일).

여성가족부(2010). 2010**년 조손가족 실태조사**. 여성가족부.

여성가족부(2012). **제2차 다문화가족정책 기본계획**(2013~2017). 여성가족부, 관계부처합동.

여성가족부(2016). 2015**년 전국다문화가족실태조사 분석**. 여성가족부.

여성가족부(2017a). 2017**년 한부모가족 지원사업 안내**. 여성가족부.

여성가족부(2017b). 2017**년 다문화가족 지원사업 안내**. 여성가족부.

여성가족부(2017c). 2017**년 건강가정지원센터 사업안내**. 여성가족부.

윤혜미, 장혜진(2012). 조손가족의 삶 : 쟁점과 지원방안. **아동과 권리**, 16(2), 259-288.

이상호, 김대군, 박균열(2015). 다문화가정 자녀의 사회적응력 함양에 관한 연구. **윤리교육연구**, 26, 239-258.

장명선, 이영호(2016). 한부모가족의 자녀양육에 대한 정책적 요구와 방안 모색. **한국가족자원경영학회지**, 20(2), 141-163.

조흥식, 김인숙, 김혜란, 김혜련, 신은주(2017). **가족복지학**. 서울 : 학지사.

연합뉴스(2017. 3. 22).

가정위탁지원센터. www.fostercare.or.kr

국가법령정보센터. www.law.go.kr

양육비 이행 원스톱 종합서비스. www.mogef.go.kr

인구주택총조사. www.census.go.kr

통계청(2017). e-나라지표. www.index.go.kr

CHAPTER

09

학대피해 아동의 권리와 복지

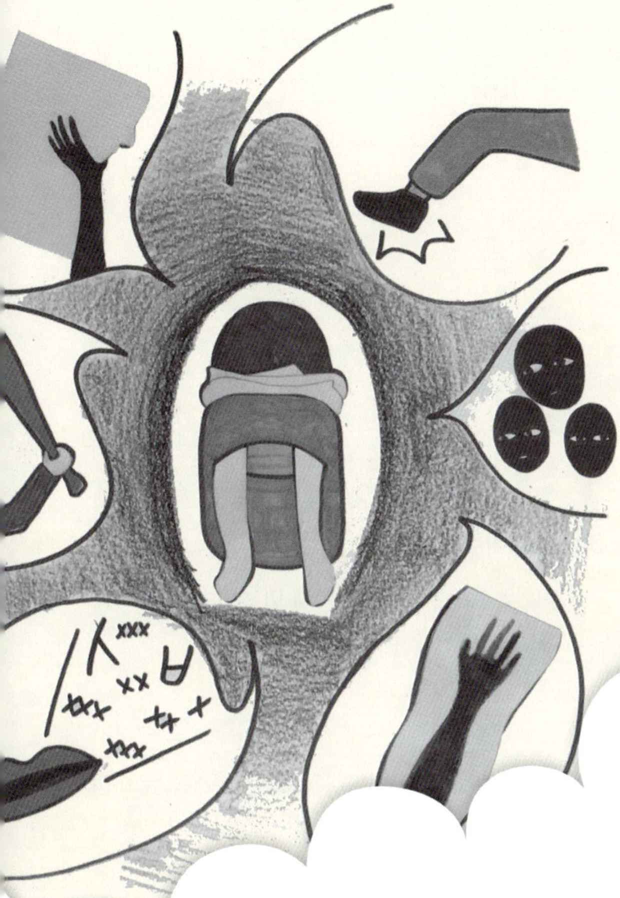

아동학대는 오랫동안 가정 내 훈육으로 인식되어 왔으므로 사회적인 관심을 받지 못하였다. 아동학대는 아동에게 신체적 손상뿐 아니라 심리적·정서적·사회적 발달에 부정적인 영향을 끼치며, 가족과 사회에도 후유증을 남긴다. 피해아동은 학대에 대항하거나 주위의 도움을 요청하기 어려워 심각한 상태에 이르기도 한다.

2000년도에 아동을 학대로부터 보호하기 위한 체계를 확립하는 「아동복지법」의 개정과 함께 국가의 개입이 강화된 「아동학대범죄의 처벌 등에 관한 특례법」의 제정 등 아동학대 예방을 위한 제도적 장치가 마련되고 있다. 이 장에서는 학대피해 아동의 개념과 유형, 아동학대의 발생원인과 징후를 파악하고, 학대피해 아동의 현황 및 실태를 살펴보고자 한다. 학대피해 아동의 권리와 보호를 위한 관련 법과 아동보호서비스 과정을 파악해 봄으로써 학대피해 아동보호서비스의 문제점과 과제를 제시하고자 한다.

마인드맵

■ 학대피해 아동의 권리와 복지

- 아동학대의 개념
- 아동학대의 유형
- 아동학대의 발생원인
- 아동학대의 징후

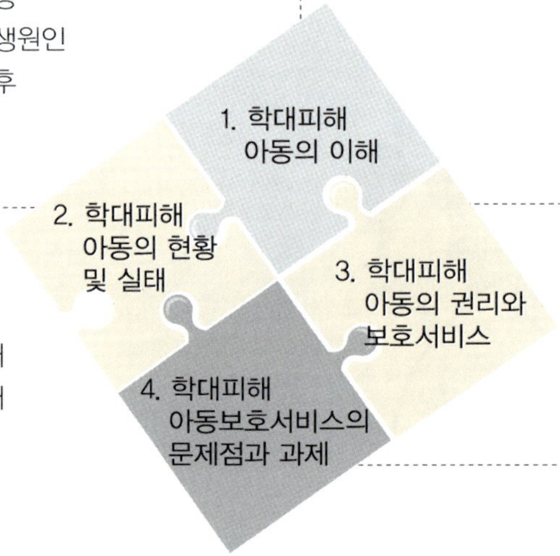

- 일반아동의 현황 및 실태
- 장애아동의 현황 및 실태

- 학대피해 아동의 권리
- 학대피해 아동의 보호서비스

- 학대피해 아동보호서비스의 문제점
- 학대피해 아동보호서비스의 과제

학습목표

1. 아동학대의 개념을 정의할 수 있다.
2. 아동학대의 유형을 설명할 수 있다.
3. 학대피해 아동에게 제공되고 있는 보호서비스를 제시할 수 있다.
4. 아동보호서비스의 과제를 제시할 수 있다.

주요용어

- **아동학대** : 보호자를 포함한 성인에 의하여 아동의 건강·복지를 해치거나 정상적 발달을 저해할 수 있는 신체적·신체적·성적 폭력이나 가혹행위를 하는 것과 아동의 보호자가 아동을 유기하거나 방임하는 것
- **방임** : 보호자가 아동에게 위험한 환경에 처하게 하거나 아동에게 필요한 의식주, 의무교육, 의료적 조치 등을 제공하지 않는 행위
- **아동보호전문기관** : 학대받은 아동의 발견, 보호, 치료에 대한 신속처리 및 아동학대 예방을 담당하는 기관
- **아동학대 신고의무자** : 아동학대 신고 의무를 가진 자로 신고의무자에는 초·중·고교 직원, 의료인, 아동복지시설 종사자, 장애인복지시설 종사자, 보육교직원, 유치원교직원·강사, 학원 및 교습소 종사자, 소방구급대원, 성매매 피해지원시설 및 상담소 종사자, 한부모가족 복지상담소 및 복지시설 종사자, 가정폭력상담소 및 피해자보호시설 종사자, 사회복지전담공무원, 아이돌보미 등 24개 직군이 포함됨

사 례 **원영이 사망 전 석 달간 욕실 감금… 계모 하루 한 끼만 먹여**

신원영(7) 군이 숨지기까지 무려 3개월여 간 욕실에 감금돼 있었던 것으로 확인됐다. 사건을 수사 중인 경기 평택경찰서는 12일 계모 김 모(38) 씨가 이날 새벽 말을 바꿔 "지난해 11월부터 숨진 채 발견된 지난달 2일 아침까지 욕실에 가둬놨다"고 진술했다고 밝혔다. 이는 원영 군 이웃들이 "지난해 11월부터 동네에서 원영이를 보지 못했다"고 한 증언과 일치하는 것이다.

전날 밤 김 씨는 지난달 1일 오후 1시부터 다음 날 오전 9시 30분까지 20여 시간 동안 원영 군을 욕실에 가뒀다고 자백한 바 있으나 이 또한 거짓 자백이었던 것으로 밝혀졌다. 또한 경찰 추가조사에서는 김 씨가 감금한 3개월간 원영 군에게 하루 한 끼만 먹인 사실도 드러났다. 이번 김 씨의 진술에 따라 친부 신 모(38) 씨가 아내의 학대 사실을 몰랐다고 진술한 것도 거짓말일 가능성이 커졌다. 경찰 관계자는 "처음엔 원영이를 길에 버렸다던 김 씨는 이후에도 계속해 거짓말을 하다가 결국 3개월간 아이를 감금한 사실을 털어놨다"며 "이는 탐문조사 과정에서 이웃들이 원영이를 보지 못한 시점과 일치하는 것이어서 신빙성이 있는 것으로 판단된다"고 말했다.

출처 : 연합뉴스(2016. 3. 21).

1. 학대피해 아동의 이해

1) 아동학대의 개념

아동학대의 정의는 시대와 문화에 따라 다르게 정의되어 왔으며 이에 따라 학대 발생률이나 학대 가해자에 대한 법적인 처벌, 치료적 접근 등도 달라져 왔다. 아동학대와 방임은 1960년대까지 심각한 사회문제로 관심을 받지 못했으나, 켐페와 그의 동료들(Kempe et al.)이 발표한 '매 맞는 아동의 증후군' 보고서(Kempe et al., 1962)를 통해 세상에 알려지기 시작했다. 켐페와 동료들은 보호자에 의해 가해지는 심각한 아동의 손상에 관하여 기술하면서 '학대란 부모나 부모에 준하는 보호자의 행위 또는 방임으로 초래되는 비우발적인 신체적 상처'로 국한하였다. 이 개념은 학대를 신체적인 학대에

만 한정하여 설명하는 것으로 협의의 정의라 할 수 있다. 최근 아동학대의 개념에는 신체적 학대뿐만 아니라, 아동발달상의 욕구를 충족시키는 데 실패한 환경까지 고려하여 아동방임이나 정서적 학대까지도 포함하는 광의의 개념으로 확대되고 있다.

「아동복지법」 제3조에서는 "아동학대란 보호자를 포함한 성인이 아동의 건강 또는 복지를 해치거나 정상적 발달을 저해할 수 있는 신체적·정신적·성적 폭력이나 가혹 행위를 하는 것과 아동의 보호자가 아동을 유기하거나 방임하는 것"이라고 정의하고 있다. 아동학대 정의 안에 적극적인 가해행위뿐만 아니라 소극적 의미의 방임행위까지도 명확하게 포함하고 있어 아동의 폭넓은 권리와 욕구 차원의 의미를 포함하고 있다.

2) 아동학대의 유형

(1) 신체적 학대

신체학대란 "보호자를 포함한 성인이 아동의 건강 또는 복지를 해치거나 정상적 발달을 저해할 수 있는 신체적 폭력이나 가혹 행위를 하는 것"(「아동복지법」 제3조 제7호)으로, 보호자를 포함한 성인이 아동에게 우발적인 사고가 아닌 상황에서 신체적 손상을 입히거나 또는 신체손상을 입도록 허용한 모든 행위를 말한다. 구체적 신체학대 행위는 <표 9-1>과 같다.

표 9-1 신체학대 행위

- 직접적으로 신체에 가해지는 행위 : 손, 발 등으로 때림, 꼬집고 물어뜯는 행위, 조르고 비트는 행위, 할퀴는 행위 등
- 도구를 사용하여 신체를 가해하는 행위 : 도구로 때림, 흉기 및 뾰족한 도구로 찌름 등
- 완력을 사용하여 신체를 위협하는 행위 : 강하게 흔듦, 신체부위 묶음, 벽에 밀어붙임, 떠밀고 잡음, 아동 던짐, 거꾸로 매닮, 물에 빠뜨림 등
- 신체에 유해한 물질로 신체에 가해지는 행위 : 화학물질 혹은 약물 등으로 신체에 상해를 입히는 행위, 화상을 입힘 등

출처 : 중앙아동보호전문기관. www.korea1391.go.kr

현재 세계 여러 나라에서는 「체벌금지법」 도입을 강화하고 있는 추세이나 우리나라는 처벌에 대한 규정이 없는 실정이다. 2016년 체벌을 법률로 금지한 나라를 살펴보면 스웨덴, 핀란드, 노르웨이, 오스트리아, 키프로스 등 49개 나라가 있으며, 이 나라들은 부모의 자녀 체벌을 전면 금지하고 있다. 1979년 전 세계에서 처음으로 자녀 체벌금지를 법제화한 스웨덴에서는 제정 당시 국민 70%가 반대할 정도로 논란이 심했지만 법 시행 이후 인식이 서서히 변해갔다. 1980년 자녀를 체벌하던 부모 비율이 28%이었지만 2011년 조사에서는 3%까지 떨어졌다. 우리나라는 아직까지도 부모 매질은 자녀에게 훈육을 위해서 필요하다는 인식이 강하며, 신체적 학대가 지나쳐서 아동의 생명에 위협을 주어도 부모는 사실상 법적 처벌을 받지 않는다는 것이 문제이다(이노홍, 2015 : 354). 가정 내 체벌을 포함해 모든 체벌을 금지한 국가는 <표 9－2>와 같다.

표 9-2 가정 내 체벌을 포함해 모든 체벌을 법률로 금지한 국가

법제화 시기	국 가
2016년	몽골
2015년	베냉, 아일랜드, 페루
2014년	아드라, 아르헨티나, 볼리비아, 브라질, 에스토니아, 몰타, 니카라과, 산마리노
2013년	카보베르데, 온두라스, 마케도니아
2011년	남수단
2010년 이전	알바니아(2010), 콩고(2010), 케냐(2010), 폴란드(2010), 튀니지(2010), 코스타리카(2008), 리히텐슈타인(2008), 룩셈부르크(2008), 몰도바(2008), 네덜란드(2007), 뉴질랜드(2007), 포르투갈(2007), 스페인(2007), 토고(2007), 우루과이(2007), 베네수엘라(2007), 그리스(2006), 헝가리(2006), 루마니아(2004), 우크라이나(2004), 아이슬란드(2003), 투르크메니스탄(2002), 불가리아(2000), 독일(2000), 이스라엘(2000), 크로아티아(1999), 라트비아(1998), 덴마크(1997), 키프로스(1994), 오스트리아(1989), 노르웨이(1987), 핀란드(1983), 스웨덴(1979)

출처 : 모든 아동체벌 금지를 위한 국제 이니셔티브. www.endcorporalpunishment.org

(2) 정서학대

정서학대는 “보호자를 포함한 성인이 아동의 건강 또는 복지를 해치거나 정상적 발달을 저해할 수 있는 정신적 폭력이나 가혹 행위를 하는 것”(「아동복지법」 제3조 제7호)을 말한다. 즉, 보호자를 포함한 성인이 아동에게 행하는 언어적 모욕, 정서적 위협, 감금이나 억제, 기타 가학적인 행위를 말하며, 언어적 · 정신적 · 심리적 학대라고 할 수 있다.

표 9-3 정서학대 행위

- 원망적 · 거부적 · 적대적 또는 경멸적인 언어폭력 행위
- 잠을 재우지 않는 것
- 벌거벗겨 내쫓는 행위
- 형제나 친구 등과 비교 · 차별 · 편애하는 행위
- 가족 내에서 왕따시키는 행위
- 아동이 가정폭력을 목격하도록 하는 행위
- 아동을 시설 등에 버리겠다고 위협하거나 짐을 싸서 쫓아내는 행위
- 미성년자 출입금지 업소에 아동을 데리고 다니는 행위
- 아동의 정서 발달 및 연령상 감당하기 어려운 것을 강요하는 행위(감금, 약치 및 유인, 아동 노동 착취)
- 다른 아동을 학대하도록 강요하는 행위

출처 : 중앙아동보호전문기관. www.korea1391.go.kr

정서학대의 경우 신체학대에 비해 외부로 드러나기 어렵고 객관적으로 피해 여부 및 정도를 파악하기 어렵다는 점에서 형법적 개입의 한계가 있다. 정서학대가 심각한 아동학대의 유형이며 중요하게 다루어져야 한다는 점은 확실하지만 형사 처벌기준이 모호하고 범위가 넓어 명확성 원칙에 반할 가능성이 크다는 부분이 어려움으로 제시되고 있다(류부곤, 2015 : 145). 전 세계적으로 가장 많이 발생하는 아동학대 유형이며, 우리나라에서도 가장 높은 비율을 차지하고 있다.

(3) 성학대

성학대는 "보호자를 포함한 성인이 아동의 건강 또는 복지를 해치거나 정상적 발달을 저해할 수 있는 성적 폭력이나 가혹 행위를 하는 것"(「아동복지법」 제3조 제7호)을 말하며 보호자를 포함한 성인이 자신의 성적 충족을 목적으로 18세 미만의 아동에게 행하는 모든 성적 행위를 말한다.

표 9-4 성학대 행위

- 자신의 성적 만족을 위해 아동을 관찰하거나 아동에게 성적인 노출을 하는 행위
- 아동을 성적으로 추행하는 행위
- 아동에게 유사성행위를 하는 행위
- 성교를 하는 행위
- 성매매를 시키거나 성매매를 매개하는 행위

출처 : 중앙아동보호전문기관. www.korea1391.go.kr

일반적으로 아동 성학대는 두려움이나 강압적인 힘을 이용한다. 그러나 놀이를 통해 착각하게 하거나 아동을 사람들로부터 심리적으로 고립되도록 조정하여 성학대를 하는 경우도 있다(이재연 외, 2016 : 270). 성학대 유형의 경우 아동보호전문기관에 아동학대로 신고되지 않고, 경찰에 직접 신고나 성폭력 상담소, 여성 상담소 등으로 신고되는 경우가 많아 다른 학대 유형과는 달리 아동보호전문기관의 통계에는 과소 집계되는 경향이 있다(류정희 외, 2016 : 29).

(4) 방임

방임이란 "아동의 보호자가 아동을 유기하거나 방임하는 것"(「아동복지법」 제3조 제7호)으로 보호자가 아동에게 위험한 환경에 처하게 하거나 아동에게 필요한 의식주, 의무교육, 의료적 조치 등을 제공하지 않는 행위를 말하며, 유기란 보호자가 아동을 보호하지 않고 버리는 행위를 말한다.

표 9-5 방임 행위

물리적 방임	• 아동에게 의식주를 제공하지 않는 행위 • 불결한 환경이나 위험한 상태에 아동을 방치하는 행위 • 아동의 출생신고를 하지 않는 행위 • 보호자가 아동을 시설 근처에 두고 사라진 경우 • 보호자가 친족에게 연락하지 않고 무작정 아동을 친족 집 근처에 두고 사라진 경우
교육적 방임	• 보호자가 아동을 특별한 사유 없이 학교(의무교육)에 보내지 않는 행위 • 아동의 무단결석을 방치하는 행위 • 숙제 및 준비물을 챙겨주지 않는 행위

의료적 방임	• 예방접종을 제때에 하지 않거나 필요한 의료적 처치를 소홀히 하는 것
정서적 방임	• 아동과 대화를 하지 않는 것 • 안아주는 등 아동이 필요로 하는 애정표현과 적절한 정서적 지지를 제공하지 않는 것 • 신체적 접촉을 피하는 것, 아동과의 약속에 무관심 등 정서적 결핍을 주는 행위를 의미

출처 : 중앙아동보호전문기관. www.korea1391.go.kr

방임 행위의 경우도 정서학대와 마찬가지로 아동의 보호자가 아동에 대한 의무를 다하지 않아 아동의 성장과 발달이 저해된다는 점에서 심각한 학대행위라는 당위성은 인정되지만 형법적 개입에는 한계가 있다. 형사 처벌에 있어 명확성과 규정의 필요성이 요구되고 있으며 특히 규정의 필요성에 있어 방임은 빈곤 등 외부적・환경적 요인의 영향을 받는 경우가 많기 때문에 이러한 경우 방임을 순수하게 보호자의 책임으로 보고 형사 처벌을 내리기에 어려운 측면이 있다(류부곤, 2015 : 149).

3) 아동학대의 발생원인

아동학대의 원인은 크게 부모와 아동 특성, 가족환경, 사회경제적 요인으로 설명할 수 있다. 아동학대에 관한 국내외 선행연구를 분석한 보건복지부와 숙명여자대학교(2011)에서는 아동학대 관련 요인을 <표 9−6>과 같이 정리한 바 있다.

표 9-6 아동학대 요인

아동학대 요인	세부요인
부모 특성	연령, 양육경험, 학대받은 경험, 부모의 충동성, 양육 스트레스, 부부갈등, 부부폭력, 알코올 혹은 약물 중독
아동 특성	연령, 까다로운 기질, 신체적・정신적 장애, 우울
가족환경 특성	가족의 빈곤, 가정 소득, 가족 구조, 폐쇄적이고 갈등적인 가정 분위기
사회경제적 특성	문화, 지역사회 환경, 불충분한 사회 제도, 경제의 흐름

출처 : 보건복지부, 숙명여자대학교(2011). 아동학대실태조사, p. 34.

이 장에서는 아동의 특성에 기인한다는 발달론적 관점, 가해자의 정신병리에 초점을 두는 정신병리학적 관점, 피해아동의 가정환경, 즉 부모의 양육태도, 경제수준 등의 측면을 강조한 사회심리학적 관점, 그리고 여러 가지 관점을 통합하여 학대가 일어난 가족을 둘러싼 체계들 간의 관계에서 원인을 찾는 생태학적 관점을 중심으로 살펴보고자 한다.

(1) 발달론적 관점

발달론적 관점에서는 아동학대의 원인으로 아동의 성격·기질·신체질환 등 부정적인 특성이 학대를 유발시킨다고 설명한다(Picton & Boss, 1981 : 127). 미숙아, 기형아, 만성 혹은 급성질환을 앓고 있는 아동, 운동 및 언어 등 발달이 늦은 아동 등 장애를 가진 아동들에 대해 부모들은 양육의 부담을 느끼고 좌절감을 경험하게 하여 학대를 유발한다는 것이다. 장애가 있지 않더라도 심하게 보채거나 밤에 잘 자지 않는 아동, 까다로운 기질의 아동, 우울증이나 잦은 울음, 충동성과 공격성 등 문제행동을 보이는 아동들에게 부모들은 양육부담이 크고 심리적인 문제를 느끼면서 일관성 없는 양육을 통해 학대하는 경향이 있다.

(2) 정신병리학적 관점

정신병리학적 관점에서는 가해자인 보호자 또는 부모의 심리적 특성 및 성격구조상의 결함에 초점을 둔다(Newberger & Newberger, 1981). 이 관점은 학대부모는 공격성, 세상에 대한 잠재적 혐오성, 충동성, 온정 결핍, 합리성 부족, 의존성, 신체적 무능력, 경제적 부양능력 결여, 정신과적 문제 등의 소인을 가졌음을 가정한다(공계순 외, 2017 : 226).

'매 맞는 아동의 증후군' 보고서를 통해 아동학대의 심각성을 알린 켐페와 그의 동료들(Kempe et al., 1962)은 학대부모 모두가 심각한 정신질환을 앓고 있는 것은 아니었으며, 대부분 다소 결함을 지니고 있었는데, '어린 시절에 겪었던 양육방법을 그들의 자녀에게 반복하고 있음'을 강조하였다. 즉, 어릴 때 학대받은 경험은 부모의 부적절한 양육태도, 부부갈등, 성격문제 등 부정적인 영향을 미쳤으며, 학대를 경험하지 않은 집단에 비해 자녀들에게 더 많은 폭력을 행하는 것으로 보고되고 있다.

(3) 사회심리학적 관점

사회심리학적 관점은 아동학대의 원인을 가정환경, 즉 가족의 기능과 구조적 특성으로 설명한다. 가족의 구조와 소득수준은 아동학대와 관련이 있었는데, 아동학대현황보고서(2016 : 107)에서도 부자가정과 모자가정 등 한부모가정에서의 아동학대 발생률이 상대적으로 높았다. 가구소득은 신체학대 중에서 가장 강력한 요인으로 확인되었는데(이경은 외, 2014 : 8), 빈곤은 가족의 스트레스와 좌절감, 가족갈등을 유발하여 아동학대를 증가시킬 수 있기 때문이다.

가정폭력과 부모의 갈등, 양육태도 기술 부족은 아동학대의 영향력 있는 요인으로 밝혀지고 있다. 이러한 결과는 아동학대현황보고서(2016)에서 아동학대의 주요 원인이 '양육태도 및 방법 부족', '부부 및 가족 구성원 간의 갈등'이었다는 보고결과와 일치한다.

(4) 생태학적 관점

아동학대의 발생 원인으로 아동, 가족, 학교와 지역공동체, 그리고 사회적 요인 등 다양한 요소들이 존재하며, 이들 원인들이 복합적으로 함께 작용하므로 생태학적 접근방법을 취할 필요가 있다(조범근 외, 2017 : 270). 아동학대에 관한 연구에서 생태학적 모델을 적용한 벨스키(Belsky, 1993)에 의하면, 개인영역은 아동을 학대하는 부모의 성격과 과거 경험을 포함하며, 가족영역은 아동학대가 발생하는 가족을 의미하는 것으로 아동의 특성이나 부부관계 등이 포함된다. 지역사회 영역은 가족 영역에 영향을 미치는 공식적 · 비공식적 사회구조를 의미하며, 문화 영역은 아동과 부모가 거주하는 사회의 문화적 가치와 신념체계를 의미한다.

생태체계 관점은 아동학대의 발생 원인을 한 가지 원인에 주목하기보다 아동을 둘러싸고 있는 환경의 여러 체계들이 서로 상호작용함으로써 학대를 유발한다고 본다. 예를 들어, 빈곤층 부모는 자녀양육을 위한 자원의 부족, 빈곤으로 인한 스트레스를 자녀에게 부정적인 방임과 학대의 방식으로 풀어내는 것이다.

4) 아동학대의 징후

아동학대의 징후를 아동학대 유형인 신체학대, 정서학대, 성학대, 방임에 따른 신체적 징후와 행동적 징후로 구분하여 살펴보고자 한다.

신체학대의 징후는 다음 <표 9-7>과 같이 신체에 상흔과 상처가 있어 육안으로 확인이 될 수 있지만, 주의 깊은 관찰이 요청된다.

표 9-7 신체적 학대 징후

신체적 징후	• 설명하기 어려운 신체적 상흔 • 발생 및 회복에 시간차가 있는 상처 • 비슷한 크기의 반복적으로 긁힌 상처 • 사용된 도구의 모양이 그대로 나타나는 상처 • 담뱃불 자국, 뜨거운 물에 잠겨 생긴 화상자국, 회음부에 있는 화상자국, 알고 있는 물체모양(다리미 등)의 화상자국, 회복속도가 다양한 화상자국 • 입, 입술, 치은, 눈, 외음부 상처 • 긁히거나 물린 자국에 의한 상처 • 손목이나 발목에 긁힌 상처, 영유아에게 발견된 붉게 긁힌 상처 • 성인에 의해 물린 상처 • 겨드랑이, 팔뚝 안쪽, 허벅지 안쪽 등 다치기 어려운 부위의 상처 • 대뇌 출혈, 망막 출혈, 양쪽 안구 손상, 머리카락이 뜯겨나간 두피 혈종 등을 동반한 복잡한 두부 손상 • 고막 천공이나 귓불이 찢겨진 상처와 같은 귀 손상 • 골격계 손상, 시간차가 있는 골절, 치유 단계가 다른 여러 부위의 골절, 복합 및 나선형 골절, 척추 손상(특히 여러 군데의 골절), 영유아의 긴 뼈에서 나타나는 간단 골절, 회전상 골절, 걷지 못하는 아이에게서 나타나는 대퇴골절, 골막하 • 출혈의 방사선 사진, 골단 분리, 골막 변형, 골막 석회화 • 간혈종, 간열상, 십이지장 천공, 궤양 등과 같은 복부 손상 • 폐 좌상, 기흉, 흉막삼출과 같은 흉부 손상
행동적 징후	• 어른과의 접촉회피 • 다른 아동이 울 때 공포를 나타냄 • 공격적이거나 위축된 극단적 행동 • 부모에 대한 두려움 • 집에 가는 것을 두려워함 • 위험에 대한 지속적인 경계

출처 : 중앙아동보호전문기관. www.korea1391.go.kr

정서학대의 징후는 다음 <표 9-8>과 같다. 정서학대의 신체적 징후인 발달지연과 신체발달 저하 등은 학대의 징후로만 보기 어려울 수 있지만, 행동적 징후인 반사회적 또는 파괴적 행동장애, 정신신경성 반응, 과잉행동 등을 통해 확인할 수 있다.

표 9-8 정서적 학대 징후

신체적 징후	• 발달지연 및 성장장애 • 신체발달 저하	
행동적 징후	• 특정 물건을 계속 빨고 있거나 물어뜯음 • 신경성 기질장애(놀이장애) • 언어장애 • 실수에 대한 과잉반응	• 행동장애(반사회적 · 파괴적 행동장애) • 정신신경성 반응(히스테리, 강박, 공포) • 극단행동, 과잉행동, 자살시도 • 부모와의 접촉에 대한 두려움

출처 : 중앙아동보호전문기관 www.korea1391.go.kr

성학대의 징후는 <표 9-9>와 같이 신체적으로 명확한 증거가 있지만, 아동이 표현하기 전까지는 알 수 없다는 한계가 있다. 행동적 징후로는 성적 행동뿐 아니라 외상 후 스트레스, 파괴적 행동까지 나타나고 있어 정확하고 빠른 개입이 요구된다.

표 9-9 성학대의 징후

신체적 징후	• 신체적 지표 : 학령전 아동의 성병감염, 임신 • 생식기의 증거 : 아동의 질에 있는 정액, 찢기거나 손실된 처녀막, 요도염, 질에 생긴 상처나 긁힌 자국, 질의 홍진(紅疹), 배뇨곤란, 생식기의 대상포진 • 항문증후 : 항문 괄약근의 손상, 항문 주변의 멍이나 찰과상, 항문 내장이 짧아지거나 뒤집힘, 회음부의 동통과 가려움, 변비, 대변에 혈액이 나옴 • 구강증후 : 입천장의 손상, 인두(咽頭)임질
행동적 징후	• 성적 행동지표 : 나이에 맞지 않는 성적 행동, 해박하고 조숙한 성지식 명백하게 성적인 묘사를 한 그림들, 타인과의 성적인 상호관계 동물이나 장난감을 대상으로 하는 성적인 상호관계 • 비(非)성적인 행동지표 : 위축, 환상, 유아적 행동(퇴행행동) 자기파괴적 또는 위험을 무릅쓴 모험적인 행동, 충동성, 산만함 및 주의집중장애 혼자 남아 있기를 거부 또는 외톨이, 특정 유형의 사람들 또는 성에 대한 두려움 방화/ 동물에게 잔혹함(주로 남아의 특징), 비행, 가출, 약물 및 알코올 남용 자기파괴적 행동(자살시도), 범죄행위 우울, 불안, 사회관계의 단절, 수면장애 유뇨증/ 유분증, 섭식장애(폭식증/ 거식증), 야뇨증 외상 후 스트레스 장애, 저조한 학업수행

출처 : 중앙아동보호전문기관. www.korea1391.go.kr

방임은 <표 9－10>과 같이 비위생적이거나 건강상태가 불량한 신체적 징후를 통해 확인 가능하며, 계절에 맞지 않는 옷차림과 학교에 일찍 등교하고 집에 늦게 귀가하는 등의 행동적 징후를 통해서도 확인할 수 있다.

표 9-10 방임의 징후

신체적 징후	• 발달지연 및 성장장애 • 비위생적인 신체상태 • 예방접종과 의학적 치료 불이행으로 인한 건강상태 불량 • 아동에게 악취가 지속적으로 나는 경우	
행동적 징후	• 계절에 맞지 않는 부적절한 옷차림 • 비행 또는 도벽 • 지속적인 피로 또는 불안정감 호소 • 잦은 결석	• 음식을 구걸하거나 훔침 • 학교에 일찍 등교하고 집에 늦게 귀가함 • 수업 중 조는 태도

출처 : 중앙아동보호전문기관. www.korea1391.go.kr

2. 학대피해 아동의 현황 및 실태

1) 일반아동의 현황 및 실태

우리나라 아동학대 현황은 보건복지부와 중앙아동보호전문기관에서 매년 집계하여 보고하는 전국아동학대현황보고서를 중심으로 살펴보고자 한다.

(1) 아동학대 신고 현황

우리나라에서 아동학대 현황을 파악할 수 있는 통계자료가 생산되기 시작한 것은 2000년 「아동복지법」 개정에 따라 아동학대에 국가가 개입할 수 있는 법적 근거가 성립되고 주무기관으로 아동보호전문기관이 지정된 이후부터라고 할 수 있다.

2001년부터 2015년까지 아동학대 신고접수 현황은 [그림 9－1]과 같다. 2013년을 기점으로 신고접수가 높아진 것을 볼 수 있는데, 2013년, 2014년에 집중적으로 부모의 학대로 아동이 사망하는 사건이 사회적 이슈가 되면서 2014년 「아동학대범죄의 처벌 등에 관한 특례법(이하 「아동학대처벌법」)」이 제정된 것이 계기라고 볼 수 있다.

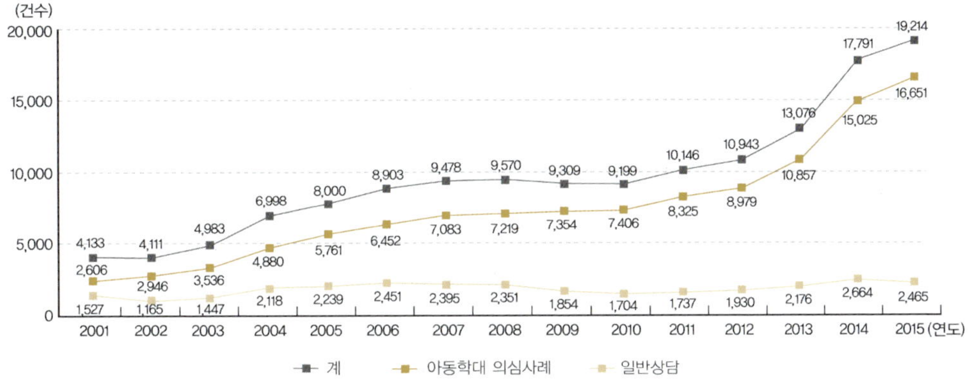

[그림 9-1] 아동학대 신고접수 현황(2001~2015)

출처 : 보건복지부(2017b). 통계로 보는 사회보장 2016, p. 98.

「아동학대처벌법」은 가정 내 훈육으로 간주되었던 아동학대를 범죄로 인식하여 국가가 아동학대에 적극적으로 개입할 수 있는 계기가 되었다. 또한 신고의무자 범위가 확대되어 170만 명가량이 학대신고의무자로 되었고, 112로 아동학대 신고 전화 통합 시스템이 구축되었으며, 미신고 시 과태료가 300만 원에서 500만 원으로 상향 조정되었다(김미숙 외, 2016 : 16). 그럼에도 불구하고 사적인 영역인 가정 안에서 일어나는 아동학대 상황은 파악하기 어렵고, 현장에서는 전문가의 부족, 피해아동을 위한 지원 체계 부족 등으로 아동학대는 지속적으로 발생하고 있는 상황이다.

아동학대로 신고되는 사례 외에도 [그림 9-2]와 같이 실제 많은 학대위기의 아동들이 빙산 아래에서 커다란 규모로 존재하고 있는데, 이들은 요호보아동의 이름으로, 결식아동의 이름으로, 학교 무단결석아동의 이름으로, 정기적인 예방접종을 받지 않은 유아의 이름으로 잠재적 학대위기 아동군을 형성하고 있다(류정희 외, 2016 : 21). 실제로 신고되지 않는 학대의심 사례까지 포함한다면 더 많은 아동들이 아동학대의 위험에 노출되어 있을 가능성이 높다.

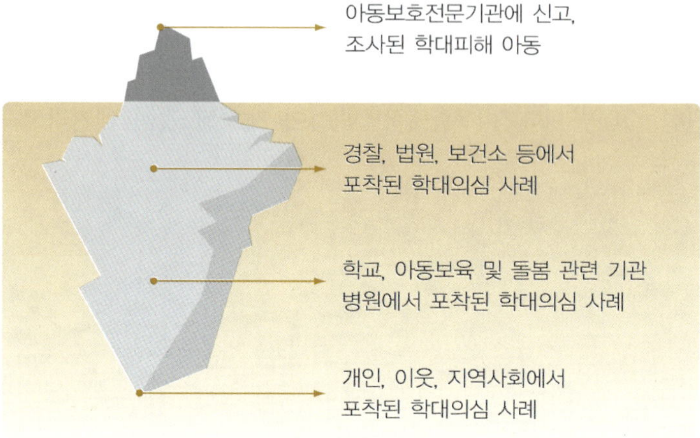

[그림 9-2] 아동학대 및 방임 : 빙산이론

출처 : 류정희 외(2016). 생애주기별 학대폭력에 대한 통합적 접근과 정책대응 보고서, p. 21.

(2) 아동학대 사례 유형

아동학대의 유형별 발생 현황과 연도별 변화 추이를 살펴보면 <표 9-11>과 같다. 학대유형 중에서 중복학대가 가장 비율이 높았으며, 그 뒤를 이어 방임, 정서학대, 신체학대, 성학대 순으로 나타났다. 두 가지 이상의 학대를 중복으로 경험하는 중복학대 비율이 높다는 것은 피학대 아동들이 여러 유형의 학대에 노출되어 있다는 의미로 볼 수 있다.

표 9-11 아동학대 유형별 현황 (단위 : 건, %)

유형 / 연도	신체학대	정서학대	성학대	방 임	중복학대	계
2012	461(7.2)	936(14.6)	278(4.3)	1,713(26.8)	3,015(47.1)	6,403(100)
2013	753(11.1)	1,101(16.2)	242(3.6)	1,778(26.2)	2,922(43.0)	6,796(100)
2014	1,453(14.5)	1,582(15.8)	308(3.1)	1,870(18.6)	3,814(48.0)	10,027(100)
2015	1,884(16.1)	2,046(17.5)	428(3.7)	2,010(17.2)	5,347(45.5)	11,715(100)
2016	2,704(14.6)	3,556(19.1)	487(2.6)	2,918(15.7)	8,908(48/0)	18,573(100)

출처 : 보건복지부(2017a). 2016 보건복지백서, p. 291.

(3) 피해아동과 학대행위자의 현황

중복학대를 별도로 분류하지 않고 아동이 중복해서 경험한 학대를 각각의 학대 유형에 포함시켜 살펴보았을 때 총 빈도는 전체 아동학대 건수인 11,715건을 초과한 17,662건이다(보건복지부, 중앙아동보호전문기관, 2016). 2015년 아동학대 17,662건을 중심으로 피해아동의 성별과 연령은 다음 <표 9-12>와 같다. 피해아동 성별을 살펴보면, 신체학대의 경우 남아는 52.1%, 여아는 47.9%로 남아의 신체학대 피해율이 높았으며, 방임사례에서도 남아가 여아보다 3% 정도 높았다. 반면 정서학대는 여아가 남아보다 3% 높은 것으로 나타났으며, 성학대는 여아의 피해율이 90.5%로 압도적으로 높았다. 연령별 분포를 살펴보면 중학교 시기에 해당하는 13~15세가 23.6%, 초등학교 고학년 시기인 10~12세가 19.6%, 초등학교 저학년 시기인 7~9세가 17.9% 순으로 높았다. 학령기 아동의 학대사례가 높은 이유는 교사를 포함한 아동학대 신고의무자에 의해 학대 사실이 발견될 가능성이 높으며, 아동이 성장할수록 학습이나 정신건강, 학교적응과 관련된 문제들이 가시적으로 드러나면서 부모의 양육 스트레스가 학대의 요인으로 작용하는 것으로 추측할 수 있다.

표 9-12 아동학대사례 유형별 피해아동 성별 및 연령 (단위 : 건, %)

학대유형		신체학대	정서학대	성학대	방 임	계
계		6,661(100.0)	7,197(100.0)	278(100.0)	1,713(100.0)	17,662(100.0)
성별	남	3.468(52.1)	3,487(48.5)	60(9.5)	1,636(51.5)	8,651(49.0)
	여	3,193(47.9)	3,710(51.5)	569(90.5)	1,539(48.5)	9,011(51.0)
연령	1세 미만	68(1.0)	121(1.7)	0(0.0)	226(7.1)	415(2.3)
	1~3세	564(8.5)	750(10.4)	6(1.0)	530(16.7)	1,850(10.5)
	4~6세	877(13.2)	1,054(14.6)	29(4.6)	524(16.5)	2,484(14.1)
	7~9세	1,171(17.6)	1,241(17.2)	78(12.4)	668(21.0)	3,158(17.9)
	10~12세	1,319(19.8)	1,401(19.5)	140(22.3)	594(18.7)	3,454(19.6)
	13~15세	1,738(26.1)	1,737(24.1)	234(37.2)	455(14.3)	4,164(23.6)
	16~17세	924(13.9)	893(12.4)	142(22.6)	178(5.6)	2,137(12.1)

출처 : 보건복지부, 중앙아동보호전문기관(2016). 2015 전국아동학대현황보고서, pp. 124-125.

학대피해 아동의 가족유형은 <표 9-13>과 같이 친부모가족이 49.3%(5,799건)으로 가장 많았고, 친부모가족 외 형태가 44.2%(5,177건), 대리양육 형태가 1.9%(220건) 순으로 나타났다. 친부모가족 외 형태에서는 부자가정 또는 모자가정 등 한부모가정이 30.5%를 차지하였다.

표 9-13 피해아동의 가족 유형

친부모 가족	친부모가족 외 형태								대리양육 형태				기타	파악 안됨	계
	부자 가정	모자 가정	미혼 부모 가정	재혼 가정	친인척 보호	동거	소년 소녀 가장	계	가정 위탁	입양 가정	시설 보호	계			
5,779	1,855	1,483	240	869	320	403	7	5,177	31	34	155	220	58	481	11,715
(49.3)	(15.8)	(12.7)	(2.0)	(7.4)	(2.7)	(3.4)	(0.1)	(44.2)	(0.3)	(0.3)	(1.3)	(1.9)	(0.5)	(4.1)	(100.0)

출처 : 보건복지부, 중앙아동보호전문기관(2016). 2015 전국아동학대현황보고서, p. 107.

학대행위자와 피해아동과의 관계를 살펴보면 [그림 9-3]과 같이, 부모에 의해 발생한 경우가 79.8%로 가장 높았다. 아동학대 사례 10건 중 약 8건 정도가 부모에 의해 발생되었음을 알 수 있다. 그 뒤를 이어 대리양육자의 경우가 12.2%, 친인척 4.8%, 타인 1.6%, 기타 1.4%, 파악 안 됨 0.2% 순으로 나타났다(보건복지부, 중앙아동보호전문기관, 2016). 부모에 의한 학대가 가장 높은 비율로 나타나지만, 대리양육자의 학대 비율에도 주목할 필요가 있다. 대리양육자는 아동복지시설 종사자나 보육교직원 등을 의미하는데, 이들이 아동의 교육과 보호 등의 역할을 잘 감당하도록 아동권리에 대한 이해와 아동학대 인식 교육이 진행되어야 하며, 무엇보다 이들의 근무환경과 처우개선 등도 향상되어야 할 것이다.

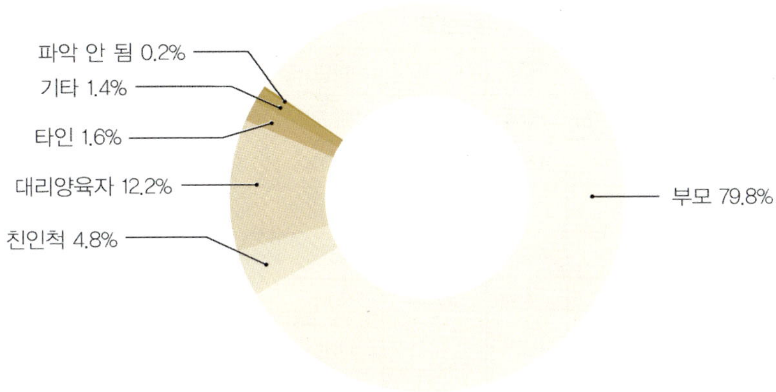

[그림 9-3] 아동학대 행위자와 피해아동과의 관계(2015)

출처 : 보건복지부(2016). 2015 전국아동학대현황보고서, p. 114.

2) 장애아동의 현황 및 실태

장애아동의 학대 현황에 관한 공식적인 통계는 존재하지 않는다. 또한 아동보호전문기관을 비롯하여 해바라기센터, 여성장애인성폭력상담센터, 장애인차별금지추진연대, 장애인권익문제연구소, 인권센터 등 각 영역별로 학대 신고 사례를 접수하고 있어 일원화된 자료수집 통로가 없기 때문에, 서혜정 등(2016)의 학대피해 장애아동 서비스 지원체계 마련연구 보고서를 중심으로 학대 현황을 살펴보고자 한다. 이 보고서는 중앙아동보호전문기관에서의 학대신고 사례 접수를 기반으로 2013년부터 2015년까지 수집한 자료를 활용하였다.

전국 51개 아동보호전문기관에서 접수된 사례를 기반으로 학대피해 장애아동의 신고 사례를 연도별로 남녀 비율을 중심으로 살펴보면 <표 9-14>와 같다. 전체 학대피해 건수에서 장애아동의 비율은 2013년도 2.6%(281건), 2014년도 1.7%(427건), 2015년도 2.8%(467건)을 차지하였다. 구체적으로 피학대 아동의 성별을 살펴보면, 2013년 남아는 35.6%, 여아는 64.4%로 여아가 남아에 비해 높은 비율을 보였다. 2014년의 경우 남아 51.1.%, 여아 48.9%로 남아의 비율이 약간 높았으며, 2015년에는 그 격차가 심해져 남아의 경우 55.5%, 여아의 경우 44.5%인 것으로 나타났다.

표 9-14 장애유무에 따른 피학대 아동 성별 (단위 : 명, %)

구분		2013년			2014년			2015년		
		장애 있음	장애 없음	전체	장애 있음	장애 없음	전체	장애 있음	장애 없음	전체
남아		100	4,589	4,689	218	7,315	7,533	259	7,993	8,252
		(35.6)	(43.7)	(43.5)	(51.1)	(50.6)	(50.6)	(55.5)	(49.6)	(49.8)
여아		181	5,921	6,102	209	7,152	7,361	208	8,107	8,315
		(64.4)	(56.3)	(56.5)	(48.9)	(49.4)	(49.4)	(44.5)	(50.4)	(50.2)
전체		281	10,510	10,791	427	14,467	14,894	467	16,100	16,567
		(100.0)	(100.0)	(100.0)	(100.0)	(100.0)	(100.0)	(100.0)	(100.0)	(100.0)

출처 : 서혜정 외(2016). 학대피해 장애아동 서비스 지원체계 마련연구 보고서, p. 115.

장애아동 학대의 유형별 발생 현황과 연도별 변화 추이를 살펴보면 <표 9-15>와 같이 비장애 아동 학대유형과 동일하게 중복학대가 가장 비율이 높았다. 그 뒤를 이어 방임, 신체학대, 정서학대, 성학대 순으로 나타났다.

표 9-15 장애아동 학대 유형별 현황 (단위 : 건, %)

유형 / 연도	신체학대		정서학대		성학대		방임		중복학대		계	
2013	36	(12.8)	36	(12.8)	18	(6.4)	74	(26.3)	117	(41.7)	281	(100)
2014	61	(14.3)	43	(10.1)	32	(7.5)	88	(20.7)	212	(47.4)	426	(100)
2015	87	(18.6)	55	(11.8)	23	(4.9)	96	(20.6)	206	(44.1)	467	(100)

출처 : 서혜정 외(2016). 학대피해 장애아동 서비스 지원체계 마련연구 보고서, pp. 129-130 재구성.

피학대 장애아동의 가족유형을 보면, 비장애 아동과 마찬가지로 친부모가정에서 학대가 가장 많이 일어나는 것으로 나타났다. <표 9-16>과 같이 2013년의 경우에는 학대 건수가 친부모가족 외 형태에서 52.4%로 친부모가족(38.8%)보다 높았으며, 2014년과 2015년에는 친부모가정에서 더 높은 것으로 나타났다. 친부모가족 외 형태에서는 부자가정 또는 모자가정 등 한부모가정에서 장애아동의 학대 비율이 높았다.

표 9-16 피학대 장애아동의 가족 유형

구분	친부모 가족	친부모가족 외 형태								대리양육형태				기타	파악 안됨	계
		부자 가정	모자 가정	미혼 부모 가정	재혼 가정	친인척 보호	동거	소년 소녀 가장	계	가정 위탁	입양 가정	시설 보호	계			
2013년	109 (38.8)	45 (16.9)	51 (18.1)	6 (2.1)	16 (5.7)	15 (5.3)	12 (4.3)	0 (0.0)	145 (52.4)	1 (0.4)	3 (1.1)	15 (5.3)	19 (6.8)	2 (0.7)	6 (2.1)	281 (100.0)
2014년	211 (49.4)	72 (16.9)	74 (17.3)	8 (1.9)	23 (5.4)	9 (2.1)	8 (1.9)	0 (0.0)	197 (45.5)	2 (0.5)	1 (0.2)	8 (1.9)	11 (2.6)	2 (0.5)	9 (2.1)	427 (100.0)
2015년	231 (49.5)	62 (13.2)	71 (15.2)	8 (1.7)	32 (6.9)	13 (2.8)	16 (3.4)	0 (0.0)	202 (43.2)	1 (0.2)	1 (0.2)	20 (4.3)	22 (4.7)	5 (1.1)	7 (1.5)	467 (100.0)

출처 : 서혜정 외(2016). 학대피해 장애아동 서비스 지원체계 마련연구 보고서, pp. 117-118 재구성.

학대행위자와 피해 장애아동과의 관계를 살펴보면 [그림 9-4]와 같이, 부모에 의해 발생한 경우가 79.7%로 가장 높았다. 친인척 8.2%. 대리양육자 7.1%, 타인 2.36%, 기타 2.3%, 파악 안 됨 0.4% 순으로 나타났다(서혜정 외, 2016).

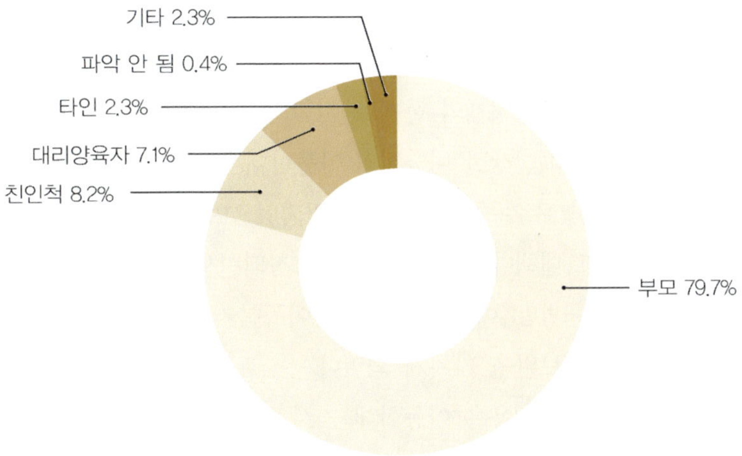

[그림 9-4] 아동학대 행위자와 피해 장애아동과의 관계(2015)

출처 : 서혜정 외(2016). 학대피해 장애아동 서비스 지원체계 마련연구 보고서, pp. 125-126 재구성.

3. 학대피해 아동의 권리와 보호서비스

1) 학대피해 아동의 권리

(1) 아동복지법

안타깝게도 수많은 아동의 무고한 죽음을 통해 우리나라의 아동학대 관련 법과 제도가 만들어졌다. 아동학대와 방임에 대한 개입의 법률적 근거는 「아동복지법」에 두고 있다. 민간의 아동학대 예방 및 대응 노력이 기반이 되어 2000년에 「아동복지법」은 아동을 학대로부터 보호하기 위한 체계의 확립에 초점을 두는 것으로 전면 개정되었다. 이 법에서 아동학대를 광의의 개념으로 정의하고 아동학대 신고의무자를 규정하여 신고를 의무화하였다. 또한 학대받은 아동의 발견, 보호, 치료 의뢰 의무를 지닌 전담기관으로 아동보호전문기관을 설치하면서 공적 아동보호체계를 구축하는 등 제도적 지원을 명시하였다.

그러나 아동보호체계의 도입 시부터 공공서비스의 성격을 지닌 아동보호서비스를 민간위탁으로 운영해 왔기 때문에 아동보호의 국가적 · 사회적 공공성과 책무성의 부재는 가장 근본적인 아동보호체계의 한계로 지적되어 왔다(류정희, 2016 : 14).

2013년 울주와 칠곡에서 발생한 비극적인 아동학대 사망사건 이후 '아동학대 예방 및 피해아동 조기발견 및 보호 종합대책'이 수립되었으며, 아동학대 예방사업의 근본적인 문제점을 검토하고 대책마련의 필요성이 요청되면서 「아동학대범죄의 처벌 등에 관한 특례법(아동학대처벌법)」이 제정되었고, 「아동복지법」이 일부 개정되면서 아동보호체계는 다시 제도적 보완을 거치게 되었다.

「아동학대처벌법」의 주요내용은 아동학대 치사, 중상해 등에 관한 가중처벌 규정을 두고 있고, 아동학대가 중대한 경우 아동학대자에 대한 친권 상실 청구를 하도록 하고 있다. 또 이 법률은 아동학대범죄에 대하여 아동보호전문기관과 수사기관, 법원이 개입할 수 있는 근거를 명시하고 있다(이무선, 2015 : 52). 즉, 아동학대가 발생하면 아동보호전문기관 직원과 함께 경찰이 동행하여 출동할 수 있으며, 아동보호를 위해 아동은 학대행위자와의 격리 등 응급조치, 피해아동 보호시설 인도 등 응급조치를 받을 수 있고 학대행위자는 보호명령을 받아야 하는 등 경찰과 검찰의 역할이 강화되었다.

(2) 아동학대 방지대책

제5차 아동정책조정위원회를 열어 2014년도에 확정한 '아동학대 예방 및 피해아동 조기발견 및 보호 종합대책'은 '아동학대 예방 및 조기발견 강화', '아동학대 신속대응 체계 구축', '아동학대 대국민 인식 개선'을 중심으로 추진되었다. 2015년 말 인천 초등생 감금학대와 2016년 초 평택 아동학대 사망사건을 계기로 정부는 2016년 '아동학대 방지대책'을 발표하였다.

'아동학대 방지대책'은 아동복지시설 내에 인권보호관을 도입하고, 아동학대 신고의무자 교육을 강화하며, 학대위기에 놓여 있는 아동이 조기에 발견되어 지원받을 수 있도록 'e아동행복지원시스템'을 운영하는 것이다. 'e아동행복지원시스템'은 장기결석, 보육료 · 양육수당 미신청, 건강검진 · 예방접종 미실시 등 각종 정보를 연계해 아동학대 사각지대를 알아내어 아동복지서비스를 지원하는 것으로 아동학대 예방에 중요한 역할을 담당할 것으로 예측된다. 현재 'e아동행복지원시스템'은 시범운영 중이다.

「유엔아동권리협약」 중 아동학대와 관련된 조항인 제19조에서는 학대피해 아동에 대한 정부 차원의 적절한 보호체계 구축 등을 명시하고 있다. 「유엔아동권리협약」에 비준한 우리나라는 아동학대를 예방하고 개입할 수 있는 「아동복지법」과 제도를 통해 아동복지와 아동보호를 국가적 과제로 인식하고 국가의 의무를 수행한다고 볼 수 있다. 점차 아동의 인권과 생존, 안전을 위하여 아동학대 예방을 위한 법과 제도가 발전을 이루고 있으나, 여전히 아동학대 신고 건수는 증가하며 이들을 위한 적절한 보호체계가 부족한 상황이다. 공적 아동보호시스템은 더욱 보완되어야 하며, 이를 위한 지속적인 예산지원도 필요하다. 피해아동에 대한 적극적인 보호를 통해 아동의 안정적인 성장환경을 조성하고 권리증진을 도모할 수 있도록 아동학대 예방사업에 지속적인 사회적 관심과 모니터링이 요구된다.

2) 학대피해 아동의 보호서비스

학대피해 아동을 위한 보호서비스는 신고발견부터 서비스 지원, 사후관리까지 아동보호전문기관을 중심으로 진행된다. 아동보호전문기관은 「아동복지법」 제45조(아동보호전문기관의 설치 등)에 따라 학대받은 아동의 발견, 보호, 치료에 대한 신속처리 및 아동학대 예방을 담당하는 기관으로서 국가와 지방자치단체가 설치・운영하도록 되어 있다. 지역아동보호전문기관은 아동학대 신고접수, 현장조사 및 응급보호의 업무를 수행하며 피해아동과 피해아동의 가족 및 아동학대행위자를 위한 상담・치료 및 교육 등을 수행하고 있다(「아동복지법」 제46조 제2항). 2017년 기준으로 전국에 61개의 아동보호전문기관이 설치되어 있다.

중앙아동보호전문기관은 지역아동보호전문기관에 대한 지원, 아동학대 예방사업과 관련된 연구 및 자료 발간, 효율적인 아동학대 예방사업을 위한 연계체제 구축, 아동학대예방사업을 위한 프로그램 개발과 평가, 상담원 직무교육, 아동학대 예방 관련 교육 및 홍보, 아동보호전문기관 전산시스템 구축 및 운영 등의 업무를 수행한다(「아동복지법」 제46조 제1항). 아동보호전문기관의 아동학대 사건 업무 처리 흐름도는 [그림 9-5]와 같다.

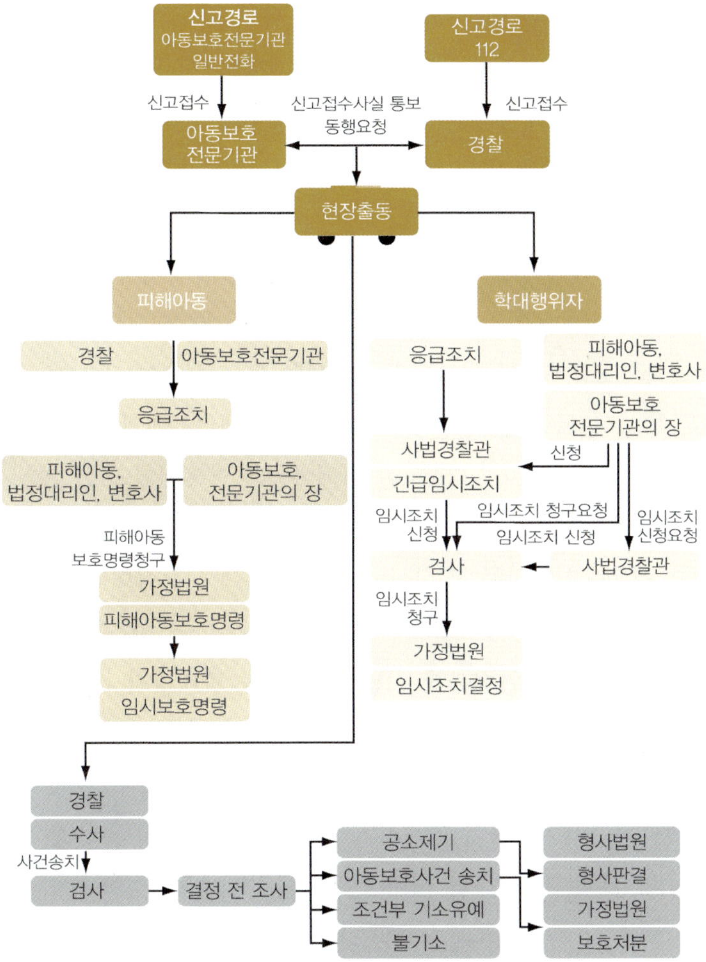

[그림 9-5] 아동학대 사건 업무 처리 흐름도

출처 : 중앙아동보호전문기관. www.korea1391.go.kr

아동학대 신고 전화번호는 「아동학대처벌법」 시행 이후 112로 통합되었다. 신고에 필요한 정보가 모두 파악되지 않더라도 신고가 가능하며, 신고자의 신분은 「아동학대처벌법」 제10조, 제62조에 의해 보장된다. 신고 시에는 학대의심 내용, 피해아동의 정보, 학대행위 의심자의 정보, 신고자의 정보를 알린다. 아동학대 신고의무자는 직무상

아동학대를 쉽게 발견할 수 있는 직업군으로 교사직군, 의료인 직군, 사회복지 관련 직군 및 공무원으로 규정하고 있다(「아동복지법」 제26조, 「아동학대처벌법」 제10조 제2항).

112로 아동학대 의심사례가 접수되면 경찰과 아동보호전문기관 상담원이 신고내용을 토대로 사실 여부 파악을 위해 현장조사를 실시한다. 현장조사 시 아동 및 학대행위 의심자의 진술과 주변인 조사, 상흔 등을 확인하여 증거를 수집한다. 경찰과 아동보호전문기관 상담원이 현장조사를 통하여 얻은 진술과 증거자료 등을 통해 아동학대 여부를 판단한다. 이때 아동학대의 경중에 따라 학대행위자는 사법처리되거나 교육, 상담, 치료 등 교화과정이 이루어진다. 피해아동은 상황에 맞게 상담, 의료적 지원, 심리치료, 학습, 법률 지원 등을 받게 되며 학대행위자에게도 상담과 교육, 심리치료 및 의료지원 등이 이루어진다. 또한 피해아동의 가족에게도 건강한 가족 기능의 회복을 위해 상담, 가족치료, 가정지원, 가족 기능 강화 프로그램을 제공한다. 아동학대가 종료된 이후에도 가정방문, 전화상담 등을 통하여 아동학대의 재발 여부를 확인하며, 필요한 경우 피해아동 및 가족에게 지원을 제공하는 사후관리가 제공된다.

피해아동이 가족 내에서 안전하게 지낼 수 있도록 학대행위자의 근본적인 변화를 위한 심리치료와 교육 위탁 등이 필요하지만, 우리나라 아동보호체계에서 가족보존서비스와 가족재결합서비스는 충분히 제공되지 못하고 있다(보건복지부, 중앙아동보호전문기관, 2016). 아동이 속한 원가정이 회복되어 재학대가 발생하지 않고 안전하게 성장할 수 있도록 가족에 대한 기능 강화 서비스는 강화되어야 할 것이다.

4. 학대피해 아동보호서비스의 문제점과 과제

1) 학대피해 아동보호서비스의 문제점

첫째, 아동보호서비스 대상 아동에 대한 분절적인 접근은 아동보호체계의 구조적 한계를 보여준다. 우리나라의 아동보호체계는 민간에 위탁된 형태로 아동보호전문기관에 의해 관리·운영되어 왔으므로 다른 민간·공공 아동보호 관련 기관 및 시설과의 연계와 협력이 매우 빈약하다(류정희, 2017 : 17, 조범근 외, 2017 : 24).

둘째, 아동학대 예방 인프라 구축이 빈약한 상황이다. 2017년 기준 71개소의 아동보호전문기관은 3만 건(2016년 아동학대 신고 건수 29,669건)의 신규 아동학대 사례를 담당하고 있었다. 굿네이버스, 어린이재단, 세이브더칠드런(2014 : 8)에서 제시한 아동인구 10만 명당 아동보호전문기관 1개소 설치가 필요하고, 아동보호전문기관 수도 최소 100개소로 확충해야 한다고 추산한 규모와 비교하면 아동보호전문기관 인프라는 여전히 미흡한 실정이다. 학대피해 아동을 분리한 후 적절한 보호서비스를 제공하는 학대피해아동쉼터, 피해아동의 특수성을 고려한 장애아동 및 영유아 전담쉼터는 전무한 상황이다.

셋째, 아동보호전문기관의 아동학대 사례 개입 이후 피해자와 피해자가족을 위한 서비스 개입은 매우 저조한 편이다. 학대행위자가 가정 내 생계를 책임지는 사람일 경우, 임시조치로 퇴거 또는 접근금지될지라도, 원가정에 남은 피해아동과 가족들이 생계 위협을 받지 않도록 이들에게 긴급 생계비를 지원하거나 경제적 지원과 자립을 돕는 구체적인 제도를 마련할 필요가 있다(김은정, 2016 : 38).

2) 학대피해 아동보호서비스의 과제

첫째, 아동보호서비스의 책무성이 강화되어야 한다. 학대피해 아동의 보호를 위한 「아동학대처벌법」이 제정되었고, 이후 아동학대 사건에서 경찰, 검찰의 역할이 강화되었지만 여전히 아동학대 사건은 발생하고 있다. 아동보호서비스의 책임성과 공공성을 담보하기 위해 아동보호전문기관을 컨트롤 타워로 하고, 사후관리 및 피해아동과 가족지원사업에 투입할 수 있는 인력과 자원이 보충되어야 하며(강은영, 김희균, 2015 : 400), 아동보호서비스의 공공성과 책무성을 강화하여 학대위기 아동 보호의 전 과정에서 분절화된 시스템을 연계하고, 아동보호전문기관과 관련된 기관 간의 연계체계를 구축해야 한다(류정희, 2017 : 20).

둘째, 아동학대 신고체계가 강화되어야 한다. 아동학대 신고의무자들의 아동학대에 대한 인식과 태도가 신고에 영향을 미치는 것으로 확인되고 있다. 신고의무자는 아동학대의 유형을 정확하게 인식하고, 아동학대 간이점검표를 활용하여 학대가 의심되는 경우에도 신고할 수 있도록 교육을 내재화할 뿐 아니라 자신의 역할과 태도를 점검할 수 있어야 한다. 이를 위해 아동에게 관여하는 모든 직군이 신고의무 대상자로 확장되고, 이들의 직업 특성에 맞는 아동학대 예방교육이 강화되어야 한다.

무엇보다 신고한 신고의무자들의 보호가 필요하다. 신고의무자들은 다양한 이유로 신고하는 데 심적 부담감을 가지고 있는 것으로 나타났다. 특히 아동복지시설이나 어린이집의 경우 학대가 발생하면 기관이 폐쇄조치가 되기 때문에 신고를 꺼려할 수 있다. 아동학대 신고체계를 강화하면서 신고자들을 보호하고 불이익이 없도록 지원할 수 있는 방안이 함께 마련되어야 한다.

셋째, 아동학대 조기발견 체계가 구축되어야 한다. 2014년 '정부종합대책'에서 정부는 조기발견과 신속대응 체계를 위해 아동학대 가정방문을 실시하여 위험가정을 발굴하겠다는 대책을 마련한 바 있다. 건강보험 · 보건소 정보시스템을 통해 필수예방접종 및 영유아 건강검진 중 일정 횟수 미이행 아동 명단을 발췌하여 보건소 방문간호사가 가정방문을 실시하고, 교육청을 통해 학령기 미취학 아동 명단을 발췌하여 드림스타트 수행인력 등이 가정방문을 실시한다는 계획을 발표하였다. 김미숙 등(2016 : 391)은 더 나아가 만 5세 미만 영유아 가정을 우선적으로 방문하여 양육지원 및 어머니의 고립 방지, 아동학대 방지 등이 가능하도록 '가정방문제도'를 제시하였다. 조기발견 체계를 구축하는 것이 아동학대를 예방할 수 있는 지름길이므로, 이러한 제도들이 도입되고 수행될 수 있도록 수행 인력과 현실적인 예산이 지원되어야 할 것이다.

넷째, 아동보호전문기관의 인프라 확대와 종사자의 처우 개선이 필요하다. 현재 아동학대보호전문기관은 신고 받은 이후 현장조사부터 피해아동에 대한 서비스 지원, 학대행위자에 대한 상담교육, 사후관리까지 맡고 있다. 사건 처리만도 시간이 부족한 아동보호전문기관에서는 아동학대가 종결된 이후에 사후관리할 수 있는 여력이 없는 상황이다. 심각한 신체학대 사례뿐 아니라 방임이나 정서적 학대 등을 겪고 있는 피해아동과 가족을 대상으로 차별화된 서비스가 제공될 수 있도록 아동보호전문기관을 확대하여 인프라를 구축해야 할 것이다. 또한 피해아동의 특수성을 고려한 장애아동 및 영유아 전담쉼터를 포함하여 피해아동지원쉼터의 확충이 필요하다. 이러한 인프라 구축은 피해아동과 가족의 안전한 보호와 전문적 개입을 위한 기반이 될 수 있을 것이다.

아동보호전문기관의 종사자에 대한 처우 개선도 필요하다. 「아동학대처벌법」 이후 상담원이 두 배 확충되고 예산도 늘었지만, 그 이상으로 업무가 증가하여 종사자의 평균 연수가 1년 9개월일 정도로 이탈률이 높은 상황이다. 종사자들의 소진을 방지하고 처우 개선을 위해 이들을 위한 심리치료 제도와 안식월 제도 등의 도입이 검토되어야 한다(김미숙 외, 2016 : 381).

다섯째, 아동학대 예방 및 사회적 인식 개선이 필요하다. 2014년 '정부종합대책'에서 정부는 연령별 맞춤형 아동학대 예방 및 권리 교육, 생애주기별 부모교육, 사법기관 및 중앙부처와 일반국민을 대상으로 한 아동학대 예방교육을 이행 중에 있다. 아동학대 관련된 정책과 제도가 이행되고 예방교육이 실시되는 등 아동의 인권과 아동학대에 대한 민감성이 높아지고 있지만, 여전히 아동학대 사례는 일어나고 있는 것이 우리의 현실이다.

사회적 인식 개선을 위해 아동학대와 관련된 캠페인 등도 필요하지만, 우리 사회가 아동을 부모의 소유로 생각하거나 훈육의 대상으로 바라보는 것을 멈추어야 한다. 「아동복지법」 제2조 기본이념에 명시되어 있듯이 아동은 어떠한 차별도 받지 않고 자라야 하며, 안정된 가정환경에서 행복하게 자라나야 하고, 아동의 권리보장과 복지 증진을 위하여 보호와 지원을 받을 권리가 있는 대상으로 인식되어야 한다.

요점정리

1. 학대피해 아동의 이해

1) 아동학대의 개념－아동학대란 보호자를 포함한 성인이 아동의 건강 또는 복지를 해치거나 정상적 발달을 저해할 수 있는 신체적·신체적·성적 폭력이나 가혹행위를 하는 것과 아동의 보호자가 아동을 유기하거나 방임하는 것을 의미함

2) 아동학대의 유형－아동학대에는 신체학대, 정서학대, 성학대, 방임의 유형이 있음

3) 아동학대의 발생원인－아동학대는 발달론적 관점, 정신병리학적 관점, 사회심리학적 관점, 생태학적 관점에 따라 발생원인을 다르게 파악하고 있음

4) 아동학대의 징후－아동학대의 징후는 아동학대 유형별로 신체적 징후와 행동적 징후에 차이가 있음

2. 학대피해 아동의 현황 및 실태

1) 일반아동의 현황 및 실태－아동학대는 남아보다 여아에게서, 중복학대 유형이 많았으며 친부모(특히 한부모)에게서 많이 일어났음

2) 장애아동의 현황 및 실태－피해 장애아동의 경우 남아가 많았고, 중복학대 유형이 가장 많았으며, 친부모(특히 한부모)에 의해 많이 일어났음

3. 학대피해 아동의 권리와 보호서비스

1) 학대피해 아동의 권리－「아동복지법」, 「아동학대처벌법」에 근거하여 아동은 학대로부터 보호받을 권리가 있음

2) 학대피해 아동의 보호서비스－학대피해 아동을 위한 보호서비스는 신고발견부터 서비스 지원, 사후관리까지 아동보호전문기관을 중심으로 운영됨

4. 학대피해 아동보호서비스의 문제점과 과제

1) 학대피해 아동보호서비스의 문제점－대상아동에 대한 분절적 접근, 아동학대 예방 인프라 구축 빈약, 아동학대 사례개입 이후 피해자 위한 서비스 개입 저조

2) 학대피해 아동보호서비스의 과제－아동보호서비스의 책무성 강화, 아동학대 신고체계 강화, 아동학대 조기발견 체계구축, 아동보호전문기관의 확대와 종사자 처우개선 필요, 아동학대 예방 및 사회적 인식개선

Quiz

1. 다음 중 아동학대의 유형에 속하지 않는 것을 고르시오. (　　)
   ① 신체학대　② 방임 및 유기　③ 정서학대　④ 중복학대

2. 보호자가 아동에게 위험한 환경에 처하게 하거나 아동에게 필요한 의식주, 의무교육, 의료적 조치 등을 제공하지 않는 행위를 무엇이라 하는가? (　　　　　)

3. 학대받은 아동의 발견, 보호, 치료에 대한 신속처리 및 아동학대 예방을 담당하는 기관은? (　　　　　　　)

4. 「아동복지법」에 규정된 학대신고의무자가 아닌 것을 고르시오. (　　)
   ① 어린이집교사　② 지역아동센터 원장
   ③ 사회복지전담공무원　④ 은행원

5. 아동학대로 의심되는 경우 신고할 전화번호는? (　　　　　)

생각 나누기

1. 체벌과 학대의 기준을 어떻게 설정해야 하는지 토론해 보시오.
2. 아동학대의 원인과 이에 대한 효과적인 지원과 대책은 무엇인지 토론해 보시오.
3. 아동학대 피해아동 지원체계 구축방안에 대하여 논의하시오.

참고문헌

강은영, 김희균(2015). **아동학대의 실태와 학대피해아동 보호법제에 관한 연구**. 서울 : 한국형사정책연구원.

공계순, 박현선, 오승환, 이상균, 이현주(2017). **아동복지론**. 서울 : 학지사.

김미숙, 배화옥, 정익중, 조성호, 박명숙, 김지민(2016). **아동학대 피해아동 지원체계 구축방안 연구**. 한국보건사회연구원.

김은정(2016). 아동학대 현황과 예방정책. **보건복지포럼**, 2016(3), 31-43.

이경은, 염동문, 이영은(2014). 아동학대 피해아동의 격리보호 결정에 관한 연구. **한국아동복지학**, 48, 89-118.

이노홍(2015). 아동의 권리와 가정내 아동체벌금지에 관한 헌법적 고찰. **홍익법학**, 16(1)

이무선(2015). 소위 아동학대특례법의 법적 쟁점 및 실효성 검토. **경희법학**, 50(1), 49-82.

이재연, 박은미, 황옥경, 김형모, 이은주, 강현아(2016). **아동복지론**. 서울 : 학지사.

류부곤(2015). 아동학대범죄의 개념과 처벌에 관한 법리적 검토. **한국형사 정책학회**, 27(1), 137-159.

류정희(2017). 아동학대 현황과 아동권리 보장을 위한 아동보호체계 개선 방향. **보건복지포럼**, 2017(5), 5-23.

류정희, 이주연, 송아영, 이근영, 이미진(2016). **생애주기별 학대·폭력에 대한 통합적 접근과 정책대응 보고서**. 한국보건사회연구원.

보건복지부(2017a). **2016 보건복지백서**. 보건복지부.

보건복지부(2017b). 통계로 보는 사회보장 2016. 보건복지부.

보건복지부, 숙명여자대학교 산학협력단(2011). 아동학대실태조사.

보건복지부, 중앙아동보호전문기관(2016). 2015 전국아동학대현황보고서.

서혜정, 이동석, 김경희, 송기호(2016). **학대피해 장애아동 서비스 지원체계 마련연구 보고서**. 한국장애인개발원.

조범근, 김준영, 배귀희, 문명재(2017). 아동학대 보호체계 개선방안에 대한 연구. **지방정부연구**, 20(4), 269-298.

Belsky, J.(1993). Etiology of child maltreatment : A developmental ecological analysis. *Psychological bulletin*, *114*.

Kempe, C. H., Silverman, F., Steele, B., Drogemueleer, W., & Silver, H.(1962). The battered-child syndrome. *Journal of the American Medical Association*, *181*, 105-112.

Newberger, C. M., & Newberger, E. H.(1981). The etiology of child abuse. In N. S., Ellerstein(ed.), *Child abuse and neglect : A medical reference*. N. Y. : John Wiley & Sons.

Piction, C., & Boss, P.(1981). *Child welfare in Australia : An introduction*. Sydney : Harcourt brace Iovanich Group(Australia). Pty Limited.

연합뉴스(2016. 3. 21).

국가법령정보센터. www.law.go.kr

모든 아동체벌 금지를 위한 국제 이니셔티브. www.endcorporalpunishment.org

중앙아동보호전문기관. www.korea1391.go.kr

CHAPTER

10

장애아동의 권리와 복지

현대는 다양한 원인들로 인해 장애아동의 발생률이 점차 증가하고 있는 추세이다. 이러한 상황 속에서 장애아동에 대한 복지는 이들의 전인적인 발달을 위하여 개별적인 특성과 욕구를 반영한 적절한 서비스와 지원이 요구되고 있다. 따라서 이러한 요구를 바탕으로 복지서비스 및 장애아동의 인권과 권리를 보장할 수 있는 일원화된 정책이 수립되어야 한다.

따라서 이 장에서는 장애아동의 개념과 유형을 살펴보고 장애에 대한 기본적인 이해를 함양하고자 한다. 그리고 우리나라에서 시행되고 있는 장애아동에 대한 인권과 차별금지 및 현황을 파악한 후, 이들이 기본적으로 누려야 할 권리와 현재 시행되고 있는 복지서비스 및 복지서비스의 문제점과 개선해야 될 과제를 살펴보고자 한다.

마인드맵

■ 장애아동의 권리와 복지

- 장애아동의 개념
- 장애유형 및 선정 기준

- 장애아동의 인권
- 장애아동의 차별 금지

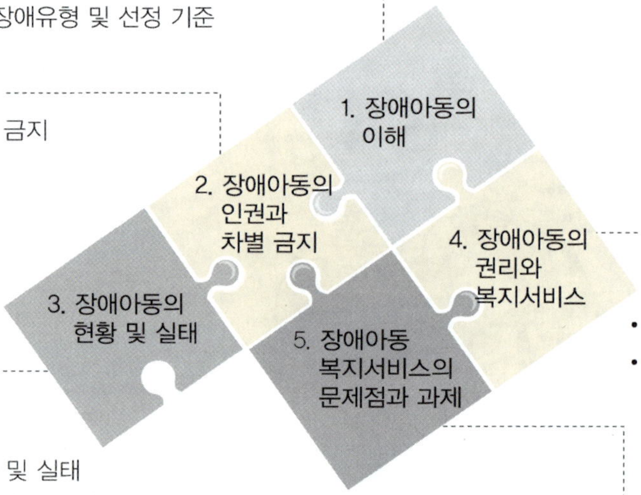

- 장애아동의 권리
- 장애아동의 복지서비스

- 장애아동 등록 현황 및 실태
- 장애아동 돌봄 지원제도 현황 및 실태
- 장애인 차별 현황 및 실태

- 장애아동 관련 법의 문제점과 과제
- 발달재활서비스의 문제점과 과제

학습목표

1. 장애아동의 개념을 정의할 수 있다.
2. 장애아동의 권리를 설명할 수 있다.
3. 장애아동에게 제공되고 있는 복지서비스를 분류할 수 있다.

주요용어

- ICF : 장애에 대한 개인적 측면과 사회적 측면을 통합한 개념
- **장애아동** : 18세 미만의 사람 중 등록한 장애인을 말하며, 다만 6세 미만의 아동으로서 장애가 있다고 보건복지부장관이 별도로 인정하는 사람 포함
- **장애인 인권** : 장애인이 비장애인과 동등한 대우를 받기 위한, 인권의 확장된 개념
- **차별** : 종교, 장애, 나이, 신분, 학력, 이미 형(刑)의 효력이 없어진 전과, 성별, 성적 지향, 인종, 신체조건, 국적, 나이, 출신 지역, 이념 및 정견 등의 이유로 고용, 교육시설 및 직업훈련기관 이용 시 특정인을 우대하거나, 불리하게 대우하여 평등권을 침해하는 행위
- **장애아동 복지지원** : 국가와 지방자치단체가 장애아동의 특별한 복지적 욕구에 따라 의료비 지원, 보육지원, 가족지원 및 장애아동의 발달에 필요한 지원 등 다양한 인적·물적 자원을 제공하는 것

사 례

1. 유치원 장애유아 인권침해 사례
   1) 유치원에서 인권침해 사례
      ① "비장애 유아가 장애유아와 짝이 되었을 때 비장애 유아 학부모가 담임에게 짝을 바꿔달라고 요청한 경우가 있어요."
      ② "장애유아가 일반유치원에 입학하고자 했으나 장애유아의 상태가 심하다고 입학을 거부하는 사례가 있었습니다."
   2) 가정, 이웃에서 인권침해 사례
      ① "장애유아가 등교하면 멍이 들어있는 거예요. 정황으로 봐서는 알코올중독증 아버지가 때린 것 같은데 확인할 수 없는 상황이죠. 어머니가 정신지체인 경우에 많이 있는 일인데, 저희에게 몇 건 있었어요."
      ② "장애유아 삼촌이 '그냥 애가 말을 안 들어서 때렸는데 니들이 뭔 참견이냐? 내 집에서 내가 벌인 일인데. 네가 책임질래? 네가 데려가서 키울래?' 이런 식으로 나오거든요."
2. 초등학교 장애학생 인권침해 사례
   1) 학교에서 인권침해 사례
      ① "특수교사가 '장애학생이 무엇을 잘못하면 10대 때리겠다' 이런 행동계약서를 만들어서 학부모하고 통합학급 선생님에게도 그렇게 해달라고 하였고, 실제로 그 학생을 매로 때렸어요. 행동수정을 위해서 체벌이 정당화될 수는 없지요."
      ② "특수학급 하면 안전사고와 연결해서 생각하니까 굉장히 염려가 되시나 봐요. 모초등학교에서는 특수교육지원센터에서 하는 것 한 번 가고는 특수학급에서 나가는 현장학습은 결재 자체를 안 해주신 거예요."
   2) 가정과 이웃으로부터의 인권침해 사례
      ① "시각장애 학생이었는데, 어머니도 시각장애와 정신지체를 가지고 있는 분이었는데 자녀의 건강관리를 잘 못하셔서 굉장히 비만이었어요. 여자아이에게 해주어야 할 여러 가지를 놓치시고. 어머니가 그러시니까 활동보조인들도 아이한테 소홀히 대하더라구요."
      ② "한문 3급 시험 볼 때 저희 학급 학생이 자폐성향이 있어서 가끔 아 하고 특유의 소리를 내긴 해요. 밖에서 대기하던 비장애 학생 학부모님들이 저희 학부모님한테 '저런 아이를 왜 우리 아이들과 같이 시험 보게 하느냐' 해서 어머님 맘이 상하시고 아이도 스트레스를 많이 받아서 시험 빨리 찍고 나왔대요. 충분히 잘 볼 수 있는 학생인데."

출처 : 한은주(2013). 장애학생에 대한 인권침해 사례와 예방을 위한 제언.

1. 장애아동의 이해

1) 장애아동의 개념

세계보건기구(WHO)는 1980년 국제 장애분류(ICIDH : International Classification of Impairment, Disabilities, and Handicaps)라는 개념을 발표하면서 장애를 손상(Impairment), 능력장애(Disability), 사회적 불리(Handicap)로 설명하였다. 이는 손상이나 능력장애가 곧 사회적 장애로 이어진다는 부정적인 의미를 내포하고 있다. 그러므로 이를 보완하여 1997년 개인적인 요인과 사회의 환경적인 요인을 강조한 '손상', '활동', '참여'라는 ICIDH-2(International Classification of Impairments, Disabilities, and Handicaps-2)를 제시하였다. 즉, 질병에서의 손상이 일상생활에서 활동에 제한을 받는 개인적인 기준뿐만 아니라 사회 환경으로부터의 참여 제한에 대한 기준을 포괄하고 있는 개념이다. 그리고 2001년에는 ICIDH-2를 기반으로 좀 더 구체적이고 포괄적 의미로 정의된 ICF(International Classification of Functioning, Disability and Health)를 제시하였는데 이는 장애에 대한 개인적 측면과 사회적 측면을 통합한 개념이다. 이 개념에 의하면 장애를 가진 사람의 기능은 장애에 대한 인식이나 건축물의 환경과 같은 상황적 부분과 개인이 가지고 있는 성, 연령, 인종, 대처방식 등의 상호작용 속에서 영향을 받는다고 하였다.

이처럼 장애에 대한 정의는 사회의 변화에 따라, 시대의 상황이나 여건에 따라 다양하게 정의되어 왔다. 그러므로 장애의 정의를 개념적으로 규정한다는 것은 장애를 보는 관점에 따라 어떤 측면에서 보면 논쟁의 소지를 충분히 가지고 있다고 할 수 있다. 이는 마치 하얀 토끼를 하얀 상자에 넣어 놓았을 경우와 검은 상자에 넣어 놓았을 경우와 같다.

일반적으로 장애의 법적 정의는 공식적인 법에서 정한 장애에 대한 정의를 말하며, 시대와 상황에 따라 매우 다양한 용어로 규정될 수 있다. 하지만 가장 기본적인 법적 정의는 해당 국가의 복지정책과 실천 전략에 직접적인 영향을 미친다는 면에서 가장 실질적인 의미의 장애 개념이라고 할 수 있다(유동철, 2013). 따라서 국내외 법률상 장애의 정의를 살펴보면 <표 10-1>과 같다.

표 10-1 법률상 장애의 정의

법률명	정 의
「장애아동복지지원법」(제2조)	"장애아동"이란 18세 미만의 사람 중 「장애인복지법」 제32조에 따라 등록한 장애인을 말하며, 다만 6세 미만의 아동으로서 장애가 있다고 보건복지부장관이 별도로 인정하는 사람 포함
「장애인복지법」(제2조)	"장애인"이란 신체적·정신적 장애로 오랫동안 일상생활이나 사회생활에서 상당한 제약을 받는 자
「장애인차별금지 및 권리구제 등에 관한 법률」(제2조)	장애라 함은 신체적·정신적 손상 또는 기능상실이 장기간에 걸쳐 개인의 일상 또는 사회생활에 상당한 제약을 초래하는 상태
「국가인권위원회법」(제2조)	"장애"란 신체적·정신적·사회적 요인으로 장기간에 걸쳐 일상생활 또는 사회생활에 상당한 제약을 받는 상태
「장애인 권리선언」(제1조)	'장애인'이란 선천적 혹은 후천적으로 신체적·정신적 능력의 결함으로 인해, 자기 스스로 개인의 일상이나 사회생활을 정상적으로 영위하는 데 필요한 것을 전혀 갖추지 못하거나 부분적으로 갖출 수밖에 없는 모든 사람
「장애인의 권리에 관한 협약」(제1조)	'장애인'이란 다양한 상황과의 상호작용 문제로 인하여 다른 사람과 동등하게 사회 참여를 효과적으로 하는 것을 저해하는 장기간의 신체적, 정신적, 지적 또는 감각적인 손상을 가진 사람 포함

2) 장애유형 및 선정 기준

우리나라에서는 장애의 유형과 선정기준이 「장애인 등에 대한 특수교육법 시행령」과 「장애인복지법 시행령」에 각각 명시되어 있어 장애유형을 분류하는 데 있어 많은 혼란을 가져오고 있다. 이는 두 법의 이념은 같지만 출발점이 다른 데서 그 이유를 찾을 수 있다. 「장애인 등에 대한 특수교육법」의 목적은 장애유형·장애 정도의 특성을 고려한 교육에 초점을 맞추고 있다. 반면 「장애인복지법」은 복지적인 차원에서 장애 발생 예방 및 장애인 복지대책을 종합적으로 포괄하여 장애인의 복지와 사회활동 참여 증진을 도모하며 사회통합에 이바지함을 목적으로 하고 있기 때문이다. 「장애인 등에 대한 특수교육법 시행령」과 「장애인복지법 시행령」의 장애유형 및 선정 기준을 비교하면 다음과 같다(임경옥 외, 2017 : 19-20).

첫째, 정서·행동장애, 학습장애, 발달지체는 「장애인 등에 대한 특수교육법 시행령」에만 명시되어 있다.

둘째, 정신장애는 「장애인복지법 시행령」에만 명시되어 있다. 다만, 정신장애 내용 중 일부는 「장애인 등에 대한 특수교육법 시행령」에 명시되어 있는 정서·행동장애를 포함한다.

셋째, 같은 장애영역임에도 불구하고 「장애인 등에 대한 특수교육법 시행령」에 명시되어 있는 의사소통장애를 「장애인복지법 시행령」에서는 언어장애로 사용하고 있다.

넷째, 「장애인 등에 대한 특수교육법 시행령」에서는 뇌성마비와 뇌병변장애가 지체장애에 포함되어 있지만, 「장애인복지법 시행령」에서는 지체장애와 뇌병변장애를 분류하여 뇌성마비를 뇌병변장애에 포함시키고 있다.

다섯째, 「장애인 등에 대한 특수교육법 시행령」에서는 건강장애를 학교생활 및 학업수행에 어려움이 있는 사람으로 제한하고 있지만, 「장애인복지법 시행령」에서는 건강장애를 구체적으로 신장장애, 심장장애, 호흡기장애, 간장애, 안면장애, 장루·요루장애, 뇌전증장애로 분류하여 일상생활에 상당한 제약을 받는 사람으로 규정하여 전 생애로 범위를 확대하고 있다. 아울러 「장애인복지법 시행규칙」에만 장애 급수가 규정되어 있다. 이를 정리하면 <표 10-2>와 같다.

표 10-2 「장애인복지법 시행령」과 「장애인 등에 대한 특수교육법 시행령」의 장애유형 및 선정기준 비교

장애유형	선정기준	
	「장애인복지법 시행령」(2014)	「장애인 등에 대한 특수교육법 시행령」(2016)
지체장애인 (지체장애)	가. 한 팔, 한 다리 또는 몸통의 기능에 영속적인 장애가 있는 사람 나. 한 손의 엄지손가락을 지골(指骨 : 손가락 뼈) 관절 이상의 부위에서 잃은 사람 또는 한 손의 둘째 손가락을 포함한 두 개 이상의 손가락을 모두 제1지골 관절 이상의 부위에서 잃은 사람 다. 한 다리를 리스프랑(Lisfranc : 발등뼈와 발목을 이어주는) 관절 이상의 부위에서 잃은 사람 라. 두 발의 발가락을 모두 잃은 사람 마. 한 손의 엄지손가락 기능을 잃은 사람 또는 한 손의 둘째 손가락을 포함한 손	기능·형태상 장애를 가지고 있거나 몸통을 지탱하거나 팔다리의 움직임 등에 어려움을 겪는 신체적 조건이나 상태로 인해 교육적 성취에 어려움이 있는 사람

*( ) 안은 「장애인 등에 대한 특수교육법 시행령」의 장애명칭임	가락 두 개 이상의 기능을 잃은 사람 바. 왜소증으로 키가 심하게 작거나 척추에 현저한 변형 또는 기형이 있는 사람 사. 지체(肢體)에 위 각 목의 어느 하나에 해당하는 장애 정도 이상의 장애가 있다고 인정되는 사람	
뇌병변 장애인	뇌성마비, 외상성 뇌손상, 뇌졸중(腦卒中) 등 뇌의 기질적 병변으로 인하여 발생한 신체적 장애로 보행이나 일상생활의 동작 등에 상당한 제약을 받는 사람	* 「장애인 등에 대한 특수교육법 시행령」에서는 지체장애에 포함됨
시각장애인 (시각장애)	가. 나쁜 눈의 시력(만국식시력에 따라 측정된 교정시력을 말한다. 이하 같다)이 0.02 이하인 사람 나. 좋은 눈의 시력이 0.2 이하인 사람 다. 두 눈의 시야가 각각 주시점에서 10도 이하로 남은 사람 라. 두 눈의 시야 2분의 1 이상을 잃은 사람	시각계의 손상이 심하여 시각기능을 전혀 이용하지 못하거나 보조공학기기의 지원을 받아야 시각적 과제를 수행할 수 있는 사람으로서 시각에 의한 학습이 곤란하여 특정의 광학기구·학습매체 등을 통하여 학습하거나 촉각 또는 청각을 학습의 주요 수단으로 사용하는 사람
청각장애인 (청각장애)	가. 두 귀의 청력 손실이 각각 60데시벨(dB) 이상인 사람 나. 한 귀의 청력 손실이 80데시벨 이상, 다른 귀의 청력 손실이 40데시벨 이상인 사람 다. 두 귀에 들리는 보통 말소리의 명료도가 50퍼센트 이하인 사람 라. 평형 기능에 상당한 장애가 있는 사람	청력 손실이 심하여 보청기를 착용해도 청각을 통한 의사소통이 불가능 또는 곤란한 상태이거나, 청력이 남아 있어도 보청기를 착용해야 청각을 통한 의사소통이 가능하여 청각에 의한 교육적 성취가 어려운 사람
언어장애인 (의사소통장애)	음성 기능이나 언어 기능에 영속적으로 상당한 장애가 있는 사람	다음 각 목의 어느 하나에 해당하여 특별한 교육적 조치가 필요한 사람 가. 언어의 수용 및 표현 능력이 인지능력에 비하여 현저하게 부족한 사람 나. 조음능력이 현저히 부족하여 의사소통이 어려운 사람 다. 말 유창성이 현저히 부족하여 의사소통이 어려운 사람 라. 기능적 음성장애가 있어 의사소통이 어려운 사람
지적장애인 (지적장애)	정신 발육이 항구적으로 지체되어 지적 능력의 발달이 불충분하거나 불완전하고 자신의 일을 처리하는 것과 사회생활에 적응하는 것이 상당히 곤란한 사람	지적 기능과 적응행동상의 어려움이 함께 존재하여 교육적 성취에 어려움이 있는 사람

자폐성장애인 (자폐성장애)	소아기 자폐증, 비전형적 자폐증에 따른 언어·신체표현·자기조절·사회적응 기능 및 능력의 장애로 인하여 일상생활이나 사회생활에 상당한 제약을 받아 다른 사람의 도움이 필요한 사람	사회적 상호작용과 의사소통에 결함이 있고, 제한적이고 반복적인 관심과 활동을 보임으로써 교육적 성취 및 일상생활 적응에 도움이 필요한 사람
정신장애	지속적인 정신분열병, 분열형 정동장애(情動障碍 : 여러 현실 상황에서 부적절한 정서 반응을 보이는 장애), 양극성 정동장애 및 반복성 우울장애에 따른 감정조절·행동·사고 기능 및 능력의 장애로 인하여 일상생활이나 사회생활에 상당한 제약을 받아 다른 사람의 도움이 필요한 사람 * 정신분열병은 현재 조현병으로 명칭이 변경됨	*「장애인 등에 대한 특수교육법 시행령」의 정서·행동장애 중 일부만 포함하고 있음
신장장애인	신장의 기능부전(機能不全)으로 인하여 혈액투석이나 복막투석을 지속적으로 받아야 하거나 신장기능의 영속적인 장애로 인하여 일상생활에 상당한 제약을 받는 사람	
심장장애인	심장의 기능부전으로 인한 호흡곤란 등의 장애로 일상생활에 상당한 제약을 받는 사람	
호흡기장애인	폐나 기관지 등 호흡기관의 만성적 기능부전으로 인한 호흡기능의 장애로 일상생활에 상당한 제약을 받는 사람	
간장애인	간의 만성적 기능부전과 그에 따른 합병증 등으로 인한 간기능의 장애로 일상생활에 상당한 제약을 받는 사람	
안면장애인	안면 부위의 변형이나 기형으로 사회생활에 상당한 제약을 받는 사람	
장루·요루 장애인	배변기능이나 배뇨기능의 장애로 인하여 장루(腸瘻) 또는 요루(尿瘻)를 시술하여 일상생활에 상당한 제약을 받는 사람	
뇌전증장애인	뇌전증에 의한 뇌신경세포의 장애로 인하여 일상생활이나 사회생활에 상당한 제약을 받아 다른 사람의 도움이 필요한 사람	
학습장애		개인의 내적 요인으로 인하여 듣기, 말하기, 주의집중, 지각(知覺), 기억, 문제 해결 등의 학습기능이나 읽기, 쓰기, 수학 등 학업 성취 영역에서 현저하게 어려움이 있는 사람

정서·행동장애		장기간에 걸쳐 다음 각 목의 어느 하나에 해당하여, 특별한 교육적 조치가 필요한 사람 가. 지적·감각적·건강상의 이유로 설명할 수 없는 학습상의 어려움을 지닌 사람 나. 또래나 교사와의 대인관계에 어려움이 있어 학습에 어려움을 겪는 사람 다. 일반적인 상황에서 부적절한 행동이나 감정을 나타내어 학습에 어려움이 있는 사람 라. 전반적인 불행감이나 우울증을 나타내어 학습에 어려움이 있는 사람 마. 학교나 개인 문제에 관련된 신체적인 통증이나 공포를 나타내어 학습에 어려움이 있는 사람
건강장애	*「장애인복지법 시행령」에서는 구체적으로 분류되어 있음	만성질환으로 인하여 3개월 이상의 장기입원 또는 통원치료 등 계속적인 의료적 지원이 필요하여 학교생활 및 학업 수행에 어려움이 있는 사람
발달지체		신체, 인지, 의사소통, 사회·정서, 적응행동 중 하나 이상의 발달이 또래에 비하여 현저하게 지체되어 특별한 교육적 조치가 필요한 영아 및 9세 미만의 아동
합 계	15	10

출처 : 임경옥 외(2017). 특수교육학개론, pp 20-23 재구성.

장애를 가진 아동이 복지의 대상이 되기 위해서는 「장애인복지법」에서 규정한 장애인 등록 절차에 따라 장애등록을 신청하고 심사를 거친 후 장애아동으로 등록되어야 한다. 다만, 예외사항으로 「장애아동복지지원법」 제2조에 의해 6세 미만의 경우 장애가 있다고 보건복지부장관이 별도로 인정하는 사람을 포함한다. 왜냐하면 영유아들은 발달에 있어 개인차가 크고 변화의 가능성이 많은 시기이기 때문에 이 시기에 장애라는 낙인을 부여하는 것은 부적절하기 때문이다. 또한 부모들도 장애영유아를 위한 복지서비스가 필요하지만 진단에 대한 부담감을 호소하는 경우가 많기 때문에 이러한 부분을 고려하여 장애인 등록을 하지 않더라도 장애 관련 서비스를 받을 수 있도록 고려한 결과라고 할 수 있다.

2. 장애아동의 인권과 차별 금지

1) 장애아동의 인권

장애아동은 아동이라는 특성과 장애라는 특성을 동시에 가지고 있다. 그러므로 아동으로서의 인권과 장애아로서의 인권이 동시에 보장되어야 한다. 이는 장애로 인해 자신을 보호할 수 있는 능력이 상대적으로 취약하므로 이에 대한 보완을 통해 특별히 보호받아야 하는 대상이기 때문이다. 장애아동은 신체적 혹은 정신적 장애를 가지고 있다는 것만으로 동등한 조건에서의 경쟁이 불가능한 경우와 차별적 대우를 받는 경향이 두드러진다. 그러므로 장애아동에 대한 인권은 장애아동이 비장애아동과 동등하게 권리를 인정받을 수 있는 데서 출발한다. 그럼에도 불구하고 그동안 장애아동에 대한 인권은 경시되어 왔다. 이는 장애아동에 대해 아동이라는 특수성을 감안하지 않고 장애인 인권 속에 포함하여 인식해 왔기 때문이다.

사회적 인권의 인정은 장애인을 비롯한 사회적 약자들에 대한 보호를 인권의 내용으로 추가하게 하였고, 이를 통해 장애인의 인권이 대두되기 시작했다. 장애인이 인권의 주체로 인정된다는 것은 장애인에 대한 인권 보장이 근대의 형식적 인권 보장에서 실질적 인권 보장으로 전환되었다는 것에서 의미를 가진다(장영수, 2013 : 293). 따라서 사회적 약자로서의 장애인에 대해 단지 시혜적 차원의 지원이 아니라 그들의 인권을 보장하는 것이 중요하다. 즉, 장애인의 인권은 법적으로 주장할 수 있는 권리로서 보장되어야 하는 것이다(장영수, 2013 : 295). 장애인도 인간의 존엄성을 지니고 있으므로 기본적인 권리를 주장하고 대우받을 수 있어야 한다. 하지만 건강권, 거주이주권, 접근권, 및 생활권, 노동권, 교육권, 이동권 및 보행권, 보육권, 문화향유권, 선거권 등 기본적인 권리들이 제대로 대우받지 못하고 있는 것이 현실이다(위키백과, ko.wikipedia.org).

우리나라에서 장애인 인권에 대해 본격적으로 논의하기 시작한 것은 1990년부터이며, 1975년 10월 국제 연합총회에서 채택된 '장애인 인권선언'을 기반으로 한국에서는 1998년 12월에 대한민국 장애인의 인권을 보장하기 위한 '장애인 인권 헌장'이 국회에서 채택되었다. 장애인 인권 헌장의 내용은 <표 10-3>과 같다.

표 10-3 장애인 인권 헌장

장애인은 인간의 존엄과 가치를 가지며 행복을 추구할 권리를 가진다. 장애인은 건전한 사회 구성원으로 책임 있는 삶을 살아가며 자신의 능력을 계발하여 자립하도록 노력하여야 한다. 국가와 사회는 헌법과 국제연합의 장애인 권리선언의 정신에 따라 장애인의 인권을 보호하고 완전한 사회참여와 평등을 이루어 더불어 살아가는 사회를 만들기 위한 여건과 환경을 조성하여야 한다.

1. 장애인은 장애를 이유로 정치, 경제, 사회, 교육 및 문화생활의 모든 영역에서 차별을 받지 아니한다.
2. 장애인은 인간다운 삶을 영위할 수 있도록 소득, 주거, 의료 및 사회복지서비스 등을 보장받을 권리를 가진다.
3. 장애인은 다른 모든 사람과 동등한 시민권과 정치적 권리를 가진다.
4. 장애인은 자유로운 이동과 시설이용에 필요한 편의를 제공받아야 하며, 의사표현과 정보이용에 필요한 통신, 수화통역, 자막, 점자 및 음성도서 등 모든 서비스를 제공받을 권리를 가진다.
5. 장애인은 자신의 능력을 개발하기 위하여 장애유형과 정도에 따라 필요한 권리를 가진다.
6. 장애인은 능력에 따라 직업을 선택하고 그에 따른 정당한 보수를 받을 권리를 가지며, 직업을 갖기 어려운 장애인은 국가의 특별한 지원을 받아 일하고 인간다운 생활을 보장받을 권리를 가진다.
7. 장애인은 문화, 예술, 체육 및 여가활동에 참여할 권리를 가진다.
8. 장애인은 가족과 함께 생활할 권리를 가진다. 장애인이 전문시설에서 생활하는 것이 필요한 경우에도 환경이나 생활조건은 같은 나이 사람의 생활과 가능한 한 같아야 한다.
9. 장애인은 사회로부터 분리, 학대 및 멸시받지 않을 권리를 가지며, 누구든지 장애인을 이용하여 부당한 이익을 취하여서는 안 된다.
10. 장애인은 자신의 인격과 재산의 보호를 위하여 필요한 법률상의 도움을 받을 권리를 가진다.
11. 여성 장애인은 임신, 출산, 육아 및 가사 등에 있어서 생활에 필요한 보호와 지원을 받을 권리를 가진다.
12. 혼자 힘으로 의사결정을 하기 힘든 장애인과 그 가족은 인간다운 삶을 영위하기 위하여 필요한 지원을 받을 권리를 가진다.
13. 장애인의 특수한 욕구는 국가정책의 계획단계에서부터 우선 고려되어야 하며, 장애인과 가족은 복지증진을 위한 정책결정에 민주적 절차에 따라 참여할 권리를 가진다.

출처 : 보건복지부(2017a). 2017년 장애인복지 사업안내(Ⅰ).

2) 장애아동의 차별 금지

차별(discrimination)이란 종교, 장애, 나이, 신분, 학력, 이미 형(形)의 효력이 없어진 전과, 성별, 성적 지향, 인종, 신체조건, 국적, 나이, 출신 지역, 이념 및 정견 등의 이유로 고용, 교육시설 및 직업훈련기관 이용 시 특정인을 우대하거나, 불리하게 대우하여 평등권을 침해하는 행위이다(서강훈, 2013). 그러므로 '장애아동 차별'이란 장애라는 이유로 장애아동이 당연히 누려야 할 모든 분야에서 장애아동을 배제 혹은 불리하게 대우하거나 편의제공을 제한하여 장애아동의 권리를 침해하는 모든 행위를 포함하는 것이라고 할 수 있다.

국가에서도 2008년 「장애인차별금지 및 권리구제 등에 관한 법률(약칭 : 장애인차별금지법)」을 제정하여 장애인의 권리를 보장하고 있다. 「장애인차별금지법」 제1조에서는 '이 법은 모든 생활영역에서 장애를 이유로 한 차별을 금지하고 장애를 이유로 차별받은 사람의 권익을 효과적으로 구제함으로써 장애인의 완전한 사회참여와 평등권 실현을 통하여 인간으로서의 존엄과 가치를 구현함을 목적으로 한다'고 명시되어 있다. 이는 아직도 만연하고 있는 장애에 대한 차별을 인식하고 이를 법적으로 규정함으로써 장애아동의 권리를 보장하기 위함이다. 장애아동에 대한 차별 금지와 관련된 법령을 살펴보면 <표 10－4>와 같다.

표 10-4 장애아동 차별금지 관련 법령

법 령	내 용
「장애인복지법」 제8조(차별금지 등)	① 장애를 이유로 정치 · 경제 · 사회 · 문화생활의 모든 영역에서 차별을 받거나 장애인을 차별하면 아니 됨 ② 장애인을 비하 · 모욕하거나 장애인을 이용하여 부당한 영리행위를 하여서는 아니 되며, 장애인의 장애를 이해하기 위하여 노력하여야 함
「장애인 등에 대한 특수교육법」 제4조(차별의 금지)	① 각급 학교의 장 또는 대학의 장은 특수교육 대상자가 그 학교에 입학하고자 하는 경우에는 그가 지닌 장애를 이유로 입학의 지원 거부 및 입학전형 합격자의 입학을 거부하는 등 교육기회에 있어서 차별하여서는 아니 됨 ② 국가, 지방자치단체, 각급학교의 장 또는 대학의 장은 다음 각 호의 사항에 관하여 장애인의 특성을 고려한 교육시행을 목적으로 함이 명백한 경우 외에는 특수교육 대상자 및 보호자를 차별하여서는 아니 됨 1. 제28조에 따른 특수교육 관련 서비스 제공에서의 차별 2. 수업참여 배제 및 교내외 활동 참여 배제 3. 개별화교육지원팀에의 참여 등 보호자 참여에서의 차별 4. 대학의 입학전형 절차에서 장애로 인하여 필요한 수험편의의 내용을 조사 · 확인하기 위한 경우 외에 별도의 면접이나 신체검사를 요구하는 등 입학전형 과정에서의 차별
「장애인차별금지 및 권리구제 등에 관한 법률」 제6조(차별금지)	누구든지 장애 또는 과거의 장애경력 또는 장애가 있다고 추측됨을 이유로 차별을 하여서는 아니 됨

3. 장애아동의 현황 및 실태

1) 장애아동 등록 현황 및 실태

보건복지부에서는 1년마다 장애인 등록 현황을 전국적으로 연도별, 장애유형별, 연령별, 장애등급별, 성별로 조사하여 보고하고 있으며, 실태조사는 3년마다 이루어진다. 이를 통해 등록 장애인 현황과 생활실태 및 복지서비스에 대한 욕구를 파악하여 장애인에 대한 효율적 정책수립과 지원을 하고자 하는 목적을 가지고 시행된다. 전체 등록 장애인은 장애인 등록제도 도입 후 급증하였으나, 장애유형별로 특별히 급증한 사례가 나타나지 않았다.

장애인 등록률은 등록 장애인에 대한 서비스의 지속적인 확대, 등록제도에 대한 인식 개선 및 IMF 이후 경제여건의 악화로 인해 복지서비스 지원을 필요로 하는 대상이 늘어남에 따라 1997년 이후 크게 높아지고 있으나 최근 증감 정도는 미미한 수준이다(e-나라지표, www.index.go.kr) 2016년 등록 장애인 현황은 [그림 10－1]과 같다.

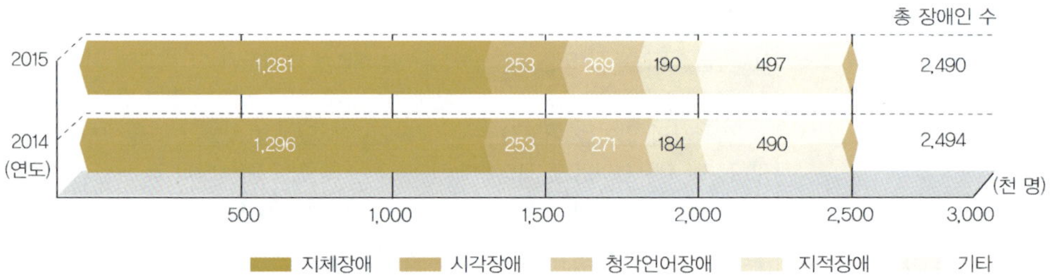

[그림 10－1] 등록 장애인 현황

출처 : 보건복지부(2016). 2016 보건복지통계연보, p. 250.

전국 등록 장애인 중 18세 미만 등록 장애아동을 장애유형별로 보면 지적장애(47.8%), 자폐성장애(16.6%), 뇌병변장애(16%), 청각장애(5.77%) 순으로 발생하고 있다. 그리고 연령별로 보면 10~14세(33%), 15~17세(31%), 5~9세(28%), 0~4세(8%)로 나타났다. 이는 지적장애 발생률이 가장 높으며, 10~14세 아동이 장애를 많이 가지고 있음을 보여준다.

보건복지부(2016)의 장애인 현황에 집계된 18세 미만 장애아동 성별 등록 현황은 2015년 장애아동 72,583명 중 남자아동이 47,088명(65%), 여자아동이 25,495명(35%)으로 나타났다. 이를 통해 남자아동의 장애 출현율이 여자아동에 비해 거의 배로 많이 출현하고 있음을 알 수 있다. 2017년 공시된 전국 18세 미만 장애아동 유형별, 장애 연령별 등록 현황은 <표 10−5>와 같다.

표 10−5 18세 미만 장애아동 장애유형별, 연령별 등록 현황

장애유형	연 령					
	0~4세	5~9세	10~14세	15~17세	합계	비율(%)
지체장애	269	672	1,220	1,519	3,680	5.10
시각장애	214	580	923	927	2,644	3.67
청각장애	691	1,128	1,254	1,088	4,161	5.77
언어장애	416	1,183	424	243	2,266	3.14
지적장애	973	8,678	12,729	12,128	34,508	47.8
뇌병변장애	2,387	3,281	3,281	2,576	11,525	16.0
자폐성장애	407	4,508	3,810	3,268	11,993	16.6
정신장애	0	0	7	29	36	0.05
신장장애	16	31	65	90	202	0.28
심장장애	18	57	141	143	359	0.50
호흡기장애	8	14	15	15	52	0.07
간장애	62	131	138	86	417	0.58
안면장애	1	6	30	28	65	0.09
장루・요루장애	14	17	26	15	72	0.10
뇌전증장애	14	34	64	47	159	0.22
합 계	5,490 (8.0%)	20,320 (28%)	24,127 (33%)	22,202 (31%)	72,139	100

출처 : 국가통계포털(2016). 전국 연령별, 장애유형별, 성별 현황 재구성. kosis.kr

2) 장애아동 돌봄 지원제도 현황 및 실태

(1) 장애아가족 양육지원제도 현황

돌봄 및 일시적 휴식지원 서비스가 제공되는 장애아가족 양육지원 사업은 「장애인복지법」상 만 18세 미만의 1~3급 장애를 가진 등록된 장애아동을 양육하고 있는 전국 가구 평균소득 100% 이하 가정이 대상이다. 대상아동으로 선정되면 월 80시간 이내 원칙으로 연 480시간을 지원받을 수 있다. 이와 같은 기준에 따라 선정되어 현재 서비스를 이용하는 장애아동 수는 3,012명으로, 장애유형별로 살펴보면 지적장애 아동이 1,396명(46.3%)으로 가장 많고, 다음으로 뇌병변장애 아동 1,063명(35.3%), 자폐성 장애 아동 320명(10.6%) 순으로 나타났다. 또한 장애아동의 연령별로는 만 3세 미만 224명(7.4%), 만 3~5세 920명(30.5%), 만 6~11세 1,064명(35.3%), 만 12~17세 장애아동이 804명(26.7%)으로 유치부나 초등학령기 아동의 이용이 대부분을 차지하고 있다(최복천, 2016 : 74). 장애아가족 양육지원서비스 이용자 특성은 [그림 10-2]와 같다.

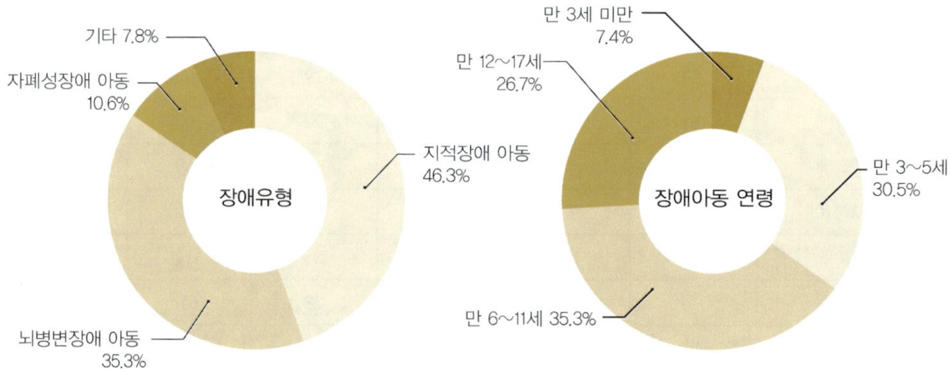

[그림 10-2] 장애아가족 양육지원서비스 이용자 특성

(2) 장애아동 활동지원제도 현황 및 실태

장애인 활동지원제도의 대상자는 만 6세 이상 65세 미만의 「장애인복지법」상 등록된 1~3급 장애인으로 소득수준과 상관없이 활동지원서비스 인정조사표에 따라 인정점수 총 470점 중 220점을 획득한 경우로, 인정 점수에 따라 기본적으로 월 47시간에서 118시간까지 지원받는다. 이와 같은 기준에 따라 서비스 이용을 판정받은 장애아동 수는 총 21,450명이며 장애유형별로 살펴보면 지적장애 아동이 10,171명(47.4%)으로 가장 많고, 다음으로 자폐성장애 아동 6,043명(28.2%), 뇌병변장애 아동 3,994명(18.6%) 순으로 나타났다. 또한 장애아동의 연령별로는 만 7세 미만 장애아동이 471명(2.2%), 만 7~12세 9,021명(42.1%), 만 13~15세 5,946명(27.7%), 만 16~17세 장애아동이 6,012명(28.0%)으로 초등학령기 아동이 가장 많다(최복천, 2016 : 75). 장애아동 활동지원서비스 이용자 특성은 [그림 10－3]과 같다.

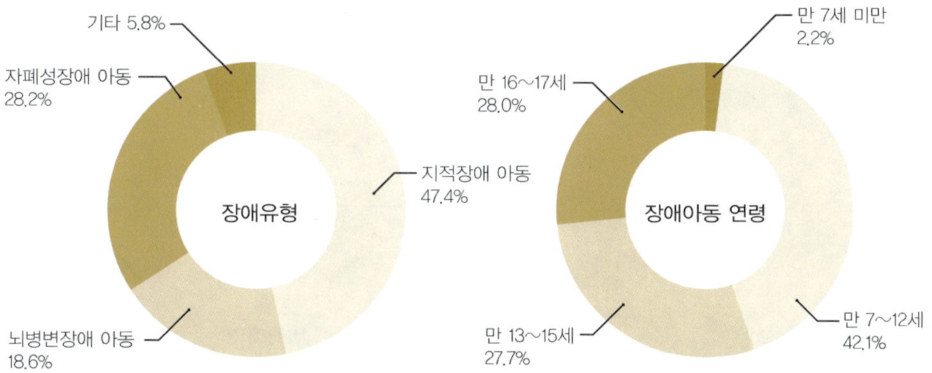

[그림 10-3] 장애아동 활동지원서비스 이용자 특성

3) 장애인 차별 현황 및 실태

법적으로는 차별에 대한 금지가 규정되어 있지만 현실적으로는 장애아동에 대한 차별이 여전히 존재하고 있다. 예를 들어, 유치원이나 어린이집에서 통합교육을 받고자 하나 국공립을 제외한 곳에서는 부모의 반대에 부딪혀 통합교육을 받을 수 없는 상황이 종종 발생하고 있다. 이는 장애아동의 권리를 침해하는 동시에 인권의 문제이기도 하다. 따라서 장애아동에 대한 편견이나 다름이 차별이 되지 않도록 인식을 개선할 수 있는 캠페인 강화 등을 통한 사회적인 노력이 실천되어야 한다.

2015년 통계청에서 전국 18,576가구 내 만 13세 이상 가구원을 대상으로 실시된 사회조사 중 복지 분야에서 우리 사회의 생활 전반에 걸친 장애인 차별에 대한 인식을 조사하였다. 그 결과 차별이 '심하다'고 생각하는 사람은 2013년 66.5%, 2015년 65.8%로 나타나 여전히 차별이 존재하고 있음을 알 수 있다. 그리고 장애인(62.4%)보다 오히려 비장애인(65.9%)이 장애인에 대한 차별이 더 심하다고 인식하고 있었다. 장애인 차별에 대한 인식은 [그림 10-4]와 같다.

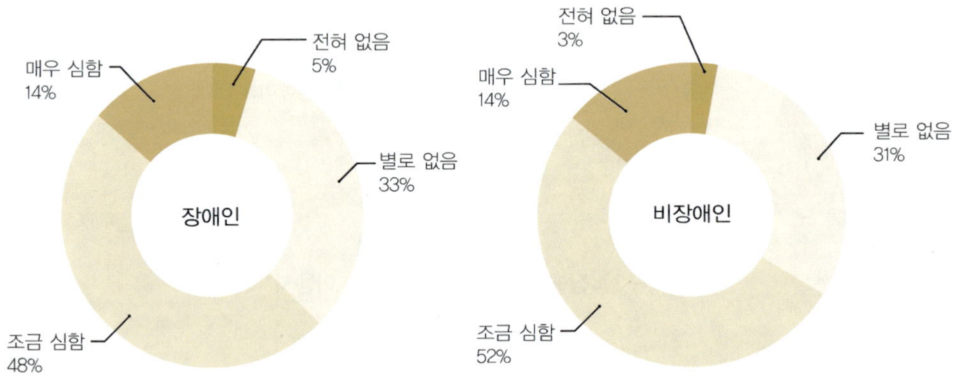

[그림 10-4] 2015년 장애인 차별에 대한 인식

4. 장애아동의 권리와 복지서비스

1) 장애아동의 권리

우리 헌법에는 모든 국민이 인간으로서의 존엄과 가치, 그리고 행복을 추구할 권리와 평등권이 있음을 보장하고 있다. 그리고 「장애인복지법」 제3조에서도 "장애인복지의 기본이념은 장애인의 완전한 사회참여와 평등을 통하여 사회통합을 이루는 데에 있다"라고 명시되어 있다. 이는 장애아동도 인간으로서의 존엄과 권리를 존중받아야 한다는 것을 천명하고 있는 것이라고 할 수 있다. 즉, 장애 개념과 장애 인식에 대한 관점의 변화는 장애인을 사회의 동등한 구성원으로서의 평등을 강조하는 방향으로 법 개정이 이루어지고 있다. 세계보건기구를 중심으로 장애에 대한 이해가 변화를 겪으면서 장애를 전통적인 의료 및 재활 개념이 아니라 사회적 맥락에서 파악하고, 이로써 장애에 대한 보호의 차원을 확대하는 가능성을 부여했다(오혜경, 2009 : 74).

1971년 「정신지체인의 권리선언」으로부터 시작된 장애인에 대한 권리는 1975년 12월 '국제연합 총회'에서 만장일치로 채택된 「장애인 권리선언」 제3조에서 "모든 장애인에게는 인간으로서 존엄성을 존중받아야 할 천부적 권리가 있다. 즉, 모든 장애인들은 장애의 원인 및 특성과 경중에 상관없이 같은 연령의 일반시민과 동일하게 기본적 권리, 무엇보다도 먼저 품위 있는 생활을 정상적으로 최대한 누릴 수 있는 권리가 있다"고 명시함으로써 본격화되었다. 그리고 2006년 12월 '유엔 총회'에서 채택된 「장애인의 권리에 관한 협약(Convention on the Rights of Persons with Disabilities)」은 최초의 국제 인권법에 따른 인권 조약이며, 장애인의 존엄성과 권리를 보장하기 위한 '유엔 인권 협약'으로 장애아동의 점진적 발달능력 및 정체성 유지 권리에 대한 존중을 명시하고 있다. 이를 기반으로 우리나라도 각 관련 법에 장애아동에 대한 권리를 명시하고 있는데 이를 살펴보면 <표 10-6>과 같다.

표 10-6 장애아동의 권리

법 령	내 용
「장애아동복지지원법」 제4조(장애아동의 권리)	• 모든 형태의 학대 및 유기 · 착취 · 감금 · 폭력 등으로부터 보호받아야 할 권리 • 부모에 의하여 양육되고, 안정된 가정환경에서 자라날 권리 • 인성 및 정신적 · 신체적 능력을 최대한 계발하기 위하여 적절한 교육을 제공받을 권리 • 가능한 한 최상의 건강상태를 유지하고 행복한 일상생활을 영위하기 위한 의료적 · 복지적 지원을 받을 권리 • 휴식과 여가를 즐기고, 놀이와 문화 예술 활동에 참여할 권리 • 의사소통 능력, 자기결정 능력 및 자기권리 옹호 능력을 향상시키기 위한 교육 및 훈련 기회를 제공받아야 할 권리
「장애인복지법」 제4조(장애인의 권리)	• 인간으로서 존엄과 가치를 존중받으며, 그에 걸맞은 대우를 받을 권리 • 국가 · 사회의 구성원으로서 정치 · 경제 · 사회 · 문화, 그 밖의 모든 분야의 활동에 참여할 권리 • 장애인 관련 정책결정 과정에 우선적으로 참여할 권리
「장애인차별금지 및 권리구제 등에 관한 법률」 제7조(자기결정권 및 선택권)	• 자신의 생활 전반에 관하여 자신의 의사에 따라 스스로 선택하고 결정할 권리 • 장애인 아닌 사람과 동등한 선택권을 보장받기 위하여 필요한 서비스와 정보를 제공받을 권리

2) 장애아동의 복지서비스

「장애아동복지지원법」 제2조에서 "장애아동 복지지원"이란 '국가와 지방자치단체가 장애아동의 특별한 복지적 욕구에 따라 의료비 지원, 보육지원, 가족지원 및 장애아동의 발달에 필요한 지원 등 다양한 인적 · 물적 자원을 제공하는 것을 말한다'고 정의하고 있다. 이에 따라 「장애인복지법」 제32조의4에 규정된 복지서비스에 관한 장애인 지원 사업을 살펴보면 다음과 같다. 즉, 복지서비스에 관한 상담 및 정보 제공, 복지서비스 신청의 대행, 장애인 개인별로 필요한 욕구의 조사 및 복지서비스 제공 계획의 수립 지원, 장애인과 복지서비스 제공 기관 · 법인 · 단체 · 시설과의 연계, 복지서비스 등 복지자원의 발굴 및 데이터베이스 구축, 그 밖에 복지서비스의 제공에 필요한 장애인 지원 사업을 실시하도록 규정하고 있다. 현재 국가와 지방자치단체가 시행하고 있는 장애아동 관련 복지서비스는 자녀양육 및 가족지원, 교육지원, 의료 및 재활 지원 등 영역별로 다양하게 제공되고 있다.

(1) 자녀양육 및 가족지원

어린이집 또는 유치원을 이용하지 아니하는 장애아동에게 양육수당 지급, 장애아동 수당과 보호수당 지급, 돌봄 및 일시적 휴식지원 서비스 제공, 가족상담 · 교육 등의 가족지원 제공, 장애인 가족에 대한 인식 개선사업, 장애인 가족 돌봄 지원, 장애인 가족 사례관리 지원, 장애인 가족 역량강화 지원이 이루어지고 있다. 대표적으로 장애아동수당 지원을 살펴보면 <표 10−7>과 같다.

표 10-7 장애아동수당 지원

구 분	주요내용			
목 적	장애아동의 생활에 대한 안정적인 지원과 더불어 복지 증진			
대 상	만 18세 미만의 등록한 장애인으로 장애등급 1~6급이 해당되며 중증장애 아동은 1급 및 2급 그리고 3급 중복장애 아동이고, 경증장애 아동은 3~6급이 대상이지만 3급 중복장애 아동은 중증장애에 해당하므로 제외, 국민기초생활보장 수급자 및 차상위계층(기준중위소득의 50%) 지원			
수당지원 분류	생계 또는 의료급여 수급자	주거 또는 교육급여 수급자	차상위계층	보장시설 수급자 (생계 또는 의료)
중증장애인	월 20만 원	월 15만 원	월 15만 원	월 7만 원
경증장애인	월 10만 원	월 10만 원	월 10만 원	월 2만 원

출처 : 보건복지부(2017b). 2017년 장애인 연금사업 안내, p. 191 재구성.

(2) 보육 및 교육지원

국가에서는 장애와 관련된 복지서비스의 일환으로 경제적 부담능력 등을 고려하여 장애인이 부양하는 자녀 또는 장애인인 자녀의 교육비와 보육료 전액을 지급하고 있다. 그리고 특수교육 대상자에 대하여는 유치원·초등학교·중학교 및 고등학교 과정 교육은 의무교육, 전공과와 만 3세 미만의 장애영아교육은 무상교육을 지원하고 있다. 또한 장애 정도가 심하여 장·단기의 결석이 불가피하거나, 복지시설·의료기관 또는 가정 등에 거주하는 특수교육 대상자의 교육을 위하여 필요한 경우 순회교육도 지원하고 있다.

중학교 과정 이상의 각급학교의 장은 특수교육 대상자의 특성 및 요구에 따른 진로 및 직업교육을 지원하기 위하여 자립생활훈련을 실시하고, 자격이 있는 진로 및 직업교육을 담당하는 전문 인력을 두어야 한다. 더불어 특수교육 대상자를 위하여 보조인력 제공 및 교육을 위하여 필요한 장애인용 각종 교구, 각종 학습보조기, 보조공학기기 등의 설비를 제공하여야 한다. 또한 취학 편의를 위하여 통학차량 지원, 통학비 지원, 통학 보조인력의 지원 등 통학 지원 대책을 마련하여야 한다. 이 중 특수교육 보조원 지원을 간략히 살펴보면 <표 10-8>과 같다.

표 10-8 특수교육 보조원 지원

구 분	주요내용
목 적	특수교육 대상자의 교수-학습과 신변처리 및 교내외 활동과 등하교 등의 활동을 보조하는 특수교육 보조원 지원을 통해 교육 참여 기회 확대 및 자립 지원
대 상	특수교육 대상자 중 중도·중복장애 아동 우선 지원
보조인력 운영	사회복무요원, 자원봉사자 등 보조인력 운영 다양화
기 타	특수교육 보조원 수요가 없어질 경우, 학교 재배치 등 무기계약직 근로자의 안정적 근로 조건 확보 노력

(3) 의료 및 재활지원

국가에서는 의료비를 부담하기 어렵다고 인정되는 장애인에게 장애 정도와 경제적 능력 등을 고려하여 장애 정도에 따라 의료에 소요되는 비용 지급 및 영유아의 장애 및 장애 가능성을 조기에 발견하기 위하여 선별검사 무상 실시를 하고 있다. 그리고 장애아동의 학습과 일상생활 활동에 필요한 보조기구를 교부·대여 또는 수리하거나 구입에 필요한 비용 지급과 특수교육 대상자가 필요로 하는 경우에는 물리치료, 작업치료 등 치료지원 제공, 장애아동의 인지, 의사소통, 적응행동, 감각·운동 등의 기능향상과 행동발달을 위하여 적절한 발달재활서비스를 지원하도록 하고 있다. 이에 대표적으로 발달재활서비스 지원을 구체적으로 살펴보면 <표 10-9>와 같다.

표 10-9 발달재활서비스 지원

구 분	주요내용
목 적	장애아동의 인지, 의사소통, 적응행동, 감각·운동 등의 기능향상과 행동발달을 위하여 장애자녀를 양육하는 가정의 경제적인 부담을 경감
대 상	시각·청각·언어·지적·자폐성·뇌병변장애가 있는 만 18세 미만 등록 장애아동으로 전국가구평균소득 150% 이하 가정을 대상으로 소득별 차등 지원
서비스 가격	주 2회(월 8회)를 원칙으로 해당 서비스 이용금액은 월 22만 원(회당 서비스단가는 27,500원)이며 정부 지원금은 소득수준에 따라 차등 지원(22만~14만 원), 기초수급자는 면제
서비스 내용	언어·청능(聽能), 미술·음악, 행동·놀이·심리, 감각·운동 등을 통하여 장애아동의 재활 및 발달에 도움을 주는 서비스일 것으로 되어 있으나(「장애아동복지지원법 시행규칙」 제8조 제1항 별표 1) 장애아동 및 부모의 수요에 따라 사업 실시기관이 자율적으로 결정

(4) 기타 지원

국가와 지방자치단체는 법에서 정한 복지지원 외에 문화·예술·스포츠·교육·주거 등의 영역에서 장애아동에게 필요한 서비스 지원 및 장애아동이 18세가 되거나 고등학교와 이에 준하는 각종 학교 또는 전공과를 졸업한 후 주거·직업체험 등의 지역사회 전환 서비스를 제공하도록 노력하여야 한다. 그리고 취약가정의 경우에 우선적인 복지지원을 제공하고 있으며, 장애인의 복지 향상을 위하여 장애인을 보조할 장애인 보조견(補助犬)의 훈련·보급을 지원하고 있다.

5. 장애아동 복지서비스의 문제점과 과제

1) 장애아동 관련 법의 문제점과 과제

장애아동의 인권과 권리를 보장하고 장애아동의 전반적인 발달을 지원하기 위해 입안된 관련 법은 실제 장애아동에게 제공될 수 있는 많은 서비스를 보장하고 있다. 그러나 중복되는 내용이나 지원 및 시행되는 부처도 각기 달라 이로 인해 혼란이 가중되기도 한다. 그러므로 이에 대한 문제점과 과제를 제시하면 다음과 같다.

첫째, 장애유형에 대한 정확한 범주가 규정되어 있지 않다. 현재 「장애인 등에 대한 특수교육법 시행령」과 보건복지부에서 입안한 「장애인복지법 시행령」의 장애유형 및 진단기준이 서로 다르다. 따라서 이에 대한 혼란과 더불어 실제 장애가 있음에도 불구하고 장애유형에서 배제되어 있거나 혹은 장애아동이 받아야 할 실제적인 다양한 복지서비스에서 제외되기도 한다. 따라서 이에 대한 보완과 정비가 선행되어야 한다.

둘째, 복지 정책 및 지원이 중첩되어 있다. 대부분 장애인 관련 법은 법안 부처에서 시행하는 복지 정책 및 지원들이 서로 중첩되어 있어 체계적인 연계 구축과 종합적인 지원의 일원화가 요구된다. 즉, 대표적으로 교육부에서 입안한 「장애인 등에 대한 특수교육법」과 보건복지부에서 입안한 「장애인복지법」 및 「장애아동복지지원법」의 내용 중 상당 조항이 중첩되거나 상충되는 부분이 있어 이에 대한 논의가 필요하다. 이를 통해 국가적인 수준에서 장애아동의 욕구를 충족시켜 주고, 전인적인 발달을 도모할 수 있는 통합적인 정책적 서비스가 체계적으로 일원화되어 보다 수준 높은 지원의 방안을 수립해야 할 것이다.

셋째, 지원 및 서비스에 대한 부분이 권유사항으로 되어 있다. 장애아동과 관련된 법은 복지서비스 및 정책에 있어서 강제 규정보다는 대부분 권유사항으로 되어 있는 경우가 많다. 예를 들어, 「장애아동복지지원법」 제23조(가족지원)를 보면 '국가와 지방자치단체는 장애아동의 가족이 장애아동에게 적합한 양육방법을 습득하고 가족의 역량을 키울 수 있도록 가족상담 · 교육 등의 가족지원을 제공할 수 있다'로 명시되어 있다. 이 외에도 장애아동에게 필요한 서비스가 지원되도록 최대한 노력해야 한다든지 지원하는 방안을 강구해야 한다든지 등으로 규정되어 있어 장애아동에 대한 포괄적인 지원이 미비하고 장애가족에 대한 복지서비스가 아직은 부족한 수준에 머물러 있다. 그러므로 이에 대한 의무조항과 강화가 요구된다.

넷째, 가정양육수당의 지급은 조기교육이 필요하고 발달의 가변성이 가장 많은 장애영유아들에게 오히려 적절한 교육의 기회를 제공하지 못할 우려도 있다. 가정양육수당은 장애아동의 경우 등록 장애아동에 한해 36개월 미만은 월 20만 원, 36~84개월 미만은 월 10만 원의 양육수당이 지급된다. 실제 이 제도가 시행됨에 따라 교육기관을 보내지 않는 가정들도 많아 여러 가지 문제를 야기하고 있다. 그러므로 현금지원보다는 바우처 서비스를 연장해 주는 등의 조치가 요구된다.

다섯째, 장애아가족 양육지원제도 중 돌봄서비스는 실제 가족의 양육부담을 완화시키기에는 역부족이다. 이 제도의 목적은 장애아동 가족의 일상적인 양육부담을 경감하고 보호자의 정상적인 사회활동을 돕기 위하여 돌봄 및 일시적 휴식지원 서비스를 제공하고자 함이다. 그러나 지원대상이 「장애인복지법」상 만 18세 미만의 등록 장애인 중 1~3급 장애아와 생계 주거를 같이하는 전국 가구평균소득 100% 이하 가정이다. 이러한 조건은 실제 「장애인복지법」상 장애에 포함되지 않는 주의력결핍 과잉행동장애를 동반한 학습장애나 정서 · 행동장애 중 상태가 중증인 아동들도 돌봄 서비스의 지원대상에서 제외되기 때문에 이에 대한 대책이 필요하다.

2) 발달재활서비스의 문제점과 과제

2007년 장애아동의 발달 및 재활치료를 위해 도입된 장애아동 재활치료사업은 2012년 8월 「장애아동복지지원법」이 시행됨에 따라 '발달재활서비스'라는 용어로 변경되어 시행되고 있다. 동법 제21조(발달재활서비스 지원)에는 ① 국가와 지방자치단체는 장애아동의 인지, 의사소통, 적응행동, 감각 · 운동 등의 기능향상과 행동발달을 위하여 적절한 발달재활서비스를 지원할 수 있다, ② 제1항에 따른 발달재활서비스를 지원할 때에는 장애아동의 장애유형 · 장애 정도와 그 가족의 경제적 능력 등을 고려하여 지원할 대상 및 내용을 결정할 수 있다고 명시되어 있다. 그리고 「장애인 등에 대한 특수교육법」 제2조에 "특수교육 관련 서비스"란 특수교육 대상자의 교육을 효율적으로 실시하기 위하여 필요한 인적 · 물적 자원을 제공하는 서비스로서 상담지원 · 가족지원 · 치료지원 · 보조인력 지원 · 보조공학기기 지원 · 학습보조기기 지원 · 통학지원 및 정보접근 지원 등을 말한다"고 규정되어 있다. 이와 관련하여 발달재활서비스의 문제점과 과제를 살펴보면 다음과 같다.

첫째, 발달재활서비스를 받을 수 있는 장애유형이 한정되어 있다. 「장애인 등에 대한 특수교육법」 제2조에 명시된 "특수교육 관련 서비스"의 치료지원과 「장애인복지법」 제18조에 "의료와 재활치료"에서는 모든 장애인이 대상이다. 하지만 현재 발달재활서비스는 「장애인복지법」상 만 18세 미만의 시각 · 청각 · 언어 · 지적 · 자폐성 · 뇌병변 장애를 가진 등록된 장애아동 중 전국 가구 평균소득 150% 이하로 소득별 5단계로 차등 지원을 하고 있다. 이로 인해, 예를 들어 학습장애 아동은 주의력결핍 과잉행동장애를 동반하고 있는 경우가 많음에도 불구하고 재활서비스를 받을 수 없다는 문제점을 안고 있어 이에 대한 대책이 마련되어야 한다.

둘째, 서비스의 제한성이 고려되어야 한다. 동일한 서비스이지만 교육부 입안의 치료지원과 보건복지부에서 시행하는 발달재활서비스 간에 제도적인 일관성이 부재하여 장애아동에게 제공되는 복지서비스 지원의 문제를 드러내고 있다. 특히 「장애인 등에 대한 특수교육법」의 치료지원이 「장애아동복지지원법」에는 인지, 의사소통, 적응행동, 감각 · 운동 등으로 규정되어 제한성을 가지고 시행되고 있으므로 복합적인 지원 방향이 설정되어야 한다.

셋째, 현행 발달재활서비스는 「장애인 등에 대한 특수교육법」상의 치료지원, 「국민건강보험법」상의 의료적 재활 및 「장애인복지법」상의 재활치료와 개념적으로 혼재되고 상충된다. 이는 발달재활서비스의 내용이 한쪽은 의료서비스의 속성과 다른 한쪽은 문화여가서비스의 속성과 맞닿아 있는 포괄적인 개념에서 유래한다(김치훈, 2013). 따라서 이에 대한 정확한 규정이 정립되어야 한다.

넷째, 발달재활서비스는 서비스 지급 대상자에 대한 우선순위가 신규 대상자인 경우 등록 장애인 중 낮은 연령자 순으로 대상자를 선정하게 되어 있어 여러 가지 상황으로 인해 장애를 늦게 발견할 경우 발달재활서비스를 받지 못하는 경우가 발생할 수 있다. 그러므로 다각적인 검토를 통해 재활서비스의 대상을 고려하는 방안이 강구되어야 한다.

요점정리

1. 장애아동의 이해
    1) 장애아동의 개념－18세 미만의 사람 중 등록한 장애인을 말하며, 다만 6세 미만의 아동으로서 장애가 있다고 보건복지부장관이 별도로 인정하는 사람 포함
    2) 장애유형 및 선정 기준－「장애인 등에 대한 특수교육법 시행령」의 시각, 청각, 지적, 지체, 정서·행동, 자폐성, 의사소통, 학습, 건강장애, 발달지체로 10가지이며, 「장애인복지법 시행령」에는 지체, 뇌병변, 시각, 청각, 언어, 지적, 자폐성, 정신, 신장, 심장, 호흡기, 간, 안면, 장루·요루, 뇌전증장애인으로 15가지 장애 명시

2. 장애아동의 인권과 차별 금지
    1) 장애아동의 인권－장애아동은 아동이라는 특성과 장애라는 특성을 동시에 가지고 있으므로 아동으로서의 인권과 장애아로서의 인권이 동시에 보장되어야 함
    2) 장애아동의 차별 금지－장애아동 차별이란 장애라는 이유로 모든 분야에서 장애아동을 배제 혹은 불리하게 대우하거나 편의제공을 제한하여 장애아동의 권리를 침해하는 모든 행위를 포함

3. 장애아동의 현황 및 실태
    1) 장애아동 등록 현황 및 실태－장애유형별로 보면 지적, 자폐성, 청각장애 순으로 발생하고, 연령별로 보면 10~14세가 가장 많으며, 성별로는 남자아동이 배로 출현
    2) 장애아동 돌봄 지원제도 현황 및 실태
        - 돌봄 및 일시적 휴식지원 서비스는 「장애인복지법」상 만 18세 미만의 1~3급 장애아동을 양육하고 있는 가정에 월 80시간 이내 원칙으로 연 480시간 지원
        - 장애인활동지원제도의 대상자는 만 6세 이상 65세 미만의 「장애인복지법」상 등록된 1~3급 장애인으로 월 47~118시간까지 지원
    3) 장애인 차별 현황 및 실태－장애인 차별에 대한 인식조사 결과 지속적 차별 존재

4. 장애아동의 권리와 복지서비스
   1) 장애아동의 권리 – 장애아동의 권리와 관련하여 「장애아동복지지원법」, 「장애인 복지법」, 「장애인차별금지 및 권리구제 등에 관한 법률」 등에 명시함
   2) 장애아동의 복지서비스 – 의료비 지원, 보육지원, 가족지원 및 장애아동의 발달에 필요한 지원 등 다양한 인적·물적 자원을 제공하고 있음

5. 장애아동 복지서비스의 문제점과 과제
   1) 장애아동 관련 법의 문제점과 과제 – 법안 부처에서 시행하는 복지 정책 및 지원들의 중첩에 대한 일원화, 권유사항의 개선, 가정양육수당 및 장애아가족 양육지원제도의 문제, 장애유형에 대한 정확한 범주 선행 등
   2) 발달재활서비스의 문제점과 과제 – 발달재활서비스에서 제외되는 장애와 제도적인 일관성의 장애아동 복지서비스의 문제, 치료지원과 재활치료의 개념 상충 등

1. '장애인복지법 시행령'에 규정되어 있는 장애의 종류는 몇 개인가? (　　　)

2. 다음 장애 중 '장애인 등에 대한 특수교육법 시행령'에만 있는 장애는? (　　)
   ① 지적장애　　② 정서·행동장애
   ③ 지체장애　　④ 자폐성장애

3. 돌봄 및 일시적 휴식지원 서비스가 제공되는 서비스는? (　　　　　)

4. 장애아동의 생활에 대한 안정적인 지원과 더불어 복지 증진이 목적인 지원은?
   (　　　　　　　)

5. 장애아동의 인지, 의사소통, 적응행동, 감각·운동 등의 기능향상과 행동발달을 위하여 장애 자녀를 양육하는 가정의 경제적인 부담을 경감하는 것이 목적인 지원은? (　　　　　　　)

생각 나누기

1. 장애아동에 대한 권리와 인권을 지켜줄 수 있는 방안을 도출해 보시오.
2. 장애아동에 대한 차별을 줄일 수 있는 있는 방안에 대하여 토론해 보시오.
3. 장애아동 복지서비스 중 강화해야 될 내용에 대해 토론해 보시오.
4. 내가 만약 법안을 입안한다면 장애아동들을 위해서 어떤 서비스를 제공하고 싶은지 자신의 의견을 피력해 보시오.

참고문헌

교육부(2016). 장애인 등에 대한 특수교육법 시행령.

국가인권위원회(2011). 국가인권위원회법.

국제연합 총회(1975). 장애인 권리선언.

보건복지부(2007). 장애인복지법.

보건복지부(2008). 장애인차별금지 및 권리구제 등에 관한 법률

보건복지부(2012). 장애아동 복지지원법.

보건복지부(2013). 발달재활서비스 제도 운영 : 발달재활서비스 전문 인력의 자격 기준 강화 등 발달재활 서비스 제도 개선을 위한 워크숍 자료. 김치훈. 발달재활서비스 제도 운영상의 문제점과 제도 개선 방안(pp. 1-9). 보건복지부.

보건복지부(2014). 장애인복지법 시행령.

보건복지부(2016). 2016 보건복지통계연보. 보건복지부.

보건복지부(2017a). 2017년 장애인복지 사업안내(Ⅰ). 보건복지부.

보건복지부(2017b). 2017년 장애인 연금사업 안내. 보건복지부.

서강훈(2013). **사회복지 용어사전**. 경기 : 이담북스.

오혜경(2009). 장애인 복지정책에 관한 연구. **사회과학연구**, 25, 69-102.

유동철(2013). **인권관점에서 보는 장애인 복지**. 서울 : 학지사.

유엔총회(2008). 장애인의 권리에 관한 협약.

임경옥, 박경화, 조현정(2017). **특수교육학개론**. 서울 : 학지사.

장영수(2013). 장애인 인권의 접근 방법. **안암법학**, 40, 293-321.

통계청(2015). 2015년 사회조사보고서. 통계청.

한국보건사회연구원(2016). 보건복지통계・정보현황과 과제. 최복천. 장애아동 돌봄지원제도 현황 및 개선 방안(pp. 72-83). **보건복지포럼, 통권 제238호**, 8월. 한국보건사회연구원.

한은주(2013). 장애학생에 대한 인권침해 사례와 예방을 위한 제언. **현장특수교육**, 20, 겨울호. 국립특수교육원.

국가통계포털(2016). 전국 연령별, 장애유형별, 성별 현황. kosis.kr

위키백과. ko.wikipedia.org

e-나라지표. www.index.go.kr

CHAPTER

11

대리가정 아동의 권리와 복지

아동은 천부적으로 행복한 가정에서 부모의 보호를 받고 성장해야 할 권리가 있다. 그러나 사회가 급변하면서 핵가족이 증가하고 이혼, 미혼모, 아동학대, 경제적 위기, 여성의 사회진출, 성윤리 및 가치관의 변화 등으로 가족 붕괴와 해체가 일어나고 있다. 이러한 상황에서 원가정의 보호자와 사랑이 절대적으로 필요한 아동기에 적절한 보호를 받을 수 없는 아동을 위해 대리가정, 즉 입양이나 가정위탁서비스제도가 필요하게 되었다.

이 장에서는 대리적 가정의 대표적 양육서비스인 입양과 가정위탁보호의 개념 및 현황을 살펴보고자 한다. 그리고 대리가정 아동의 권리 및 복지서비스와 더불어 문제점과 관련된 과제를 제시함으로써 대리가정에 대한 기본적인 이해를 증진시키고자 한다.

마인드맵

■ 대리가정 아동의 권리와 복지

- 입양아동의 이해
- 입양의 요건
- 입양아동의 현황 및 실태
- 입양아동의 권리와 복지서비스
- 입양의 문제점과 과제

1. 입양아동의 권리와 복지

2. 가정위탁 보호 아동의 권리와 복지

- 가정위탁보호의 이해
- 가정위탁보호의 요소
- 가정위탁보호 아동의 현황 및 실태
- 가정위탁보호 아동의 권리와 복지서비스
- 가정위탁보호사업의 문제점과 과제

학습목표

1. 입양의 개념을 정의할 수 있다.
2. 입양아동의 권리를 설명할 수 있다.
3. 입양아동을 위한 복지서비스를 설명할 수 있다.
4. 가정위탁보호의 개념을 정의할 수 있다.
5. 가정위탁보호의 유형을 분류할 수 있다.

주요용어

- **입양** : 혈연적으로 친자관계가 없는 사람 사이에 법률적으로 친자관계를 맺는 신분행위
- **입양특례법** : 요보호아동의 입양에 관한 요건 및 절차 등에 대한 특례와 지원에 필요한 사항을 정함으로써 양자가 되는 아동의 권익과 복지를 증진하는 것을 목적으로 하는 법
- **상거소지법** : 당사자의 주소가 존재하는 장소의 법
- **가정위탁보호** : 아동이 가정 내외의 여러 가지 요인(부모의 사망이나 실직, 질병, 학대, 방임, 알코올중독, 약물중독, 수감 등)으로 친가정에서 정상적으로 양육될 수 없을 때 일정 기간 동안 다른 가정에서 아동을 보호양육하며 친가정이 정상화되어 가족기능을 회복할 수 있도록 지원하는 전문적인 가정지원서비스
- **위탁부모** : 정부의 승인 아래 일정 기간 아동을 양육하는 부모
- **위탁아동** : 친부모가 직접 양육할 수 없어서 일시적으로 다른 가정에 맡겨지는 아동

사 례 입양 가로막는 입양특례법 빨리 고쳐라

하루에 거의 한 명꼴로 아이들이 '베이비박스'에 버려지고 있다고 한다. 베이비박스란 부득이한 사정으로 아이를 키울 수 없게 된 부모가 아이를 두고 갈 수 있도록 마련된 작은 상자를 말한다. 2009년 말 주사랑공동체교회가 처음 베이비박스를 설치한 이후 지난해까지 이곳에 버려진 아이는 945명에 이른다. 2011년 37명이었으나 새 입양특례법이 시행된 이듬해인 2013년 252명으로 폭증했다. … 중략 …

유기아동이 늘고 입양아는 되레 주는 이유는 2012년에 개정된 입양특례법이 출생신고를 의무화하는 등 입양 절차를 까다롭게 바꾸면서 미혼모들이 신원 노출을 꺼리고 있기 때문이다. 아기를 자신의 가족관계등록부에 올려야 하므로 미혼모라는 신분이 기록에 남는다. 이런 '주홍글씨'를 우려한 미혼모들이 아기를 베이비박스에 버리는 극단의 선택을 하게 되는 것이다.

… 중략 …

출산 사실을 숨겨야 하는 미혼모와 입양 사실을 감추기를 원하는 양부모 사이에 브로커가 개입해 아기를 사고파는 반인륜 범죄가 기승을 부린다. 모두 새 법이 시행된 이후에 나타난 후유증이다.

우리나라가 '고아 수출국'이란 오명을 벗고 국내입양을 늘리자면 입양에 부정적인 사회 인식의 변화 등 개선할 과제가 한둘이 아니다. 입양가정에 주는 월 10만 원의 정부 지원금도 현실화할 필요가 있다. 무엇보다 가장 시급한 것은 입양을 가로막는 입양특례법을 수술하는 일이다. 미혼모 등 특별한 경우에 한해 부모와 아이의 관계를 밝히지 않고 출생신고를 할 수 있는 '익명출산제' 도입을 적극 검토해야 한다.

독일은 자녀의 출생기록부에 친모의 가명만 기록한 뒤 자녀가 16세가 될 때까지 친모의 신원을 중앙기관에 밀봉해 보관한다. 체코에선 18세 이상이면 비밀 출산을 요청할 수 있다. 현실과 동떨어진 입양특례법의 재개정은 빠를수록 좋다. '생명의 유기'를 방치하는 것은 국가적으로 수치이다.

출처 : 세계일보(2016. 5. 11).

1. 입양아동의 권리와 복지

1) 입양아동의 이해

(1) 입양의 개념

우리나라 입양은 40년이 넘는 역사를 가지고 있다. 국내입양은 한국의 문화적 요소인 강력한 혈연의식, 입양부모들의 잘못된 입양에 대한 태도와 동기, 장애아동에 대한 입양기피, 미비한 입양법, 국내입양 지정기관의 전문종사자 부족, 요보호아동에 대한 사회적 책임의식의 약화, 입양실무의 폐쇄성 및 인간 존엄성에 대한 인식의 부족 등으로 아직도 어려운 실정이다. 아동은 가족의 보호와 사랑을 받을 권리를 갖고 있다. 입양은 아동에게 적합한 가족생활을 보장하기 위해 법적으로 마련된 제도이다. 입양(adoption)은 생물학적인 과정을 통해서가 아니라 법적 · 사회적 관계에 의해서 부모-자녀의 친자관계를 맺게 하는 행위를 말한다(공계순, 2013 : 370 재인용). 즉, 입양은 보호자의 부재나 보호자로부터 이탈된 아동의 권익과 복지를 증진하기 위해 정상적인 가정을 제공하여 전인적으로 성장할 수 있도록 지원하기 위한 목적을 기반으로 하고 있다. 「입양특례법」 제2조 제3호에 따르면 "입양아동"이란 이 법에 따라 입양된 아동이라고 규정하고 있다. 입양대상 아동은 연령에 따라 영아입양과 연장아 입양으로 구분된다. 영아입양은 어린아이로 많은 입양부모들이 선호하고 있으며, 연장아 입양은 학대받거나 버려진 아동들의 입양을 말하고 있다. 입양은 아동을 어떤 가정에 보낼 것인가를 결정하기 위해 아동의 욕구와 복지가 일차적으로 고려되어야 하며, 아동에게 최선의 가정을 찾아주는 수단으로 접근해야 한다.

(2) 입양아동의 발생원인

입양아동의 발생원인은 시대변화에 따라 성격이 다르다. 우리나라의 현대적 의미에서의 입양 도입 초기에 이루어진 입양의 대부분은 기아를 대상으로 하는 경우가 많았다.

1950년대 전쟁으로 인한 빈곤 등의 문제로 기아아동 입양이 대부분을 차지했으며, 1958년부터 1960년까지 3년 동안에 국내 및 국외의 가정으로 입양된 290명의 아동들 가운데 기아가 차지하는 비율은 65%로 미혼모의 자녀(10.7%)나 결손가정의 자녀보다 훨씬 높게 나타나고 있다(보건복지부, 2016 : 3).

1970년부터 현재까지는 이혼이나 아동학대 및 유기, 경제적 위기, 미혼모 증가 등으로 가족의 약체화나 무력화 현상이 증가하면서 안정된 가정생활 보장이나 아동의 보호중심 입양이 제기되었다. 최근 급격한 변화로 가치관의 혼란 속에서 나타나는 성개방과 향락풍조 및 물질주의 속에서 이성 교제의 기회가 늘어나고 성 태도에 대한 규제가 점차 약화되면서, 성개방과 성교육의 부재 문제가 입양증가의 원인이 되기도 한다.

(3) 입양의 유형

2016년도 보건복지부의 입양사업안내에서 제시한 입양유형은 일반입양, 친양자, 기관입양, 국제입양으로 분류되어 있다. 일반입양은 협의로 성립이 되며 친생부모의 성과 본을 유지할 수 있다. 그리고 친양자는 재판으로 성립이 되며 양친의 성과 본으로 변경할 수 있다. 기관입양은 입양특례법의 근거로 가정법원의 허가를 받아 진행이 된다. 또한 국제입양은 양친이 될 사람의 본국법에서 정하고 있는 실질적 요건을 충족하여 본국법이 같은 경우에는 그 법에 따르고, 그 외의 경우에는 자녀의 「상거소지법」에 따르고 있다. 입양유형에 대한 분류는 <표 11-1>과 같다.

표 11-1 입양의 유형

구분	일반입양	친양자	기관입양	국제입양
근거	「민법」 제866조부터 제908조까지	「민법」 제908조의2부터 제908조의8까지	「입양특례법」	「입양특례법」 제18조 및 제19조, 「국제사법」 제43조 및 제44조에 따라 입양 당시 양친의 본국법
성립 요건	협의로 성립	재판으로 성립	가정법원의 허가	양친이 될 사람의 본국법에서 정하고 있는 실질적 요건 충족

양자의 성 · 본	친생부모의 성과 본을 유지	양친의 성과 본으로 변경	양친의 성과 본으로 변경	부모와 자녀의 본국법이 같은 경우에는 그 법에 따르고, 그 외의 경우에는 자녀의 상거소지법에 따름
친생부모와의 관계	유지	종료	종료	부모와 자녀의 본국법이 같은 경우에는 그 법에 따르고, 그 외의 경우에는 자녀의 상거소지법에 따름
입양의 효력	입양한 때부터 혼인 중의 자로서의 신분을 취득하나, 친생부모와의 관계는 친권 이외는 유지됨	재판이 확정된 때부터 혼인 중의 자로서의 신분을 취득하며, 친생부모와의 관계는 종료됨	재판이 확정된 때부터 혼인 중의 자로서의 신분을 취득하며, 친생부모와의 관계는 종료됨	양친의 본국법에 따르게 되므로, 친자관계가 발생함

출처 : 보건복지부(2016). 2016 입양사업안내, p. 5.

2) 입양의 요건

입양은 요보호아동으로서 「입양특례법」에 의해 양자가 될 자격을 갖춘 아동과 양친이 될 자격 등을 가진 사람이 입양을 원함으로써 이루어진다. 일반적으로 입양될 수 있는 아동의 조건을 살펴보면 첫째, 입양대상 아동의 가정이 건전한 가족으로 구성될 수 없는 경우, 둘째, 부모의 사망 또는 부모가 아이를 돌볼 수 없는 경우, 셋째, 친부모가 판명되지 않거나 아동양육을 거절하거나 싫어하는 경우, 넷째, 부모가 자발적으로 아이에 대한 권리를 포기하는 경우이다.

법적인 자격 외에도 일반적으로 입양기관에서 제시하는 입양부모의 조건은 다음과 같다.

첫째, 혼인 중이고 결혼한 지 3년이 경과된 부부이며, 불임사유가 있을 경우 결혼 3년 이내라도 가능하다(의사소견서나 불임진단서 첨부). 둘째, 25세 이상으로서 입양아동과의 연령 차이가 60세 이내일 것, 셋째, 자녀가 있을 경우 자녀의 동의가 필요하며, 자녀의 수는 입양아동을 포함하여 5명 이내일 것, 넷째, 심신이 건강하고, 아기가 성인이 될 때까지 부모로서 충분한 경제(경제력은 절대적인 것은 아니며 부부의 연령과 결혼기간, 직업의 안정성 등을 고려한다) · 정서적 지원과 사랑으로 양육할 수 있는 부부이다

(중앙가정위탁센터, 2016 : 15). 특히 대한민국 국민인 경우, 양친이 될 사람의 나이 범위는 25세 이상으로서 양자가 될 사람과의 나이 차이가 60세 이내여야 하며 대한민국 국민이 아닌 경우에는 25세 이상 45세 미만인 자이어야 한다. 다만, 보건복지부장관이 양친이 될 사람의 가정환경이 양자를 양육하기에 적합하다고 인정하는 경우 상기 양친 나이의 범위가 달리 적용될 수 있다(보건복지부, 2017 : 23).

3) 입양아동의 현황 및 실태

우리나라 입양아동의 동향은 사회적 관념이나 인식의 변화, 정부의 지원 및 「입양특례법」 등이 개정되고 있어 국내입양이 점차 증가하고 있는 추세이다. 이와 관련하여 입양에 대한 현황 및 실태를 입양아동 발생 유형, 국내외 입양아동 현황, 입양국가별 해외입양 현황으로 분류하여 살펴보고자 한다.

첫째, 입양아동 발생 유형은 미혼모 아동이 약 90%를 차지하고 있으며, 유기아동 약 6%, 결손가정 등은 약 4% 정도로 큰 차이가 없다. 그리고 국내입양 시 미혼모 아동이 약 90%, 국외입양 시에는 약 96%로 절대다수가 미혼모 가정의 아동이 입양되는 것으로 나타났다. 입양을 주선하는 국내입양기관은 홀트아동복지회, 대한사회복지회, 동방사회복지회, 성가정입양원, 한국사회봉사회, 광주영아일시보호소, 자비아동입양위탁소, 꽃동네 천사의 집, 한빛국내입양상담소, 홍익아동복지센터 등이 있으며, 입양아동 발생 유형은 <표 11-2>와 같다.

표 11-2 입양아동 발생 유형

(단위 : 명)

연도	국내입양				국외입양			
	계	미혼모 아동	유기아동	결손가정 등	계	미혼모 아동	기아등	결손가정
2014	637	578	28	31	535	509	-	26
	(100%)	(90.7%)	(4.4%)	(4.9%)	(100%)	(95.1%)	(0.0%)	(4.9%)
2015	683	618	54	11	374	358	16	-
	(100%)	(90.5%)	(7.9%)	(1.6%)	(100%)	(95.7%)	(4.3%)	(0.0%)

2016	546	481	18	47	334	327	2	5
	(100%)	(88.1%)	(3.3%)	(8.6%)	(100%)	(97.9%)	(0.6%)	(1.5%)

출처 : 보건복지부(2017). 보도자료, p. 7.

둘째, 보건복지부가 2017년에 발표한 국내외 입양아동 현황을 살펴보면 2016년 전체 국내입양은 546명으로 2014년 637명, 2015년 683명보다 감소했다(보건복지부, 2017 : 7).

그리고 1958년부터 2015년까지 해외로 입양 보낸 아동은 17만 명이다. 보건복지부가 제출한 국내외 해외입양 현황 자료에 따르면 조사기간 전체 입양아동은 24만 5천 600명이고, 이 중에서 해외입양은 16만 6천 512명(67.8%), 국내입양은 7만 9천 88명(32.2%)이었다. 국내에서는 여자아이가 남자아이보다 더 많이 입양됐다. 국내입양아 가운데 여자아이는 461명(67.5%)으로 남자아이(222명 · 32.5%)의 두 배 이상이었다(보건복지부, 2016 : 8). 반면 해외입양은 여자아이(87명 · 23.3%)보다 남자아이(287명 · 76.7%)가 입양되는 경우가 많다(보건복지부, 2017 : 6).

국내입양을 늘리기 위한 방안으로 정부는 매해 국내입양 수를 각 기관에 할당하고 국내외 입양을 함께 하는 입양 알선기관의 경우, 쿼터제가 적용되어 국내입양 수에 따라 해외입양 수가 좌우되기도 한다. 현재 전체 입양 중 국외입양 아동이 차지하는 비율이 감소하고 있는 반면 국내입양이 차지하는 비율이 조금씩 증가하고 있으나 장애아동의 국내입양은 거의 이루어지지 않고 있는 실정이다. 국내외 입양아동 현황은 <표 11−3>과 같다.

표 11−3 국내외 입양아동 현황 (단위 : 명)

구분	2010년	2011년	2012년	2013년	2014년	2015년	2016년
계	2,475	2,464	1,880	922	1,172	1,057	880
국내	1,462 (59.1%)	1,548 (62.8%)	1,125 (59.8%)	686 (74.4%)	637 (54.4%)	683 (64.6%)	546 (62.0%)
국외	1,013 (40.9%)	916 (37.2%)	755 (40.2%)	236 (25.6%)	535 (45.6%)	374 (35.4%)	334 (38.0)

출처 : 보건복지부(2017). 보도자료, p. 6.

셋째, 입양국가별 해외입양 현황을 살펴보면 입양된 국가별로 보면 미국, 스웨덴, 캐나다 순으로 나타났다. 보건복지부(2017)의 발표에 의하면 미국에 약 72%, 스웨덴에 약 8%, 캐나다에 약 7%가 입양되고 있어 미국이 절대다수를 차지하고 있다. 그러나 국외에 아동을 입양시켜 놓고도 사후관리는 부실한 것으로 나타났다. 예를 들어, 현재까지 미국에서 양부모가 귀화절차를 밟지 않아 시민권을 얻지 못해 무국적자로 몰려 추방위기에 처한 한국 출신 입양자가 1만 8천여명에 이르는 것으로 알려졌다(보건복지부, 2017 : 9). 입양국가별 해외입양 현황은 <표 11-4>와 같다.

표 11-4 입양국가별 해외입양 현황 (단위 : 명)

연도	계	미국	스웨덴	캐나다	노르웨이	호주	룩셈부르크	덴마크	프랑스	이탈리아
2014	535	412 (77.0%)	33 (6.2%)	38 (7.1%)	20 (3.8%)	7 (1.3%)	9 (1.7%)	7 (1.3%)	4 (0.7%)	5 (0.9%)
2015	374	278 (74.3%)	36 (9.6%)	22 (5.9%)	10 (2.7%)	6 (1.6%)	6 (1.6%)	5 (1.3%)	-	11 (2.9%)
2016	334	222 (66.5%)	31 (9.3%)	23 (6.9%)	23 (6.9%)	10 (3.0%)	3 (0.9%)	5 (1.5%)	3 (0.9%)	14 (4.2%)

출처 : 보건복지부(2017). 보도자료, p. 8.

4) 입양아동의 권리와 복지서비스

(1) 입양아동의 권리

「입양특례법」 제1조에는 이 법은 요보호아동의 입양(入養)에 관한 요건 및 절차 등에 대한 특례와 지원에 필요한 사항을 정함으로써 양자(養子)가 되는 아동의 권익과 복지를 증진하는 것을 목적으로 한다고 규정되어 있다. 이 외에도 동법 제17조(파양)에는 양친이 양자를 학대 또는 유기하거나 그 밖에 양자의 복리를 현저히 해하는 경우 파양을 할 수 있도록 했다. 더불어 가정법원은 파양이 청구된 아동이 13세 이상인 경우 입양아동의 의견을 청취하고 그 의견을 존중하여야 한다고 명시하여 입양아동의 권리를 법적으로 보장하고 있다. 그리고 보건복지부는 "입양 절차를 진행하는 동안 입양대상 아동의 약 80%를 위탁모에게 맡겨 가정보호를 하도록 하는 등 아동의 권익 보호를 위해 노력하고 있다"고 설명했다(보건복지부, 2016 : 9).

국제입양과 관련하여 「헤이그국제아동입양협약」과 「유엔아동권리협약」은 공통적으로 아동의 이익을 최선으로 배려하고 권리를 존중하는 공통점을 가지고 있다. 「헤이그국제아동입양협약」 제1조에 명시된 입양과 관련한 주요원칙은 <표 11−5>, 「유엔아동권리협약」의 제21조에 명시된 입양아동의 권리를 보장하기 위한 규정은 <표 11−6>과 같다.

표 11−5 「헤이그국제아동입양협약」 제1조

- 입양은 아동의 가장 근본적인 권리를 존중하고 아동의 최선의 이익을 보장하기 위해서 이루어져야 한다.
- 원가정 보호가 원칙이며 원가정 보호가 불가능할 경우 국내에서 보호할 수 있는 가정을 찾고 그래도 없으면 국제입양을 추진하는 순서로 아동 최선의 이익을 보장해야 한다.
- 국가는 입양을 위해 행해질 수 있는 아동의 유괴, 인신매매를 방지해야 한다.
- 아동 보호를 위해 국가 간 긴밀한 협조체계를 구축해야 한다.

출처 : 중앙입양원. www.kadoption.or.kr

표 11−6 「유엔아동권리협약」 제21조

입양제도를 인정하는 당사국은 아동의 이익이 가장 먼저 고려되도록 보장해야 하며 또한

가. 아동의 입양은 적용 가능한 법과 절차에 따라 적절하고 신빙성 있는 정보에 기초해 이루어져야 하며 관계 당국에 의해서만 허가되도록 보장해야 한다. 관계 당국은 부모나 친척, 후견인과 관련된 아동의 신분상태를 고려해 입양의 허용 여부와 필요한 경우 부모나 친척 등 관계자들이 협의해 입양에 대한 분별 있는 동의를 했는가 하는 점을 결정한다.

나. 해외입양은 아동이 위탁양육자나 입양가족을 구하지 못했거나 모국에서는 적절한 방법으로 양육될 수 없는 경우 아동양육의 대체수단으로 고려될 수 있음을 인정해야 한다.

다. 해외입양아가 국내입양아에게 적용되는 보호와 기준을 동등하게 누릴 수 있도록 보장해야 한다.

라. 해외입양의 경우 양육지정이 입양관계자들에게 부당한 금전적 이익을 주는 결과가 되지 않도록 모든 적절한 조치를 취해야 한다.

마. 적절한 상황이 되면 양자 또는 다자간 약정이나 협정을 체결해 이 조의 목적을 촉진시키며, 그러한 체제 안에서 아동에 대한 해외에서의 양육지정이 관계 당국이나 기관에 의해 이루어지도록 노력해야 한다.

출처 : 유니세프한국위원회. www.unicef.or.kr/event/20081119/event.asp

(2) 입양아동의 복지서비스

우리나라의 입양아동 및 가족에 대한 복지서비스는 양육보조수당을 비롯하여 수업료 및 입학금 면제, 입양아동 의료급여 및 장애아동에 대해 무료진료 등이 있다. 입양아동에 대한 복지서비스가 적절하게 시행되기 위해서는 먼저 입양서비스 실천수칙을 준수해야 한다.

「입양특례법」에서는 입양아동과 가족을 위해 법적으로 다양한 복지서비스를 규정하고 있다. 입양한 가정에 대하여 입양아동을 건전하게 양육할 수 있도록 필요한 상담, 사회복지시설 이용 등의 사회복지서비스를 제공(제34조)해야 한다. 그리고 입양된 장애아동 등 입양아동이 건전하게 자랄 수 있도록 필요한 경우에는 대통령령으로 정하는 범위에서 양육수당, 의료비, 아동교육지원비, 그 밖의 필요한 양육보조금을 지급할 수 있다(제35조). 입양 후 받을 수 있는 국내입양의 사후서비스는 다음과 같다.

첫째, 입양 후 1년 동안 사후관리를 받을 수 있다. 이는 「입양특례법」 제25조 제1항에 근거하여 시행되는 사후서비스로 입양가정과 입양아동에게 적응에 필요한 서비스를 제공하는 것으로 1년 동안은 의무적으로 시행된다.

둘째, 입양기관 사후서비스로 다양한 프로그램을 실시하고 있다. 입양부모와 입양아동을 위한 입양기관의 주요 사후서비스 프로그램의 구체적인 내용은 <표 11-7>과 같다.

표 11-7 입양기관 주요 사후서비스 프로그램

사업명	내 용
입양부모교육	자녀양육에 대한 주제별 강의 부모참여형 교육, 라이프 및 셀프 코칭, 집단교육 및 상담
입양아동 치료 지원	심리치료 검사, 집단상담·심리, 신체발달 치료비 지원
입양아동 자아성장 지원서비스	집단 예술치료, 미술·놀이치료, 연기·노래 등을 통한 자기감정 표현·공연
유리드믹스	음악을 통한 영아의 사물인지와 오감발달, 부모-자녀 간 정서적 교류, 애착관계 극대화

자조모임	입양가족 간 친목 도모 및 정보 교류, 지역별 자조모임 운영, 멘토, 멘티 형성으로 현실적인 지지관계 형성, 가족캠프, 청소년캠프, 야유회 등
사후상담 및 사후방문	입양 삼자 간의 내·외적 문제에 대한 상담서비스 제공, 입양 후 가족과 아동의 애착형성 및 아동의 신체, 심리, 정서적 적응 상태 파악 등을 위한 가정방문 실시
사례관리	문제를 가진 국내입양인 및 입양가족을 위해 사례관리 실시
친생부모 찾기 및 기타 사후서비스	친생부모 찾기 및 입양확인서 등의 서류업무, 입양배경정보상담 등 사후상담서비스
친생부모 관리	입양 후 친생부모의 심리적 안정 및 사회복귀 지원, 개별상담, 전문상담, 수시전화 상담

출처 : 보건복지부, 중앙입양원(2017). 입양실무매뉴얼, pp. 38-39.

셋째, 입양아동의 양육수당과 의료급여를 실시하고 있다. 2017년 5월에 개정된 「입양특례법」에 의해 양육보조금 등의 범위에 장애아동 등 입양아동의 진료·상담·재활 및 치료에 드는 비용을 지원해 주고 있다. 즉, 「의료급여법」과 「국민건강보험법」에 따라 의료급여, 요양급여 또는 요양비에 대한 본인부담금을 지급하고 있다. 입양가족은 제외되며, 「입양특례법」에 의해 입양된 만 18세 미만 아동이 대상이나 만 20세 미만의 중·고교 재학생도 포함되며 지원내용은 1종 의료급여이다. 이 외에도 입양정보공개제도 원칙에 따라 입양인이 친생부모를 찾기 원하면 가족 찾기 서비스를 제공하고 있다.

국외입양 아동을 위한 사후서비스로는 국적취득 지원, 「입양특례법 시행령」 제5조(사후서비스 제공)에 의해 국외입양인 모국방문사업, 모국어 연수 지원, 모국에 관한 자료 제공, 친생부모 찾기 사업과 「입양특례법」 제36조에 따른 입양정보 공개제도에 관한 홍보, 국적 회복 지원, 국외로 입양된 아동(성년이 된 경우를 포함한다)을 위한 상담 등이 시행되고 있다. 이와 관련된 구체적인 내용은 <표 11-8>과 같다.

표 11-8 양육수당 지급과 장애아동 양육보조금 및 의료비

지원유형	양육수당	장애아동 양육보조금 및 의료비
지급 대상	• 「입양특례법」상 허가를 받은 입양기관에 의해 아동을 국내 입양한 가정 ※ 입양특례법에 의해 입양된 아동이 이후 민법에 의해 다른 가정에 재입양된 경우도 지급대상	• 「입양특례법」상 허가를 받은 입양기관에 의해 입양된 장애아동을 국내 입양한 가정 • 장애아동 유형(시행령 제7조) - 입양 당시 「장애인복지법」 제32조 제1항에 따라 장애인 등록을 한 아동 - 분만 시 조산, 체중미달, 분만장애, 유전 등으로 인한 질환을 앓고 있는 아동 ※ 완치된 경우, 지급 중단 - 입양 당시에는 장애 또는 의료적 문제가 없었으나 선천적 요인 등으로 인해 장애 또는 질환이 발생한 아동 - 기타 양육지원이 필요하다고 인정하는 가정에 입양된 아동
지급 방법	• 입양아동이 만 16세가 될 때까지 정기적으로 지급하는 수당 • 매달 20일, 15만 원 지급(지급일이 토, 공휴일인 경우 그 전일에 지급) • 장애아동은 양육보조금과 동시에 지급 가능	• 만 18세까지 지원, 중지일이 속하는 달의 급여 전액 지급 • 고등학교에 재학 중일 때에는 만 18세를 초과하더라도 졸업 시까지 지원 가능 • 양육보조금 : 중증장애인 627천 원, 경증장애인 등 그 외 지원대상 551천 원 • 의료비 : 연간 260만 원 한도 내에서 본인이 부담한 진료, 상담, 재활 및 치료에 소요되는 비용(급여 및 비급여 부분 포함) • 그 밖에 필요한 양육보조금으로 보건복지부장관이 정하여 고시하는 비용

출처 : 보건복지부, 중앙입양원(2017). 입양실무매뉴얼, pp. 41-43 재구성.

5) 입양의 문제점과 과제

(1) 입양의 문제점

입양아동의 행복을 위해서는 아동문제의 발생을 예방하는 것이 중요하다. 이를 위해 입양아동에 관한 문제점을 살펴보고자 한다.

첫째, 입양에 대한 사회·문화적 편견이다. 이로 인해 일반적으로 공개입양보다는 비밀입양을 선호하게 된다. 비밀입양은 정당한 혼인관계를 가진 부모에게 태어났다는 지위를 부여해, 사회 편견에서 아동을 보호할 수 있다는 인식이 팽배하다. 그러나 비밀입양은 입양된 아동에게 긍정적인 영향보다는 부정적인 영향을 미칠 가능성이 있으며, 입양아동이 성장하면서 입양 사실을 알게 되면서 자신에 대한 정체성과 부모에 대한 불신으로 인해 갈등을 겪기도 한다. 특히 우리나라의 혈연 중심적 가치 및 입양과 입양아동에 대한 편견은 입양을 주저하게 만드는 큰 요인이 되고 있다. 따라서 이러한 편견은 국내입양을 활성화하는 데 있어 사회·문화적으로 장애가 될 뿐만 아니라 걸림돌이 될 수 있는 가능성이 있다.

둘째, 입양 비용 및 양육비가 적절하게 지원되어야 한다. 국내 입양지정기관을 제외한 전문입양기관의 경우 입양 전 아동양육비를 국고보조 없이 자체적으로 부담하고 있다. 따라서 입양 시 부모에게 아동양육비를 전액 상환하도록 하게 함으로써 양부모에게 가중한 부담을 주고 있다. 이러한 부담으로 인해 실제 입양을 꺼리는 경우도 발생할 수 있다.

셋째, 불법입양이 성행하고 있다. 입양은 입양기관에 의해 이루어져야 함을 명시하고 있으나, 국가의 관리소홀로 입양기관을 통하지 않는 불법입양이 행해지고 있다. 따라서 기관입양보다 독자적인 입양 비율이 높은 것이 현 상황이다. 이로 인해 아동에 대한 불법매매 등 다양한 사회적 문제가 야기되고 있다. 그러므로 이러한 불법입양은 아동의 복지와 더불어 아동의 인권이 무시되고, 행복하게 성장할 수 있는 천부적인 권리가 침해되는 요인으로 작용할 수 있다.

넷째, 입양아동의 심리·정서적인 문제가 도출될 수 있다. 입양아동은 6세 정도부터 출산과 입양의 차이를 이해하기 시작하며, 자신에게 양부모와 친부모 혹은 두 가족이 있다는 사실을 수용해야 하는 상황을 경험한다. 이로 인해 입양아동은 정서적인 문제 및 심리적인 갈등과 더불어 추후 사회적인 관계에서도 다양한 문제가 유발될 수 있다. 그러므로 입양아동에게 심리·정서적인 문제를 해결할 수 있는 프로그램이 필요하다.

다섯째, 법적 보장이 미흡하다. 현행 입양특례법에서는 입양 후 1년이 경과하여야만 양부모에게 법적 권리가 주어지고 있어 90%가 비밀보장을 원하는 양부모의 입장에서는 입양을 결정하는 데 어려움이 있다. 따라서 입양특례법에 대한 검토가 필요하며, 법적 보장을 강화할 필요가 있다.

(2) 입양의 과제

입양은 아동중심으로 이루어져야 한다. 즉, 가족이 없는 아동에게 가정을 마련해 주고 그 가정 안에서 전인적인 인격체로 성장할 수 있도록 도와주어야 하며, 입양아동에 대한 인식은 개선되어야 한다. 따라서 입양이 아동 중심으로 이루어지기 위해 우리나라의 입양 문제와 관련된 과제를 제시하면 다음과 같다.

첫째, 입양대상아동의 발생을 예방하는 사회적 노력이 필요하다. 현재 입양대상아동의 발생원인이 주로 경제적 이유로 아동을 포기하는 친생부모와 미혼모의 자녀, 결손가정의 자녀, 기아로 나타나고 있다. 따라서 이들에 대한 양육지원이 시급하다. 특히 미혼모의 발생 예방을 위한 성교육과 피임교육이 학교 교육과정에서 연령과 성별, 학력에 맞게 적절히 실시되어야 한다. 더불어 미혼모 단독가구에 대한 경제적인 지원책 등도 고려해야 할 것이다.

둘째, 입양에 대한 인식 개선이 선행되어야 한다. 사회·문화적으로 오래 내려온 입양에 대한 편견이나 오해에 대한 인식을 개선하기 위해서는 국가적인 정책이 요구된다. 정부는 입양에 대한 부정적인 인식을 개선하기 위하여 성인들을 대상으로 하는 교육과 더불어 유아기부터 입양에 대한 교육 내용을 시행하는 것이 필요하다. 또한 불법으로 입양이 이루어지기보다는 입양 전문기관을 통해 진행되도록 국가적인 차원에서 시스템을 구축하고 동시에 불법입양 예방을 위한 지역사회 홍보와 더불어 처벌 규정을 강화하여야 한다.

셋째, 공개입양에 대한 홍보와 정책이 시행되어야 한다. 일반적으로 비밀입양은 입양에 대해 자연스럽고 일반적인 사실로 받아들이기보다는 부정적인 요소를 내포하고 있어 입양문화에 걸림돌이 되고 있다. 현재 대부분의 입양은 공개입양으로 변화되고 있는 추세로 어떠한 상황에서 입양되었다 할지라도 공개입양에 대한 긍정적인 문화가 형성될 수 있도록 정책적인 방안이 마련되어야 한다.

넷째, 입양가정에 대한 지원이 강화되어야 한다. 정부는 입양부모들에게 입양에 필요한 비용을 면제시켜 주거나 최소한으로 부담할 수 있도록 하여 경비 때문에 입양을 망설이거나 포기하지 않도록 지원해 주어야 한다. 그리고 입양아동의 양육에 대한 부담을 경감시켜 주어야 한다. 현재 입양아의 경우, 고등학교 수업료를 면제해 주고 있으며, 입양아동이 만 16세가 될 때까지 15만 원의 양육수당이 지급되고 있다. 그리고 장애아동의 경우 양육보조금 및 의료비를 만 18세까지 지원하지만 중증장애인와 경증장애인 등 그 외 지원대상에 대해 차등지급을 하고 있다. 그러나 이러한 지원은 입양가정에 현실적으로 별로 도움이 되지 않는다. 특히 장애아동의 입양을 활성화시키기 위해서는 재활치료에 대한 지속적인 지원을 비롯하여 특수 보조 장비 등에 대한 보조 등 다양한 지원이 연령 제한 없이 이루어져야 한다. 따라서 입양가정에 지급되는 양육보조금은 물가 상승률을 고려해 지급할 필요가 있으며, 양육 시 필요한 경비에 대한 실제적이고 현실적인 지원이 바람직하다.

다섯째, 입양에 대한 사전교육 및 사후서비스가 실시되어야 한다. 입양가정은 가족의 역동성이 출생이 아닌 입양이라는 과정에 의해 영향을 받는다는 점에서 일반가정과 차이가 있다. 따라서 예비입양부모 및 입양부모를 대상으로 입양의 의미와 입양가정의 특수성을 이해하고, 입양 후 적절하게 적응할 수 있도록 하는 교육이 반드시 필요하며, 입양기관에서 1년 동안만 사후관리를 제공하는 것에 대해서도 기간연장이 고려되어야 한다. 특히 입양 후 적응에 대한 문제 및 여러 가지 어려움이 발생하였을 경우 이를 해결할 수 있는 전반적인 지원체계가 이루어도록 하며, 입양부모들이 서로의 애로점을 공유할 수 있는 자조모임을 활성화할 수 있도록 방안을 만들어야 한다.

여섯째, 입양 전·후 상담할 수 있는 기관을 전문화해야 한다. 입양 관련 서비스를 해주는 기관에서는 입양을 원하는 가정을 적극적으로 돕기 위해 입양 전·후 상담을 해줄 수 있는 전문 부서를 설치해야 한다. 그에 따라 입양부모들이 입양자녀를 양육하면서 생기는 의문점이나 어려운 점들을 전문적으로 상담해 줄 수 있어야 한다.

2. 가정위탁보호 아동의 권리와 복지

1) 가정위탁보호의 이해

(1) 가정위탁보호의 개념

가정위탁보호는 친부모가 친권을 포기해야 하는 입양제도와는 달리 일차적으로 아동이 친가정으로 복귀되도록 하며, 시설에서 성장하거나 소년소녀가장으로서 방치되는 일이 발생하지 않도록 하는 것이다. 가정위탁에 대해 「아동복지법」 제3조 제6호의 정의를 보면 "가정위탁"이란 보호대상아동의 보호를 위하여 성범죄, 가정폭력, 아동학대, 정신질환 등의 전력이 없는 보건복지부령으로 정하는 기준에 적합한 가정에 보호대상아동을 일정 기간 위탁하는 것을 말한다고 명시하고 있다. 즉, 가정위탁보호란 아동이 가정 내외의 여러 가지 요인, 예를 들어 부모의 사망이나 실직, 질병, 학대, 방임, 알코올중독, 약물중독, 수감 등으로 친가정에서 정상적으로 양육될 수 없을 때 일정 기간 동안 다른 가정에서 아동을 보호양육하며 친가정이 정상화되어 가족기능을 회복할 수 있도록 지원하는 전문적인 가정지원서비스이다(사회과학백과). 특히 2세 미만 보호대상아동은 가정에 우선적으로 위탁될 수 있도록 하여 영아기부터 안정적으로 성장할 수 있도록 해야 하며, 가정위탁보호는 영구보호가 아니므로, 계획된 기간 설정이 필요하다. 따라서 가정위탁보호 사업은 전문기관에서 보호가 필요한 아동과 위탁부모에게 계속적인 책임을 갖고 개입하는 보호역할을 하고 있다.

프레드릭센(Fredericksen)과 카두신(Kadushin) 등은 "아동은 누구에게나 건전하게 키워질 권리가 있으며, 정상적인 가정생활을 누릴 수 있는 권리와 부모의 보호를 받을 권리가 있고, 아동에게 이를 누리게 해야 한다"고 하였다. 또한 베일리(Bayler), 피아제(Piaget), 에릭슨(Erikson) 등은 "어렸을 때 결정적인 시기에 가정의 안락함을 경험하지 못하고 성장하면 지적 · 신체적으로 결함을 가져오기 쉽다"라고 명시하면서 가정에서의 보호를 강조하였다(가정위탁보호 현황보고서, 2016 : 17 재인용). 따라서 가정위탁보호는 요보호아동이 발생될 경우 가정보호가 먼저 이루어지도록 지원하는 것이다. 즉, 요보호아동을 양육하기를 원하는 가정에 아동을 위탁함으로써 건강한 민주시민으로 성장할 수 있도록 양육하게 하고, 가정적인 분위기에서 건전한 사회인으로 성장할 수 있도록 지원하는 목적을 기반으로 한다.

(2) 가정위탁보호 아동의 발생원인

가정위탁보호 아동의 발생원인을 살펴보면 가정의 기능에서 살펴볼 수 있다. 가정 안에서 친가정과 친부모는 아동이 최선의 발달을 할 수 있도록 보호하고 그 기능을 담당한다. 그러나 가정 내·외의 부모의 사망이나 실직, 질병, 학대, 방임, 알코올중독, 약물중독, 수감 등 여러 가지 사정으로 인해 자신이 태어난 가정과 친부모로부터 일정 기간 동안 떨어져야 할 상황이 생기는 경우가 증가하게 되었다. 이러한 아동이 발생할 때 전에는 시설수용보호에서 주로 서비스가 제공되어 왔으나 집단생활로 인해 많은 문제점들이 발생했으며, 시설병이라는 현상이 나타나 결국 아동의 인권을 심각하게 침해하는 결과가 일어났었다.

이에 정부는 이러한 문제를 해결하기 위해 1970년대부터 가정위탁사업을 권장했으나 예산부족과 사람들의 인식부족으로 인해 활성화되지 못했고, 2000년도부터 2002년도까지 3년 동안 아동건전육성사업이 본격적으로 실시가 되면서 가정위탁보호사업이 활발하게 진행되었다(가정위탁보호 현황보고서, 2016 : 9). 또한 이를 아동복지사업 지침에 명시함으로써 가정위탁사업이 체계적으로 시행될 수 있는 기본방향을 제시하였다.

(3) 가정위탁보호의 유형

가정위탁보호의 유형은 위탁가정 형태에 따라 일반가정위탁, 친인척가정위탁, 대리양육가정위탁으로 분류할 수 있다.

첫째, 일반가정에 의한 위탁은 아동과 혈연관계가 전혀 없는 일반가정의 위탁을 말한다. 아동과 위탁부모 간의 관계와 상호 부합 정도가 위탁가정의 선정과 성공적인 가정위탁을 위해 중요하다.

둘째, 친인척이 위탁하는 경우는 조부모를 제외한 친인척에 의한 양육으로 친인척의 경제적인 능력과 관계없이 위탁아동을 선정하여 양육할 수 있다.

셋째, 대리양육은 부모가 아닌 부양의무자에 의한 양육을 의미하며 생활능력이 없는 조부모가 아동을 양육하는 경우 아동의 보호를 대리양육가정으로 선정하고 아동양육을 위한 양육비를 지원할 수 있다(보건복지부, 중앙가정위탁지원센터, 2016 : 7).

2) 가정위탁보호의 요소

가정위탁보호를 하기 위한 요소는 위탁아동, 위탁부모, 친부모, 가정위탁지원센터로 구분할 수 있으며 가정위탁보호의 4주체는 <표 11-9>와 같다. 그리고 가정위탁보호대상아동은 「아동복지법」 제3조 제4호에 명시되어 있으며, 가정위탁보호를 하기 위해서는 「아동복지법 시행규칙」 제2조에 규정되어 있는 선정기준에 적합해야 한다. 위탁대상 아동 및 가정의 선정기준은 <표 11-10>과 같다.

표 11-9 가정위탁보호의 4주체

주 체	내 용
위탁아동	보호가 필요한 아동 중 가정위탁으로 보호 조치된 아동
위탁부모(가정)	일정 기간 동안 친가정의 역할을 대신해 위탁아동을 보호, 양육하여 친가정 복귀를 돕는 가정
친부모(가정)	위탁아동의 친권을 가지고 있는 부모이며 아동의 정상적인 보호 양육이 어려워 일정 기간 가정위탁보호를 요청한 가정
가정위탁지원센터	시·도의 가정위탁보호 업무를 지원, 협력하여, 위탁아동이 건전하고 안정적인 가정 내에서 보호, 양육되도록 지원하는 기관 • 위탁 후 3개월 이내 원가족 복귀계획 수립 및 지원 • 아동 연령별·영역별 자립기술평가 및 자립지원 프로그램 진행 • 만 15세 이상 아동에 대한 자립기술평가 및 자립지원계획 수립 • 자립지원 관련 현황 시스템 입력 및 지방자치단체 보고 • 자립정착금 사용계획서 작성 지원 및 사후관리 • 보호종료 후 5년 이내 아동 사후관리 ※ 위기대상은 중앙 및 시·도 전담기관 연계

출처 : 보건복지부, 중앙가정위탁지원센터(2016). 가정위탁보호 현황보고서, 보건복지부(2017). 아동복지 분야 사업안내, p. 213(www.bokjiro.go.kr) 재구성.

표 11-10 위탁대상 아동 및 가정의 선정기준

대상아동(「아동복지법」 제3조)	위탁가정의 기준(아동복지법 시행규칙」 제2조)
"보호대상아동"이란 보호자가 없거나 보호자로부터 이탈된 아동 또는 보호자가 아동을 학대하는 경우 등 그 보호자가 아동을 양육하기에 적당하지 아니하거나 양육할 능력이 없는 경우의 아동을 말한다(「아동복지법」 제3조). • 부모의 질병, 가출, 실직, 수감, 사망 등으로 보호가 필요한 아동 • 아동학대 및 방임 등 분리보호가 필요한 아동 • 독립적인 가구를 구성하면서 생활하고 있는 미성년의 소년소녀가정세대(보건복지부, 중앙가정위탁지원센터, 2016 : 6)	제2조(위탁가정의 기준) 「아동복지법」(이하 "법"이라 한다) 제3조 제6호에서 "보건복지부령으로 정하는 기준"이란 다음 각 호의 기준을 말한다. 1. 위탁된 보호대상아동(이하 "위탁아동"이라 한다)을 양육하기에 적합한 수준의 소득이 있을 것 2. 위탁아동에 대하여 종교의 자유를 인정하고 건전한 사회 구성원으로 자랄 수 있도록 양육과 교육을 할 수 있을 것 3. 가정위탁보호를 하려는 사람은 25세 이상(부부인 경우에는 부부 모두 25세 이상)으로서 위탁아동과의 나이 차이가 60세 미만일 것. 다만, 특별시장·광역시장·도지사·특별자치도지사(이하 "시·도지사"라 한다) 또는 시장·군수·구청장(자치구의 구청장을 말한다. 이하 같다)이 위탁아동을 건전하게 양육하기에 위탁가정의 환경이 적합하다고 인정하는 경우에는 그러하지 아니하다. 4. 자녀가 없거나 자녀(18세 이상인 자녀는 제외한다)의 수가 위탁아동을 포함하여 4명 이내일 것 5. 가정에 성범죄, 가정폭력, 아동학대, 정신질환 등의 전력이 있는 사람이 없을 것 6. 그 밖에 보건복지부장관이 필요하다고 인정하는 기준

출처 : 보건복지부, 중앙가정위탁지원센터(2016). 가정위탁보호 현황보고서, p. 6.

3) 가정위탁보호 아동의 현황 및 실태

가정위탁보호 아동의 현황을 살펴보면 2003년에 7,565명에서 2009년에 16,608명, 2010년은 16,359명, 2015년에는 11,077으로 점차 감소한 것으로 나타났다(보건복지부, 2016 : 1). 위탁가정 유형은 대리양육가정위탁, 친인척가정위탁, 일반가정위탁의 유형으로 분류되고 있다. 위탁유형별 비율의 변화를 살펴보면, 2010년에는 대리양육위탁 아동이 10,865명(66.4%), 친인척위탁 아동은 4,371명(26.7%), 일반위탁 아동은 1,123명(6.9%)으로 대리양육위탁 아동의 수는 약 3배 정도 증가했다. 2015년도 말에는 대리양육위탁 아동이 9,127명, 친인척위탁 아동은 3,556명, 일반위탁 아동이 1,045명으로 점차 감소한 것으로 나타났다(가정위탁보호 현황보고서, 2016 : 1). 2017년 3월 가정위탁 아동은 대리양육위탁 아동이 7,937명, 친인척위탁 아동이 3,099명, 일반위탁 아동이 929명으로 총 11,965명이 가정위탁되고 있는 것으로 나타났다(가정위탁통합전산시스템 기준). 또한 전체 위탁 아동 중 일반위탁 부모의 비율이 6.9%에 머물러 일반위탁 부모를 양성할 수 있는 방안이 요구되고 있다.

4) 가정위탁보호 아동의 권리와 복지서비스

(1) 가정위탁보호 아동의 권리

가정위탁보호 아동은 「아동복지법」 제16조(보호대상아동의 퇴소조치 등)와 「아동복지법 시행령」 제22조(보호기간의 연장)에 따라 법적으로 보호받을 수 있는 권리가 명시되어 있다. 즉, 「아동복지법」 제16조 제1항에 근거하여 보호대상아동의 연령이 18세에 달하였거나, 보호 목적이 달성되었다고 인정되면 해당 시・도지사, 시장・군수・구청장은 대통령령으로 정하는 절차와 방법에 따라 그 보호 중인 아동의 보호조치를 종료하거나 해당 시설에서 퇴소시켜야 한다고 규정되어 있다. 그러나 「아동복지법」 제16조 제1항에도 불구하고 동법 제15조에 따라 보호조치 중인 아동이 다음의 사례 중 하나에 해당하면 시・도지사, 시장・군수・구청장은 2018년 3월부터 18세 이상인 경우에도 위탁보호기간을 연장할 수 있다.

첫째, 대학 이하의 학교(대학원은 제외한다)에 재학 중인 경우

둘째, 제52조 제1항 제1호의 아동양육시설 또는 「근로자직업능력 개발법」 제2조 제3호 따른 직업능력개발훈련시설에서 직업 관련 교육・훈련을 받고 있는 경우

셋째, 그 밖에 위탁가정 및 각종 아동복지시설에서 해당 아동을 계속하여 보호・양육할 필요가 있다고 대통령령으로 정하는 경우

"대통령령으로 정하는 경우"란 다음 각 호의 어느 하나에 해당하는 경우를 말한다(「아동복지법 시행령」 제22조).

- 20세 미만인 사람으로서 「학원의 설립 · 운영 및 과외교습에 관한 법률」에 따라 등록된 학원에서 교육을 받고 있는 경우
- 시 · 도지사 또는 시장 · 군수 · 구청장이 보호대상아동의 장애 · 질병 등을 이유로 보호기간 연장을 요청하는 경우
- 25세 미만이고 지능지수가 71 이상 84 이하인 사람으로서 자립 능력이 부족한 경우
- 취업이나 그 밖의 사유를 이유로 보호대상아동이 보호기간 연장을 요청하여 1년 이내의 범위에서 보호기간을 연장하는 경우

(2) 가정위탁보호 아동의 복지서비스

가정위탁보호 아동과 위탁보호가정은 양육보조금을 비롯하여 다양한 복지서비스를 받을 수 있다. 특히 가정위탁 아동의 보호 종료 시 만 18~24세 이하는 자립지원시설 및 자립생활관을 이용할 수 있다. 그리고 만 20세까지 무이자로 전세주택지원이 가능하며, 만 20세 이후는 연 1~2%의 이자를 부담하되, 2년마다 최대 3회 재계약을 할 수 있다. 더불어 자립을 지원하기 위한 자립역량강화교육 등을 받을 수 있다. 그리고 위탁보호가정을 위해서는 전세자금 대출을 비롯하여 위탁아동에 대한 소득공제 등의 지원을 하고 있다. 가정위탁보호 아동의 주요 복지서비스는 <표 11－11>과 같고, 위탁보호가정의 복지서비스는 <표 11－12>와 같다.

표 11–11 가정위탁보호 아동의 복지서비스

지원유형	내 용
양육보조금	• 매월 20일 지급되고 지원액은 아동 1인당 월 15만 원 이상을 권고하고 있으나 지방자치단체에 따라 현재 월 12~15만 원이 지급되고 있음
국민기초생활보장법에 의한 생계비(수급비)	• 가정위탁보호 및 기초생활수급권은 동시에 책정하도록 되어 있으며, 급여 관리 제외 대상임
상해보험료	• 1인당 연 65천 원 이내에서 지원되며, 보험담보는 위탁아동의 후유장해, 입원 · 통원 의료비 등 지원 * 만 18세 이상(고등학교 재학 중인 아동은 제외)은 지원대상이 아님

심리치료비	• 심리정서치료비는 월 20만 원 이내, 심리검사비는 1회만 20만 원이 지급되고, 치료 시 교통비가 월 2만 원 이내에서 지급 * 만 18세 이상(고등학교 재학 중인 아동은 제외)은 지원대상이 아님
디딤씨앗통장	• 국가(지방자치단체)에서 일대일로 지원하는 정부매칭 지원금으로 아동이 매월 일정 금액을 저축하면 월 4만 원까지 같은 금액을 적립해 줌 • 정부매칭 지원은 만 0~18세 미만까지이지만, 만 24세까지 적립 가능
자립지원정착금	• 아동 1인당 5,000천 원 이상 지급되며, 만 18세 이상의 가정위탁보호 종결아동이 대상이나 연장보호 종결아동도 포함됨 • 일부 시·도에서는 보호 종료아동에게 대학등록금, 장학금, 전세자금 등을 지원하고 있음
대학입학금지원	• 1인당 3,000천 원 이상 지급 권고(한국장학재단 장학금과 중복지원은 안 되며, 한국장학재단 장학금을 제외한 금액만 지급)
자립지원 프로그램	• 보호 종료예정아동을 위한 자립교육 및 3박 4일간의 자립체험교육훈련(고2~보호연장아동), 자립선배 전수교육(바람개비서포터즈), 중·고등학생을 대상으로 한 2박 3일의 자립준비캠프(나의 꿈을 찾는 숲속 힐링교실) 등

출처 : 보건복지부, 중앙가정위탁지원센터(2016). 가정위탁보호 현황보고서, pp. 14-16

표 11-12 위탁보호가정의 복지서비스

지원유형	내 용
양육비 지원	• 전문가정위탁 : 가정위탁보호 신청 아동 중 "만 2세 이하 아동" 또는 "시·군·구청장이 전문적이고, 특별한 보살핌이 필요하다고 인정하는 경우"에 전문가정위탁보호로 책정 가능 * 전문위탁부모의 자격 : 일반위탁부모의 선정요건을 충족하고, 가정위탁지원센터의 전문위탁교육 과정을 이수한 사람으로서, 여러 가지(가정위탁부모 경험이 3년 이상인 자, 사회복지사, 보육교사, 교사, 의료인, 청소년 상담사, 심리치료 경력이 3년 이상인 자)의 자격 중 한 가지 이상 갖춘 자 * 양육수당 지급 : 매월 30만 원 이상 양육수당을 지급 권고(단, 아동의 연령이 만 2세를 초과하는 경우, 그 밖에 전문가정위탁보호의 목적을 달성하여 보호조치의 변경이 필요하다고 인정하는 경우 종료) • 일시가정위탁 : "시·군·구청장은 아동복지법 제15조 제4항에 따라 보호대상아동에 대한 긴급보호조치로 최대 15일(필요한 경우 1회 연장 가능), 일시가정위탁 보호조치를 할 수 있음 * 비용은 일시가정위탁보호 결정일로부터 예산 범위 내 보호일 수를 산정하여 위탁부모에게 지급(보건복지부, 중앙가정위탁지원센터, 2016 : 6)
상해보험료	• 1인당 연 65천 원 이내에서 지원되며, 위탁부모 1명을 지원하고, 보험담보는 부양자 1인의 후유장해 지원

전세자금 대출	• 대리양육, 친인척위탁가정만 대상이며, 가구당 월평균 소득은 2016년도 도시근로자 가구당 월평균 이하로서 무주택이어야 함 • 임차전용면적 85㎡ 이하인 주택으로 대출이 가능해야 하며, 일반주택 전세자금 대출 및 공공임대주택의 임대보증금을 지원함 • 대출한도는 일반주택의 경우 수도권 8,000만 원, 광역시 6,000만 원, 그 밖의 지역은 5,000만 원임
위탁아동 소득공제	• 「아동복지법」에 의해 가정위탁을 받아 해당 기간에 6개월 이상 직접 양육한 만 18세 미만의 위탁아동만 해당됨 * 연말정산 시 위탁아동 양육에 대해 1인당 150만 원 기본공제
부모교육	• 예비위탁부모교육 – 위탁양육을 희망하는 모든 예비위탁부모는 4시간의 교육을 이수해야 하며, 대리양육 및 친인척에 의한 위탁가정의 경우는 가정위탁 후 6개월 이내에 교육 이수 가능 • 위탁부모보수교육 – 현재 위탁아동을 보호하고 있는 부모로 연 1회 4시간의 교육을 이수해야 함 • 친부모교육 및 상담 – 위탁아동의 친부모 및 부양 의무자로 연 6회 이상 상담 및 교육을 이수해야 함 * 위탁부모교육은 의무사항임

출처 : 보건복지부, 중앙가정위탁지원센터(2016). 가정위탁보호 현황보고서, pp. 14-16.

5) 가정위탁보호사업의 문제점과 과제

(1) 가정위탁보호사업의 문제점

아동이 가정 안에서 행복하고 건강하게 성장하기 위해 해결되어야 할 가정위탁보호사업의 문제점을 살펴보고자 한다.

첫째, 가정 보호에 대한 문제이다. 가정위탁사업은 '일시적인 보호' 개념에도 불구하고 우리나라와 같이 혈통을 중시하는 문화적 배경에서는 아동복지에 대한 이해 부족으로 가정 보호적 문제를 해결하기 어렵다. 일정 기간 내에 원가정으로 귀가나 입양 조치 등이 취해지지 못하는 경우가 많기 때문에 아동들이 느끼는 박탈감, 고독감, 대인관계에서 오는 정서적 결합의 결여감에 대해 해소할 수 있는 방안을 마련해야 한다.

둘째, 위탁 수의 부족의 문제이다. 가정위탁 보호대상아동들은 일반적으로 빈곤, 실직, 학대, 미혼모의 자녀 등 요보호 대상아동들이 대부분으로 아동 수가 증가한 데 비해 위탁가정의 수는 현실적으로 부족하여 서비스를 받지 못한 상황이 발생한다.

셋째, 위탁가정의 예산부족 문제이다. 위탁보호제도가 시설보호제도에 비하여 경비 측면에서 다소 유리한 장점이 있기는 하나, 이 제도를 효율적으로 운영하기 위해서는 유능한 사회복지사의 전문적 지도와 서비스가 이루어져야 하는데 낮은 예산으로 인해, 전문적인 인력이 부족한 실정이다.

(2) 가정위탁보호사업의 과제

가정위탁보호사업은 2000년부터 아동복지 분야 사업으로 활발하게 실시되고 있으며 많은 관심을 받고 있는 추세이다. 가정위탁보호사업 활성화를 위해 해결해야 할 과제를 살펴보고자 한다.

첫째, 위탁아동 및 위탁가정에 대한 지원을 확대해야 한다. 위탁가정의 부모들이 재정적 부담 없이 아동을 위탁양육할 수 있도록 위탁가정에 대한 재정적 지원을 현실화하여야 많은 가정들이 위탁가정으로 참여할 수 있을 것이다. 또한 지역사회의 지원이 강화될 필요가 있다.

둘째, 가정위탁보호가 필요한 아동에게 적절한 서비스를 제공하려면 위탁가정이 안전하고 편안한 곳이어야 한다. 아동과 원가정, 위탁가정에 대한 통합적 서비스가 필요하다. 위탁가정과 아동의 경우, 위탁가정의 부모나 아동을 위한 심리사회적 지원이 필요하다. 가정위탁보호의 경우 중도 포기로 인한 아동의 잦은 이동, 아동에 대한 방임 및 학대, 부적절한 보호, 아동의 위탁가정 부적응으로 인한 문제가 발생할 수 있다. 따라서 이러한 문제에 대처하기 위해서는 가정위탁지원센터와 지역사회복지관을 중심으로 위탁가정에 대한 사후관리와 전문적 원조 프로그램을 실시해야 한다.

셋째, 다양한 형태의 위탁가정을 확보해야 한다. 위탁가정의 유형에 따른 위탁보호 서비스를 비교한 연구에 의하면 조부모에 의한 대리가정위탁보호나 친인척에 의한 친인척위탁보호의 경우 일반가정보호보다 위탁가정의 사회경제적 여건 등이 열악하며, 위탁보호에 관한 교육이나 지원은 잘 이루어지고 있지 않는 것으로 나타났다. 가정위탁이 다른 시설보다 아동보호를 위해 더 적합한 서비스를 제공하고 보호가 필요한 아동의 욕구에 적합한 다양한 위탁가정이 있어야 한다.

넷째, 가정위탁사업에 대한 홍보 및 교육이 강화되어야 한다. 우리나라에서는 가정위탁보호는 국외입양 전에 아동을 일시적으로 위탁가정에서 보호해야 한다는 것으로 인식되고 있어 가정위탁보호서비스에 대한 인식이 전혀 이루어지지 못하고 있으며 가정위탁조건에서는 위탁모 학력이 비교적 낮은 것(초교 졸업 67%)으로 나타났다(가정위탁보호 현황보고서, 2016 : 120). 따라서 국민들의 인식 향상을 위해 방송, 신문, 인터넷 등을 활용한 지속적이고, 적극적인 홍보가 필요하며 또한 위탁부모에 대한 철저한 교육이 필요하다. 특히 신체적·정신적 장애를 가진 아동을 위탁보호할 수 있도록 위탁부모가 지식과 기술을 갖추도록 지속적인 교육과 사후관리가 필요하며, 한국수양부모협회와 같은 위탁부모 자조집단의 활성화를 통해 위탁부모 상호 간의 정보 교류와 지지·협력체계를 구성할 수 있도록 하여야 한다.

다섯째, 가정위탁지원센터의 활성화 및 전문인력 확보가 필요하다. 위탁아동의 선정부터 사후관리까지 가정위탁보호사업 전반에 걸친 매뉴얼을 개발할 필요가 있으며, 전국의 가정위탁지원센터 간 정보교환 및 다양한 사례를 통합 관리할 수 있도록 전산정보 시스템을 구축할 필요가 있다. 또한 친부모에게는 위탁아동과 재결합할 수 있도록 원가정의 문제를 해결하고, 회복하는 데 필요한 사회복지서비스가 제공되어야 한다. 현재 친부모에 대한 복지서비스가 제대로 이루어지지 않아 위탁아동이 친부모와 재결합한 후 또다시 위탁의뢰되거나, 시설에 입소하는 사례가 빈번히 발생하고 있다. 친부모에게도 위탁기간 동안 위탁아동과의 접촉, 위탁부모와의 관계 등에 대한 정보와 교육을 제공할 필요가 있다.

요점정리

1. 입양아동의 권리와 복지
   1) 입양아동의 이해
      (1) 입양의 개념 – 입양(adoption)은 생물학적인 과정을 통해서가 아니라 법적 · 사회적 관계에 의해서 부모 – 자녀의 친자관계를 맺게 하는 행위
      (2) 입양아동의 발생원인 – 입양은 인간에게 있어 유전과 같은 선천적인 조건보다는 환경, 교육, 애정 어린 보호 등 후천적인 조건이 인간을 결정하는 요인
      (3) 입양의 유형 – 일반입양, 친양자, 기관입양, 국제입양으로 분류되어 있음
   2) 입양의 요건 – 혼인 중이며, 결혼한 지 3년이 경과된 부부 25세 이상으로서 입양아동과의 연령차이가 60세 이내, 자녀의 동의가 필요, 부모로서 충분한 경제 · 정서적 지원과 사랑으로 양육할 수 있는 부부
   3) 입양아동의 현황 및 실태 – 우리나라 입양아동의 동향은 사회적 관념이나 인식의 변화, 정부의 지원 및 「입양특례법」 등이 개정되고 있어 국내입양이 점차 증가하고 있는 추세
   4) 입양아동의 권리와 복지서비스
      (1) 입양아동의 권리 – 양자(養子)가 되는 아동의 권익과 복지를 증진하는 것을 목적으로 한다고 규정
      (2) 입양아동의 복지서비스 – 양육보조수당을 비롯하여 수업료 및 입학금 면제, 입양아동 의료급여 및 장애아동에 대해 무료진료 등이 있음
   5) 입양의 문제점과 과제
      (1) 입양의 문제점 – 입양에 대한 사회 · 문화적 편견, 입양 비용 및 양육비가 적절하게 지원되어야 함, 불법입양이 성행하고 있음, 입양아동의 심리 · 정서적인 문제가 도출될 수 있음
      (2) 입양의 과제 – 입양대상아동의 발생을 예방하는 사회적 노력이 필요함, 입양에 대한 인식 개선이 선행, 공개입양에 대한 홍보와 정책이 시행되어야 함, 입양가정에 대한 지원이 강화, 입양에 대한 사전교육 및 사후서비스가 실시되어야 함, 입양 전 · 후 상담할 수 있는 기관을 전문화해야 함

2. 가정위탁보호 아동의 권리와 복지
   1) 가정위탁보호의 이해
      (1) 가정위탁보호의 개념 – 친가정에서 정상적으로 양육될 수 없을 때 일정 기간 동안 다른 가정에서 아동을 보호양육하며 친가정이 정상화되어 가족기능을 회복할 수 있도록 지원하는 전문적인 가정지원서비스

(2) 가정위탁보호 아동의 발생원인 – 가정의 기능에서 살펴볼 수 있음
(3) 가정위탁보호의 유형 – 대리양육, 친인척, 일반으로 분류할 수 있음
2) 가정위탁보호의 요소 – 위탁아동, 위탁부모, 친부모, 가정위탁지원센터로 구분
3) 가정위탁보호 아동의 현황 및 실태 – 가정위탁보호 아동 수가 점차 감소
4) 가정위탁보호 아동의 권리와 복지서비스
(1) 가정위탁보호 아동의 권리 – 법적으로 보호받을 수 있는 권리가 명시
(2) 가정위탁보호 아동의 복지서비스 – 가정위탁보호 아동과 위탁보호가정은 양육보조금을 비롯하여 다양한 복지서비스를 받을 수 있음
5) 가정위탁보호사업의 문제점과 과제
(1) 가정위탁보호사업의 문제점 – 가정위탁보호사업이 영구적인 보호가 되고 있음. 가정위탁보호 대상아동들은 일반적으로 빈곤, 실직, 학대, 미혼모의 자녀 등 요보호 대상아동들이 대부분. 낮은 예산으로 인해 전문적인 인력이 부족한 실정
(2) 가정위탁보호사업의 과제 – 위탁아동 및 위탁가정에 대한 지원을 확대, 위탁가정이 안전하고 편안한 곳이어야 함. 다양한 형태의 위탁가정을 확보, 가정위탁보호사업에 대한 홍보 및 교육의 강화, 가정위탁보호사업에 대한 홍보 및 교육의 강화

Quiz

1. 혈연적으로 친자관계가 없는 사람 사이에 법률적으로 친자관계를 맺는 신분행위를 지칭하는 용어는? (　　　　　　)

2. 입양아동의 양육수당은 몇 세까지 지원되는가? (　　　　　)

3. 아동이 친가정에서 정상적으로 양육될 수 없을 때 일정 기간 동안 다른 가정에서 보호양육하도록 지원하는 서비스는? (　　　　　　)

4. 가정위탁보호사업이 아동복지 분야 사업으로 활발하게 전개된 연도는? (　　　　)
① 1970　　② 1980　　③ 1990　　④ 2000

생각 나누기

1. 입양에 대해 자신의 의견을 제시하고 토론해 보시오.
2. 입양에 대한 문제점과 과제에 대해 토론해 보시오.
3. 가정위탁보호사업에 대한 문제점과 과제에 대해 토론해 보시오.

참고문헌

국가법령정보센터. 「입양특례법」.

국가법령정보센터. 「입양특례법 시행령」.

공계순, 박현선, 오승환, 이상균, 이현주(2013). **아동복지론**. 서울 : 학지사.

보건복지부(2016). 2016 입양사업안내.

보건복지부(2016). 유엔아동권리위원회 국가보고서 최종권고사항.

보건복지부(2017). 아동분야 사업안내(아동정책과).

보건복지부(2017). 보도자료. 보건복지부.

보건복지부, 중앙가정위탁지원센터(2016). 가정위탁 업무 안내서(공무원용). 보건복지부, 중앙가정위탁지원센터.

보건복지부, 중앙입양원(2017). 입양실무매뉴얼. 보건복지부, 중앙입양원.

중앙가정위탁지원센터(2016). 2015 가정위탁보호 현황보고서. 중앙가정위탁지원센터.

국회법률지식정보시스템. likms.assembly.go.kr/law

보건복지부 위탁 중앙가정위탁지원센터. www.fostercare.or.kr

유니세프한국위원회. www.unicef.or.kr/event/20081119/event.asp

중앙입양원. www.kadoption.or.kr/adoption/adoption_hague.jsp

한국입양홍보회. www.mpak.co.kr

CHAPTER 12

시설아동의 권리와 복지

모든 아동은 기본적으로 가정에서 태어나고 성장해야 한다. 그러나 가족의 여러 가지 문제로 아동이 원가정이나 대리가정에서 적절하게 보호 및 양육 받기가 불가능할 때가 있다. 이러한 경우, 아동들은 시설이라는 공간에서 종사자들의 돌봄과 도움의 서비스를 제공받으며 생활하게 된다. 시설보호는 대리적 서비스이자 시설아동의 인권과 권리를 보장할 수 있어야 한다.

이 장에서는 시설아동에 대한 기본적인 개념과 더불어 시설아동에 대한 현황 파악, 시설아동의 권리 및 복지서비스 실태를 파악하고자 한다. 그리고 이를 바탕으로 시설아동복지의 문제점과 과제를 제시하고자 한다.

마인드맵

■ 시설아동의 권리와 복지

- 시설아동의 개념
- 시설아동의 발생원인
- 시설아동의 특성

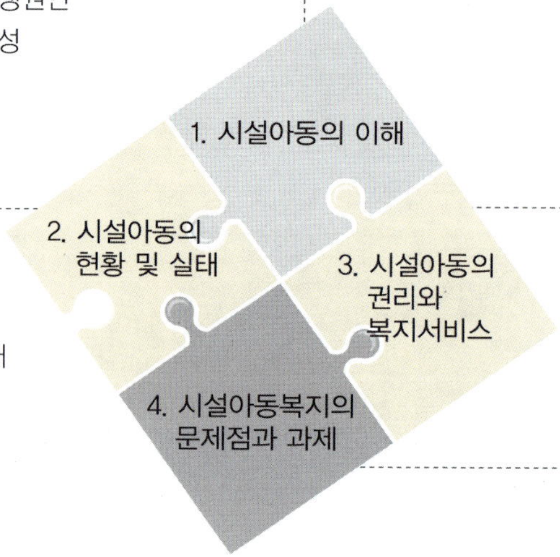

- 시설아동의 현황 및 실태

- 시설아동의 권리
- 아동복지시설의 유형 및 서비스

- 시설아동복지의 문제점
- 시설아동복지의 과제

학습목표

1. 시설아동의 개념을 정의할 수 있다.
2. 시설아동의 현황을 제시할 수 있다.
3. 시설아동의 권리에 대해 설명할 수 있다.
4. 시설아동에게 제공되는 복지서비스를 제시할 수 있다.
5. 시설아동복지의 문제점을 파악하여 설명할 수 있다.

주요용어

- **아동복지시설** : 아동의 상담 · 지도 · 치료 · 양육, 그 밖에 아동의 복지를 위한 시설
- **보호자** : 친권자, 후견인, 아동을 보호 · 양육 · 교육하거나 그러한 의무가 있는 자 또는 업무 · 고용 등의 관계로 사실상 아동을 보호 · 감독하는 자(「아동복지법」 제5조, 「아동복지법」 제3조 제3호)
- **보호대상아동** : 보호자가 없거나 보호자로부터 이탈된 아동 또는 보호자가 아동을 학대하는 경우 등 그 보호자가 아동을 양육하기에 적당하지 아니하거나 양육할 능력이 없는 경우의 아동(「아동복지법」 제3조 제4호)
- **아동복지시설 종사자** : 아동복지시설에서 아동의 상담 · 지도 · 치료 · 양육, 그 밖에 아동의 복지에 관한 업무를 담당하는 사람(「아동복지법」 제3조 제11호)

사례

아동복지시설 내 아동학대 감시·처벌 강화된다

-'인권보호단' 신설 등 아동보호실태 상시 감시체계 구축키로-

지난해 부천 새소망의 집 사건에 이어 올해 구로 오류마을, 여주 우리집 사건 등 최근까지도 아동복지시설 내 학대문제가 끊이질 않고 있다. 이에 정부가 아동복지시설 인권보호단을 신설하는 등 아동학대 대응 강화에 나섰다. 지난 24일 보건복지부를 비롯한 법무부, 교육부, 여성가족부, 경찰청 등 15개 부처 장(차)관이 참석한 가운데 제2차 사회관계장관회의를 개최해, 관계부처합동 '아동복지시설 취약아동 보호 강화 방안'을 확정했다. 이에 따라 정부는 아동복지시설 취약아동 보호 강화를 위해 크게 다섯 가지 방안을 마련했다.

▪ '인권보호관' 신설 등 상시 감시체계 확대

먼저 아동학대를 사전에 예방하고, 아동학대가 조기에 발견될 수 있도록 아동복지시설에 대한 외부 감시시스템을 대폭 확충한다. 특히 '아동복지시설 인권보호관'을 신설하는 방안이 마련됐다. 아동복지시설 인권보호관은 아동위원 등 약 300명으로 구성돼 아동양육시설별로 각 1명씩 배치된다.

▪ 내부 신고 활성화 위한 제도 개선 추진

내부의 공익 신고를 활성화하기 위한 방안도 마련된다. 우선 내부 신고자 보호를 위해 수사·재판 과정에서 가명 조서를 활용하도록 하고, 신고자에 대한 불이익 조치 시 관련 법률에 의한 처벌(최대 징역 2년 또는 2,000만 원 이하 벌금) 이외에도 시설장 교체 등 처분도 병행할 수 있도록 제도를 개선할 방침이다.

▪ '원스트라이크 아웃제' 등 처분 기준 강화

영유아보육법 등 타 사례를 참고해 시설장·종사자 등 결격 사유를 구체적으로 제도화하여, 성폭행·폭력 전과자 등 학대 위험이 높은 대상에 대한 취업 제한을 강화할 계획이다. 또한 학대가해 종사자 및 시설에 대한 처분도 강화해 '원스트라이크 아웃제'를 시행한다. 이에 따라 정부는 시설장·종사자가 시설 내 아동을 학대한 경우 강력사건에 준하여 수사하고, 가중처벌(1/2 범위 내)하는 등 강화된 사건 처리 기준에 따라 엄정하게 대응할 방침이다. 이와 함께 아동학대 행위자가 사실상 현업에서 배제될 수 있도록 취업 제한 기간을 현행 10년에서 최대 20년까지 확대하고, 종사자 채용 시 아동학대 전력 확인 여부 등에 대한 점검도 강화한다.

▪ 시설 내 아동학대 예방 위한 교육·홍보 실시

우선 시설장·종사자 등에 대한 교육을 강화해 국가인권위원회 인권강사 및 아동보호전문기관·경찰 등 전문인력을 활용, 상·하반기 연 2회로 실시한다. 아울러 서비스 질 향상·학대 위험

요소 최소화를 위해 '시설보호 아동용 양육 매뉴얼'을 개발하고, 정신건강센터와 연계한 정서·심리 지원도 강화하기로 했다. 시설 내 아동 간 성폭행·폭력을 예방하기 위한 교육 등도 강화한다.

■ **학대피해 아동의 신속한 보호조치 실시**

학대 사례 확인 시 해당 종사자 및 피해아동을 즉시 분리(직위해제 등)하고, 시설 내 모든 아동·부모에 대한 상담을 통해 희망하는 경우 원가정 복귀 또는 타 시설 전원 등 조치도 병행토록 할 예정이다. 특히 성폭행·폭행 피해아동에 대해서는 성폭력피해자 보호시설(30개소), 해바라기센터(37개소) 등 관련 기관과 연계해 집중적·통합적 서비스를 제공받을 수 있도록 한다. 이와 더불어 일선 공무원들이 필요한 조치를 신속하고 일관성 있게 집행할 수 있도록 '아동복지시설 학대 대응 매뉴얼'도 마련하기로 했다.

출처 : 쿠키뉴스(2017. 2. 25).

1. 시설아동의 이해

1) 시설아동의 개념

시설아동은 만 18세 미만의 보호를 필요로 하는 아동, 보호자가 없거나 보호자로부터 이탈된 아동, 보호자가 아동을 학대하는 등 아동을 양육하기에 부적당하거나, 양육할 능력이 없는 경우의 아동을 말한다(서울특별시아동복지센터, 2017. child.seoul.go.kr).

「아동복지법」 제3조에 따라 시설아동은 '18세 미만의 자로 보호자가 없거나 보호자로부터 이탈된 아동 또는 보호자가 아동을 학대하는 경우 등 그 보호자가 아동을 양육하기에 부적당하거나 양육할 능력이 없는 경우의 아동'을 말한다. 보건복지부(2017)는 시설에 대해 특별한 보호가 필요한 요보호아동이 가족 및 사회의 일원으로서 육체적·정신적으로 건강하게 성장·발달할 수 있도록 보호, 지원하여 그들의 건전 육성을 도모하는 개념으로 정의하고 있다. 현재 시설에 입소하는 아동은 보호자가 없거나 보호자로부터 이탈된 아동, 보호자로부터 학대받은 아동, 보호자의 학대로 아동보호전문기관에 신고되어 동 기관이 시·도지사 또는 시·군·구청장에게 보호조치를 의뢰한 아동으로 이들을 보호하고 있다(보건복지부, 2017 : 139). 시설보호사업은 혈연적으로 무관한 아동들이 혈연적으로 무관한 성인의 보호 아래 24시간 함께 거주하여 「아동복지법」, 「국민기초생활보장법」, 「의료급여법」에 근거하여 서비스를 제공하고 있다. 시설에서는 이들을 보호하고 의료 및 다양한 서비스를 제공하면서 가족으로 복귀시키는 데 노력을 하고 있다.

프레드릭센(Hazel Frederiksen)은 시설보호가 필요한 아동을 <표 12-1>과 같이 설명하였다.

표 12-1 시설보호가 필요한 아동

	내 용
시설보호가 필요한 아동	부모의 질병이나 가족의 파탄 혹은 이혼 등의 이유로 부모로부터 격리되어야 하는 상황이지만 부모 외에 타인과 유대를 이루지 못할 여러 이유로 가정위탁보호를 할 수 없는 아동
	신체가 심하게 부자유스러워 부모가 양육하기 어려운 아동
	문화실조나 정서장애 등의 치료과정에서 집단적인 생활경험이 필요한 아동
	성장과정에서 장애를 일으킨 아동으로서, 특수학교 교육도 불가능하여 시설에서의 보호와 수용이 필요한 아동
	사회 전체에 나쁘게 영향을 끼칠 비행 아동이나 범죄 아동
	이전에 같이 생활하던 위탁가정으로부터 크게 실망하였거나 매우 깊은 상처를 입어 가족생활이 적합하지 않은 아동
	원래의 가족이나 위탁가정으로부터 이탈한 청소년 등

출처 : 김연진(2015). 아동복지론, p. 435.

2) 시설아동의 발생원인

시설아동이 발생하게 된 배경은 대한민국 정부수립 이후 한국전쟁을 거치면서 빈곤과 전쟁으로 인한 의식주 문제를 해결하면서 시작되었으며, 당시 시설아동은 부모님을 잃거나 갈 곳이 없는 아동이 대다수였다.

1970년대 이후에는 산업화·도시화가 본격적으로 진행되면서 가족의 본질적인 기능이 급격하게 약화되기 시작했다. 이로 인해 가족해체 현상의 증가로 요보호아동이 급증하였다.

최근에는 기아와 미아의 비중보다 부모의 이혼과 가출, 빈곤, 정신질환과 같은 가족의 기능상 문제로 연고자가 있음에도 불구하고 아동복지시설의 보호를 받는 아동이 많은 실정이다(김수지, 2016 : 47). '2016년 요보호아동 발생 및 조치 현황' 자료에서는 시설에 입소한 아동들 중 부모의 이혼으로 온 경우가 1,070명으로 가장 많았으며, 미혼모 출산으로 시설로 온 아동은 930명으로 나타났다(중앙가정위탁지원센터, 2015 : 3). 2015년 전까지 시설아동 발생 원인의 1, 2위는 미혼모 가정 아동과 이혼가정 아동이 많았으나, 2015년에는 처음으로 학대피해 아동이 가장 많았다(중앙가정위탁센터, 2015 : 4). 미혼모 가정이나 이혼가정 아동 중 직접 아이를 기르는 사례가 많아지면서 시설아동수가 점차 줄어들며, 학대 피해로 발생한 시설아동은 점차 증가하는 것으로 나타났다(서울뉴스, 2016. 8. 21). 또한 2012년도에 발표한 「입양특례법」이 시행되면서 베이비박스에 버려지는 아동이 급증하였다. 보건복지부가 발표한 2016년 '보건복지통계연보'에 따르면 입양아동의 권리를 보호하기 위해 출생신고를 의무화하고, 양부모의 자격 규정이 강화되면서 베이비박스에 버려지는 아동은 2012년 79건, 2013년 252건, 2016년 278건으로 증가하였다(보건복지통계연보, 2016). 입양은 출생신고로 성인이 되어서 부모를 찾을 수 있지만 베이비박스로 들어온 아이는 출생신고를 하지 않았기 때문에 시설에서 단독적으로 출생신고를 하여 친부모를 찾을 수가 없다. 서울시 가정위탁지원센터는 "베이비박스의 경우 불법시설물이지만, 2016년 베이비박스에 맡겨지는 아동이 월평균 3명에서 7명으로 두 배 이상 증가하고 있는 실정"이라고 하였다(미디어펜, 2017. 10. 22).

시설은 단순한 수용보호 차원을 넘어 아동들이 입소 이전에 가졌던 문제를 치료하여 아동의 발달적 욕구를 충족시키고 사회생활에 잘 적응시키는 것을 목적으로 하고 있으나(장인협, 오정수, 2000 : 399), 아동복지시설의 대부분은 양육기능에만 치우쳐 있고 양육기능과 치료기능을 담당할 인력이 부족하여 입소 이전에 가졌던 문제를 해결하는 데 어려움을 가지고 있다. 입소 초기에 아동들은 개별화된 계획과 개입이 이루어지지 못하고 집단으로 들어와 이전의 문제와 더불어 새로운 환경에 대한 적응과제를 더 안게 되어, 아동은 여러 가지 상처와 문제를 가지고 살아가는 경우가 대부분이다.

3) 시설아동의 특성

시설아동은 어린 시절 부모로부터 유기를 경험하여 자신을 남에게 환영받지 못하는 존재로 인식하는 경향이 있다. 또한 타인이 보이는 관심이나 인정에 대하여 민감하게 반응하고 자기에 대한 평가를 스스로 하기보다는 타인을 평가하는 자신의 모습에 연연해한다(위현주, 2016 : 8 재인용). 시설아동은 정서적 불안정, 낮은 자존감, 신체적・인지적・사회적 발달지체가 나타나며, 이러한 부정적 특성은 아동 자신의 문제라기보다는 시설아동이 경험하는 특별한 상황과 환경에 그 원인이 있다(이순자 외, 2015 : 299). 시설에서 생활하면 적은 수의 종사자 인원이 많은 아동을 관리해야 하므로 사생활 보호가 요구되며 규칙적이고 획일화될 수밖에 없다.

스피츠(Spitz)에 의하면 '시설병'은 건강한 아동이 시설에서 장기간 생활하게 되면 겪게 되는 심각한 현상이라고 하였으며, 정서불안, 파괴적인 행동, 게으름 등이 시설에 장기간 머무를 때 나올 수 있다고 하였다(최성은, 2013 : 23). 또한 주의가 산만하고 지나치게 활동적인 면을 보이며 감정분화가 제대로 이루어지지 않아 타인과 심리적으로 긴밀한 유대관계를 맺지 못한다고 한다(나은숙 외, 2007 : 18). 다른 사람과 접촉을 두려워하고 정서적으로 불안정하여, 결단력이 약하고 제한된 경제생활로 인하여 물질적 욕구가 강한 편이다(도미향 외, 2009).

시설아동은 일반아동에 비해 언어발달, 인지기능 지체, 학업성취의 지체가 더 많이 나타났고 사회적 기술, 정서조망 능력, 자기역량 지각에서 낮은 수준을 보였다. 또한 또래관계를 비롯한 사회적 관계 형성에 어려움이 나타났다. 학업성취 지체와 정서장애의 경우 어릴 때 시설에 수용될수록 그 정도가 더 심하고 남아가 여아보다 더 많으며, 소극적 아동이 적극적 아동보다 더 민감하게 상처를 받는다고 하였다(표갑수, 2010 : 232 재인용). 볼킨드(Wolkind, 1974)는 시설에서 유년기를 5년 또는 그 이상의 기간을 보낸 아동과 같은 기간을 일반가정에서 성장한 아동을 비교했을 때 일반가정의 아동은 18%가 사회부적응을 보였으며 시설아동은 34%가 사회부적응을 보여 약 두 배에 달한다고 보고하였다(정은주 외, 2010 : 23 재인용). 또한 시설아동은 일반아동에 비해 사회적 지지기반이 약하여 자신에 대해 부정적으로 사고하며, 부정적 자아개념이 형성될 가능성이 높다고 하였다(정은아, 2015 : 21 재인용).

노혜련과 장전순(1998)이 정리한 시설아동의 특성을 몇 가지 살펴보면 다음과 같다. 첫째, 시설보호아동은 부모와의 분리로 심리사회적 문제를 안고 있다. 둘째, 시설보호아동은 일반가정과 다른 시설에 수용됨으로써 사회적 낙인으로 인해 낮은 자아 개념을 가질 수 있다. 셋째, 시설의 여건상 보육사 1인이 담당하는 아동 수가 많아 아동의 개별적 욕구 충족이 어렵다. 넷째, 열악한 근무조건으로 보육사의 이직이 많아 보호하고 양육하는 데 어려움이 있다. 다섯째, 집단생활을 하게 되므로 유연성과 개성의 상실을 초래할 가능성이 있다(노혜련, 장정순, 1998 : 49).

위에서 살펴본 바와 같이 시설아동은 환경에 부적절함을 경험하고 시설의 특수한 상황에서 일반가정의 아동에 비해 심리사회적 문제와 적응상의 많은 어려움을 겪고 있음을 알 수 있다.

2. 시설아동의 현황 및 실태

시설보호아동의 현황을 살펴보면 1985년부터 2010년까지 아동복지시설 수는 거의 변화가 없었으나, 보호아동 수는 1985년 25,424명에서 2010년 17,121명으로 약 30% 감소하였다(보건복지통계연보, 2016 : 2). 2016년 말 아동복지시설은 281개소이며, 양육시설이 243개, 자립지원시설이 12개, 일시보호시설이 12개, 보호치료시설이 11개 순으로 양육시설이 가장 많으며, 아동보호 인원에서는 양육시설 보호아동이 12,448명으로 가장 많은 것으로 나타났다(보건복지부, 2017 : 1).

시설에서 보호받는 아동은 2016년 말 1만 3,689명으로 취학아동은 초등학생이 가장 많은 것으로 나타났다. 2015년도 14,001명보다 시설에서 보호받는 아동이 줄어들었다. 아동복지시설의 수용인원은 30명에서 200명까지 다양하며, 200명 이상을 수용하는 대규모 시설이 3개가 있다. 아동복지시설 보호아동 현황은 <표 12－2>와 같고, 아동복지시설 보호아동의 취학 현황은 <표 12-3>, 아동복지시설의 정·현원 현황은 <표 12-4>와 같다.

표 12-2 아동복지시설 보호아동 현황

구분	계(현원)		양육시설		보호치료시설		자립지원시설		일시보호시설		종합시설		아동상담소	전용시설	개인양육시설	
	시설	인원	시설	인원	시설	인원	시설	인원	시설	인원	시설	인원			시설	인원
계	281	13,689	243	12,448	11	485	12	230	12	356	3	170	5	5	17	132

출처 : 보건복지부(2017). 아동복지시설 현황, p. 1.

표 12-3 아동복지시설 보호아동 취학 현황

취학아동								
계	미취학		초등재	중재	고재	대재	기타
	0~3세 미만	3~6세 미만					
13,689	1,389	1,850	3,291	2,719	3,291	673	476

출처 : 보건복지부(2017). 아동복지시설 현황, p. 2.

표 12-4 아동복지시설의 정·현원

구분	계(현원)		양육시설		보호치료시설		자립지원시설		일시보호시설		종합시설	
	정원	현원	정원	현원	정원	현원	정원	현원	정원	현원	정원	현원
계	18,222	13,689	16,188	12,448	643	485	367	230	799	356	225	170

출처 : 보건복지부(2017). 아동복지시설 현황, p. 3.

3. 시설아동의 권리와 복지서비스

1) 시설아동의 권리

OECD에 가입한 선진국이라고 할 수 있는 우리나라에서 상대적으로 아동복지에 대한 관심도 적고 아동복지시설에 대한 지원도 매우 부족하여 시설아동들의 인권보호 수준은 미흡한 것이 우리의 현실이다. 시설아동들은 일반적으로 신체, 언어, 인지는 물론 사회·정서 발달 수준에 어려움을 가지고 있다. 따라서 아동 및 어른의 인식 수준을 높이고 유엔아동권리협약 준거인 아동 최우선의 관점에 따라 우리나라 아동이 처한 현실을 삶의 모든 영역에서 진단하고 개선방안을 모색하고 실천하는 노력이 시급하다. 가정에서 보호를 받지 못하는 아동에 관한 아동권리의 내용은 <표 12-5>와 같다.

표 12-5 가정에서 보호를 받지 못하는 아동에 관한 아동권리협약

☞ 아동권리협약 제20조(가정의 보호를 받지 못하는 아동)
① 일시적 또는 항구적으로 가정환경을 박탈당하거나 가정환경에 있는 것이 허용될 수 없는 아동은 국가로부터 특별한 보호와 원조를 부여받을 권리가 있다.
② 당사국은 법에 따라 이러한 아동을 위한 보호의 대안을 확보하여야 한다. 이 경우 아동 양육에 있어 계속성의 보장이 바람직하다.

☞ **유엔아동권리위원회 권고** : 아동보호제도에 관한 지침(2009년 유엔총회 결의안)을 충분히 고려할 것, 아동보호제도에 대한 체계적·정기적 평가, 부모와의 연락 유지 지원, 아동보호제도 내 학대 대응

출처 : 보건복지부(2017). 2017년 1차 아동정책 기본계획, p. 73.

우리나라는 유엔아동권리협약 가입(1991년) 후 협약 이행상황에 대한 국가보고서 제출 및 위원회 권고 등의 과정을 거치면서 생존·보호·발달·참여 등 아동권리 보장 기반을 넓혀 왔으나, 유엔아동권리협약의 기본이념 및 관련 규정이 국내법적 효력을 충분히 발휘하지 못하는 상황이다(보건복지부, 2017 : 11). 2017년 아동복지시설 인권실천에 관한 내용은 <표 12-6>과 같다.

표 12-6 아동복지시설 인권실천

- 아동시설은 아동이 가정, 학교, 사회로부터 침해받아 온 인권을 보호해야 하며, 인권교육 실시를 통한 아동의 인권의식 강화를 비롯해 모든 프로그램에 있어 아동권리를 실현할 수 있도록 노력해야 함. 또한 아동시설 내에서 인권보호 및 실현에 대한 제도를 갖추어야 함
- 아동인권교육은 아동이 자신의 인권이 무엇인지 알고 아동 스스로 하나의 인격체로 존중받으며 성장할 수 있는 권리의 행사를 위하여 아동 본인들에게 그들의 권리를 알게 하는 교육이 이루어져야 하고, 권리교육은 아동이 직접 참여할 수 있는 다양한 방법을 통해 이루어져야 함
- 종사자는 아동의 인권보호자로서 인권과 인권보호에 관한 교육을 받아야 함. 아동의 인권교육을 위한 프로그램을 기획하고 인권교육을 직접 실행하므로 인권교육 방법에 대한 교육도 받아야 함. 교육을 통해 아동시설 내에서는 혹시 발생할 수 있는 종사자에 의한 아동에 대한 체벌, 성학대 등 인권침해상황을 예방하도록 함
- 아동의 일반적 권리, 권리보장 및 실현을 위한 노력, 권리 침해 시 호소경로 장치 등 아동의 권리에 관한 세부사항을 명시해서 문서화해야 하며, 아동 인권규정은 아동은 물론 보호자에게도 문서로 전달하여 아동 인권보장을 위해 함께 노력해야 하고, 아동시설 내에서 인권침해 사실이 발생한 경우 어떤 경로를 통해 호소하여 구제받을 수 있는지도 반드시 알려주어야 함

출처 : 보건복지부(2017). 2017년 아동분야 사업안내, p. 198.

2) 아동복지시설의 유형 및 서비스

(1) 아동복지시설의 유형

1961년 「아동복리법」이 제정되면서 아동복지시설의 종류는 보육시설, 아동상담소, 정신지체시설, 조산시설, 신체허약아보호시설, 맹농아양호시설, 아동휴양시설, 부랑아보호시설, 교호시설, 소년직업보도시설, 지체부자유아보호시설, 모자보호시설이 규정됨으로써 시설들이 법적 체계를 갖추었으며, 「생활보호법(1960)」의 제정으로 아동보호사업이 시설 중심에서 거택보호로 확대되고 아동문제 특성에 따른 시설의 분류가 이루어졌다. 또한 「사회복지사업법(1970)」에서는 사회복지종사자의 자격제도 규정을 두고 사회복지법인에 대해 일정 비율 이상의 자격증소지자를 채용하도록 하여 아동복지시설의 서비스 전문화를 시도하였다.

1981년 「아동복리법」이 「아동복지법」으로 전면 개정되면서 「심신장애자복지법(1981)」 제정이 되었으며 아동복지시설에서 장애인시설이 분리되어 장애아동의 보호 및 복지서비스가 제도적으로 시행되었다. 개정된 「아동복지법」에서는 아동복지시설을 영아

시설, 아동상담소, 육아시설, 아동일시보호시설, 아동직업보도시설, 조산시설, 아동전용시설, 교호시설, 아동입양위탁시설, 정서장애아시설, 자립지원시설 등 11개로 분류하였으며, 단순한 양육기능에서 아동들의 상담 및 보호, 발달문제, 여가, 비행 및 퇴소문제 등 다양해진 아동욕구에 대응한 시설로 기능이 발달하였다.

1990년 초에는 시설입소아동들이 감소하다가 1997년 외환위기에 의해 급속한 가정해체 및 위기가정이 증가하게 되었다. 정부는 해체위기가정에 대해 한시적 생계보호를 제공하면서 부모가 있는 가정의 경우에도 시설보호를 이용할 수 있도록 하였다. 또한 단기보호 및 유료보호서비스를 개설함으로써 지역의 문제에 대응해 왔다. 한편 1990년대 중반부터 시작된 각 지방자치단체의 구조조정의 여파로 시・군・구의 별정직 아동복지지도원이 근무하던 공립아동상담소가 13개소에서 3개소로 감소하였다. 이로 인해 아동복지 공공전달체계로서의 기능이 축소되었으며 요보호아동의 가정조사 및 상담과정이 생략됨으로써 입・퇴소과정이 서류에 의한 행정조치로 이루어지는 등(아동복지계 아동담당) 아동복지 전달체계의 전문성이 크게 약화되었다.

2000년 「아동복지법」 개정에서는 아동권리 부분이 반영되면서 아동의 법적 권리가 확대되었다. 아동학대에 관한 법률이 추가되면서 아동보호전문기관이 신설되었고, 2003년 이후부터 가정위탁지원센터 설치되면서 공동생활가정, 지역아동센터가 시설종류에 추가되었다. 아동복지서비스는 시설아동 중심의 보호에서 가정 및 지역사회 보호로의 확대에 초점을 두고 아동의 권리 측면에서 선택권과 보호권을 강조하고 있다.

2016년 「아동복지법」 개정에서는 아동이 태어난 가정에서 건강하게 성장할 수 있도록 지원(원가정보호원칙)하고, 학대피해 등으로 보호가 필요한 아동에 대한 지방자치단체의 보호조치(지방자치단체장에게만 아동의 귀가조치 권한을 부여)를 강화하고 있다. 개정내용을 살펴보면 아동 관련 정책의 효율화 도모, 아동보호의 강화, 아동 보호기관 및 시설의 기능강화로 대별할 수 있다. 특히 개정법에서 아동복지의 실현을 '원가정 보호'에 두면서, 아동보호를 위한 조치의 마련과 제도 개선에 중점을 두고 있다(보건복지부, 2017 : 189).

오늘날에는 여러 가지 원인들로 양육을 거부당하는 아동들이 많이 발생되고 있다. 그러나 지금의 아동복지시설 체계로는 보호기능을 제대로 할 수 없으며, 요보호아동의 요구에 부응하는 아동복지 전문기관으로서 서비스를 줄 수 있는 시설로 변화되기까지 오랜 시간이 걸릴 것이다. 「아동복지법」 제52조 제1항에 규정된 아동복지시설의 유형은 <표 12-7>과 같다.

표 12-7 아동복지시설의 유형

구분	아동복지시설의 종류	내 용
생활시설	아동양육시설	보호대상아동을 입소시켜 보호, 양육 및 취업훈련, 자립지원 서비스 등을 제공하는 것을 목적으로 하는 시설
	아동일시보호시설	보호대상아동을 일시보호하고 아동에 대한 향후의 양육대책 수립 및 보호조치를 행하는 것을 목적으로 하는 시설
	아동보호치료시설	아동에게 보호 및 치료 서비스를 제공하는 다음 각 목의 시설 가. 불량행위를 하거나 불량행위를 할 우려가 있는 아동으로서 보호자가 없거나 친권자나 후견인이 입소를 신청한 아동 또는 가정법원, 지방법원소년부 지원에서 보호위탁된 19세 미만인 사람을 입소시켜 치료와 선도를 통하여 건전한 사회인으로 육성하는 것을 목적으로 하는 시설 나. 정서적·행동적 장애로 인하여 어려움을 겪고 있는 아동 또는 학대로 인하여 부모로부터 일시 격리되어 치료받을 필요가 있는 아동을 보호·치료하는 시설
	공동생활가정	보호대상아동에게 가정과 같은 주거여건과 보호, 양육, 자립지원 서비스를 제공하는 것을 목적으로 하는 시설
	자립지원시설	아동복지시설에서 퇴소한 사람에게 취업준비기간 또는 취업 후 일정 기간 동안 보호함으로써 자립을 지원하는 것을 목적으로 하는 시설
이용시설	아동상담소	아동과 그 가족의 문제에 관한 상담, 치료, 예방 및 연구 등을 목적으로 하는 시설
	아동전용시설	어린이공원, 어린이놀이터, 아동회관, 체육·연극·영화·과학실험전시 시설, 아동휴게숙박시설, 야영장 등 아동에게 건전한 놀이·오락, 그 밖의 각종 편의를 제공하여 심신의 건강유지와 복지증진에 필요한 서비스를 제공하는 것을 목적으로 하는 시설
	지역아동센터	지역사회 아동의 보호·교육, 건전한 놀이와 오락의 제공, 보호자와 지역사회의 연계 등 아동의 건전 육성을 위하여 종합적인 아동복지서비스를 제공하는 시설
	아동보호전문기관	
	가정위탁지원센터	

출처 : 보건복지부(2017). 「아동복지법」 제52조 제1항. www.law.go.kr

아동복지시설 중 특히 공동생활가정은 요보호아동에게 가정과 같은 안락한 환경을 제공해 주고 아동의 특성에 적절한 서비스를 제공할 수 있다는 측면에서 다양한 장점이 있다. 즉, 지역사회 내에서 또래들과 유대관계를 형성할 수 있을 뿐만 아니라 사회적응력에도 도움을 주며, 아동의 개별적인 잠재능력과 특성을 최대한 고려하여 자립지원대책을 수립할 수 있다.

공동생활가정 유형은 단기보호, 치료보호, 장기보호가 있으며, 공동생활가정 운영매뉴얼에 따라 각종 프로그램이 운영되고 있다. 공동생활가정의 유형은 <표 12-8>과 같고, 공동생활가정 운영 프로그램의 내용은 <표 12-9>와 같다.

표 12-8 공동생활가정의 유형

유 형	대상아동	입주기간
단기보호	경제적 위기 또는 부부의 갈등이나 별거, 수감 및 아동학대 등으로 인해 보호자 또는 친인척이 함께 거주할 수 없는 아동	1년 원칙, 1년 단위로 연장 가능
치료보호	시설보호에 적응하지 못하거나 약간의 정서적 문제 등으로 인하여 시설보호에 적합하지 않은 아동	
장기보호	기존의 소년소녀가정 또는 시설에서 보호 중인 아동 및 장기보호가 필요한 아동	18세 미만까지 가능

출처 : 보건복지부. www.mohw.go.kr

표 12-9 공동생활가정 운영 프로그램

영 역	프로그램
아동·청소년의 자립능력 향상	• 아동·청소년의 발달론적 관점에서의 특성 이해 • 아동의 특성과 능력에 맞는 개별화된 서비스 제공 - 아동의 강점을 이해하고 과제 해결 중심 접근 • 아동의 학령에 맞는 개별적인 연차적 자립 계획 수립 - 매년 아동의 욕구를 점검하여 수정
원가족과의 관계 회복	• 가족 방문 또는 전화, 문자, 편지, 카드 등 지속적인 관계 유지 노력 연 1회 이상 • 가족참여 프로그램(예 가족캠프 등) 연 1회 이상 실시 • 관련 기관 및 단체 등과 연계하여 부모교육 등 연 1회 이상 실시

학교와 관계 형성	• 학교교사와 정기적이고 지속적인 상담, 정보공유, 학교행사에 참여 - 분기 1회 이상 아동생활 상황에 대해 교류한 기록 보유
지역 내 자원 활용	• 지역 내 드림스타트를 통한 지역 복지자원 적극 활용 • 지역 내 관공서, 민간 자원 등 자원 연계 • 자원봉사 및 후원 기관과 관계 형성

출처 : 보건복지부(2017). 2017년 아동분야 사업안내, p. 135.

아동복지시설의 86%를 차지하고 있는 양육시설은 사회적 보호가 필요한 아동 중 입양, 대리양육, 가정위탁 및 소년소녀가정 등 가정보호를 할 수 없는 아동을 입소시켜 건전한 사회인으로 육성하는 것을 목적으로 하고 있다. 요보호아동이 발생하면 시·군·구의 아동상담소, 아동복지지도원이 해당 아동을 조사·검토하여 대리양육이나 위탁보호가 적합하지 않을 경우, 아동복지시설 입소의 보호조치를 하도록 규정하고 있다(「아동복지법」 제15조). 이 규정에 따라 요보호아동을 아동복지시설에 입소시키고자 할 때는 관할 시·도지사 또는 시장, 군수가 아동복지시설의 장에게 보건복지부령이 정하는 요보호자 수용의뢰서를 교부함으로써 요보호아동이 시설로 배치된다. 또한 아동복지시설의 장이 그 관할구역 안에서 긴급히 보호하여야 할 필요가 있는 요보호아동을 발견할 때는 우선 보호조치하고 그 사유를 시·도지사 또는 시장, 군수에게 보고하여 확인을 받은 후 보호조치를 취해야 한다.

(2) 복지서비스

① 시설보호서비스

시설보호아동에게는 「국민기초생활보장법」에 의한 보장시설 수급자와 동일하게 급여가 제공되고 있으며, 개별 시설에서는 지역사회 내에서 후원자를 발굴하고 자원봉사 인력을 개발하여 시설아동에게 정서적·경제적 후원을 제공하고 있다. 「아동복지법」 제15조(보호조치) 제1항 제4호에 의하면 보호대상아동을 그 보호조치에 적합한 아동복지시설에 입소시키라고 명시되어 있다. 이렇게 입소된 아동복지시설 입소 아동에게는 개인별 지원이 이루어지고 있다. 아동 개인별 지원액 내용은 <표 12-10>과 같다.

표 12-10 아동 개인별 지원액 내용

양육시설	보호치료시설	자립지원시설	일시보호시설
121,700	192,510	79,100	192,510

※ 일시보호시설은 보호치료시설 기준으로 지원하고 일시보호시설에 대한 운영비 지원은 1년 중 가장 많은 아동을 보호하는 월의 아동 수를 기준으로 지원 가능
출처 : 보건복지부(2017). 2017년 아동분야 사업안내, p. 163.

또한 아동복지시설, 공동생활가정, 장애인시설 아동, 가정위탁, 소년소녀가정 아동과 기초생활수급자 가정의 아동이 후원자 또는 보호자의 도움으로 일정액을 저축하면 정부자원으로 같은 금액을 적립해 주어 아동이 만 18세가 된 후 학자금, 주거마련, 의료비 등으로 사용되도록 목돈을 마련해 주는 아동발달지원계좌(CDA : Child Development Account)를 지원하고 있다. 만 18세까지의 기간이 끝나더라도 본인의 적립계좌는 만 24세까지 지속적으로 저축이 가능하다. 2016년도까지는 정부에서 3만 원까지 지원했으나 2017년부터는 4만 원까지 지원을 확대했다. 아동발달지원계좌 내용은 [그림 12-1]과 같다.

[그림 12-1] 아동발달지원계좌
출처 : 복지로 공식 블로그. blog.bokjiro.go.kr/363

아동복지시설에서 제공하고 있는 프로그램 및 서비스 유형은 초기적응 프로그램, 자립준비 프로그램, 퇴소예정아동 자립지원, 아동상담, 예체능 프로그램, 문화활동 프로그램, 학습 프로그램, 캠프 프로그램, 교류 프로그램, 사회적응 프로그램, 성교육 프로그램 등이 있다. 「아동복지법」 제52조에 따른 아동복지시설의 서비스 내용은 <표 12-11>과 같다.

표 12-11 아동복지시설의 서비스 내용

시 설	서비스 내용
아동가정지원	지역사회 아동의 건전한 발달을 위하여 아동, 가정, 지역주민에게 상담, 조언 및 정보를 제공
아동주간보호	부득이한 사유로 가정에서 낮 동안 보호를 받을 수 없는 아동을 대상으로 개별적인 보호와 교육을 통하여 아동의 건전한 성장을 도모
아동전문상담	학교부적응 아동 등을 대상으로 올바른 인격 형성을 위한 상담, 치료 및 학교폭력 예방을 실시
학대아동보호	학대아동의 발견, 보호, 치료 및 아동학대의 예방 등을 전문적으로 실시
공동생활가정	보호대상아동에게 가정과 같은 주거여건과 보호를 제공
방과 후 아동지도	저소득층 아동을 대상으로 방과 후 개별적인 보호와 교육을 통하여 건전한 인격 형성 도모

출처 : 보건복지부(2017). 「아동복지법」 제52조 제3항. www.law.go.kr

② 자립지원서비스

가정위탁 및 시설보호대상 아동의 자립준비 역량강화 및 보호 종료 후 안정적인 사회진출과 자립실현을 위해 자립지원서비스가 제공되고 있다. 「아동복지법」 제39조(자립지원계획의 수립 등) 제1항에는 '가정위탁지원센터의 장 및 아동복지시설의 장은 보호하고 있는 15세 이상의 아동을 대상으로 매년 개별 아동에 대한 자립지원계획을 수립하고, 그 계획을 수행하는 종사자를 대상으로 자립지원에 관한 교육을 실시하여야 한다'고 규정되어 있다. 이에 대한 구체적인 방안은 「아동복지법 시행규칙」 제18조(자립지원계획의 수립)에 동법 제39조 제1항에 따른 자립지원계획에는 다음 각 호의 사항이 포함되어야 한다고 규정하고 있다. 동법 제2항에는 '가정위탁지원센터의 장 및 아동복지시설의 장은 제1항에 따른 자립지원계획을 수립할 때에는 해당 아동의 의견을 존중하여야 하며, 관련 전문가의 의견을 들어야 한다'고 규정하여 보호아동에 대한 권리도 함께 법적으로 보장하고 있다. 자립지원시설 이용기간은 입소 후 3년 이내이며, 특별한 사유가 생기면 시·군·구청장의 승인을 받으며 1년씩 2회 연장이 가능하다.

자립지원서비스를 제공하기 위해 만들어진 아동자립지원사업단이 있으며, 전국적으로 12개 자립지원시설이 운영되고 있다. 이 사업단은 아동복지시설 및 가정위탁 보호를 받고 있는 아동들의 자립준비와 아동의 진학, 주거, 생활, 기술, 취업 등 퇴소준비 및 퇴소 후 위기사례관리를 위해 자립지원 통합관리시스템(DB)을 운영하여 아동복지시설 및 가정위탁 보호아동의 자립지원 현황을 실시간으로 모니터링하고 one-stop 정보제공을 하고 있다.

자립지원표준화 프로그램 "Ready? Action!"은 미취학에서 보호종료 전까지 아동의 단계·학년·수준별로 적정한 교육을 실행하여 보호 종료 후 안정적인 자립생활을 할 수 있도록 지원하는 프로그램을 제공하고 있다. 이 프로그램은 현장 속에서 이루어지는 생활 중심 서비스, 삶을 영위하는 데 필요한 전반적인 기술 습득을 위한 통합적인 서비스, 단계별 프로그램 및 사례관리를 통한 맞춤형 서비스이다. "Ready?"는 미취학~보호종료 전까지를 대비하는 자립준비 프로그램이며, " Action!"은 보호종료 후~자립생활 정착까지의 사례관리·필요 서비스 지원 프로그램이다. 자립지원 단계별 서비스의 내용은 <표 12−12>와 같고, "Ready? Action!" 프로그램의 내용은 <표 12−13>과 같다.

표 12-12 자립지원 단계별 서비스

단계별		서비스 내용
1단계	입소(위탁) 상담	• 원가족 복귀계획 수립
2단계	입소(위탁) 결정 후	• 건강, 정신, 심리, 학습 관련 통합사정 실시
3단계	시설(위탁가정) 적응기간	• 아동복지시설(위탁가정) 적응을 위한 프로그램 운영
4단계	적응기간 경과 후	• 아동복지시설(가정위탁센터)내 사례관리회의 - 자립·건강·심리·학습 등 관계자 참석
5단계	사례관리 회의 후	• 아동별 자립지원서비스 계획 수립 - 1, 4단계의 내용을 반영 - 원가족 유대강화 서비스 포함
6단계	자립지원 통합관리시스템 입력	• 5단계의 아동 자립지원서비스 계획을 보건복지부(아동자립지원단)의 '자립지원 통합관리시스템'에 입력
7단계	자립지원 프로그램 운영	• 연령·수요에 맞추어 자립지원을 위한 프로그램 운영
8단계	자립준비계획 수립 및 운영 (아동복지법 제39조)	• 만 15세부터 보호종료 이후를 대비하여 매년 개인별 자립준비계획을 수립하여 운영 - 진로, 학습, 취업 계획 등 포함

9단계	보호종료 전 점검	• 보호종료가 예정된 아동에 대한 자립준비 점검 - 대학진학, 취업(예정) 유무, 등록금 조달, 주거 마련, 원가족 관계 등
10단계	보호종료	
11단계	사후관리 및 상담	• 보호종료 후 5년까지 안정적 자립정착을 위한 사후관리 및 자립수준 평가 실시

출처 : 보건복지부(2017). 아동분야 사업안내, p. 209.

표 12-13 "Ready? Action!" 프로그램

Ready? 프로그램				
구분 \ 단계별	Level 1	Level 2	Level 3	Level 4
대상자	미취학~초 2	초 3~6년	중 1~3	고 1~보호종료 전
중점 프로그램	기초학습·독서지도, 원가족 유대강화 집단 프로그램	심리·정서 지지체계, 학습지도, 경제교육	진로적성검사, 자립예비사정 및 계획, 체크리스트	자립사정, 취업 및 진학 상담, 체크리스트
Action! 프로그램				
대상자	보호종료 후~자립생활 정착까지			
서비스 지원	• 취업형과 진학형으로 구분 • 상담 및 사후관리 • 긴급생활자금 지원 및 의료지원	• 사회초기적응 및 자립기반 구축 • 진로지도 및 인턴십 프로그램 • 심리정서 지원		

출처 : 보건복지부(2017). 아동분야 사업안내, p. 216.

4. 시설아동복지의 문제점과 과제

1) 시설아동복지의 문제점

사회변동에 따라 가정의 기능이 저하되거나 기능의 결손으로 죽음, 이혼, 가출, 경제적 문제, 사회성 결여, 학대 등 여러 가지 원인들로 인해 보호가 필요한 아동들이 많이 발생되고 있다. 요보호아동 중 39%만이 입양서비스 및 가정위탁보호 등의 가정에서 보호를 받으며 그 외에 61%(1일 입소인원 20명)의 아동들은 집단보호인 아동복지 시설 보호서비스를 받고 있어 아동시설의 역할은 크다고 볼 수 있다(배태순, 2000 : 196). 아동복지시설에 있는 아동들은 정상적인 아동에 비해 신체적 · 지적 · 정서적 · 사회적으로 왜곡될 가능성이 많으며, 시설에서 좋지 못한 경험과 이로 인한 정서장애를 가질 가능성이 많다. 지금의 아동복지시설 체계로는 시설아동들이 스스로 삶의 주체로서의 자신을 인식하지 못하고 긍정적인 사고와 자신을 사랑하는 사람으로 성장할 수 없다. 시설아동복지의 발전을 위해 문제점을 살펴보면 다음과 같다.

첫째, 아동복지시설 환경이다. 우리나라 대부분의 아동복지시설은 대규모 집단생활의 거주형태를 유지하고 있다. 이로 인해 시설아동은 가정과 같은 보호를 받기 어려워 이로 인한 문제점이 많이 발생한다. 최근에 소규모화 지역사회의 개방 등이 많이 논의되고 있지만 정부의 현재의 재원과 종사자의 처우로는 어려운 실정이다.

둘째, 아동복지시설의 직원에 대한 처우가 매우 열악하다. 시설보호의 질을 결정하는 주요요인은 바로 직원의 질이다. 즉, 수준 높은 양질의 직원이 보호를 제공할 때, 시설아동의 삶의 질이 보장될 수 있다. 하지만 아동복지시설의 직원들은 매우 낮은 보수를 받으며 열악한 조건 속에서 근무하고 있다. 시설직원의 보수 수준은 동일업종의 국공립시설 직원의 68%, 특수학교 교사의 57%에 그치며, 2001년 4월부터 3세 미만의 영아시설에서는 2교대 근무제를 실시하고 있으나, 아직까지 대부분의 아동복지시설 직원들은 하루 종일 과다한 업무에 시달리고 있다(보건복지부, 2017 : 160). 보육사의 경우 3세 미만의 아동 3인당 1인, 3~6세의 아동 7인당 1인, 7세 이상의 아동 10인당 1인의 보육사를 배치하도록 법으로 규정하고 있지만, 실제로 국고를 지원하는 기준은 이와 달리 3세 미만의 아동 5인당 1인, 3세 이상의 아동 12인당 1인의 보육사를 지원하고 있다. 또한 생활지도원의 경우에도 아동 50인 이상의 양육시설에 1인을 배치하도록 법으로 규정하고 있지만, 국고를 지원하는 기준은 3세 이상 아동 70인 이상의 양육시설에 1인의 생활지도원을 지원하고 있다. 이 밖에 사무원, 영양사, 임상심리상담원, 촉탁의사 등의 법정기준은 마련되어 있지만, 실제로 국고지원은 이루어지지 않고 있는 실정이다.

셋째, 재정의 문제이다. 우리나라 대부분의 아동복지시설은 재정의 어려움을 겪고 있다. 국가와 지방자치단체는 시설의 운영과 보호아동의 양육, 보호 관리에 필요한 비용을 전액 보조하고 있으나, 보조금의 책정기준이 현실적이지 못하다. 따라서 국가와 지방자치단체의 보조금이 매우 부족하여 대부분의 시설에서는 부족한 부분을 민간후원금으로 충당하고 있는 실정이다.

넷째, 아동복지시설 프로그램 및 서비스의 문제가 도출되고 있다. 현재 대부분의 시설아동들은 부모 혹은 편부모가 생존하고 있는 것으로 보고되고 있으므로 가족과 재결합하기 위한 프로그램이 절실하다. 하지만 대부분의 시설은 이를 시행하기 위한 재정·인력 여력을 갖추지 못하고 있다.

2) 시설아동복지의 과제

최근 아동복지시설의 과제는 시설보호아동을 단순히 보호하는 수용시설이 아닌 아동의 삶의 질을 높이기 위해 질적 향상이 이루어져야 한다. 아동복지시설이 효율적으로 운영되기 위해서는 시설과 인력, 재정, 프로그램 등이 적절하게 제공될 때 시설에서 보호받고 있는 아동들이 건전히 육성될 수 있다. 시설아동복지의 서비스를 개선하기 위해 우리가 해결해야 할 과제를 살펴보고자 한다.

첫째, 시설아동의 인권에 대한 강화가 이루어져야 한다. 아동복지시설은 아동이 가정, 학교, 사회로부터 침해받아 온 인권을 보호해야 하며, 인권교육 실시를 통한 아동의 인권의식 강화를 비롯해 모든 프로그램에 있어 아동권리를 실현할 수 있도록 노력해야 하며, 아동시설 내에서 인권보호 및 실현에 대한 제도를 갖추어야 한다.

둘째, 아동양육시설의 소규모화가 이루어질 수 있도록 제도적인 뒷받침이 이루어져야 한다. 대규모 시설에서 단체로 생활하는 아동들은 개별적 서비스를 받기 어려우며, 규칙적이고 획일화된 생활을 해야 한다. 현재 아동복지시설의 양육시설은 환경변화에 따른 시설수급이 제대로 이루어지지 않고 있다. 저출산으로 인한 아동 수 감소와, 부모의 이혼, 별거, 가출에 의해 비행아동, 정서장애 등으로 특수보호가 필요한 아동들이 증가하고 있으나 이에 대비한 적절한 대책이 마련되지 못하고 있다. 따라서 대규모 생활시설은 소규모 생활시설로 종사자와 정서적인 유대관계를 마음껏 발휘할 수 있는 기회를 마련하고, 아동에게 가정과 유사한 환경을 제공함으로써 아동이 가정과 같은 분위기를 느낄 수 있도록 해야 한다.

셋째, 시설에서 퇴소한 후 사회에 적응할 수 있는 프로그램이 강화되어야 한다. 시설보호에 길들여진 아동들은 사회에 적응하지 못하고 방황하는 경우가 많다. 현행 「아동복지법」에 시설보호아동들을 위한 자립지원 근거가 비교적 체계적으로 마련되어 있지만 시행 초기이므로 개별 아동 특성에 맞는 사회적응 프로그램이 지속적으로 강화될 필요가 있다.

넷째, 아동보호시설의 개방화이다. 아동복지시설은 지역사회와 소통이 이루어져야 한다. 아동복지시설은 지역사회의 각종 자원을 활용할 수 있어야 하며 아동복지시설 또한 지역사회에 각종 서비스를 제공할 수 있어야 한다. 또한 아동복지시설에 가정지원서비스, 즉 단기보호, 일시보호, 상담치료 기능을 부가하여 지역사회 아동복지센터로서 역할을 할 수 있도록 해야 한다. 예를 들어, 아동복지시설이 지역의 복지 요구와 형편에 따라 급식서비스, 어린이집 보육서비스, 방과 후 교실(학습교육, 놀이교육, 컴퓨터교육 등) 서비스 등을 제공할 수 있다.

다섯째, 시설보호아동에게 가족이나 친척들과의 만남이 정기적으로 이루어지도록 제도적인 개선책이 필요하다. 친부모나 친부 또는 친모가 생존해 있는 경우가 많으므로 시설보호아동이 원가정과 재결합할 수 있는 프로그램이 마련되어야 한다. 프로그램을 통해 가족에 대한 반감이나 적대감을 느끼지 않도록 하며, 부모에게 새로운 문제가 발생할 경우 적극적으로 문제해결을 도울 수 있도록 해야 한다.

여섯째, 아동복지서비스의 전문화를 향상시켜야 한다. 시설아동은 누구보다도 심리적 상처를 심하게 받은 경험이 있으며, 시설에 입소 후에도 제대로 치료를 받지 못하고 있는 실정이다. 지금의 양육서비스의 특징인 다양화·복잡화에 따른 경계가 불분명한 사례들에 대응하여 전문화되어야 하며, 정서적인 문제를 가진 아동들을 상담, 치료하는 등 전문적인 접근이 요구된다.

요점정리

1. 시설아동의 이해

1) 시설아동의 개념－시설아동은 만 18세 미만의 보호를 필요로 하는 아동, 보호자가 없거나 보호자로부터 이탈된 아동, 보호자가 아동을 학대하는 등 아동을 양육하기에 부적당하거나, 양육할 능력이 없는 경우의 아동을 의미
2) 시설아동의 발생원인－기아와 미아의 비중보다 부모의 이혼과 가출, 빈곤, 정신질환과 같은 가족의 기능상 문제가 원인의 대부분을 차지하고 있음
3) 시설아동의 특성－시설보호아동은 부모와의 분리로 심리사회적 문제, 일반가정과 다른 시설에 수용됨에 따른 사회적 낙인으로 인해 낮은 자아 개념을 가질 수 있음, 아동의 개별적 욕구 충족이 어려움, 열악한 근무조건으로 보육사의 이직이 많아 보호하고 양육하는 데 어려움, 집단생활을 하게 되므로 유연성과 개성의 상실을 초래할 가능성

2. 시설아동의 현황 및 실태

2016년 말 아동복지시설은 281개소이며, 양육시설이 243개, 자립지원시설이 12개, 일시보호시설이 12개, 보호치료시설이 11개 순으로 양육시설이 가장 많음. 시설에서 보호받는 아동은 2016년 말 1만 3,689명으로 남자아동은 7,852명, 여자아동은 5,837명으로 남자아동이 좀 더 많으며, 취학아동은 초등학생이 가장 많은 것으로 나타남

3. 시설아동의 권리와 복지서비스

1) 시설아동의 권리－가정에서 보호를 받지 못하는 아동에 관한 아동권리협약, 아동복지시설 인권실천 등이 명시되어 있음
2) 아동복지시설의 유형 및 서비스
   (1) 아동복지시설의 유형－아동양육시설, 아동일시보호시설, 아동보호치료시설, 공동생활가정, 자립지원시설, 아동상담소, 아동전용시설, 지역아동센터, 아동보호전문기관, 가정위탁지원센터
   (2) 복지서비스－시설보호아동에게는 국민기초생활보장법에 의한 보장시설 수급자와 동일하게 급여가 제공, 가정위탁 및 시설보호대상 아동의 자립준비 역량강화 및 보호종료 후 안정적인 사회진출과 자립실현을 위해 자립지원서비스 제공, 아동가정지원사업, 아동주간보호사업, 아동전문상담사업, 학대아동보호사업, 공동생활가정사업, 방과 후 아동지도사업 등

4. 시설아동복지의 문제점과 과제
   1) 시설아동복지의 문제점–아동복지시설의 환경 문제, 직원 현황 및 직원에 대한 처우가 매우 열악, 재정의 문제, 프로그램 및 서비스의 문제 등이 도출되고 있음
   2) 시설아동복지의 과제–시설아동의 인권에 대한 강화, 아동양육시설의 소규모화가 이루어질 수 있도록 제도적인 뒷받침 필요, 시설에서 퇴소한 후 사회에 적응할 수 있는 프로그램 강화, 아동보호시설의 개방화, 시설보호아동에게 가족이나 친척들과의 만남이 정기적으로 이루어지도록 제도적인 개선책 필요, 아동복지서비스의 전문화 향상

Quiz

1. 만 18세 미만의 보호를 필요로 하는 아동, 보호자가 없거나 보호자로부터 이탈된 아동, 보호자가 아동을 학대하는 경우 그 보호자가 아동을 양육하기에 적당하지 않거나 양육할 능력이 없는 경우의 아동을 무엇이라고 하는가? (   )
2. 아동 및 임산부의 복지아동복지위원회를 위한 시설로서 아동상담소, 영아시설, 육아시설, 신체허약아시설, 자립지원시설을 무엇이라고 하는가? (   )
3. 시설아동의 유형 두 가지는 무엇인가? (   )
4. 아동복지시설의 종류는 무엇이 있는가? (   )
5. 시설보호서비스의 내용은 무엇이 있는가? (   )

생각 나누기

1. 시설아동복지서비스의 문제점에 대해 자신의 의견을 제시하고 토론해 본다.
2. 시설아동복지서비스의 과제에 대해 자신의 의견을 제시하고 토론해 본다.
3. 우리나라 시설아동복지서비스 중 강화해야 될 내용에 대해 토론해 보시오.

참고문헌

김수지(2016). 아동복지시설 입소아동의 정서적 안정을 위한 지원 연구. 경기도가족여성연구원.

김연진(2015). **아동복지론**. 서울 : 태영출판사.

나은숙, 이옥주 외(2007). **영유아교육과정의 이해**. 서울 : 정민사.

노혜련, 김미원, 조소연(2015). **아동복지론**. 서울 : 학지사.

노혜련, 장정순(1998). 육아시설아동의 심리사회적 문제에 관한 연구. 한국사회복지학.

도미향, 남현희(2009). **아동복지론**. 경기 : 공동체.

배태순(2000). 해체된 가정의 아동들, 그들은 어떻게 보호되고 있나 : 국내 해체가정의 아동보호 현황. 한국아동복지학회.

보건복지부(2015). 제1차(15~19년) 아동정책기본계획안. 보건복지부.

보건복지부(2016). **보건복지통계연보**. 보건복지부.

보건복지부(2016). 유엔아동권리위원회 국가보고서 최종권고사항.

보건복지부(2017). 아동보호서비스 업무매뉴얼.

보건복지부(2017). 아동분야 사업안내(아동정책과).

위현주(2016). 집단요리활동이 시설아동의 자아존중감 및 사회성에 미치는 영향. 광운대학교 교육대학원 석사학위논문.

이순자, 나성식, 김현경, 이효숙(2015). **아동복지론**. 경기 : 정민사.

장인협, 오정수(2000). **아동복지론**. 서울 : 서울대학교출판부.

정은아(2015). **대구 지역아동센터의 프로그램 운영 실태와 발전방안에 관한 연구**. 초록우산어린이재단.

정은주(2010). 아동보호전문기관 상담원의 가족중심실천 : 영향요인 파악을 위한 다층모형 활용. 서울여자대학교 대학원 석사학위논문.

최성은(2013). 아동양육시설 보호아동의 사회성 발달에 영향을 미치는 보호요인의 중요도 조사연구. 건국대학교 행정대학원 석사학위논문.

표갑수(2010). **아동청소년복지론**. 경기 : 나남.

쿠키뉴스(2017. 2. 25). 아동복지시설 내 아동학대 감시 · 처벌 강화된다.

국회법률지식정보시스템. likms.assembly.go.kr/law

보건복지부. www.mohw.go.kr

서울특별시아동복지센터. child.seoul.go.kr

CHAPTER 13

아동권리와 복지의 동향 및 과제

우리 사회는 위기가정의 아동, 빈곤, 결손가정의 아동, 학대아동, 학교폭력, 아동비행 등 아동과 관련된 다양한 문제들이 발생하고 있으며, 이를 해결하기 위한 방안들을 모색하고 있는 실정이다. 그러나 현실적으로 산재한 문제를 해결하기에 요원하므로 아동에 대한 복지서비스 개발이 시급한 상황에 놓여 있다. 이러한 문제를 해결하기 위해서는 아동복지가 사회의 핵심과제가 되어 새로운 대응을 만들고 아동권리와 복지영역의 전문성 강화가 이루어져야 한다.

이 장에서는 급속하게 변화하는 사회 속에서 아동이 보다 행복하고 건강하게 자랄 수 있는 아동복지국가를 만들기 위해 우리나라의 아동권리와 아동복지의 동향을 살펴봄으로써 아동권리와 복지의 발전을 위한 과제를 제시하고자 한다.

마인드맵

■ 아동권리와 복지의 동향 및 과제

- 권리유형별 주요 정책과제
- 발달환경별 주요 정책과제

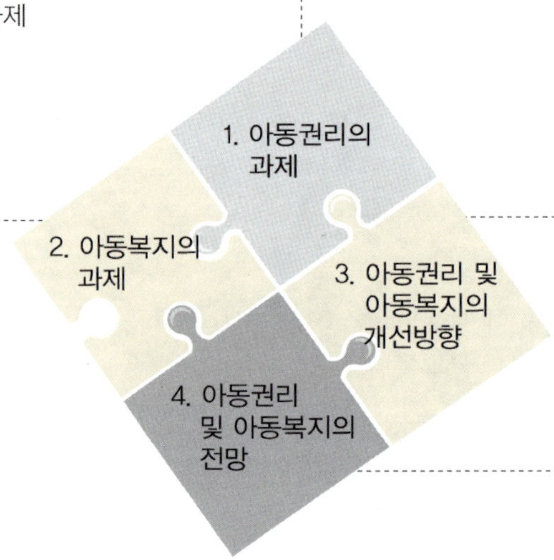

- 아동복지의 과제

- 아동권리의 개선방향
- 아동복지의 개선방향

- 아동권리의 전망
- 아동복지의 전망

학습목표

1. 아동권리의 동향과 과제에 대해 분석할 수 있다.
2. 아동복지의 동향과 과제에 대해 설명할 수 있다.
3. 아동권리 및 복지에 대한 개선방향을 제시할 수 있다.

주요용어

- **아동권리침해** : 아동의 생존, 보호, 발달, 참여의 권리 등 어린이의 모든 권리를 보장하는 국제법인 아동권리협약의 기본권을 침해하는 것
- **아동권리선언** : 제1차 세계대전 이후 전쟁이 아동에게 미친 참상의 깊은 반성에서 1924년 9월 유엔총회에서 세계 최초로 아동권리선언을 채택. 선언내용은 아동의 발달보장, 요보호아동의 보호, 아동구제의 우선성, 착취로부터의 보호, 아동육성의 목표달성을 위해 노력해야 할 것을 강조함
- **국가인권위원회** : 아동인권 관련 인권침해 및 차별 사건·정책을 전담하는 '아동권리위원회'

사 례 [어른들이 미워요] 정말 사랑입니까

윤수(13세 · 가명)는 겉으로 보기엔 남부러울 것 없어 보이는 아이였다. 고소득 전문직인 부모 밑에서 부족함 없이 자랐다. 공부도 말도 잘했다. 윤수 아버지는 아들의 교육에 관심이 많았다. 아주 어릴 때부터 윤수를 끼고 함께 문제집을 풀었고 답을 틀리면 때렸다. 결국 문제를 풀면 "하니까 되지 않느냐"고 말했다. 아버지에게 폭력은 윤수를 올바른 길로 이끄는 수단이었다. 답을 틀렸을 때 회초리 한두 대로 시작됐던 매질은 갈수록 심해졌다. 나중에는 아이의 옷을 벗기고 때리거나 밤새 때리는 지경에까지 이르렀다. 윤수는 언제부턴가 거짓말하는 버릇이 생겼다. 폭력에 대한 두려움 때문에 아버지의 입맛에 맞는 대답을 지어내게 된 것이다. 거짓말이 들키면 아버지는 더욱 화를 냈다. 맞은 얼굴이 부어올라 학교에 가지 못한 적도 있었다. 그럴 때마다 부모는 학교에 전화해 적당한 핑계를 댔다. 부유하고 사회적 지위도 있는 윤수의 집에서 이런 일이 벌어지고 있는 것을 아무도 몰랐다. 이상징후를 발견한 것은 윤수가 초등학교 6학년 때였다. 허벅지와 엉덩이에 매를 맞아 의자에 잘 앉지 못하는 모습을 담임교사가 주목했다. 학교의 신고로 수사가 시작됐다. 윤수의 아버지는 법정에 나와 "아이가 잘되길 바라는 마음에 훈육하다 보니 그랬다. 죄송하다"며 고개를 떨궜다. 중학생이 된 윤수는 상담을 겸한 조사를 받으며 부모에 대한 가정법원 처분을 기다리고 있다. 몇 달 전 끔찍한 아동학대 사례들이 전국을 분노로 들끓게 했지만, 우리 주변엔 윤수네 가정처럼 학대라 생각하지 않는 '숨은 학대'들이 많다. "너를 위해서", "너 잘되라고" 자행되는 매 한 대, 말 한마디가 아이들에겐 모두 비수다. 가해자들은 사랑이라고 말하지만 전문가들은 분명 학대라고 강조했다. 아동학대 전문가는 "학대는 '매 한 대'에서 시작한다. 한 대도 관용하지 않는 문화가 자리 잡아야 한다"고 말했다. 2013년 여성가족부 조사에 따르면 부모에게 회초리를 맞아본 아이는 57.6%, 손으로 때리거나 발로 차는 폭행을 당했다고 응답한 아이도 24.5%였다. 권리가 뭔지 몰라서, 혹은 알아도 말할 수 없는 아이들이 속으로 멍들고 있다. 2016년 어린이날, 어린이의 인권을 묻는다. 2016년 현재 49개국은 부모의 자녀 체벌을 전면 금지하고 있다.

출처 : 경향신문(2016. 5. 4).

1. 아동권리의 과제

1) 권리유형별 주요 정책과제

아동은 건강하고 행복을 추구할 권리가 있다. 이를 지지하고 아동의 성공적인 삶과 미래사회 발전에 필요한 다양한 능력들을 개발시켜 주기 위해서 아동 특성에 맞는 사회적 지원체계를 마련하는 것이 필요하다. 이러한 과제를 해결하기 위해서는 아동의 생존·발달·보호·참여 등 모든 영역에서 아동을 권리의 주체로 인정하고, 아동의 권리를 온전하게 실현하는 것이 중요하다. 이를 위해 아동권리 실현에 있어서 분야별 과제 요인을 알아보고, 근본적인 해결방안을 마련해야 한다. 먼저 권리유형별 주요 정책과제를 살펴보면 다음과 같다.

첫째, 아동의 생존권에 대한 과제이다. 최소한의 적절한 생활수준을 누릴 권리, 안전한 주거지에서 살아갈 권리, 충분한 영향을 섭취하고 기본적인 보건서비스를 받을 권리 등을 어른들에 의해 보장받지 못하는 아동들이 증가하였다. 보건복지부의 2016년 요보호아동 발생 및 조치 현황에 따르면 5,226명의 요보호아동이 발생하였으며, 이중 55.4%에 해당하는 2,894명의 아동들이 시설로 입소가 되었고 32.5%에 해당하는 1,698명의 아동만이 가정위탁이나 국내입양으로 가정보호조치가 되었다(헤드라인뉴스, 2017. 7. 25). 즉, 시설, 가정위탁, 가정보호조치가 된 아동을 제외한 다른 아동들은 생존권에 어려움을 겪고 있다. 이를 해결할 수 있도록 국가적인 수준에서 생존권을 보장할 수 있는 정책과 체계적인 개입 방안이 필요하다.

둘째, 아동의 발달권에 관한 과제이다. 아동은 신체적·정신적·인지적·사회문화적·도덕적으로 균형 있는 성장, 발달 및 잠재능력의 개발을 보장받을 권리가 있다. 즉, 교육받을 권리, 여가를 즐길 권리, 문화생활 및 정보를 얻을 권리, 생각과 양심과 종교의 자유를 누릴 수 있는 권리 등을 보장받아야 한다. 하지만 현대사회에서는 부모의 과잉보호, 입시경쟁, 학업 스트레스, 문화 및 놀이 공간 부족 등으로 많은 아동들이 발달권에 침해를 받고 있다. 이를 해결할 수 있도록 2015년 제정되었던 아동의 놀 권리 헌장의 기본정신 및 원칙을 강화하여 중앙부처와 지방자치단체 및 교육청이 충실하게 반영·수행할 수 있도록 해야 한다.

셋째, 아동의 보호권에 관한 과제이다. 우리나라는 학대와 방임, 차별, 폭력, 고문, 징집, 부당한 형사처벌, 과도한 노동, 약물과 성폭력 등으로 보호받지 못한 아동들이 늘고 있다. 2016년 아동학대 신고 건수를 보면 26,699건으로 전년 19,214건에 비해 급격히 증가하였으며, 이 중 약 70%가 아동학대로 나타났다. 그중에서 학대 사건의 약 80%가 아동과 가장 가까이 지내는 부모에 의해 가정에서 발생하고 있으며(아시아뉴스, 2017. 6. 16), 차별, 고문, 과도한 노동, 성폭력 등의 아동의 수를 더하면 많은 아동들이 어려움을 겪고 있음을 알 수 있다. 따라서 아동의 보호권을 강화하기 위해서는 학대에 대한 법적 강화와 국가적인 수준에서 보호권을 보장할 수 있는 정책이 필요하다.

넷째, 아동의 참여권에 관한 과제이다. 아동의 성장·발달 과정에 영향을 미치는 사안에 대해 아동 스스로의 의견을 충분하게 표현할 수 있는 권리가 있음에도 불구하고 이를 침해하는 경우가 많다. 특히 행정기관, 법원, 학교, 지역사회에서 살펴보면 학생징계 시 학생과 보호자의 의견진술권, 미성년 자녀의 복리 보호, 입양 시 의견진술, 재판절차에서 미성년 자녀를 조력할 수 있는 절차보조인 제도, 이혼 후 안정적이고 자발적인 면접교섭이 진행될 수 있도록 하기 위한 면접교섭 등의 제도가 미흡하다. 따라서 아동들이 자유롭게 의사표현을 하고 참여기회를 확대할 수 있는 제도를 강화할 필요가 있다. 2015년 보건복지부의 권리유형별 정책과제에 대한 내용은 <표 13-1>과 같다.

표 13-1 권리유형별 주요 정책과제

<table>
<tr><th>생애
분야</th><th>영유아
(0~5세)</th><th>초등학생
(6~11세)</th><th>중학생
(12~14세)</th><th>고등학생
(15~17세)</th></tr>
<tr><td rowspan="3">생존권</td><td>어린이집·유치원 건강관리체계 마련, 예방접종률, 건강검진율 제고</td><td colspan="3">건강증진학교 확대 방안(검토)/ 학교체육 활성화, 학교 건강검진제도 개선</td></tr>
<tr><td>모유수유 증진</td><td colspan="3">생활습관형 질병 예방·관리방안 마련</td></tr>
<tr><td colspan="4">아동기 다빈도 질병 대응전략 수립, 아동전용 보건 인프라 확충/ 건강보험 보장성 강화</td></tr>
</table>

구분			
발달권	영유아가정방문서비스 도입(검토), 육아서비스 종합제공, 시간제 보육, 영유아 보육·교육 통합플랜	학생 자살예방 대책, 적정 수면시간 보장, '꿈과 끼를 살려주는 교육과정' 내실화, 공교육 정상화 이행, 인성교육 강화(인성교육진흥계획 수립, 언어문화 개선방안 마련), 맞춤형 진로교육(직업교육 현장성 강화, 학습부진아동 지원 등), 학교 밖 청소년 지원체계 구축	
	부모교육 활성화/ 양육정보 통합 제공, 아동기 핵심역량 반영전략 수립, 아동역량지수 개발, 장애아동지원체계 구축(조기발견·예방 및 재활치료)		
		문화예술교육 활성화 및 문화 인프라(아동도서관, 숲교육 공간 등) 확충 놀이·여가 권리 보장(놀 권리 헌장 제정, 제1차 놀이정책 수립)	
			청소년 한부모 서비스 전달체계 통합 구축
보호권	가정방문 안전점검 실시(검토), 어린이집·유치원 학대 예방 및 신속 대응, 아동방치행위에 대한 법적 규제 도입(검토)	홀로 방치되는 아동에 대한 돌봄서비스 종합 연계체계 구축, 학교폭력 예방 및 대책 기본계획 이행 관리, 소년사법 발전 종합대책, 아동총회 지역기반 구축	
		보육·교육기관 안전교육·안전실습 제도화	
	범죄예방환경설계(셉테드) 확산 유도, 차별금지법 제정, 빈곤아동지원 5개년 기본계획 수립, 가정 밖 보호아동 보호체계 구축, 입양절차의 공공성 강화(헤이그국제아동입양협약 비준), 학대 아동 보호 인프라 확충, 카시트·안전벨트 착용률 제고		
			근로아동보호
참여권	아동의 의견진술권 보장실태 진단 및 개선방안 마련, 아동의견 수렴 창구 상시 운영		
		학교에서의 참여권 보장(자치활동 활성화, 학교운영위원회 실질 참여)	

출처 : 보건복지부(2015). 「제1차 아동정책 기본계획('15~'19)」 수립, p. 22.

2) 발달환경별 주요 정책과제

아동이 건강하고 행복한 삶을 살기 위해서는 기본적으로 보장받아야 할 아동권리가 중요하며, 아동의 권리는 기본적으로 가정에서부터 비롯된다고 볼 수 있다. 그러나 아직까지도 많은 아동들이 가정에서 적절하게 보장받지 못하는 경우가 많이 발생하고 있다. 개정 민법을 살펴보면 부모는 미성년자인 자의 친권자가 된다(제909조 제1항)'고 규정하고 있으나 부모의 이혼이나 입양, 파양 등의 상황에서 아동이 충분한 보호를 받지 못하고 요보호아동이 증가하고 있다. 따라서 아동이 인간으로서의 생존과 기본적 자유를 가지고 행복한 삶을 영위하기 위해 발달 환경별로 과제를 살펴보면 다음과 같다.

첫째, 가정에서의 아동 인권에 대한 과제이다. 현재 우리나라는 아동학대에 대한 문제가 증가하고 있으며 이들을 생존 및 보호하지 못하는 과제에 당면해 있다. 즉, 신체적 학대 신고가 저조하며, 시・도 아동상담소에 접수된 아동학대 사례를 보면 성적으로 학대받은 아동들은 경찰이나 검찰의 조사 과정에서 많은 물증을 요구하는 현행법으로 이들을 보호하지 못하고 2차 피해로 성적 모독을 당해 고소를 취하하거나 출두를 포기하는 사례도 적지 않다고 보고하고 있다(보건복지부, 2016 통계청 자료).

「아동학대처벌법」이 시행된 이후에도 아동학대사건은 계속 증가하고 있으며, 아동학대는 주로 가정에서 많이 발생하는 것으로 나타났다. 또한 최근 늘어나는 이혼가정에서도 부모가 서로 양육을 기피하거나, 양육을 담당한 한쪽 부모가 양육할 능력이 부족하여 아동의 생존 및 보호에 대한 침해 문제가 발생하기도 한다. 특히 '생활 보호대상자'로 지정되지 못하는 이혼가정 아동은 공적인 도움을 전혀 받지 못한다. 따라서 아동의 생존 및 보호에 대한 침해 문제를 해결할 수 있도록 국가적인 수준에서 법적 강화와 정책이 마련되어야 하며 이를 해결할 수 있는 체계적인 개입 방안이 필요하다.

둘째, 어린이집 및 유치원 아동의 인권에 대한 과제이다. 최근 부모에 의한 아동학대뿐만 아니라 영유아 보호시설에서 교사에 의한 아동학대가 잇따라 발생함에 따라 영유아에 대한 인권보호가 시급한 상황이다. 교육부와 보건복지부는 이를 위하여 2016년 '유치원・어린이집 아동학대 조기발견 및 관리・대응 매뉴얼'을 배포하기도 하였다. 그러나 보다 체계화된 영유아 인권보호를 위한 인식 및 교육이 강화될 필요가 있다.

셋째, 학교에서의 아동 인권에 대한 과제이다. 학교에서는 체벌과 징계의 남용 등이 증가하고 있으며, 학생들의 인격을 모독하는 행위가 학교에서 일상적으로 이루어지고 있다. 2014년부터 2016년의 학교폭력 조사에 따르면 서울시 학생 1만여 명이 학교에서 피해를 입었으며, 폭행과 강제추행, 성폭력도 증가한 것으로 나타났다(서울시교육청, sen.go.kr). 이러한 문제가 있음에도 불구하고 이를 해결하는 안전망이 없으며,

정부에서는 실태조사를 통해 꾸준히 학교폭력을 점검하고 있으나 당국의 초기대응이 미흡한 것으로 나타났다. 또한 학교에서는 학생들에게 인권교육을 시켜야 함에도 불구하고 이에 대한 교육 내용은 법 개념 이해에 치우쳐 있고 실제 상황에서 법을 생활화하여 이를 습관화하는 데는 소홀하고 있는 실정이다(민중의 소리, 2017. 3. 28). 따라서 학교에서는 학생, 교사들에게 인권에 관련한 수준 높은 교육과 아동인권 침해 문제를 해결할 수 있는 체계적인 안전망을 구축하는 방안이 시급히 필요한 실정이다.

넷째, 보호기관의 아동의 인권에 대한 과제이다. 아동이 보호기관 입소 과정에서 기관의 선택은 시·도에서 결정하는 경우가 대부분이며 아동과 아동의 보호자는 시설 선택에 아무런 의사를 표시하지 못했다. 또한 아동은 입소 초기에 분리불안, 박탈감 등 심리적 문제를 겪기 쉽고 아동이 초기에 시설에 적응하도록 보호하기 위해 아동이나 보호자의 상담자료가 체계적으로 관리되어 있지 않는 경우가 많다. 이 밖에도 시설별로 식단 기호도 조사에 대한 분석자료 미비, 체벌에 대한 재발 방지 조치 미비, 국가인권위원회 진정함 미설치, 과도한 종교 활동 및 외출 제한 등으로 아동의 인권이 침해되는 경우가 많이 발생한다. 따라서 아동의 권리보장을 위해 아동에게 직접적인 영향을 미치는 주거지 선택과 시설의 운영방식, 편의시설 등의 정보를 아동 및 아동의 보호자에게 제공하여 의사를 반영할 수 있는 최소한의 절차를 마련할 필요가 있다. 더불어 명확한 입소절차와 여러 가지 문제점들의 재발 방지를 위한 관할 시장 및 구청장의 관리, 감독을 강화할 필요가 있다.

다섯째, 사회에서의 아동 인권에 대한 과제이다. 아동의 인권이 가정과 학교에서 보장받지 못할 때 마지막으로 의존할 수 있는 곳이 사회이다. 하지만 아동의 생존과 행복은 여전히 가정의 책임으로 인식되고 있기 때문에 아동의 인권에 대한 사회의 보장체계도 매우 미흡하다. 최근 정부에서 아동양육시설과 아동보호시설 등 전국 아동복지시설에 '인권보호관'을 위촉하여 아동 인권보호에 나설 것이며, 또 성폭행 또는 폭력 전과자는 아동복지시설 취업이 금지되고, 아동학대 행위자에 대한 처벌도 강화한다고 하였다. 이는 아동복지시설에서 아동을 상대로 한 학대 행위가 끊이지 않아 재발 방지를 위해 정부가 내놓은 조처이지만(연합뉴스, 2017. 2. 24) 아동이 성폭력의 피해자가 되는 경우에도, 피해자를 가해자로부터 보호하고 치료할 수 있는 공공시설이 거의 없는 실정이다.

「형사소송법」 제159조에서는 '16세 미만의 자에 대하여 선서 무능력자'로 규정하고 있으며, 아동이 신체적 · 정신적으로 법정의 모든 절차를 견딜 만큼 강하다면 증언할 수 있지만, 그 증언을 채택하는지의 여부는 법정의 권한이라고 되어 있다. 즉, 16세 미만인 자의 증언은 '판사'의 자의에 의해서 증거로 채택될 수도 있고, 그렇지 않을 수도 있다는 뜻이다. 이 상황에서 아동의 증언은 사법 당국에 의해서 왜곡되는 경우도 있으며 범죄를 저지를 비행 아동 가운데 상당수는 가족의 결손이나 빈곤으로 인하여 적절한 법률 서비스를 받지 못하는 경우가 많다. 경찰의 수사단계에서부터 변호사의 도움을 받으면, '선도 조건부 기소유예'나 '보호관찰'의 처분을 받을 수 있는 사건도 '보호자'가 없기 때문에 소년원에 송치되는 경우도 적지 않다.

보호를 받아야 할 아동들이 가정에서 적절히 보호받지 못하고 아동 가출이 끊임없이 일어나고 있지만 이에 대한 정부의 대책은 매우 소극적이다. 또한 근로 아동의 인권도 충분히 보장받지 못하고 있다(이용교, 2014 : 13). 「근로기준법」 등 「노동법」 적용 사업장은 최소한 5인 이상 사업장 노동자에게만 적용되고 있다. 따라서 5인 미만 사업장에서 많이 일하고 있는 아동은 「노동법」의 보호를 거의 받지 못하고 있으며, 특히 아르바이트 등 시간제로 일하는 임시 노동자는 법의 사각지대에 놓여 있다. 2015년 보건복지부에서는 발달환경별 주요 정책과제를 <표 13−2>와 같이 제시하였다.

표 13-2 발달환경별 주요 정책과제

생애 / 공간	영유아 (0~5세)	초등학생 (6~11세)	중학생 (12~14세)	고등학생 (15~17세)
가정	영유아 가정방문서비스 도입(검토), 아이사랑 Planner 도입, 모유수유 증진, 영아사망 예방, 카시트 착용률 제고	학생 가정방문서비스		
	양육정보 통합 제공, 부모교육 활성화, 이혼절차 개선, 일 · 가정 양립문화 조성			

어린이집·유치원	시간제 보육 확충, 아이돌봄 서비스 내실화, 직장어린이집 설치 확대, 보육·교육 통합 플랜, 영유아 건강관리체계 마련, 누리과정 활용 안전교육 실시, 아동학대 예방			
학교		아동기 핵심역량 반영전략 수립 및 아동역량지수 개발		
			행복교육 정착, 인성교육 강화, 문화예술교육 지원, 학교에서의 참여권 보장, 학습부진아동에 대한 맞춤형 지원, 건강증진학교 확대 방안(검토), 학교체육 활성화, 안전실습 체계화	
보호기관	아동보호제도 간 협업구조 마련			
			범죄아동 사회복귀 지원, 방과 후 돌봄체계 정비	
지역사회(공통영역 포함)	독서습관 형성 지원문화 인프라(아동전용 도서관, 숲교육 공간 등) 확충, 제1차 아동 놀이정책 수립, 범죄예방환경설계(셉테드) 확산 유도, 생활습관형 질병 예방·관리, 아동기 다빈도 질병관리, 어린이급식관리지원센터 운영 확대, 아동친화 지방자치단체 및 아동친화 기업문화 확산			
	영유아 식품 이력추적관리 확대		아동의견 상시 수렴 창구 운영	
	지역사회 놀이터 리모델링, 어린이 예방접종률 향상, 아동전용 보건인프라 확충 추진, 어린이 활동공간 환경 안전성 확보, 어린이용품 안전기준 확보			
		정신건강관리체계 구축, 안전체험교실 및 안전체험관 확대		

출처 : 보건복지부(2015). 「제1차 아동정책 기본계획('15~'19)」 수립, p. 23.

2. 아동복지의 과제

급격한 산업화와 도시화, 정보화는 우리 사회에 많은 변화를 가져와 아동복지에서는 가족과 지역사회, 나아가 국가의 역할 재정립을 요구하게 되었다. 이러한 관점에서 아동복지는 아동의 기본 권리와 욕구를 충족시켜 줄 수 있는 정책을 강화해야 함에도 불구하고 여전히 아동복지 정책의 미비와 아동의 욕구를 충족시켜 주는 서비스가 부족한 수준에 머물러 있다. 따라서 아동복지의 전반적인 발전을 도모하기 위해 아동복지의 과제를 살펴보면 다음과 같다.

첫째, 아동복지의 대상 범위를 살펴보면 「아동복지법」 제3조 제1호에 '아동'이란 '18세 미만인 사람을 말한다'고 정의하고 있다. 하지만 이는 우리 사회에서 아동의 연령을 관습적으로 만 7세 이상 13세 미만이라고 지칭하고 있는 것과 불일치하고 있다. 또한 법률마다 아동의 범위가 달라서 아동의 보호와 관련하여 법적용을 할 경우 혼란을 불러일으킬 수 있으므로 법적으로 아동복지의 대상 범위를 통일해야 할 필요성이 있다.

둘째, 아동복지시설에 대한 전반적인 문제이다. 현재 아동복지시설은 「아동복지법」 제52조에 의해 아동 양육시설, 일시보호시설, 보호치료시설, 공동생활가정, 자립지원시설, 아동상담소, 아동전용시설, 지역아동센터, 아동보호전문기관, 가정위탁지원센터 등으로 이루어져 있다. 정부에서는 시설종사자 처우개선 및 시설아동의 보호수준 향상을 위해 보육사를 포함한 종사자 2교대 근무를 확대 실시하고 있으나 많은 인원을 수용하기에는 부족한 실정이다. 따라서 종사들에 대한 처우, 임금, 근무조건을 개선하고 적절한 보호, 양육, 상담을 담당할 수 있는 전문성을 갖도록 개선이 필요하다.

지역여건이나 시설 특성에 맞도록 시설운영자의 자율성을 대폭 강화하였음에도 불구하고 미신고 아동양육시설을 '수경사'와 같이 종교시설로 주장을 하거나 미신고시설로도 파악되지 않는 시설을 합하면 시설보호아동은 2만 1천 명을 넘어설 것으로 추정하고 있다(보건복지부, 2016 : 3). 미신고시설의 경우는 파악된 자료가 없으며 직원이 없거나 매우 부족한 경우가 대부분인 상황이다. 또한 시설종사자 채용에 있어 지원수의 부족으로 기존의 종사자들은 업무과중과 소진으로 이어져 아동에 대한 서비스의 질적 저하와 아동학대가 발생할 수 있다. 따라서 아동복지시설 현황을 정확하게 파악하고 시설종사자 처우 개선과 시설 특성에 맞는 효율적인 예산을 집행하여 수준 높은 서비스를 실시해야 하는 과제가 있다.

셋째, 아동의 놀이문화가 미흡한 실정이다. 아동의 건강한 발달을 위해서는 교육과 놀이가 균형을 이루도록 해야 하는데, 우리나라 아동은 사교육으로 인하여 놀 권리가 침해받고 있는 현실이다. 따라서 아동이 놀이문화를 형성하고 교육제도가 개선되어 균형 있게 성장할 수 있도록 환경을 마련해 주어야 한다.

넷째, 아동학대와 방임에 놓여 있는 아동의 문제에 대한 과제이다. 급속한 경제적 성장과 맞물린 사회변화에 따라 아동학대는 계속적으로 증가하고 있는 추세이다. 이를 방지하기 위하여 「아동학대범죄의 처벌 등에 관한 특례법」이 2014년 1월에 제정되어 9월부터 시행되었으며 2016년 5월 개정된 현행법은 아동의 안전과 권리를 보호하고 있다. 그리고 학대와 방임을 한 부모 또는 보호자들에게는 강력하게 처벌이 강화되고 있다. 하지만 아동학대는 사전에 미리 예방하는 것과 더불어 발생 후의 조치가 중요하다. 즉, 아동학대와 방임 가해자들에 대해 처벌에 치중하기보다는 학대행위를 하는 부모의 특성을 교정하고, 양육태도에 필요한 서비스를 받을 수 있도록 하는 법적 조항이 제정되어야 한다. 특히 가해자 및 피해아동을 위한 치료 프로그램을 운영하여 건강한 가정상태로 복귀할 수 있도록 지원하는 것이 필요하다.

다섯째, 아동복지 전달체계에 대한 과제이다. 특히 전달체계 조직구조상의 문제로서 서비스의 자율성과 능동성이 결여되어 있고 전문서비스를 담당하는 기관이 부족하다. 또한 종사자들의 전문성의 결여와 전담인력이 부족하여 이에 대한 해결 방안을 마련해야 한다.

여섯째, 아동수당 지급과 관련된 과제이다. 아동수당은 1930년대 프랑스에서 처음 도입했다. 지금은 경제협력개발기구(OECD) 국가들 중 88%가 도입했으며 프랑스, 독일 등에서는 아동수당을 지급하여 아이를 양육할 때 추가로 들어가는 비용을 없애주고 있다. 이에 따라 공공교육, 공공의료가 기본적인 혜택으로 제공되고 육아에 들어가는 비용은 정부에서 보조해 주기 때문에 아동양육에 대한 부담은 거의 없다.

현재 우리나라에서는 아동양육수당을 연령에 따라 10만 원에서 20만 원까지 차등 지급하고 있으며, 2018년부터 아동수당을 지급할 예정이다. 그러나 이러한 지원은 보편적 복지로의 지향을 추구하는 상황에서 적절할 수는 있으나, 실제 보호받아야 할 빈곤층의 아동이 제대로 지원받기에는 많은 문제점이 도출될 수 있다. 따라서 아동빈곤에 대한 해결 및 출산을 장려하는 데 도움을 줄 수 있는 아동양육수당 및 아동수당은 재고되어야 하며, 현시점에서 보편적 복지에 대한 논의가 심도 있게 고려될 필요가 있다. 외국과 우리나라의 복지문제와 관련된 사례를 제시하면 <표 13-3>과 같다.

표 13-3 외국과 우리나라 복지문제의 사례

"아동수당도 없는 나라, 저출산은 이미 예고된 것이다" 1942년 <베버리지 보고서>에서 아동수당이 제안된 이후 실제로 영국에서 보편주의 원칙의 아동수당이 실현되었다. 1945년 7월 총선에서 압승한 영국 노동당 정부는 1945년 가족수당법을 제정했고, 1946년 16세 미만의 둘째 아이를 가진 모든 가정에 아동수당을 제공했다. 그리고 1977년부터 첫째를 포함한 16세 미만의 모든 아동들에게 아동수당을 지급했다. 2013년부터 보수당 정부는 재정의 제약을 이유로 연간 5만 파운드 이상의 고소득 가구에 대해서는 아동수당을 세금으로 환수하는 정책을 쓰고 있다. 유럽 국가들은 모두 아동수당을 도입했다. 국가에 따라 16세 또는 18세 미만까지 월 15만~25만 원을 지급하고 있다. OECD 국가 중에서는 미국, 멕시코, 터키, 그리고 우리나라만 아동수당이 없다. 현재 세계적으로 92개 국가에서 아동수당 제도를 실시하고 있다. 우리나라는 지금 저출산 문제가 매우 심각한데, 이렇게 된 데는 아동수당이 없다는 사실도 한몫을 했다. 아동수당은 보육과 함께 '육아부담'을 덜어줌으로써 출산율을 높이는 기본적인 제도인데, 우리나라는 아동수당제도가 아예 없고 보육은 질이 낮다는 문제가 있다. 지난 18대 국회에서 양승조 의원 등이 아동수당 관련 법안 4건을 발의했는데 상임위에서 논의도 안 된 채 무산되었다. 그런데 이번 20대 국회에서는 대선을 앞두고 아동수당에 대한 관심이 비교적 높다. 박광온 의원이 발의한 아동수당법은 2018년 기준으로 연간 약 15조 원이 드는 정책이다. 0~2세에게 월 10만 원, 3~5세에게 20만 원, 6~12세에게는 30만 원을 지급하되, 지급대상을 연소득 1억 3,000만 원 이하 가구로 제한했다. 이렇게 하면 소득 상위 6.8%를 제외한 554만 명의 아동이 아동수당을 받기 때문에 실질적으로는 보편적 복지라고 할 수 있다. 다른 야당들도 아동수당 제도의 도입에 우호적이다. **"아동수당은 출산율 제고의 기초이자 효과적인 재분배 전략이다"** 유일호 기획재정부 장관은 "아동수당, 잘못 도입하면 효과도 없이 돈만 낭비할 수 있다"고 말했다. 즉, 아동수당의 출산율 제고 효과가 별로 없을 수도 있다는 것 때문에 경제 부처는 아동수당에 대해 부정적인 입장을 가지고 있는 것이다. 그런데 분명한 사실은 아동수당제도만 가지고는 출산율의 제고가 어렵겠지만, 아동수당 없는 출산율 제고는 불가능하다는 것이다. 출산율을 높이기 위한 가장 기본적인 조치가 바로 아동수당이기 때문이다. 뿐만 아니라 아동수당은 아동빈곤을 예방하고 아동의 인권을 증진하는 아동에 대한 선제적 투자이자 효과적인 재분배 전략이다. 이에 더해, 아동수당은 가계의 가처분소득을 증가시켜 내수를 진작시키는 중요한 경제 정책의 하나이다. 가령 아동수당제도의 도입으로 연간 15조 원을 투자하면 생산유발효과는 약 38조 원이나 되며, 약 34만 명의 고용이 직·간접적으로 창출되는 경제 효과가 있다고 한다. 주요 대선 후보들이 아동수당제도의 도입에 대해 대체로 우호적이다. 그런데 여기서 우리가 반드시 틀어쥐어야 할 중요한 원칙이 하나 있다. 바로 보편주의 원칙을 지키는 아동수당제도가 그것이다. 사단법인 복지국가소사이어티는 '역동적 복지국가'의 보편적 소득보장정책의 하나인 아동수당으로 중학생인 만 15세까지 월 15만 원씩을 모두에게 지급하자는 방안을 제안하고 있다. 이 경우, 770만 명을 대상으로 연간 약 14조 원이 든다. 재정적 여건 때문에 당장 이것이 어렵다면 차선책으로 만 6세 미만의 아동 모두에게 월 15만 원씩 지급하면 된다. 이 경우에는 274만 명에게 연간 약 5조 원이 든다. 출처 : 프레시안 뉴스(2017. 3. 24).

이 외에도 많은 아동복지의 문제점들과 과제가 산재해 있지만 이를 해결하지 못하고 정책적인 제도가 미비한 수준에 머물러 있다. 따라서 국가적인 차원에서 아동복지의 정책을 강화시킴과 아울러 우리 스스로 아동의 문제점을 인식하고 이에 대처할 수 있는 방안을 찾아 실천하는 노력이 필요하다.

3. 아동권리 및 아동복지의 개선방향

1) 아동권리의 개선방향

역사적인 오랜 전통 속에서 아동권리는 실제적인 제반 보호대책이나 종교, NGO 민간단체 등에 의해 강구되거나 발전되어 왔다. 이러한 과정에서 아동의 문제를 자선적으로 해결하거나 또는 인도적인 차원에서만 생각했었으나 최근에는 UN헌장이나 각국의 법제도상에 모든 아동들이 권리적 존재라는 인식이 강하게 반영되어 중요성이 강조되고 있다. 따라서 추후 아동권리를 보호하고 강화하기 위해서 아동권리에 대한 개선방향을 논의해 보고자 한다.

첫째, 아동을 독립된 개체로 인정하기 위한 정책이 요구된다. 우리 사회는 그동안 아동에 대한 권리 인식이 전반적으로 부족하고 교육도 제대로 실시되지 못하였다. 그러므로 사회의 모든 구성원들이 아동권리에 대한 소중함을 알고 아동권리를 침해하지 못하도록 이에 대한 매뉴얼 지침과 더불어 교육적인 홍보가 필요하다. 더 나아가 국가의 기본적인 책임 및 부모가 자녀를 지도할 권리와 의무가 있음을 명시해야 한다. 즉, 정책적으로 아동의 권리를 보장해 주는 법적 장치를 강화하고, 아동의 권리를 실현하는 데 초점을 맞추어야 할 것이다.

둘째, 아동에 대한 생존권 및 보호권을 강화시켜야 한다. 현재 사회적으로 아동의 생존 및 보호에 많은 문제점이 야기되고 있으며, 아동보호전문기관에 학대로 신고된 사례를 살펴보면 조사와 보호, 치료 등만이 이루어지고 있는 실정이다(보건복지부, 2017 :

48). 따라서 이와 같은 문제를 해결하기 위해서 「아동복지법」이 강화되어야 한다. 즉, 구체적인 시행규칙과 생존과 보호를 위협하는 부모에 대해 아동의 격리, 입양, 가정위탁, 시설입소 등의 조치와 친권의 박탈 및 접근금지, 상담명령, 사법조치 등을 공권력이 있는 정부기관에서 수행해야 하고, 피해아동과 가정에 대한 전문상담과 치료, 가해자에 대한 상담서비스가 법률적 지침대로 민간기관에서 이루어질 수 있도록 해야 한다(가정위탁 법률지원 매뉴얼, 2014 : 55). 또한 관련 기관과의 연계, 지역 내 아동복지 자원의 확충, 신고의무자 정기교육 의무화, 아동보호전문기관의 역할 수행 강화, 전문 상담원의 자격 강화 등이 정비되어야 할 필요가 있다.

셋째, 사회적으로 아동의 인권을 보장해 주어야 한다. 아동의 인권이 가정과 학교 및 사회에서조차도 보장받지 못하는 경우가 많아 지방자치단체가 아동친화적 가치를 정책수행의 핵심원리로 채택할 수 있도록 해야 한다. 보건복지부는 유니세프(UNICEF)가 인증하는 아동친화도시 확산을 적극 지원하고, 아동친화적 가치를 실현할 수 있는 조례 제정을 권고하고 있다(보건복지부, 2015 : 90). 「유엔아동권리협약」의 기본정신을 실천하는 지역사회에서는 아동의 목소리가 법, 정책, 조약, 프로그램, 예산 등 지역사회에 고루 반영되게 함으로써 지역 내 모든 아동이 권리를 존중받으며 생활하는 데 초점을 두고 있다.

그러므로 국가가 지역사회를 기반으로 아동 인권을 강화시킬 수 있는 시스템을 확립, 구축하여 지역사회를 기반으로 공공기관, 민간기관으로 확충될 수 있도록 해야 한다. 그리고 아동분야 NGO의 발전방향을 포함하여 NGO(비정부기관)와 GO(국제정부) 간 협력방식에 대한 정기적 점검 기회를 마련하고 중앙단위 협력과 병행하여 지역사회 기반 협력을 활성화함으로써 아동친화적 지역사회 기반을 마련해야 한다(보건복지부, 2015 : 92). 아동친화도시에 대한 내용은 <표 13-4>와 같다.

표 13-4 아동친화도시(CFC : Child Friendly Cities)

• 유엔아동권리협약의 기본정신을 실천하는 지역사회/ 지역정부 시스템
- 아동의 목소리가 법, 정책, 조약, 프로그램, 예산 등 지역사회에 고루 반영됨으로써 지역 내 모든 아동이 권리를 존중받으며 생활하는 데 초점

• 아동친화도시 10가지 기본원칙

1. 아동의 참여	아동에게 영향을 끼치는 정책의제에 대해 아동의 의견을 듣고 반영하여 의사결정 과정에 아동들이 적극적으로 참여(예 어린이 의회)
2. 아동친화적인 법체계	아동의 권리를 보호하고 증진하는 입법, 법적 틀, 절차 등 마련(예 어린이 조례)
3. 아동권리 증진을 위한 전체 도시 차원의 전략	아동권리협약에 의거하여 아동친화도시를 만들기 위한 구체적이고 포괄적인 전략 개발
4. 아동권리 담당 부서 또는 조정체계	아동을 최우선적으로 고려할 수 있도록 도시의 조직구조를 개발
5. 아동 영향조사와 평가	법, 정책 등이 아동에게 미치는 영향을 집행 전후와 집행단계에서 조사하고 평가
6. 아동 관련 예산	아동을 위한 적절한 예산을 배정하고 분석
7. 정기적인 아동현황보고서	아동과 그들의 권리에 대한 자료 수집과 충분한 모니터링 실시
8. 아동권리 홍보	아동권리에 대한 일반시민과 아동의 인식 제고
9. 아동권리 옹호	아동권리 증진을 위해 일하는 비영리단체를 지원하고 옴부즈퍼슨 위촉이나 위원회 등 독립적인 기구의 개발을 추진
10. 아동을 위한 안전 조치	아동이 안전하고 오염되지 않은 환경에서 적절한 보호를 받으며 자랄 수 있도록 정책을 개발하고 집행

출처 : 보건복지부(2015). 「제1차 아동정책 기본계획('15~'19)」 수립, p. 90.

2) 아동복지의 개선방향

현대사회는 정보기술과 문명의 발전, 범세계화, 지역화, 국가와 민간의 다원적 구조 등으로 새로운 사회질서가 형성되고 있다. 기존에는 국가와 민간에 의한 다양한 형태의 개입으로 아동복지의 기초가 확립되고, 아동복지가 발전하였다. 이러한 과정 속에서 우리 사회는 경제사회적 문제와 함께 빈곤과 위기, 결손가정의 아동, 학대아동, 학교폭력, 청소년 비행 등 아동과 관련된 다양한 문제들이 발생하고 있다. 따라서 아동

에 대한 복지서비스 개발과 아동복지의 새로운 대응이 요청되고 있다. 이러한 문제를 효과적으로 해결하기 위해 우리나라 아동복지제도에 대한 분석을 토대로 개선방향에 대해 논의하고자 한다.

첫째, 시설에 대한 지원 및 가정에서의 아동복지가 실현되어야 한다. 현재 아동복지시설에는 부모가 있으면서 아동을 보호하거나 고아나 기아들을 중심으로 하는 육아시설이 증가하고 있다. 그러나 아동복지시설은 대부분이 낡고 환경이 열악하여 단순한 물질적 원조보다는 시설환경의 정비와 시설처우의 전문화가 필요하다. 그리고 일반가정 안에서도 아동 인권침해 문제가 발생하고 있다. 따라서 일반가정에서 예방적인 차원으로 정신적 · 심리적 안녕과 복지를 위한 대비가 필요하며, 경제적인 지원책과 더불어 전문적인 서비스가 이루어지도록 해야 한다. 또한 모자보건사업의 내실화, 아동전용시설의 증설, 아동위험환경의 개선이 요구된다.

둘째, 요보호아동과 일반아동을 위한 보편적인 프로그램이 개발되고 강화되어야 한다. 시설의 프로그램 현황을 살펴보면 아동에 맞는 전문적인 프로그램이 부족한 실정이다. 시설아동들은 심리적인 문제, 사회적응 등의 문제로 아동 특성에 맞는 전문적인 프로그램을 강화하고, 특히 원가정에 복귀할 수 있는 가족연계 프로그램을 강화할 필요가 있다.

셋째, 모든 아동들에게 평등한 교육기회가 제공되어야 한다. 현재는 경제적으로 풍요로운 아동들이 보다 더 적절한 교육과, 취업의 기회를 보장받고 있는 실정이다. 따라서 경제적 빈곤, 가정적 결손, 개인의 심리적 · 신체적 장애로 인해 교육의 기회가 박탈되는 경우가 발생하고 있다. 그러므로 이들이 교육을 통하여 물질적 · 사회적 · 정신적 곤경을 극복할 수 있는 힘을 갖출 수 있도록 지지하기 위해서 모든 아동이 자신의 능력과 욕구 및 흥미에 따라 적절한 교육을 받을 수 있는 기회가 보장되어야 한다.

넷째, 아동수당제도를 강화시켜야 한다. 현실적으로 아동을 양육하는 데에는 특정한 비용이 필요하다. 즉, 아동이 태어나면 가족의 지출이 증가하게 되므로 양육에 대한 경제적인 어려움에 처하게 된다. 이로 인해 많은 문제가 도출되고 아동빈곤이 속출하게 되므로 현실에 맞는 아동수당제도가 도입되어야 한다.

다섯째, 가족복지가 강화되어야 한다. 부모는 아동에게 절대적인 영향을 미치는 가장 중요한 존재이며, 아동의 성장・발달이 부모의 물질적・정신적 지원에 의해 좌우되고 아동의 안녕과 복지가 부모의 안녕 및 복지와 직결되어 있다. 따라서 부모와 아동을 일체로 보는 관점에서 서비스가 계획되고 제공되어야 할 것이다.

여섯째, 국가가 지역사회를 기반으로 복지시스템을 확립・구축시켜 나가야 한다. 지역사회를 기반으로 공공기관, 민간기관 및 가족이 함께 참여하고 어울릴 수 있는 다원주의적 복지서비스가 필요하다. 즉, 지역사회 내에서 아동의 양육과 보호를 지원하는 프로그램을 배가하고, 전문 인력이나 자원봉사자를 참여시켜 아동이 원가정 또는 대리가정에서 생활하면서 치료와 서비스를 받을 수 있는 형태가 활성화되어야 하며 재가아동과 장애아동에 대한 상담, 치료, 교육훈련, 지역사회와의 교류 및 여가활동 등을 총체적으로 지원할 수 있는 방안이 강구되어야 할 것이다(곽형식 외, 2013 : 287).

일곱째, 다양한 형태의 가족 증가에 따른 서비스 개발이 필요하다. 다문화가족이 증가함에 따른 이들에 대한 인식변화와 지역사회에서는 다문화가족의 문화적 이해에 기초하여 사려 깊게 고안된 서비스가 제공되어야 할 것이다.

여덟째, 다양한 아동의 증가에 따른 서비스 개발이 필요하다. 현대사회는 다문화아동 및 장애아동이 등이 증가하고 있으므로 이들에 대한 인식변화와 함께 이해 및 수용이 선행되어야 한다. 국가 및 지역사회에서는 서비스 대상이 되는 아동과 가족에 대한 이해를 기반으로 사려 깊게 고안된 서비스가 제공되어야 할 것이다.

4. 아동권리 및 아동복지의 전망

1) 아동권리의 전망

아동권리란, 아동이 인간으로서 누려야 할 기본적 제 권리로 도시화・산업화・핵가족화 사회에서 아동들이 보다 더 건강하고 행복한 삶을 살기 위해 기본적으로 보장되어야 하는 것이다. 따라서 아동권리의 전망에 대해 다음과 같이 논의해 보고자 한다.

첫째, 아동의 욕구와 권리를 최우선으로 고려하는 아동정책이 실행될 것이다. 우리나라는 아직까지 아동권리에 대한 사회적 인식이 미흡한 상태에 있으나 「유엔아동권리협약」에 비준하고 당사국으로 되어 있다. 따라서 향후에는 아동의 부모 혹은 신분이나 사회계층을 불문하고 자신의 재능을 최대한으로 발휘할 수 있는 아동의 요구에 귀 기울이는 아동복지서비스를 전망해 볼 수 있다.

둘째, 아동권리와 관련하여 중앙정부의 책임이 강화될 것이다. 2016년 말에 발표된 굿네이버스의 '아동권리지수 연구' 결과에 의하면, 지역의 아동권리 보호 수준은 그 지역의 재정자립도와 아동복지 예산 수준 등과 밀접한 관계가 있는 것으로 나타났다. 다시 말하자면, 각 지역의 복지 능력의 차이가 해당 지역 아동들의 권리 보호 격차로 나타나고 있다고 한다. 이는 아동권리 보호의 격차를 줄이기 위해 중앙정부의 역할이 중요하다는 결론이 도출된 것이다(프레시안, 2017. 3. 24). 현재 아동은 부모의 소유물이 아니라 존중받아야 할 하나의 인격체이며, 어떤 이유로든 아동에 대한 폭력은 잔혹한 범죄라는 국민적 인식이 확산되고 있다. 정부도 이와 관련하여 체계적인 제도적 시스템 방안을 마련하고자 노력을 하고 있다.

셋째, 우리나라에서의 아동 인권문제를 전담하는 기관이 강화될 것이다. 우리나라는 이제까지 아동 인권을 담당하는 기관이 부족하였으며, 2017년도에 되어서야 '아동·청소년인권팀'이 신설되었다. 향후에는 아동들의 인권을 보호하는 기관을 확충하고, 다양한 활동과 체계적인 프로그램을 통해 아동의 인권문제가 일어나지 않는 사회가 될 것으로 전망한다. 국가인권위원회, 아동 인권문제 전담 소위원회 설치 관련 내용은 <표 13-5>와 같고, '국가인권위원회'가 향후 5년 국가인권정책계획과 관련하여 정부에 대해 권고한 내용은 <표 13-6>과 같다.

표 13-5 국가인권위원회, 아동 인권문제 전담 소위원회 설치

국가인권위원회는 산하에 아동 인권 관련 인권침해 및 차별 사건·정책을 전담하는 '아동권리위원회'를 신설, 이달 16일 첫 회의를 한다. '아동권리위원회' 신설은 유엔 아동권리위원회와 제2차 국가별 인권상황 정기검토의 권고에 따른 것이다. 국가인권위원회는 지난 2014년 8월 아동 인권문제를 전담하기 위해 '아동·청소년인권팀'을 신설했으며, 이번 '아동권리위원회' 설치를 통해 아동 인권보호 활동을 보다 체계적·안정적으로 추진할 토대를 마련했다. '아동권리위원회'는 김영혜 국가인권위원회 상임위원을 위원장으로 하고, 국가인권위원회원 2인으로 구성됐다. 위원회는 ① 만 18세 미만 아동이 피해자인 인권침해 및 차별행위 사건, ② 아동보호시설과 소년보호시설 방문조사, ③ 진정사건 관련 아동 인권증진 정책 권고와 의견표명 등 안건을 심의·의결하는 업무를 수행한다. 한편 각급학교를 중심으로 한 아동·청소년 인권분야의 진정사건은 매년 증가추세로 국가인권위원회는 최근 3년간 모두 1459건을 진정접수해 1393건의 사건을 처리했다. 이와 관련 국가인권위원회는 학교 내 체벌 금지, 학생운동선수 이적동의서 발급, 교복 고정명찰 부착 관행 개선, 학교폭력자치위원회의 강압적 심문 개선, 휴대폰 사용 제한 완화, 세월호 추모 관련 표현의 자유 보장 등을 권고했다.

출처 : 광주일보(2017. 4. 4).

표 13-6 국가인권위원회, 향후 5년 국가인권정책계획 정부에 권고

아동·여성·노인 인권증진 문제 중점 포함 빈곤·건강·교육 문제 해결 위한 신규과제도

국가인권위원회는 정부에 제3기(2017~2021) 국가인권정책기본계획(인권NAP)을 수립할 것을 권고했다고 5일 밝혔다. 인권NAP은 향후 5년 간 추진해야 할 인권 관련 법·제도·관행 개선 등을 담은 범국가적 인권정책 종합계획을 말한다. 국가인권정책의 청사진이라고 할 수 있다. 앞서 국가인권위원회는 2006년과 2012년 각각 제1기와 제2기 인권NAP을 정부가 수립하도록 권고했으며 정부는 이를 수립, 이행한 바 있다.

제3기 인권NAP에는 사회적 약자 및 소수자 인권 보호를 위한 대상별 핵심추진 과제와 자유권·사회권 등 인권증진을 위한 제도 개선, 인권교육, 국내외 인권 관련 협력체제 구축 등의 내용이 담겼다. 특히 아동, 여성, 노인 등의 인권증진 문제가 중점적으로 포함된 것으로 전해졌다.

구체적으로 ① 아동의 불법입양 등 출생신고제도 개선, ② 청소년 자살예방 대책 확대, ③ 교육권 및 놀 권리 보장, ④ 경쟁적 입시 및 교육제도 개선, ⑤ 각종 아동폭력 근절 대책 마련, ⑥ 성별 임금격차 해소, ⑦ 여성폭력 예방 및 지원 강화, ⑧ 출산 및 육아를 이유로 한 차별 금지, ⑨ 노인의 건강(의료)보호 및 연령차별 근절 대책 마련, ⑩ 노인학대 예방 대책, ⑪ 독거노인 인권보호 대책 마련 등이 과제로 제시됐다.

빈곤, 건강, 교육 등의 문제를 해결하기 위한 과제로는 근로빈곤층 자활, 국민건강을 고려한 필수·고가 의약품 접근 가능성 제고, 특목고·자사고·일반고의 균형적 발전 방안, 이주여성노동자의 인권침해 실태 파악 및 지원체계 마련, 장애인등급제 폐지, 시설장애인의 인권실태에 대한 주기적 점검, 장애여성과 장애아동에 대한 학대·폭력 및 착취예방 등을 신규과제로 포함했다.

국가인권위원회는 "국제인권조약기구의 권고사항과 유엔이 강조했던 사회보장권, 건강권 등 분야별 핵심과제를 반영했다"며 "정부는 국가인권위원회의 권고를 바탕으로 5년 간 인권NAP을 이행할 예정이고 국가인권위원회는 정부의 이행 과정에서 모니터링 및 평가업무를 적극적으로 수행할 계획"이라고 말했다.

출처 : Newsis(2016. 12. 28).

2) 아동복지의 전망

앞으로 아동복지가 발전하기 위해서는 아동의 기본 권리와 욕구를 충족시켜 줄 수 있는 정책을 강화해야 한다. 그럼에도 불구하고 여전히 아동복지 정책의 미비와 서비스가 부족한 수준에 있다. 이에 아동복지 발전을 위해 다음과 같이 아동복지의 전망을 논의하고자 한다.

첫째, 정부는 저출산에 대한 대처방안과 제도를 강화할 것이다. 현대사회에서는 아이를 제대로 키우려면 많은 돈이 필요하고 각종 육아 정보, 적절한 육아 관련 지식과 교양이 필요하다는 사회적 인식이 형성돼 있다. 이런 이유로 '육아부담' 때문에 아이 낳기를 주저하는 사람도 많아졌다. 우리나라는 2016년 OECD 평균 출산율이 1.15로 세계 최저수준으로 나타났다[미국 중앙정보국 CIA. 『월드 팩트북(The World Factbook)』]. 그 이유는 아이를 키우기 어려운 여러 요인들이 복합적으로 작용하고 있기 때문이다. 또한 청년들의 고용과 소득이 불안정해서, 비정규직 저임금 일자리나 긴 노동시간 또는 일과 가정의 양립이 어려워서 결혼과 출산을 미루거나 포기하는 사례가 많아졌다(프레시안, 2017. 3. 24). 이런 경우에는 국가의 다양한 정책을 통해 육아부담을 덜어줌으로써 일정하게 출산율을 높일 수 있다.

둘째, 아동의 권리이자 성장을 위해 양질의 보편적 보육이 정립될 것이다. 양질의 보편적 보육이 실현되면 보육시설의 공공성도 높아질 전망이다. 서울시는 최근 수년간의 노력으로 국공립 어린이집 비중을 크게 높였으며, 앞으로도 국공립 어린이집 비중이 중장기적으로 30% 수준에 도달할 수 있도록 노력하고 있다. 또한 정부에서도 민간 어린이집의 질을 높이고 영유아 교육의 중요성을 감안하여서 보육교사의 질적 수준을 높이는 데 힘쓰고 있다(프레시안, 2017. 3. 24). 보육시설사업의 질적·양적 확충은 아동복지의 가장 중요한 영역이 될 것이다.

셋째, 가족 변화에 따른 아동복지정책이 수립될 것이다. 최근 여성취업으로 인한 저출산과 양육자 부재와 관련된 문제가 지속되어, 부모를 지원해 주는 부모상담, 교육활동, 유급 육아휴직제의 확대, 부모휴가제 등의 정책도입이 확대될 것으로 본다.

또한 한부모가정의 아동, 조손가정, 다문화가정 등 가족부양 및 가족역량 강화를 위한 보편적인 가족정책 프로그램이 확대될 것이다.

넷째, 공공기관과 민간기관과의 협력체제가 강화될 것이다. 국민의 광범위 사업은 공공기관에서 실시하고 세심한 서비스가 필요한 부분에서는 민간기관에서 실시가 되는 체계적인 도입이 이루어질 것이다. 예를 들어, 무료급식이나 아동수당제도, 드림스타트와 같은 사업은 공적인 사업으로, 결연 후원, 밑반찬서비스, 멘토 연결, 재가복지 등와 같은 사업은 민간기관에서 담당하여 실천할 것이다.

다섯째, 아동복지에 대한 범위가 요보호아동 중심에서 일반아동까지 확대될 것이다. 우리나라의 아동복지는 요보호아동 중심의 정책으로 시설보호제도와 가정위탁제도, 입양제도 등을 중심으로 이루어져 왔다. 현재 진행 중인 교육복지투자우선지역 지원사업과 위스타트 사업에서도 요보호아동 중심으로 복지서비스가 제공되고 있으나 추후 우리나라의 아동복지정책은 요보호아동 중심에서 모든 아동을 위한 공공부조, 사회보험, 사회복지서비스가 제공될 것이다.

여섯째, 우리나라의 공적인 전달체계가 일원화될 전망이다. 아동복지서비스의 전달체계는 공적인 아동복지를 담당하는 중앙부서인 보건복지부, 교육부, 고용노동부, 법무부 등으로 산재되어 있다(보건복지부, 2017, www.mohw.go.kr). 특히 부처 간에도 정책의 일관성이 없고, 심각한 경우에는 극심한 부처 간의 이기주의가 발생하는 사례도 있다. 따라서 특수한 경우를 제외하고 공적인 전달체계를 일원화하는 방안이 마련될 것으로 사료된다.

일곱째, 지역사회 통합 기능 강화와 아동복지시설의 기능 변화가 이루어질 것이다. 사회적인 변화에 따라 보호아동 절대수의 감소, 특수보호를 필요로 하는 아동의 증가, 보호아동의 특성 변화, 지역사회복지 및 재가복지의 확대 등 아동복지시설이 갖는 기능에 대해 새로운 변화를 요구하고 있다. 이러한 변화에 부응하여 기존 시설의 기능을 조정하고 통합 및 전환을 통해 지역의 아동복지 욕구에 유연하게 대응하기 위한 변화가 예상된다. 또한 보호를 필요로 하는 아동시설의 전문성을 강화하여 질 높은 서비스가 가능하도록 전문 인원 확충과 지역적 욕구파악 및 자원연결을 쉽게 하기 위한 서비스의 네트워크를 통해 질 높은 서비스를 기대할 수 있을 것이다.

여덟째, 선진국처럼 보편적 복지를 점차 강화할 것으로 본다. 문재인 정부의 복지 정책에서는 2018년 7월부터 0~5세 아동에게 보호자의 소득수준과 무관하게 월 10만 원씩을 주는 아동수당제도가 실시된다(연합뉴스, 2017. 8. 29). 보편적 복지에 대한 논란이 있지만 한국은 다른 나라의 비해 '저복지' 상태에 놓여 있다. 우리나라는 사회보장지출이 46%이며, 스위스(81.2%), 미국(84.1%), 호주(85.9%), 캐나다(87%) 등이 80%대 수준으로 집계됐다(헤럴드경제, 2017. 10. 3). 우리나라는 향후 보편적 복지를 강화하여 아동이 민주시민으로 육성되는 데 이바지할 것이다. 외국의 아동복지제도 사례는 <표 13-7>과 같다.

표 13-7 외국의 아동복지제도 사례

■ 스웨덴과 미국의 아동복지제도

스웨덴의 아동복지제도는 가족이 아동을 건강하게 양육하기 위해 필요한 재정적 지원, 의료보험, 주택수당, 보육서비스, 출산휴가 및 아동양육을 위한 유급휴가제도, 예방교육 등을 제공함으로써 사전에 문제 발생을 예방하는 보편주의적 접근을 취하고 있다. 그리고 스웨덴 정부의 아동에 대한 지속적인 투자 의지로 인한 긍정적인 효과는 1992년 스웨덴의 아동빈곤율이 3.7%에 지나지 않았다는 것을 통해 알 수 있다.

미국은 오랜 전통인 자조의 정신을 강조해 왔으며, 정부가 국민의 개인과 가족생활에 개입하지 않아야 한다는 원칙과 각 주정부의 자주권을 존중, 강화한다는 원칙을 고수해 왔기 때문에 가능하면 아동·가족복지에 관여하는 것을 기피하였다. 미국은 최근 아동·가족복지를 위한 지출이 크게 증가하였음에도 불구하고 아동빈곤율이 26.3%(1994년)로 그 어느 선진국보다 높게 나타났다.

따라서 스웨덴의 보편주의적 접근이 아동복지의 보장에 보다 효과적이라는 것을 말해주고 있다

출처 : 정연택(2012). 자녀부양 이행제도의 국가 간 비교 : 복지체제와의 관련성과 개선방안을 고려하여. 한국사회복지정책학회, pp. 135-174 내용요약.

아동들은 우리 사회의 미래일 뿐만 아니라 헌법상의 인권을 보장받아야 할 하나의 소중한 인격체이다. 따라서 아동의 인격을 존중하고 아동권리를 보장하는 것이 필요하며, 아동권리와 복지를 위해 지역사회복지 및 재가복지의 확대 등 아동복지시설도 새로운 변화가 필요하다. 또한 아동권리와 복지국가를 실현하기 위해서는 국가의 제도적인 노력이 필요하며, 정책적으로 아동의 권리를 보장해 주는 법적 장치를 강화하여 아동이 건강하게 자랄 수 있는 행복한 나라가 되어야 할 것이다.

요점정리

1. 아동권리의 과제

1) 권리유형별 주요 정책과제－아동의 생존권에 대한 과제, 아동의 발달권에 관한 과제, 아동의 보호권에 관한 과제, 아동의 참여권에 관한 과제
2) 발달환경별 주요 정책과제－가정에서의 아동 인권에 대한 과제. 어린이집 및 유치원 아동의 인권에 대한 과제. 학교에서의 아동 인권에 대한 과제. 보호기관의 아동의 인권에 대한 과제. 사회에서 아동의 인권에 대한 과제

2. 아동복지의 과제

아동복지 대상 범위가 달라 아동의 보호와 관련하여 법적용에 있어 혼란을 불러일으킬 수 있으므로 법적으로 통일해야 할 필요성이 있음. 아동복지시설 현황의 문제, 아동의 놀이문화가 미흡한 실정, 아동학대와 방임에 놓여 있는 아동의 문제, 아동복지 전달체계의 문제점에 따른 과제, 아동수당도입 방식에 관한 과제가 있음

3. 아동권리 및 아동복지의 개선방향

1) 아동권리의 개선방향－아동을 독립된 개체로 인정하기 위한 정책이 요구, 아동에 대한 생존권과 보호권 강화, 사회적으로 아동의 인권을 보장해 주어야 함
2) 아동복지의 개선방향－시설에 대한 지원 및 가정에서의 아동복지가 실현, 요보호아동과, 일반아동을 위한 보편적인 프로그램이 개발되고 강화, 모든 아동들에게 평등한 교육기회가 제공, 아동수당제도를 강화, 가족복지가 강화, 국가가 지역사회를 기반으로 복지시스템을 확립・구축, 다양한 형태의 가족 증가에 따른 서비스 개발이 필요

4. 아동권리 및 아동복지의 전망

1) 아동권리의 전망－우리나라는 아동의 욕구와 권리를 최우선으로 고려하는 아동정책이 실행될 것, 아동 보호와 관련하여 중앙정부의 책임이 강화될 것, 우리나라에서의 아동 인권문제를 전담하는 기관이 강화될 것
2) 아동복지의 전망－현재 정부는 저출산에 대한 대처방안과 제도를 마련, 아동의 권리이자 성장을 위해 양질의 보편적 보육이 필요, 가족 변화에 따른 아동복지정책이 수립, 공공기관과 민간기관과의 협력체제가 강화될 것, 요보호아동 중심에서 일반아동까지 그 범위가 확대될 것, 우리나라의 공적인 전달체계가 일원화되는 노력을 할 것, 지역사회 통합 기능 강화와 아동복지시설의 기능 변화가 이루어질 것, 선진국처럼 보편적 복지를 점차 강화할 것

Quiz

1. 아동의 생존, 보호, 발달, 참여의 권리 등 어린이의 모든 권리를 보장하는 국제법인 아동권리협약의 기본권을 침해하는 것을 무엇이라고 하는가? (   )
2. 우리나라의 아동권리 문제점은?
   (   )
3. 우리나라의 아동복지 문제점은?
   (   )
4. 우리나라의 아동복지 문제점에 대한 개선방향은?
   (   )
5. 외국의 아동복지제도에서 배울 점은?
   (   )

생각 나누기

1. 우리나라의 아동권리 문제점에 대해 자신의 의견을 제시하고 토론해 보시오.
2. 우리나라의 아동복지 문제점에 대해 자신의 의견을 제시하고 토론해 보시오.
3. 우리나라 아동권리 문제점에 대한 개선방향에 대해 토론해 보시오.
4. 외국 아동복지정책 중에 우리나라에 도입해야 하는 정책은 무엇인지 자신의 의견을 제시하고 토론해 보시오.

참고문헌

곽형식 외(2013). **아동복지론**. 경기 : 공동체.

보건복지부(2015). 제1차(15~19년) 아동정책기본계획안. 보건복지부.

보건복지부(2016). **보건복지통계연보**. 보건복지부.

보건복지부(2016). 유엔아동권리위원회 국가보고서 최종권고사항.

보건복지부(2017). 아동보호서비스 업무매뉴얼.

보건복지부(2017). 아동분야 사업안내(아동정책과).

이용교(2014). 청소년복지와 친화도시 만들기. 광주광역시의회.

정연택(2012). 자녀부양 이행제도의 국가 간 비교 : 복지체제와의 관련성과 개선방안을 고려하여. 한국사회복지정책학회.

경향신문(2016. 5. 4). [어른들이 미워요] 정말 사랑입니까.

서울경제(2017. 9. 1). 文정부, 포퓰리즘에 도취… 복지 쏟아내면서 보편적 부담은 외면.

아시아뉴스(2017. 6. 16). 아동인권의 이해.

헤드라인 뉴스(2017. 7. 25). 밝은 미래를 주는 가정위탁보호.

헤럴드경제(2017. 10. 3). 한국은 복지 후진국… 쓸 돈의 절반도 안 써.

국회법률지식정보시스템. likms.assembly.go.kr/law

보건복지부. www.mohw.go.kr

찾아보기

인 명

내 용

저/자/약/력

■ **임경옥(Lim Kyoung Ook)**

경기대학교 교육대학원 유아교육 석사
강남대학교 교육대학원 유아특수교육 석사
단국대학교 대학원 유아특수교육 박사
전 무지개 특수아동교육원 원장
현 수원여자대학교 아동보육과 교수

〈저서 및 역서〉
장애영유아발달영역별 지침서 1~5권(공저, 학지사, 2010)
보육교사 일반직무교육(공저, 양성원, 2016)
원장 일반직무교육(공저, 양성원, 2016)
보육교사 일반직무교육—심화(공저, 양성원, 2017)
원장 일반직무교육—심화(공저, 양성원, 2017)
특수교육학개론(공저, 학지사, 2017)
발달지체 영유아 조기개입—인지편(학지사, 2017)
발달지체 영유아 조기개입—신변처리편(학지사, 2018)
발달지체 영유아 조기개입—수용언어편(학지사, 2018)
발달지체 영유아 조기개입—표현언어편 I (학지사, 2018)
발달지체 영유아 조기개입—표현언어편 II (학지사, 2018)
특수교구교재 제작(학지사, 2018)
교사! 그 아름다운 이름(학지사, 2018)

〈주요 논문〉
예비유아특수교사들의 관찰실습경험에 대한 질적 연구(한국특수아동학회, 2013)
장애영유아 미술치료 연구동향 분석-1997년부터 2012년까지 전문 학술지 중심으로(한국특수아동학회, 2013)
보육교사의 전문성 인식과 통합교육 신념에 관한 연구(사회복지실천연구, 2013)
예비보육교사들의 실습경험에 대한 이야기(한국콘텐츠학회, 2016)
아동복지전공 예비보육교사들이 보육실습에서 경험하는 딜레마에 대한 탐색(한국콘텐츠학회, 2016)

저/자/약/력

■ **홍나미(Hong Na Mi)**
이화여자대학교 대학원 사회복지학 석사
이화여자대학교 대학원 사회복지학 박사
현 수원과학대학교 사회복지과 교수

〈저서 및 역서〉
임상사회복지이론(공저, 학지사, 2011)
사회복지실천기술론(공저, 공동체, 2017)
현장 사례관리(공저, 학지사, 2018)

〈주요 논문〉
학업중단청소년의 학업복귀과정에 대한 근거이론(청소년복지연구, 2013)
또래괴롭힘 피해경험이 청소년의 자살생각에 미치는 영향 : 부모-자녀 의사소통을 통한 우울의 조절된 매개효과 검증(청소년상담연구, 2013)
학교폭력 피해청소년과 가족대상 실천적 지원방안 연구 : 포커스 그룹 인터뷰를 중심으로(청소년복지연구, 2014)
방임과 학대가 청소년의 학교적응에 미치는 영향에서 부모, 교사, 친구애착의 매개효과 : 성별차이를 중심으로(청소년복지연구, 2014)
청소년봉사활동이 학교적응에 미치는 영향에서 자아존중감과 공동체의식의 매개효과(청소년문화포럼, 2015)
부모의 방임과 학대가 청소년 우울에 미치는 영향에서 친구소외와 휴대폰 의존의 매개효과(아동과권리, 2016)
부모방임이 다문화청소년의 학교적응에 미치는 영향에서 사회적 위축, 우울의 매개효과(미래사회복지연구, 2017)

■ **손희원(Son Hee Won)**
중앙대학교 사회복지학 석사
서울여자대학교 아동학 박사
숭실대학교 사회복지학과 박사수료
전 디지털서울문화예술대학교 사회복지과 교수
현 수원여자대학교 사회복지과 교수

〈주요 논문〉
가정폭력 피해아동의 대인관계 향상을 위한 프로그램 개발 및 평가(한국사회복지실천연구, 2013)
가정폭력 피해아동의 대인관계 현황 및 종사자 인식에 관한 연구(한국인권사회복지, 2013)
가출청소년의 효과적인 멘토링 지원방안에 대한 연구(임상사회사업연구, 2014)
대학생들의 의사소통에 따른 자기관리능력에 미치는 영향(임상사회사업연구, 2016)
대학생들의 대인관계능력과 문제해결능력에 관한 연구(임상사회사업연구, 2017)
데이트폭력경험 여대생들을 위한 집단상담 프로그램의 효과연구(임상사회사업연구, 2017)

아동권리와 복지

|공저자| 임경옥 · 홍나미 · 손희원

|1판 1쇄| 발행 2018년 1월 31일
|1판 2쇄| 발행 2019년 2월 20일
|1판 3쇄| 발행 2020년 2월 14일
|1판 4쇄| 발행 2020년 9월 1일
|1판 5쇄| 발행 2021년 7월 15일
|1판 6쇄| 발행 2022년 7월 25일
|1판 7쇄| 발행 2025년 1월 10일

|발행인| 김 동 훈
|발행처| **공 동 체**

|주소| 경기도 고양시 일산동구 호수로 358-39, 동문타워 I 905호(백석동)
|전화| 031) 814-3000(대표)
|팩스| 031) 814-3100
|홈페이지| http://www.compub.co.kr
|전자우편| compub@naver.com
|출판등록| 2005년 10월 6일
|등록번호| 제396-2005-36호

|ISBN| 979-11-6105-225-0
정가 20,000원